JN414223

Lesson Play in Mathematics Education

A Tool for Research and Professional Development

수학 수업 상상하기

Rina Zazkis · Nathalie Sinclair · Peter Liljedahl 지음

량도형 · 박정숙 옮김

KYOWOO

Translation from English language edition: Lesson Play in Mathematics Education:
by Rina Zazkis, Nathalie Sinclair and Peter Liljedahl Copyright © 2013 Springer New York
Springer New York is a part of Springer Science+Business Media All Rights Reserved
Korean translation copyright ⓒ 2017 by KYOWOOSA PUBLISHING CO.
Korean translation rights arranged with Springer Science+Business Media
through EYA (Eric Yang Agency).

이 책의 한국어판 저작권은 EYA (Eric Yang Agency)를 통해
Springer Science+Business Media 사와의 독점계약으로 (주)교우가 소유합니다.
저작권법에 의하여 한국 내에서 보호를 받는 저작물이므로 무단전재 및 복제를 금합니다.

이 책을 번역하며

번역자인 우리는 수학 수업을 개선할 수 있는 방안에 대한 연구 형태에 고민해 왔습니다. 일본 수학교육계의 '레슨 스터디'도 하나의 예가 될 것입니다. 일본의 레슨 스터디는 1910년경 이후로 정착된 것으로 알려져 있습니다. 이러한 점에서, 우리나라의 수업 연구는 일본의 레슨 스터디와 그 뿌리가 같지만 해방 이후에 미국의 여러 교육 사조를 받아들이면서 독자적으로 발전했다고 볼 수 있습니다. 우리는 수업 연구에서 수업의 실제 진행 부분이 교사와 학생들 사이의 상호 작용에 중점을 두고 가능한 자세하게 그리고 대화체로 기술한다는 점에서 수업 시나리오라고 불러왔습니다. 2014년 서울 세계수학교육자대회에서 일본인 학자들과 이 부분에 대해서 이야기를 나눈 적이 있는데, 그들도 현재로서는 수업 연구가 완전한 시나리오 수준은 아니지만 그렇게 할 수 있다면 더 좋겠다고 동의하였습니다.

수업 연극! 수학 수업을 연극으로 구현한다는 발상은 무척 단순하면서도 신선합니다. 특히, 수업 연극은 우리가 구상했던 수업 시나리오의 개념을 구체화한 것이어서 우리에게는 더욱 반가운 것이었습니다. 국내 수학교육계의 많은 학자들에게 일본의 레슨 스터디가 관심을 불러 모으고 있듯이, 한국의 수학교육도 세계 무대에 호소할 무언가 돌파구를 열어야 하지 않는가 하는 반성을 합니다. 한국의 수업 연구를 지금 소개하는 수업 연극과 결합 또는 융합시키는 방식을 모색하는 것이 우리가 구상했던 수업 시나리오의 발전 방향이고 또 많은 수학교육자들의 반성의 결과일 수 있다는 희망을 가져봅니다.

이 책에서 주장한 대로, 수업 연극은 수학교육 연구자, 교사 교육자, 그리고 예비 교사들에게 유용한 여러 가지 특징과 장점을 가지고 있습니다. 자세한 내용은 이 책의 13장에 소개되어 있습니다. 수업 연극은 원저자의 출생지인 캐나다의 여러 대학에서 교사 교육 양성 과정의 구성 요소로서 자리매김하고 있으며 이 추세는 앞으로도 이어질 것으로 보입니다. 국내의 일부 교육자 및 연구자들도 이미 이 책을 교사 전문성 신장 활동과 연구 활동 등에 활용하고 있습니다.

우리는 연구자, 교사 교육자, 현직 교사, 예비 교사 등 수학교육의 모든 구성원이 보다 쉽고 편하게 수업 연극의 개념을 알고 이를 활용하기를 기대하는 마음에서 이 책을 우리말로 옮기기로 의기 투합하였습니다. 처음의 결의와는 달리 서로의 개인 사정들로 인하여 번역 작업이 생각보다 지연되었고, 많은 시간이 흘러 이 책을 내놓게 되었습니다. 두 번 세 번 다시 읽고 고치기를 반복하였지만 여전히 오류가 있을 수 있습니다. 이 부분은 독자 여러분의 도움을 받아 지속적으로 고쳐 나갈 수 있을 거라고 생각합니다.

이 책을 읽기 전에 미리 알아 두면 좋을 몇 가지를 짚어 두고자 합니다. 먼저, 연극과 대본의 구별입니다. 이 책에서 분석한 것은 시연된 수업으로서의 연극이 아닌 상상의 수업으로서의 대본입니다. 본문에서 대본이라고 하였지만 대체로 연극과 대본을 구분하지 않고 쓰고 있습니다. 아마도 연극 대본이라고 말할 것을 줄여서 연극이라고만 말한 게 아닐까 짐작합니다.

둘째로, 이 책에는 여러 층위의 교사들이 나옵니다. 원저자는 캐나다의 한 대학에서 교사를 양성하는 교사 교육자이면서 동시에 수학교육 연구자입니다. 그들은 초등교사 양성 과정의 필수 과목인 방법론 강좌에서 수강생인 예비 교사들에게 과제로서 수업 연극 대본을 쓰게 하였습니다. 그렇게 작성된 수업 연극들을 대학원 과정에 등록한 현직 교사들에게 비평하도록 하였습니다. 그리고 수업 연극의 등장 인물로 교사가 등장합니다. 즉, 수업 연극에 등장하는 가상의 교사, 수업 연극을 작성한 교사 양성 과정의 학부 학생인 예비 교사, 그리고 작성된 수업 연극을 비평한 대학원 과정에 등록한 현직 교사 등 매우 다양한 교사들이 나타납니다. 원문에는 구별 없이 다 교사로 칭하기도 하였는데, 우리는 경우에 따라 예비 교사, 현직 교사 등으로 번역하기도 하였습니다. 맥락에 따라 어떤 교사일지를 가늠한다면 그 내용을 훨씬 더 쉽게 이해할 수 있을 것입니다.

다음으로, 전문 용어 프롬프트와 각주에 관한 것입니다. 이 책에 소개된 수업 연극은 작가인 예비 교사들이 작성하였습니다. 이 책의 저자들의 문헌 연구와 그들 자신의 경험을 바탕으로 몇 개의 시작 장면을 개발하였고, 방법론 강좌의 수강생인 예비 교사들의 수업 연극 과제는 바로 그 장면으로부터 시작하게 하였습니다. 따라서 많은 수업 연극들이 동일한 주제로 작성되어 비교 분석이 가능했던 것입니다. 이러한 의미에서 저자는 수업 연극의 시작 장면을 Prompt라고 불렀고, 번역자인 우리도 그 뜻을 살려 원음을 따서 프롬프트라고 부르기로 하였습니다. 또한 가끔 보게 되는 각주는 독자들의 이해를 돕기 위하여 원문에는 없는 것을 번역자가 붙여둔 것임을 밝힙니다.

끝으로, 상업성이 없는 이 책의 번역 출간에 동의하시고 긴 시간을 불평 없이 기다려 주신 교우사 오판근 대표님과 출판에 관여하신 직원들에게 감사의 말씀을 전합니다.

2017년 12월

량도형·박정숙

머리말

최근에 출간된 연구 논문, 저서, 시리즈물 등을 고려할 때, 수학교육 연구에서 교사 교육에 대한 관심이 매우 높음을 알 수 있다. 2004년 코펜하겐에서 열린 수학교육 국제회의(ICME)의 기조 강연에서 Anna Sfard는 "지난 몇 년은 수학교육 연구자들의 거의 모든 관심이 교사 교육에 집중되었던 시대였다" (Stard, 2004, p. 90)고 하였고, 이어서 20세기의 마지막 20년은 "거의 전적으로 학습자의 시대"로, 그 전을 "교육과정의 시대"로 규정하였다. 이 책은 예비 교사 교육에 대한 연구의 관심이 높아짐에 따라 그에 보조를 맞춘 성과물이다. 미래 수학교사 교육에 관한 연구 주제는 다음의 세 가지 방향, (1) 교사의 지식 또는 교사가 사용하고 있는 지식에 초점을 두는 연구, (2) 학생의 사고와 교실 상황에서 교사가 중단시키는 것에 초점을 두는 연구, (3) 교사의 수학 지식이나 교수학적 감성의 발달을 돕는 도구나 방법을 검사하는 연구 등을 포함하여 다양하다. 이 책은 주로 (3)에 초점을 맞추고 있다. 즉, 이 책은 수업 연극이라는 새로운 방법을 소개하고 실제 수업에 적용한 많은 사례에 대하여 논의할 것이다.

수업 연극은 수학교사의 전문성 신장에 관한 연구 방식 중 매우 독특한 것이다. 수업 연극은 한 시간 분량의 수업이나 또는 그 중의 일부를 대본의 형태로 교사와 학생들의 상호작용을 상상하여 제시하고, 작성하며, 때로는 시연해 보는 것이다. 우리는 여러 해 동안 수학적 사고와 학습이 이루어지는 다양한 상황에서 이 방식을 사용했고 가다듬어 왔다. 우리는 예비 교사에게 다양한 주제로 수업 연극의 프롬프트를 제시하였고, 다음 프롬프트를 상상해서 쓰도록 했다. 이 책의 목적은 수업 연극이 교수·학습 도구로 도움이 된다는 포괄적인 관찰 및 탐구를 제공하고, 우리의 연구 결과 특히 예비 교사 교육 영역의 연구 결과를 제공하며, 수업 연극이 왜 연구자와 교사교육자 모두에게 성과를 낼 수 있는 도구인지 설명하는 것이다.

수업 연극은 독창적인 방식이나, 그 기원은 '현자'가 논의를 주제하고 상대방의 잘못된 생각을 지적하기도 하는 산문의 한 유형인 소크라테스의 대화법까지 거슬러 올라간다. 현대의 우리는 Sfard(2010)의 업적으로부터 지대한 영향을 받았는데, 그의 연구는 소통, 특히, 의사소통으로서의 사고(thinking)를 설명하는데 역점을 둔 것이다. 수업 연극을 쓰다 보면 작가가 교사 역할과 여러 명의 학생 역할을 하게 된다. 더욱이, 무대에서의 공연을 전제로 하는 대본으로서 '수업 연극'이라는 단어를 정교하게 해석해 보면, 즉흥 행위와 교육에서의 역할극에 중점을 둔 연구에 영향을 받았다고 할 수 있다. 실제로, 우리는 교수(教授, 가르침)를 하나의 즉흥적인 행위로 간주한다. 능숙한 재즈 연주자들이 즉흥적으로 연주가 가능한 것은 어렸을 때부터 음계와 화음을 꾸준히 연습해왔기 때문이라고 볼 수 있다. 이와 같이, 수업 연극 대본을 쓰는 것은 작가의 생각 속에 주어진 역할을 연기하는 것이다. 이것은 "재빨리 대응"할 필요가 없고, 작가의 다락방과 같은 안전한 환경 속에서 연습하고 실습할 수 있어야 한다. 우리는 "실제 교수"를 준비하는데 있어 이러한 "역할 연기"가 가치 있다고 생각하고 있다.

교사 교육을 위해 교사교육자인 우리 자신의 교수 활동과 우리가 가르치는 과목을 수강하는 교사의 교수 활동을 개선시킬 수 있는 방법을 꾸준히 탐색해왔다. 이 일은 우리만 진행하고 있는 것은 아니다. Mason, Watson, Zaslavsky는 Journal of Mathematics Teacher Education(2007, 10권) 특별 호에서 교사 교육 과제의 특성과 역할에 대하여 역설하였고, 그 후에 「초등 수학교사 교육의 과제 (Tasks in Primary Mathematics Teacher Education, 2009)」, 「과제로 수학 학습 효율적으로 가르치기 (Teaching with Tasks for Effective Mathematics Learning, 2012)」, 「중등 수학을 가르치기 위한 지식 구성하기 (Constructing Knowledge for Teaching Secondary Mathematics, 2011)」 등 세 권의 책을 시리즈물로 출간하였다. 마지막 책의 제목에는 "과제"라는 말이 들어 있지 않지만, 중등학교 수준의 교사 교육에서 사용하는 과제를 제시하고 있다.

수업 연극 과제는 이러한 노력의 일환이다. 수업 연극 과제가 비록 하나의 특정 과제에 초점이 맞추어져 있지만, 다른 대상과 다른 수학 주제에도 적절히 사용될 수 있다. 수업 연극 과제는 예비 교사 교육과 현직 교사 교육 양쪽 모두 사용할 수 있다. 또한, 이 책은 주로 초등 학년 과제를 언급하고 있지만, 수업 연극 과제는 어느 학년에서도 사용할 수 있고, 다른 과목에서도 사용할 수 있다. 따라서 과학이나 인문학 분야의 교사교육자들도 수업 연극을 자신의 내용에 맞게 고쳐 쓸 수 있다.

제1부는 제1장부터 제3장까지이며, 수업 연극을 소개하고, 수업 연극이 개발된 과정을 기술하고, 다른 형식의 수업계획안과 수업 연극을 비교한다. 제2부는 제4장부터 제9장까지이며, 주어진 프롬프트에 이어서 작성된 수업 연극을 분석하였다. 제3부는 제10장부터 제13장까지이며, 제2부에서 다루었던 장을 넘나들며 주제별로 분석하였고 교사와 함께 진행한 연구에서 수업 연극이 다양하게 사용된 사례에 대하여 논의한다.

결론적으로, 우리는 수업 연극이 교사가 수업을 준비하는 중요한 도구로서, 교사교육자가 다양한 전문성 신장 과정에서 교사와 함께 작업하는 도구로서, 그리고 수학교육 연구자가 교사 지식과 신장을 연구하는 도구로서 작용함을 보이고자 한다.

차 례

제 1 부

Chapter 01. **수업 계획**
타일러 수업계획안의 유산 ▸ 2
수업계획안의 예 ▸ 4
다른 모형들 ▸ 7
결론 ▸ 9

Chapter 02. **수업 연극 소개**
"수업 연극" 개발 ▸ 11
일어날만한 상호작용 ▸ 11
가상 계획 : 어떻게 수업을 해야 할까 ▸ 21

Chapter 03. **과제 개발**
수업 연극 : 반복적 설계 ▸ 24
수업 연극 : '실제 수업'을 향하여 ▸ 32

제 2 부

Chapter 04. **막대 길이 측정**
교사-학생 상호작용 바꾸기 ▸ 38
설명을 통해 몰아가기 ▸ 41
전략의 경로 변경을 통해 몰아가기 ▸ 47
예비 교사의 측정 아이디어에 대해 배운 것은 무엇인가? ▸ 56

Chapter 05. **4로 나누기**

올바른 가분성 규칙 복원하기 ▸ 62
학생의 추론으로 전환하기 ▸ 76
수학 언어의 사용 ▸ 85
왜냐하면 … 대안적 진단과 처방 ▸ 90
결론 ▸ 100

Chapter 06. **소수**

프롬프트 (1)에 근거한 수업 연극 ▸ 102
프롬프트 (2)에 근거한 수업 연극 ▸ 109
프롬프트 (3)에 근거한 수업 연극 ▸ 117
결론 ▸ 125

Chapter 07. **기차의 반복되는 패턴**

4의 배수에서 3의 배수로 ▸ 127
다른 방법들 ▸ 136
패턴과 관련된 문제들 ▸ 144
결론 ▸ 149

Chapter 08. **분수 비교**

반례에 대하여 ▸ 152
적용 범위와 설명에 대하여 ▸ 157
앞에 나온 전략 재탐색: 기본으로 돌아가기 ▸ 172
수업 연극들을 아우르는 주제 "전에 나왔던" ▸ 176
반례 또는 증거 부정하기에 대하여 ▸ 180

Chapter 09. **멜론 농장의 넓이와 둘레**

진단 ▸ 184
중재 ▸ 189
미시적 중재 ▸ 200
오류, 부주의, 간과 ▸ 210
결론 ▸ 217

제 3 부

Chapter 10. 창작에서 논평으로
예비 교사가 작성한 수업 연극 ▸ 223
주목하기에 대한 설명 ▸ 225
대화줄 1-11에서 우리가 주목한 것 ▸ 226
대화줄 1-11에서 교사들이 주목한 것 ▸ 226
대화줄 11-20에서 우리가 주목한 것 ▸ 232
대화줄 11-20에서 교사들이 주목한 것 ▸ 232
대화줄 21-31, 우리가 주목한 것 ▸ 235
대화줄 21-31, 교사들이 주목한 것 ▸ 236
주목한 것과 주목하지 않은 것 : 요약 ▸ 241
수학에 주목하기와 학생에게 주목하기 ▸ 242
수업 연극을 통하여 주목하기 ▸ 243

Chapter 11. 언어
수업 연극 담화 분석하기 ▸ 246
얼버무리기 ▸ 252
성찰 ▸ 263

Chapter 12. 수업에 대한 이미지
'개정' 수업 방식을 향하여 ▸ 265
교구 ▸ 269
그림과 기타 시각적 표현들 ▸ 273
'전통적인' 방식이 미치는 영향 ▸ 279
교수학적 전환 ▸ 293
정서적 지지, 배려, 칭찬 ▸ 302
수업이 끝나는 장면 ▸ 307
요약 ▸ 312

Chapter 13. 수업 연극의 다양한 활용
예비 교사의 입장 : 시뮬레이션으로서의 수업 연극 ▸ 313
연구자의 입장 : 렌즈로서의 수업 연극 ▸ 314
교사 교육자의 입장 : 도구로서의 수업 연극 ▸ 315

참고문헌 / 317

Lesson Play in Mathematics Education

A Tool for Research and Professional Development

제1부

제1부는 수업 연극을 소개하고, 이 도구를 개발한 과정을 점진적으로 설명하며, 수업을 계획하는 다른 방법과 비교한다. 제1장은 지난 세기 동안 사용되었던 다른 형태의 수업계획안을 조사한다. 과거에 사용된 수업계획안의 기저에 있는 가정들이 현재 국제적으로 통용되는 규준과 교육과정이 지원하는 방식 즉, 풍성한 상호작용과 문제해결에 중점을 두는 방식의 교수학습에 방해되는 방식인지 아닌지 조사할 것이다. 앞으로의 수학 교실에 필요한 수업 계획은 전통적이고, 고정되어 있으며, 일방통행 식의 수학 수업을 위해서 개발되는 수업 계획과는 근본적으로 달라야 한다는 것이 우리의 생각이다.

제2장은 실제 수업 연극의 사례를 제시한다. 수업 연극 내의 어떤 표현이 교사와 학생 주인공들 모두에게 해당될 때, 예비 교사가 어떤 결정을 내리는지에 주목함으로써 이 도구의 유용성을 강조한다. 또한 수업 연극에서 교사가 학생들과 교수학적으로 또 수학적으로 상호작용할 때, 선택하는 특정 언어에 주목할 뿐 아니라 교사의 일반 행동에도 주목한다. 그리고 제3장은 수업 연극 과제의 점진적 개발 과정을 독자들과 공유한다. 이 책에 제시된 수업 연극 과제는 우리의 방법론 강좌에서도 사용되었다. 또한 어떤 오류가 나타나는 특정 상황에서의 반응을 설명하는 일반 과제로부터 수업 연극 대본을 쓰는 과제가 어떻게 진화하는지 보이고자 한다.

Chapter 01 수업 계획

"수업계획안(lesson plan)"은 수십 년 동안 예비 교사 양성 교육과정 속의 필수요소였다. 정규 교사 교육과정을 받은 거의 모든 사람들이 이미 주어진 포맷에 따라 수업계획안을 만들어 왔다. 사실, 수업계획안을 사용하기 전에는 무엇을 썼는지 알기도 어렵다. 이 장은, 오늘날 우리가 알고 있는 수업계획안이 나오게 된 배경과 그 속에 포함된 교육적 가정에 대해 기술한다. 또 수학 수업을 하기 위한 계획으로서 수업계획안의 장점과 단점을 보여주기 위해 예시를 들어 설명할 것이다. 다음 장은 수업계획안의 약점을 보완할 수 있는 수업 계획의 한 방법으로 "수업 연극(lesson play)"에 대해 기술할 것이다.

타일러 수업계획안의 유산

일반적인 전통식 수업 계획과 구체적인 학습 계획의 근간은 타일러 (Tyler, 1949)의 업적에 근거를 두고 있다. 타일러의 개념틀은 목표의 구체화, 획득해야 할 목표를 위한 학습 경험의 선택, 학습 경험의 조직, 학습 경험의 효과에 대한 평가 등 네 가지 요소에 기반을 두고 있다. 타일러는 목표의 구체화를 "교육과정 개발자가 염두에 둔 모든 활동을 안내할 때 가장 중요한 기준" (p. 62)으로 여겼다. 타일러의 아이디어를 정교화하여 다양한 교수학적 설계 모형들이 만들어졌는데, 모형의 공통된 구성 요소는 목적 및 목표, 교사와 학생의 활동(교수·학습 전략), 학습에 활용되는 활동지, 학생을 위한 피드백과 안내, 그리고 정해진 목표에 도달하였는지를 결정하는 평가 절차 등에 대한 규명이다. (Freiberg과 Driscoll, 2000)

모형을 실제로 실행한 결과, 다양한 형태의 결과물 또는 형식이 만들어졌으며, 각각의 결과물은 인터넷에서 "활동지도안"을 검색하면 쉽게 찾을 수 있다. 그런데 때로는 형태를 정당화하는 아이디어와 이론을 명확히 찾을 수 없다. 따라서 예비 교사가 어떤 지도

안 형식을 내려 받을 때, 교수 행동의 근거 이론 부분이 빈칸인 채로 받게 된다. 사실, 선행연구 (John, 2006; Maroney와 Searcey, 1996)들은 형식 자체는 교사가 실제로 무엇을 어떻게 계획해야 하는지 알려주지 않을 뿐 아니라 가르치는 것을 너무 단순화시킨다고 비판한다. 물론 형식이 미래 교사들에게 무엇을 어떻게 보여 주어야 하는지 수업 준비를 위한 대리인의 성격으로 이용된다면 충분히 가치 있을 수 있다. 미래 교사들은 학습 내용을 명확하게 규명하고 조직하면 학생들이 그 내용을 획득할 것이라고 단순하게 생각할 수 있다.

수업을 계획할 때 목표를 명확히 하는 것은 필요하지만 그것만으로는 충분치 않다. 1970년대와 1980년대의 연구들은 교사가 수업을 계획할 때, 목표의 구체화는 그다지 중요한 부분이 아님을 밝히고 있다. (Peterson 등, 1978; Zahorik, 1970) Yinger(1980)는 타일러 모형을 이용한 연구 결과를 통해 "행동 목표 또는 이전에 기술된 수업 목표에 근거한 계획을 세울 때 어떤 준비도 필요 없음" (p. 124)을 발견하였다. 최근에는 John(2006)이 타일러 모형과 그 아류들에 대해 종합적인 해석과 비판을 가했다. 그는 "결과 중심의 교육"을 강조하면 "목표가 제한된 수업을 하게 되고, 결과적으로 구성적이고 창의적인 교육과정 문서를 통해 나타날 수 있는 풍부한 기대를 잘 나타내지 못할 수 있다" (p. 484)고 주장하였고, 이어서 이러한 결과중심 교육 방식은 "평가로 인정되지 않는" (p. 485) 요소는 인정하지 않는다고 하였다. 한편, Maroney와 Searcey(1996)가 "교사교육자들은 대부분의 교사들이 전통적이고 포괄적인 학습계획안 모형을 사용하지 않고 있음을 알면서 그 모형만을 가르치고 있어서 교사 또는 학생들에게 도움을 주지 못하고 있다" (p. 200)라고 지적했듯이, 이러한 연구 결과 또한 현재 교수 행동에 거의 영향을 미치지 않는다.

"실제 교사들은 그렇게 계획하지 않는다"라고 비판하고 그 사실을 인정하고 있음에도 전통적 모형이 합리적이라고 계속 유명세를 유지하는 이유는 무엇인가? John(2006)은 이에 대한 몇 가지 이유를 다음과 같이 제시하였다. 그는 "전통 방식으로 수업을 계획하는 가장 큰 매력은 간단명료하기 때문" (p. 485)라고 믿었다. 이와 관련하여, 이 모형은 예측과 처방을 근거로 하여 통제를 강화한다. 이 계획안은 식료품 리스트와 같이 어떤 음식을 만들 때 들어가야 하는 모든 재료를 잊지 않고 살 수 있게 한다. 또 다른 이유도 있다. 어떤 사람들은 예비 교사라면 복합적인 특정 교육과정 요소를 경험하기 전에 합리적이고 전통적인 틀 안에서 어떻게 계획해야 하는지 알아야 할 필요가 있다고 믿는다. 또 다른 사람들은 공식적인 교육과정 문서가 교사들이 따라야 할 모형을 기술해 놓았다고 믿는다. 게다가 모형이 실제 학교에서의 교수 활동과 교사교육 기관 사이의 연속성을 제공한다고 보기도 한다. 실제로 많은 교사들은 학교장의 요구에 따라 또는 대체 교사를 위해 수업계획안을 미리 준비하고 수업 활동의 문서로 그 계획안을 보관한다. 그리고 물론, 수업의 처방전으로 쓰인 수업계획안은 아주 쉽게 교사, 학생, 학교 그리고 심지어 국가와 무관한 수업에 대한 조리법이 될 수 있다.

Lampert(2001)와 같은 교사 연구자들은 수학교육 문헌에서 전문가가 수업을 하기 위한 준비와 계획, 특정 수학을 특정 학생에게 가르칠 때 수학 내용을 앞뒤로 이동하는 것, 그리고 특정 학습자에게 적절한 과제를 구조화하는 일 등이 얼마나 광범위한 작업인지 설명한 바 있다. 그래서 Lampert는 처음에 설계한 수학과제로 수업계획안 작성을 시작하지만, 학생의 반응에 따라 과제를 다르게 적용한다. Yinger는 이러한 수업을 즉흥적으로 하는 임기응변과 같다고 설명했다. 즉흥적으로 잘 대처하기 위해서는 기대하지 않았던 상황에서 잘 처신해야 하고, 새로운 발문을 하거나, 다른 문제를 제안하여 익숙하지 않은 추론 형태를 해석하고 평가할 수 있어야 한다. 즉흥적인 수업에 도움을 줄 수 있는 계획은 어떤 형태인가? 즉흥적인 수업은 재즈 연주가를 떠올리게 한다. 즉흥 연주를 하는 재즈 연주가의 능력은 화음, 음계, 멜로디에 대한 충분한 연습, 화음 진행에 대한 창의적인 변주, 그리고 동료 연주가와의 협연에 달려있다. 전통적인 수업계획안은 문제해결 수업을 할 때, 자연스럽고 창의적으로 대응할 수 있는 방법을 연습하기에는 부적절하다.

이 책에서 우리는 "수업 연극"을 소개한다. 수업 연극은 지금까지 사용한 전통적인 수업지도안 틀과 어깨를 나란히 할 만큼 새로운 것이다. 이 두 가지 방법은 각자의 방식대로 근본적으로 다른 방식으로 준비 행동을 구조화한다. 또한 수업 준비의 의미에 대해서도 근본적으로 다르게 생각한다. 수업 연극 형태의 수업 이미지는 미리 결정된 구성과 결과보다 순간의 선택과 결정을 예행 연습하는 것에 더 가깝다. 다음 장은 전통적인 수업계획안의 긍정적 측면에 대해 논의할 것이다.

수업계획안의 예

[그림 1.1]에 제시된 수업계획안의 예를 살펴보자. 타일러 모형을 변형시킨 이 계획안은 학습 목표를 구체화하고, 목표를 획득하기 위한 절차를 정하고, 평가 절차를 명확히 하였다. 반세기 동안 수업 준비의 용도로 사용되면서 이 활동지도안은 개정에 근거한 여러 가지 측면의 수학 교수법을 포함하고 있다. 실제로 이 예에서 설명하고 있는 계획된 수업의 면면을 보면 적극적, 참여적, 그리고 개념적으로 접근하는 수학 수업에 대한 동시

대의 기준을 만족시키고 있다.

- 학생들은 직사각형 모양의 배열을 만드는 활동에 참여한다. 이 활동은 교사가 분명한 방향을 제시하고 6을 예로 설명한 후에 이루어진다.
- 학생들은 배열을 만들 때 교구를 이용한다.
- 교사는 교구를 조작하는 학생들의 활동과 소수와 합성수라는 수학 개념 사이에서 중재를 시도한다.

수업계획안

목표

SWAT1)

소수와 합성수의 모델 만들기

소수와 합성수 구분하기

소수와 합성수를 정의하기 (어떤 수가 소수인지 아닌지 설명하기)

준비물

30개의 장난감 동전 5~6개 세트 (실제 동전, 큐브, 칩 등으로 대신 사용할 수 있음)

교사의 활동	학생의 활동
• 교사는 수업을 시작하고 예를 들어 활동을 설명한다. 오늘 수업의 목표는 주어진 수만큼의 동전으로 직사각형 모양을 배열하는 것입니다. 수가 주어지면 가능한 한 직사각형 모양을 많이 만드세요. 2부터 30까지 모든 수에 대해서 이 활동을 할 것입니다. 예를 들어, 6개의 장난감 동전이 있으면 가로 1줄로 배열하는 방법, 세로 1줄로 배열하는 방법, 가로로 2줄, 세로로 3줄 배열하는 방법 또는 가로로 3줄, 세로로 2줄 배열하는 방법이 있지요. 그래서 모두 4가지 배열 방법이 있습니다.	• 학생들은 모둠으로 모여 동전을 직사각형 모양으로 배열한다. 주어진 활동지에 관찰한 바를 기록한다.
• 교사는 학생들이 알아낸 사실을 표로 정리하여 기록하도록 한다.	• 학생들은 공책에 기록한다.

1) '학생들은 다음 사항을 할 수 있다'라는 뜻의 'Student Will be Albe To'의 머리글자를 조합하여 만든 말.

교사 활동	학생 활동
• 발견한 사실을 공유하도록 한다.	• 학생들은 표에서 관찰한 것을 공유한다.
• 교사는 특별한 관찰에 초점을 맞추거나 구체적으로 자극한다. 가로나 세로 한 줄로 만들어지는 수는 무엇인가요?	• 다음 수를 나열한다. 2, 3, 5, 7, 11, 13, 17, 19, 23, 29
• 교사는 왜 이렇게 되는지 질문한다.	• 이유를 제시한다.
• 교사는 "소수"라는 용어를 도입하고 어떤 수가 소수인지 설명한다.	• 학생들은 "소수" 개념을 그들이 만든 표와 관련짓는다.

평가

5와 100 사이의 수가 적힌 표를 주고, 어떤 수가 소수인지 찾도록 한다.

도전 과제

100보다 큰 소수를 찾아보게 하고 왜 그 수가 소수인지 설명하게 한다.

[그림 1.1] '좋은' 수업계획안의 예

- 교사는 학생들이 표에 근거한 관찰을 하도록 한다. 이는 단순히 정보를 제공하는 것보다 학생들의 아이디어를 구성하려는 사려 깊은 시도를 나타낸다.
- 학생들은 관찰한 패턴에 대해 아이디어를 공유하는 기회를 갖는다.
- 수업은 활동을 성찰함으로써 소수라는 주요 개념을 구성하도록 조직되었다.
- 평가 절차는 소수와 합성수라는 개념을 어느 정도 이해했는지 확인하는 수준으로 구성되었다.
- 다른 학생들보다 먼저 과제를 완성한 학생들에게는 100보다 큰 수를 탐구하도록 함으로써 이해를 확장할 수 있는 기회를 제공한다.

이 수업계획안은 학생 중심의 구성주의적 접근을 보여주고 있으며, 활동을 성찰함으로써 개념을 구성하고 있기에 '좋은' 계획안이다. 수업계획안은 논문 초록이나 책 리뷰와도 같이, 좋은 수업이 어떤 모습이어야 하는지를 잘 보여주고 요약해준다. 그러나 John (2006)이 지적했듯이 "이 모형은 가르칠 때 일어날 수 있는 만일의 사태를 고려하지 못한다" (p. 487). 실제로, 대개의 수업계획안과 같이 이 모형은 "강력한 일반 아이디어"를 나타내며, "적용 가능한 특정 행동의 본질에 대해서는 알려주지 않는다" 수업계획안이 효율적이고 심지어 상징적이어도, 이 특정 수업계획안은 John이 언급했던 본질을 제공하는 다음과 같은 측면은 무시한다.

- 교사가 교구나 학생의 이전 경험과 관련지어 사용할 수 있는 소수의 정의는 무엇인가?
- 표를 만드는 과정에서 어떤 관찰이 나타날 것인가?
- 표를 통해 나타난 학생들의 관찰이 소수와 관련 없을 때 어떻게 대처할 것인가?
- 학생들은 무엇을 어려워하며 이를 어떻게 설명해야 하는가?
- 학생들의 이해를 평가하거나 확장하기 위해 교사는 어떤 질문을 해야 하는가?
- 어떤 수학적인 언어로 수업을 시작하고 학생을 도와주어야 하는가?

이러한 빈틈은 특정 수업계획안의 약점 때문이 아니라 계획안의 인공적 구조가 필연적으로 정리의 성격을 띠고 있기 때문이다. 계획안의 표준적인 형태는 잘못된 확장에 대한 예상, 오개념, 어려움, 다른 설명 또는 예, 수업 시간에 일어나는 상호작용의 가능성 등을 장려하지도 않고 그런 여지도 남겨두지 않는다. 사실, 이것은 수업계획이지 교수계획이 아니다. 타일러의 계획안과 그 아류들은 분명히 미리 결정된 결과에 중점을 두도록 설계되었으며, 따라서 규범적이다.

다른 모형들

전통적인 모형의 한계로 인해 다른 여러 가지 수업계획안이 제시되었다. 예를 들어 타일러 모형을 비판한 Egan(1988, 2005)은 내용 전달은 되도록 줄이되, 학습자의 상상이 발현되도록 장려하는 인지 발달 측면에서 적절한 도구를 배치하는 데 더 중점을 두도록 하는 창의적 개념틀을 고안할 것을 제안하였다. 그러나 교수-학습에서 상상의 역할을 능숙하게 보여준다 할지라고, 여전히 수업 계획안은 미리 결정된 기준에 따른 형식 채우기로 환원된다.

전통적인 수업계획안과 다른 모형으로 John은 타일러의 모델에 하나씩 층을 더해가는 모델을 주장하였다. 이 모델은 중앙에 구체적인 목표를 두고, 소위 위성 구성 요소라고 하는 원을 정해진 순서 없이 반복적으로 더한다. 이 구성 요소는 주 질문에 한정되지 않고 학생들의 학습, 전문적 가치, 자료의 유용성, 교실 통제, 그리고 활동지의 난이도 정도를 포함한다. 이 수업계획안은 선형이 아닌 다층 구조상에서 우리가 친숙하게 느끼는 인터넷 매체의 링크나 연결 같은 것을 사용함으로써 보다 도식적으로 보인다. John의 모형이 가르치기 유용한 측면을 포함하고 있지만 초임 교사가 무엇을 학습해야 하는지에 대한 것보다 숙련된 교사가 무엇을 할 것인지를 더 강조하고 있다. 다른 말로 하면, 숙련된 교사는 계획에 층을 더해 갈 때, 교수 경험에 근거하여 학생들과 활동지에 대한 지식에 의존할 수 있지만, 초임 교사는 생각할 수 있는 충분한 자료를 가지고 있지 못하다. 더욱이 초임 교사가 숙련된 실제 수업을 보는 것이 중요하지만, 이 다층 모형도 여러 층을 가로지르는 계획하기가 포함되거나 공유할 수 있는 도구를 제공하지는 않는다.

수업계획의 또 다른 접근법을 Van de Walle과 Folk(2008)가 쓴 「초등학교와 중학교 수학: 단계적으로 가르치기 (Elementary and Middle School Mathematics : Teaching Developmentally)」라는 유명한 책에서 찾아 볼 수 있는데, 여기서는 수업지도안의 형식 없이 문제 중심 교실에서 10단계 접근 방식에 대한 계획을 제공한다. 이 과정 안에서 수업계획안 자체는 도입 활동 계획하기, 전개 활동 계획하기, 활동에 이어지는 논의 계획하기와 같이 3단계로 구성된다. 이 모형은 목표로서의 결과 즉, 주어진 개념 학습을 구성요소의 초점으로 두는 대신, 학습과정이 도입, 전개, 논의로 이루어진다. 우리가 소개할 "수업 연극"은 이 접근 방식을 잘 따르고 있고, 삼 단계에 따른 수업이 이루어지는 동안 일어날 수 있는 일을 계획하는 것을 중요한 과제로 삼는다.

"수업 연극"을 시작하기 전에 수학교육에서 유명세를 떨치고 있는 한 모형을 소개하겠다. 이 모형은 수업 계획을 개별적이고, 사적인 행사가 아니라 보다 공적이고 많은 노력을 공유하는 것으로 만들었다. 실제로 일본의 "레슨 스터디(lesson study)"는 탐구, 예측, 실행, 성찰 그리고 수정의 과정을 많은 교육자가 함께 계획하는 독특한 접근을 취하고 있다. 레슨 스터디는 사회성을 가진 계획하기로 수많은 의사결정을 거쳐 마지막 결과물을 만들어내므로 계획하기의 기능이 행동을 처방하기 위한 시작점이라기보다 수업연구에 참여한 사람들의 심사와 성찰의 기록이다.

그러나 예비 교사 교육에서 일본의 "레슨 스터디"를 적용하는 것은 한계가 있다. 레슨 스터디는 긴 시간 동안 회의를 해야 하기 때문에 충분히 많은 시간이 필요하다. 그 과정은 주로 특별한 행동에 대한 학생의 반응을 효과적으로 예상하기보다 교사의 경험에 의존하고 있다. 실제로 연구자들은 초임 교사들이 질문과 과제에 대한 학생들의 반응을 예상하도록 하는 것이 레슨스터디에서 가장 도전적인 부분이라고 보고 있다. (Stigler와 Hiebert, 1999) 사실 우리가 수업 연극을 설계한 동기 중의 하나도 미래 교사들이 다양한 가능성을 해석적으로 탐구함으로써 학생들의 반응을 예상하고 성찰할 수 있도록 하기 위함이다.

결론

Davis와 Simmt(2006)의 계획된 사건과 발생한 사건의 구분에 근거하면, 가르치기를 준비하는 행동은 근본적으로 해석가능한 행동이고, 또 "일어나야만 하는 또는 일어날 수밖에 없는 무엇에서 일어날지도 모를 또는 일어날 수도 있는 무엇으로" (p. 147) 초점을 변화시키는 행동이다. 이 장에서 우리는 전통적 수업계획안이 왜 해석적 계획하기를 장려하지 않는가에 대해 설명하였다. 우리의 목표는 미래 교사들이 발문 또는 과제에 의해 발생하는 여러 가지 가능성, 학생들의 다양한 응답, 학생들이 구성하는 여러 가지 개념, 그리고 교사가 나타내는 특정 반응의 여러 가지 효과 등을 고려하도록 새로운 형식의 계획하기를 제안하는 것이다.

Chapter 02 수업 연극 소개

제1장에서 개정에 기반을 둔 교수법의 목표를 충족시키는 수업계획안의 예를 살펴보았다. 물론, 수업 계획과 실제 수업은 많이 다를 수 있다. 실제로 예비 교사들과 작업해보면 인상적인 수업계획안을 작성할 수 있다는 것을 알 수 있다. 그러나 예비 교사들이 가르치는 것을 관찰해보면 학생들과의 상호작용에서 교구 활용, 문제 중심 학습, 모둠 활동 등이 거의 발견되지 않았다. 이와 같은 사례는 다음 문헌에서도 찾아볼 수 있다.

- 절차적 사고 강조 (Crespo 등, 2010)
- 수학적 추론을 유도하는 질문보다 사실 확인을 위해 질문하는 경향(Vacc, 1993)
- 잘못 유도되었거나 오류가 있는 수학 설명
- 교실에서 교과서나 교사를 수학의 권위자로 삼으려는 경향 (Herbel-Eisenmann과 Wagner, 2007)

선행연구에 따르면, 개정에 기반을 둔 수업 목표를 달성하기 위해 예비 교사들은 좀 더 많은 전략을 알고 있어야 한다. 예비 교사들은 질문하는 방법, 대답하는 방법, 지시하는 방법에 대해 생각해보고 좀 더 주의를 기울여야 한다. 이어지는 절에서 수업 연극을 어떻게 개발하게 되었는지 간략히 소개한다. 다음으로 수업 연극의 예를 제시하고, 교사들이 개정에 기반을 둔 수학교실의 복잡한 환경에 적응하는데 필요한 여러 종류의 교수법을 개발하는데, 도움을 준다는 면에서 수업 연극이 특별한 기회를 제공한다는 점을 지적하고자 한다.

"수업 연극" 개발

위에서 언급한 바와 같이 수업 연극이라는 아이디어는 수업을 계획할 때 중요한 특징으로 고려하고 있는 부분에 대하여 "좋은" 수업계획안이 관심을 기울이지 않았거나 또는 주목할 곳이 없다는 좌절감 때문에 나타났다. 지난 7년 동안, 수업 연극은 일반적인 강의에서 나타날 수 있는 문제 상황에 주목하여 구체적인 문제가 발생했을 때 해결하는 방식으로 "가상의 상호작용을 연극 대본으로 쓰는 것"으로 발전하였다. 이 방법은 John (2006)이 제안한 "수업 계획은 행동에 대한 청사진으로 여겨져서는 안 되며 상호작용의 기록이 되어야 한다" (p. 495)에서 영감을 받았다. 초기부터 현재까지 수업 연극 과제가 진화한 과정을 3장에서 대략적으로 설명할 것이다. 하지만 먼저 수업 중에 일어날만한 몇 개의 상호작용과 수업 연극의 예를 생각해 보기 바란다.

일어날만한 상호작용

다음과 같은 상호작용을 상상해보자. 교사는 학생들에게 다른 수가 소수인지 확인하도록 질문한다.

교사 : 모두 다 했니? 좋아. 그럼 다른 수도 살펴보자. 91은 어떠니?
리타 : 91은 소수에요.

문헌 (Zazkis와 Campbell, 1996a)에서 제시했듯이 리타의 답이 엉뚱한 것은 아니다. 여러분이라면 이 학생에게 어떻게 반응할 것인가? 아래와 같이 이어가지는 않을 것이다.

교사 : 모두 다 했니? 좋아. 그럼 다른 수도 살펴보자. 91은 어떠니?
리타 : 91은 소수에요.
교사 : 아니야. 91은 7과 13의 곱이란다.

여러분은 아마 리타가 어느 정도 수학적 추론을 했으면 할 것이다. 여기서 5분 정도 시간을 들여 다음에 이어질 대화를 대여섯 줄 적어보자. 어쩌면 여러분은 다른 학생들의 목소리가 들리기를 원할지도 모른다. 학생들에게 대응할 말을 신중하게 골라야 한다는 생각을 할 수도 있고, 처음 작성한 대본을 고칠지도 모른다. 처음 생각했던 것 보다 훨씬 더 많은 선택 사항이 있다는 것을 확실히 알게 될 것이다. 예를 들어, 다음 두 가지 경우를 보자.

소수 후속편 A	소수 후속편 B
교사 모두 다 했니? 좋다. 그럼 다른 수도 살펴보자. 91은 어떠니? 리타 91은 소수입니다. 교사 소수가 뭐지?	교사 모두 다 했니? 좋다. 그럼 다른 수도 살펴보자. 91은 어떠니? 리타 91은 소수입니다. 교사 네가 가지고 있는 12구단 곱셈표에 한 줄 더 만들어 볼래?

소수 후속편 A에서 교사는 리타가 소수가 무슨 의미인지 알지 못한다는 가정 하에 질문하고 있다. 교사가 상상하는 학습 방향은 다음과 같다. 먼저 소수의 정의를 정확하게 알려주자. 그 다음 리타가 91에 대하여 소수의 정의를 사용하게 되면, 91이 소수가 아님을 알게 될 것이다. 아마 리타는 소수의 정의를 이미 배웠겠지만, 교사는 리타가 기억하지 못했다고 가정했을 것이다. 소수 후속편 B에서 교사는 리타가 곱셈표에 있지 않은 수는 소수가 아니라고 생각했을 것으로 가정한다. 그래서 교사가 상상하는 학습 방향은 곱셈표를 확장하는 것이다. 곱셈표에서 리타는 91을 발견할 것이고, 따라서 91이 소수가 아님을 알게 될 것이다. 이 두 가지 경우 분명히 말하지는 않지만 리타가 틀렸음을 암암리에 전달하고 있다. 그러나 각각의 경우는 교실에서 매우 다르게 실행될 것이며 리타가 소수에 대하여 생각하는 방식, 더 나아가 수학에 대하여 생각하는 방식에 영향을 미칠 것이다. 예를 들어, 소수 후속편 A에서 수학은 정의에 근거한 활동으로 규정되었지만, 소수 후속편 B는 계산을 위주로 하는 활동으로 규정되었다.

수업계획안이 소수를 규명하는 것에 초점을 두어 내용을 분명히 밝히는 반면, 수업 연극 상의 교사와 학생들 사이의 대화는 내용이 교실에 전달되는 과정에 훨씬 더 많이 신경을 쓰고 있다. 수학의 측면에서, 상상으로 대화하는 동안 수학 언어를 실제로 사용할 뿐만 아니라 아이디어를 설명하고 정당화하는 형식에도 당연히 초점을 맞추어야 한다. 교수학의 측면에서, 가상으로 주고받은 말들은 학생들이 어떻게 생각하고 또 생각한 바가 어떻게 바뀔지에 대한 가정을 분명하게 표현하며, 또한 가능한 교수의 흐름을 분명하게 표현하기도 한다. 그리고 위의 두 가지 후속편에서 보듯이, 수업 연극은 미리 고정된 교수학적 무슨 "주의"에 빠지지 않고 학습의 본성에 관한 것을 제안하고 있다.

우리는 예비 교사들에게 위에 제시된 후속편을 넘어 대화를 계속 이어나가도록 했다. 예비 교사들은 교사로서 어떤 말을 할까 상상해야 할 뿐 아니라 학생들이 어떻게 반응할지도 상상해야 했다. 또한 주어진 프롬프트 이전에 어떤 일이 일어났을지 상상해 보도록 했다. 1장에서 수업계획안의 한 모형을 제공하였듯이, 여기서도 이 절의 시작 부분에 제시한 프롬프트에 근거한 수업 연극의 모형을 제시할 것이다. 읽으면서 교사가 가지고 있는 학생들에 대한 여러 가지 가정을 생각해보고, 예비 교사들이 마음에 두고 있는 수업 흐름을 규명하길 권한다. 여러분은 교사가 질문하는 방법 또는 학생들에게 반응하는 방법에서 무엇을 발견하였는가? 교사는 어떤 수학 언어를 선택하는가?

수업 연극 예시

장면 1

1		(학생들은 주어진 수가 소수인지 합성수인지 결정하여야 하며, 그렇게 결정한 이유를 설명해야 한다. 5분이 지난 후, 어떤 학생은 과제의 절반 정도를 했고, 어떤 학생들은 여전히 주저하고 있다. 교사는 학생들이 제대로 하고 있는지 알아보기 위하여 과제를 확인하기로 했다.)
2	교사	여러분, 지금까지 한 것을 확인해 봅시다. 여기 집중해 주세요. 다 못한 것 알고 있어요, 나중에 계속하도록 해요. 첫 번째 수 23을 봅시다. 이것이 소수일까요, 합성수일까요? 그래, 수잔 말해볼래?
3	수잔	소수입니다.
4	교사	좋아, 왜 그렇게 생각하지?
5	수잔	어떤 수도 그 안에 들어가지 않습니다.
6	교사	안에 들어간다고?
7	수잔	제 말은 어떤 수도 그것을 나누지 않습니다.
8	교사	어떤 수도 전혀 없다고?
9	마리아	수잔 말은 23과 1을 제외하고는 없다는 뜻입니다. 그 수를 23 곱하기 1로 쓸 수 있지만 다른 방법은 없어요.
10	교사	잘했다. 우리는 "없다"가 아니라 23은 1과 23 정확히 두 개의 약수를 가진다고 한단다.
11	수잔	칩을 가지고 할 때도 길게 한 줄로 늘어놓을 수 밖에 없었어요. 칩을 남기지 않고서는 다른 사각형을 만들 수 없었어요.

12 교사 정말, 대단하구나. 다음으로 가 보자. 34는 어떠니?, 소수일까, 합성수일까? 그래, 제이미.

13 제이미 합성수입니다.

14 교사 왜 그럴까?

15 제이미 짝수이기 때문입니다.

16 교사 그래서 설명해 보겠니?

17 제이미 34가 짝수임을 알고 있죠. 그리고 짝수는 2를 가지고 있어요.

18 교사 2를 가지고 있다고? 흐음, 34라. 3 하나, 4 하나 있는데. 2는 어디에 있지

19 마리아 제이미 말은 2가 약수라는 뜻입니다. 모든 짝수는 2를 약수로 가집니다. 그래서 소수가 될 수 없습니다.

20 교사 음, 네 말은 어떤 짝수도 소수가 될 수 없다는 뜻이니?

21 마리아 그렇죠. 모든 짝수는 2 곱하기 어떤 수, 그래서 소수가 아닙니다. 소수는 홀수입니다.

22 교사 그럼 2는 어때?

23 제이미 2는 소수인데요, 그런데 2는 짝수입니다.

24 교사 그래서 내가 좀 헷갈리는구나. 좀 도와주겠니?

25 마리아 예. 헷갈리지 않아요. 제가 말하려는 것은 2는 예외라는 겁니다. 2가 유일한 짝수인 소수입니다. 제일 처음에 시작하는 수이기 때문이에요. 다른 소수들은 다 홀수입니다. 2만 단 하나의 예외입니다.

26 교사 좋아. 잘했어. 우리가 알아냈구나. 다음으로 가자, 68은 어떨까?

27 마티 당연히 합성수입니다. 금방 2를 제외한 2보다 큰 모든 짝수는 소수가 될 수 없다고 했습니다. 그러니까 목록에 있는 다른 짝수들은 알아 볼 것도 없이 모두 합성수입니다.

28 교사 모두들 동의하니? 좋아. 이 규칙으로 일이 쉬워지겠구나. 그럼 홀수로 가보자. 다음 홀수가 49, 케빈?

29 케빈 합성수인데요… 소수처럼 보이긴 하는데요, 제 기억에 곱셈표에서 7 곱하기 7이예요. 그리고 같은 식으로 63도 7 곱하기 9입니다.

30 교사 아주 잘했다. 곱셈표도 도움이 되는구나. 자 그럼, 과제를 마무리해보자. 이미 다 한 사람은 106쪽의 문제 7로 넘어가거라.

장면 2

31		(학생들은 계속 혼자서 과제를 해결하고 있다. 일부 학생들은 과제를 막 끝냈고, 다른 학생들은 이미 교과서에 나오는 문제로 넘어갔다.)
32	교사	모두 다 했니? 좋아. 나머지 수를 확인해 보자. 91은 어떠니?
33	리타	91은 소수입니다.
34	교사	왜 그렇게 말한 거지?
35	리타	곱셈표에서 찾을 수 없습니다.
36	교사	재미있는데. 네 말은 곱셈표에는 합성수만 있다는 뜻이니?
37	리타	(머뭇거리며) 케빈도 그렇게 말했고, 선생님도 "잘했다"고 말씀하셔서.
38	교사	케빈이 말한 게 정확하게 뭐지?
39	리타	곱셈표를 보면 49는 7 곱하기 7이고 63은 7 곱하기 9이에요. 케빈이 맞았고, 선생님도 "잘했다"고 그러셨고. 91은 거기 있지 않아요.
40	교사	알겠다. 어떤 수가 소수일까?
41	학생들	약수가 두 개뿐일 때 입니다. 자기 자신과 1을 제외하고는 다른 약수가 없을 때요.
42	교사	그래. 63이 7 곱하기 9이면, 63의 약수에 대하여 뭘 알 수 있을까?
43	티나	7과 9가 63의 약수입니다.
44	교사	맞았어. 이런 이유로 63이 소수가 아니란다. 하지만 91이 곱셈표에는 나오지 않는데 약수를 가질 수도 있을까?
45	리타	(머뭇거리면서) 아니요. 제 생각에 91은 100보다 작잖아요.
46	교사	34를 생각해 보자. (벽에 걸려 있는 십이십이단 곱셈표를 가리키며) 34를 곱셈표에서 찾을 수 있니?
47	티나	없네요. 하지만 짝수에요. 그래서 짝수에 대해서는 곱셈표를 보지 않아도 됩니다. 우리는 짝수는 소수가 아님을 알고 있어요. 38과 같이 곱셈표에는 없지만 소수가 아닙니다.
48	교사	음 34와 38을 곱셈표에서 찾을 수 없어. 그렇지만 소수는 아니다. 좀 이상하지 않니?
49	리타	네, 짝수이기 때문이에요, 하지만 91은 짝수가 아닙니다.
50	교사	알겠다. 자 그럼 … (생각하면서) … 홀수 39를 보자.
51	티나	곱셈표에 없어요.
52	교사	그럼 뭘 말할 수 있을까?
53	리타	3 곱하기 13이요, 그래서 합성수라고 말할 수 있어요.

54	교사	재미있지 않니! 곱셈표에 있지 않은 다른 홀수 중에 합성수인 것을 찾을 수 있겠니?
55	케빈	51?
56	마리아	65, 75, 85, 95!
57	교사	더 있을까?
58	마크	57
59	교사	좋아. 여러분들이 찾은 이런 수를 모두 모아보자. 곱셈표에 없고 홀수이고 합성수인 것 말이야. 그 다음에 두 수의 곱으로 써보자. 지금까지 39, 51, 57, 65, 75, 85, 95.
60	마크	마리아가 말한 수들은 쉬워요. 전부 5 곱하기 얼마하면 되요.
61	교사	잘 보았구나. 하지만 여기서 모두 한꺼번에 처리하자.
62	학생들	(멈추었다가) $39 = 3 \times 13$, $51 = 3 \times 19$, $65 = 5 \times 13$, $75 = 5 \times 15$, $85 = 5 \times 17$, $95 = 5 \times 19$.
63	교사	아주 잘했다. 자 이제 여기 모든 합성수를 찬찬히 보자. 이 수들이 왜 곱셈표에 있지 않은지 궁금하구나.
64	리타	곱해지는 수가 너무 커요. 그래서 곱셈표는 그렇게 큰 수의 곱셈까지는 보여 주지 않아요.
65	교사	그럼 91에 관해서는 뭘 알 수 있을까?
66	리타	곱셈표에 있지 않고 우리가 틀렸어요. 제 말은 91이 거기 있지는 않지만 그렇다고 소수라는 말은 아니에요. 이건 틀렸습니다. 91은 7×13이예요. 소수가 아니고 합성수입니다. 우리 모둠은 소수라고 말했지만 이제 알았어요. 그 수는 7×13, 그래서 91은 두 개의 약수를 가지고 있어요.
67	교사	리타가 아주 잘했구나. 모두들 리타가 한 말을 이해했니?
68	마크	리타 말은 어떤 수가 소수임을 결정할 때 곱셈표를 사용할 수 없다는 것입니다.
69	교사	(미소) 그렇지. 기본적으로 그렇지. 자 이제 도전 문제를 제시하죠. 홀수이면서 곱셈표에 나타나지 않는 모든 합성수를 찾아봅시다.

물론, 특별한 상호작용을 유도하는 수업계획안은 수많은 다른 상호작용도 가능하게 한다. 여기서는 가상의 상호작용 안에서 나타나는 특별한 목표, 선택, 가정 등에 관심을 둔다. 먼저 상호작용 안에서 나타나는 수학적 특징에 중점을 두고, 나중에 교수학적 특징을 탐색한다. 우리의 의도는 수학적 특징과 교수학적 특징을 분리하는 것이 아니라, 이 두개의 렌즈를 수업 연극을 분석하는 도구로 이용하려는 것이다.

이제 수학적 특징에 대하여, 두 가지 주요 쟁점을 세밀히 검토해 보자. 먼저, 수업 연극은 명백히 수학 언어를 사용한다. 교사는 학생의 말에 계속해서 신경 쓴다. 예를 들어, 교사는 학생들이 좀 더 정교한 수학 언어를 쓰도록 유도하기 위하여 수잔의 모호한 표현 "안에 들어간다" [5, 6]을 반복하였다. 나중에, 제이미가 "그 안에 2를 가지고 있다" [17, 18]고 말할 때도 마찬가지다. 제이미와 수잔은 교사의 말이나 자신들이 한 말이 비슷하다고 볼지 모르지만, 수업 연극의 교사는 소수에 대해 제이미나 수잔 뿐 아니라 모든 학생들과 효율적인 의사소통이 되도록 좀 더 정확한 단어를 구사하고 있다. 교사의 반응은 합성수에 대해 다르게 말하는 방법을 알려주고 있고 또한 "그 안에 2를 갖는다"와 같은 수학적이지 않은 말이 어떻게 잘못 전달될 수 있는지, 예를 들어, 34는 3과 4는 분명히 있고 2는 없다는 식으로 알려준다. 이와 같이 언어에 대하여, 그리고 의사소통 과정에서 정확하게 말할 필요성에 대하여 세밀하게 신경 쓰는 것은 대화 내용에서 불확실하게 분리되는 것이 아니라 교실에서 내용이 다루어지는 방법과 연결된다. 일반적으로 교사는 학생들의 일상적 언어와 형식적인 수학 언어를 연결시키려고 한다. (Herbel-Eisenmann, 2000을 보라.) 이와 같은 목표가 수업계획안에도 포함되어 있지만, 수업 연극은 언제 어떻게 그런 일이 일어나는지 매우 자세하게 알려준다.

언어에 대한 쟁점 외에도, 수업 연극은 교실에서 나타나는 다양한 형태의 수학적 추론을 명백히 묘사한다. 예를 들어, 마리아가 "모든 짝수는 2 곱하기 어떤 수이므로 소수가 아니다" [21]라고 주장할 때, 교사는 그 주장을 평가하고 반례를 제시한다 [22]. 이런 일은 리타가 곱셈표에 있는 합성수에 대하여 주장할 때도 다시 반복된다 [35, 36, 50]. 두 가지 경우에서, 학생들은 주어진 현재 경험으로부터 꽤 그럴듯한, 어쩌면 꼭 필요한 추측을 내놓았는데, 교사는 그 추론을 인식한 다음 학생들이 더 알맞은 추측을 하도록 어떤 방법을 찾아내고 있다. 마리아에게 제시한 2, 리타에게 제시한 39와 같이 교사가 든 실제 반례는 매우 구체적인 반응이며, 대화 과정에서 직접 나타난다.

우리는 수업 연극에서 교사가 상호작용을 유지하기 위하여 행하는 구체적인 "교수학적 전환"을 규명할 수 있다. 이미 언어에 대해 주목하였지만, 교사가 언어를 다루는 방식은 학생들의 진술을 어떤 식으로든 "재성하기[2]"와 관계있다. 이러한 방법으로 교사는 학생들의 말을 인정할 수 있고, 수학적으로 더 선호하는 단어를 제시할 수 있다. 예를 들어, 교사는 소수에 대한 마리아의 말을 "잘했다. 우리는 '없다'라는 말보다 23은 1과 31,

2) re-voicing을 번역한 말. 어떤 말을 받아서 더 쉬운 표현으로 바꾸거나 합리적인 해설을 덧붙여 다시 말하는 과정을 말함.

정확히 두 개의 약수를 가진다고 말한단다" [10]과 같이 다시 말했다. 재성하기의 다른 예가 이어서 나타난다. 교사는 리타의 대답을 곱셈표에 있지 않은 수는 소수이다 [36]과 같이 추측하여 재성함으로써, 리타가 더 생각해 볼 수 있게 하였다.

재성하기의 예와 함께 교사의 여러 가지 질문에 주목해보자. 선행 연구에 따르면, 교사들은 추론이 거의 필요 없는 사실에 대해 질문을 한다. (Vacc, 1993) 예를 들어, 리타가 91은 소수라고 말한 후에, 교사는 "91이 곱셈표에 있니?" 또는 "91 나누기 13이 뭐지?"와 같이 사실을 확인하는 질문을 할 수 있다. 앞의 질문은 학생이 곱셈표를 훑어보면 되고 뒤의 질문은 계산을 하면 된다. 추론 과정은 필요 없다. 이 수업 연극에서, 교사가 선택한 질문은 "왜 그렇게 말한 거지?" [34]이다. 이렇게 질문함으로써, 교사는 학생의 추론을 이끌어내고 이를 이용하여 리타가 추론에서 어떻게 모순을 유도하는지 깨닫도록 도울 수 있다. 후속편 B와 다르게 교사는 리타의 잘못이 곱셈표와 관련되었다고 가정하지 않는다. 더 나아가, 교사는 리타에게 바로 계산하도록 지시하지 않고 대신 리타의 대답을 하나의 추측으로 재성하였다.

Chapin 등(2009)은 "대화 전환"이 교실 논의를 증진시킨다고 밝혔다. 그는 추론에 근거한 질문을 통해 학생들의 사고를 재성하고 촉진시키는 두 가지 형태를 제시하였다. 반면, 대부분의 수학교실에서는 IRE[3)] 형식에 따라 상호작용이 일어난다. IRE 형식은 미리 결정된 정보를 따라 학생을 이끌어 가며, 학생들이 생각한 바를 표현하는 것은 장려하지 않는다. (Cazden, 2001; Nystrand, 1997) "대화 전환"을 촉진할 때, Chapin 등은 학생들이 참여하고 학생들의 추론을 장려하는 대안적 상호작용을 추구한다. 따라서 우리가 재성하기나 추론에 근거한 발문을 대화 전환으로 조명하는 동안, 이러한 전환들이 이어지는 상호작용을 확장하고 또 그에 대하여 숙고하는 것은 매우 중요하다.

Wood(1998)는 교실에서의 수학 토론에 관한 연구에서 집중하기와 몰아가기라는 두 가지 형태의 상호작용을 규명하였다. IRE와 유사하게 몰아가기는 교사가 어떤 절차 또는 원하는 결과를 얻기 위해 학생에게 일련의 질문을 안내할 때 나타난다. 이러한 상황에서 교사는 인지적 활동에 참여하는 반면, 학생들은 단지 질문에 대답만 하고 있어서, 어떤 때는 학생들이 질문 사이에 연관성을 찾지 못하는 경우도 있다. 다음 수업 연극이 위에서 제시한 수업 연극과 어떻게 다른지 살펴보자.

3) 시도(Initiation), 반응(Response), 평가(Evaluation)의 머리글자를 딴 것임.

교사	모두 다 했니? 좋아. 나머지 수를 확인해 보자. 91은 어떠니?
리타	91은 소수입니다.
교사	십이십이단 곱셈표에 세로줄을 하나 더 만들어 보겠니?
리타	네, 13에 해당하는 세로줄을 만들어 볼게요.
교사	무엇을 발견했니?
리타	91이 표 속에 있어요.
교사	그럼 약수도 알 수 있겠구나.
리타	13과 7입니다.
교사	그럼 91이 소수일까?
리타	아니요.

위의 예는 교사가 '무엇을 발견했니?'와 같은 열린 질문을 하기도 하지만, 어디까지나 교사는 리타가 91의 약수를 찾도록 몰아가고 있다. 이 장면에서 교사는 리타가 91 이 왜 소수라고 생각했는지에 대해서 알려고 하지 않는다. 교사는 리타가 케빈과의 상호작용에 의지했던 지난 수업에서 나타난 일반화를 이해하도록 도와주지 못하고 있다. 사실, 예비교사들이 작성한 수업 연극을 검토해보면, 학생들이 91을 소수라고 여기는 상황[4]에서, 대부분이 곱셈표 확장하기 방법을 사용한다. 물론 이 방법이 잘못된 것은 아니지만 이러한 방법은 필연적으로 이미 결정된 몰아가기 방식의 토론으로 상호작용을 하게 하여 흥미로운 논의가 되지 않는다.

몰아가기와 대조적으로 집중하기는 교사가 학생들의 대답을 들어야 하고, 교사가 어떻게 그 문제를 해결하기보다 학생들이 무엇을 생각하는지에 기초하여 학생을 안내해야 한다. 상호작용에서 이러한 집중하기를 이루는 것은 결코 쉬운 일이 아니며, 단순한 유도와 피드백을 넘어서는 전환을 사용해야 한다. 사실, 처음 본 수업 연극 모형에서 교사는 곱셈표에 있지 않은 2와 5의 배수들이나 홀수인 합성수를 반례로 하여, 케빈의 일반화를 다룰 필요가 있다. 논의에 고정된 결론을 정해두기 보다 교사는 학생들에게 대답할 준비가 되어 있어야 하고, 학생들이 전혀 보지 못했던 문제해결 방식을 들고 나올 가능성을 열어 두어야 한다. 이러한 방식이 교사에게 목표가 없다는 의미는 아니다. 수업 연극 모형에서 교사는 리타가 합성수가 매우 많이 있다는 것을 인지하고 곱셈표에 없는 합성수

4) 6장에 다양한 예가 제시되어 있다.

도 알도록 돕고자 했다. 결국, 수업은 리타가 곱셈표에 없는 수를 찾아 곱셈표에 대해 명확하지 않았던 추측을 논증하도록 돕는 쪽으로, 소수가 무슨 의미인지 다시 음미하는 쪽으로 흘러간다.

이제 수업 연극의 형식적 측면에 주목하여 수업 연극의 교수학적 특징에 관하여 논의해 보자. 서로 다른 관점이 나타날 가능성을 가지고 오랜 시간 일어나는 대화로서의 수업 연극 구조는 탐구에 기반을 둔 교실 안의 상호작용이 왔다 갔다 하고 때로는 지루하게 반복되는 것을 허용하기도 한다. 이런 구조는 숙제하기, 정의쓰기, 예 제시하기, 문제주기, 풀이 평가하기와 같이 질서 정연하고 단순화된 목록과 같은 행동과는 분명한 대조를 보인다. 이 수업 연극의 교사는 곱셈표와 같이 장면 2에 나오는 새로운 아이디어의 도움을 받아서 장면 1에서 나오는 "소수"와 "합성수"의 정의를 재조명하고 있다. 이 수업 연극은 학생들이 보게 되는 예나 문제에 따라 정의의 의미가 바뀔 수 있다는 것을 말하고 있다. 또한 학생들의 해석이 전혀 기대하지 않았던 방향으로 진행될 수 있음을 보여준다.

예를 들어, 장면 2의 시작 부뷰에서 리타는 91이 곱셈표에 없기 때문에 소수라는 주장을, "케빈도 그렇게 말했고, 선생님도 '잘했다'고 말씀하셨다" [37]은 말로 방어하고 있다. 여기서, 교사는 반례를 들거나, 소수의 정의로 돌아가거나, 리타가 케빈에게 반응한 맥락에 대해 반박하는 등의 선택을 할 수 있다. 수업 연극은 이러한 선택 상황을 영화 대본과 같이 실행해 보거나 리타나 다른 학생들이 어떻게 응답하는지 각각의 선택적 상황을 실험해 볼 수 있다. 해석하는 과정 중에 다른 선택적 상황을 비판하고 결정한 것을 평가할 수 있다. 수업계획안은 "좋을" 수도 있고 "나쁠" 수도 있지만, 이와 대조적으로 수업 연극은 하나의 해석으로 교사가 학생에게 응답하는 다양한 방식과 학생들의 이해를 돕는 다양한 조건에 대한 질문을 제기한다.

수업 연극에 대한 마지막 관점은 '놀이다움'에 대한 것이다. 매우 자연스럽게 수업 연극은 구체적이고 특별한 가상의 상호작용에 집중한다. 반면, 수업계획안은 "질문에 여러 학생들이 답하도록 하라"와 같은 지시를 포함한다. 수업 연극은 대답할 학생들의 이름을 개별적으로 불러야 하며, 누가, 예를 들어 티나 또는 리타가 질문에 대답할지 분명히 결정해야 한다. 작가는 티나가 끝까지 마무리하게 할지 리타에게 참여 기회를 줄지, 어느 것이 더 중요한지 고려해야 한다. 어떤 수준에서는 당연하게 들리지만 우리는 이를 아이들이 독백으로 일상 언어의 의사소통을 연습하는 것과 같이 교사가 교실 수업을 위해 준비하고 연습해야 하는 가상 작업의 한 부분으로 간주한다.

하나를 선택하도록 하면 각 선택 상황의 결과를 마무리해야 하고, 다른 선택을 했을 때의 결과도 평가해야 한다. 더욱이, 수업 연극의 작가는 자신이 해야 하는 교사 역할뿐 아니라 학생을 위해 마치 학생같이 생각하거나 말하려고 해야 한다. 이러한 형식의 역할 놀이는 교사들이 더 나은 학생들의 개념 도식에 대한 더 나은 모형을 개발하도록 도울 수 있다. (Steffe와 Thompson, 2000을 보라) 정교한 수업 연극이 학생들의 생각을 듣는 실제 경험으로 대체될 수는 없지만, 교사들이 학생과의 대화 중 가능한 거의 모든 작용과 반작용을 개발하는데 도움을 줄 수 있다.

가상 계획 : 어떻게 수업을 해야 할까

수업계획안은 교사가 가르칠 준비를 할 때 충분한 능력을 발휘하는데 제한이 있다. 수업계획안의 구조는 매우 평범하며, 학생들의 질문이나 가르칠 내용에 대해 대체할 만한 개념 등을 고려하지 않는다. 이러한 제한점들 때문에, 교사교육자들은 예비 교사들에게 다른 방법으로 학생들의 사고를 소개하려고 시도해 왔다. 영상 기술이 발전하면서 영상 자료를 얻는 것이 쉬워졌고, 영상 자료를 분석하여 의사소통 과정을 자세하게 관찰할 수 있게 되었으며, 영상 기술을 사용하는 방법은 교사 교육에서 효과적이다. (Maher 2008) 이런 식으로 효과적인 교수법에 대해 연구하거나 교사 자신의 교수법을 재점검하기도 한다. 영상 자료의 분석은 예비 교사들이 교사의 행동과 학생들의 학습 사이의 관계를 살펴보거나 교실에서 일어나는 상호작용을 면밀하게 검토하게 하여, 예비 교사들이 자신의 교수 행동을 더 자각하게 하고 앞으로의 수업 계획에 대한 정보를 제공한다.

영상 자료를 분석하는 논의와 성찰의 중요성을 간과하지는 않으나, 우리가 느끼기에 수업 연극은 예비 교사들로 하여금 그들 자신의 특별한 방식으로 연습하고 연기하도록 한다. 무엇보다, 수업 연극은 과거를 재검토하기보다는 과거의 정보를 기반으로 미래를 상상할 수 있는 기회를 제공한다. 수업 연극의 구조는 어떤 특정 학생이나 특정 그룹의 학생을 위한 개념으로 구성되는데 수업을 통해 학생들은 정확한 수학 용어를 사용하고, 수학 개념을 자세히 배운다. 수업 연극은 교실에서 어떤 일이 일어날 것인지에 대한 기술이 아니고 가상공간에서 일어날 수 있는 일을 상상하는 것이다. 이 책을 통해 예상치 못한 아주 자세한 상황에 대한 구체적인 수업 계획의 예를 공부함으로써 예비 교사들이 다른 상황에서도 대처할 수 있는 일반 전략을 스스로 구성할 수 있을 것으로 믿는다.

이 장은 주로 우리가 설계한 수업 연극 모형을 언급하였다. 이 모형은 교사가 수업 연극을 창작하고 가르치려고 할 때 교사가 경험하는 도전을 언급하고 있지는 않다. 우리의 목표는 수업 연극이 어떻게 생겼고 또 수업 연극이 전통적인 수업계획안과는 다르게 수업의 특징을 어떻게 환기시켜 주는지를 제시하는 것이었다. 이 책의 다음 장에서 우리는 예비 교사들이 창작한 수업 연극을 보게 될 것이고, 아울러 이 연극들을 예비 교사들이 추구하는 일반적인 요수 이미지와 특별히 수학 교수 이미지를 들여다보는 렌즈로 사용할 것이다.

Chapter 03 과제 개발

교사교육 방법론 강좌에서 수업 연극을 작성하는 과제는 정규 수업의 일부가 되었다. (이 강좌의 공식 이름은 "학습 설계: 초등 수학"이다) 앞에서 언급했듯이, 수업 연극은 예비 교사들이 작성한 수업계획안에 만족하지 못하여 생겨난 것인데, 수업계획안이 좋지 않아서가 아니라 수업계획안으로는 실제 수업이 어떤지 알기 어렵기 때문이다. 하지만, "수업 계획하기"는 모든 방법론 강좌에서 기본이 되는 주제이기 때문에, 예비 교사들은 여러 종류의 "학습계획안"을 개발해 볼 수 있을 것으로 여겼다. 학생들은 이러한 수업을 계획하는 것이 강좌의 필수 요소라 보고, 나중에는 구직 면접과 교실 수업을 위해 미리 만들어진 형식으로 제공되는 것으로 여긴다.

현재 교사교육은 학생 중심의 접근이 유행이지만, 교사교육과정의 수업 계획 형태는 변함없이 전통적인 교사 중심 형태로 가르치고 있다. 많은 예비 교사들은 "전문 교과"가 아닌 "일반적"인 수업 방법에 대한 선 경험에 따라 수업 계획 세우기를 SWAT, 목적과 목표, 평가 과제, 교사와 학생의 활동, 시간 계획 등과 같이 미리 정해진 기준표의 빈 칸을 채우는 것쯤으로 여긴다.

표준화된 형식에 따라 작성된 다양한 수업계획안을 검토한 결과, 우리는 마음이 편치 않았다. 한편으로, 제시된 계획안에서 가치 있는 특징을 발견하였는데, 교구와 다른 교수 기자재의 사용에 대한 생각, 활동에 대한 적절한 선택과 배열에 대한 고려, 여러 가지 형태의 참여 방법 (강의, 소그룹 활동 또는 개별 학습)과 같은 것들이다. 다른 한편으로는, 대개의 수업계획안들이 잘 포장되어 있다 하더라도 수업을 준비하는데 있어서 주요한 요소들이 빠졌음을 발견하였다.

제1장에서 학습계획안의 약점에 대하여 자세히 논의한 바 있다. 그 약점은 어느 특정 계획안과 관련되어 있는 것이 아닌 계획안 자체의 형식에 의한 것으로, 그러한 형식은 학생들이 실수할 가능성 또는 어려움을 겪을 가능성 그리고 교실 상호작용의 현상 등과

같은 이슈에 특별히 주목하지 않는다. 따라서 우리는 예비 교사들의 관심을 Mason (1998)이 언급한 "교수에 관한 기본적인 질문" (p. 247), 즉, "어떻게 학생을 참여시키는가?"로 이끌어줄 장치를 찾았다. 동시에 교사교육과 관련된 Mason의 질문인 "교사들은 학생들이 참여하고 있다는 것을 어떻게 알 수 있는가?"에 대한 답을 추구하였다. 수업 연극 아이디어는 전통적인 수업계획안의 한계를 보상하고, 예비 교사들이 수업을 위한 계획뿐 아니라 학습자들의 참여 과정을 알 수 있도록 제시되었다. 제 2 장에서 우리는 이 도구가 "수업을 준비하는 방법으로서 전통적 지도안의 틀에 비견되는 새로운 방식" (Zazkis 등, 2009a, p. 41)이며 교사교육에 적절함을 충분히 논의하였다.

수업 연극 : 반복적 설계

모든 과제가 그렇지만 예비 교사들의 수업 연극 과제 또한 여러 단계를 거쳐 개발된다. 다음은 수업과 연구 과정에서 수업 연극이 발전된 과정을 제시한 것이다. 이를 통해, 예비 교사들이 제출한 과제에 대한 반응 뿐 아니라 수업 연극 활용에 대한 우리의 목적이 더욱 분명해지길 바란다.

첫 번째 단계

방법론 강좌에서 실시된 모둠 과제 중의 하나로서, 우리는 예비 교사들에게 교사와 모둠의 학생들 사이의 상호작용을 기술하는 수업을 설계하고 대본을 쓰도록 했다. 수업의 주제를 교육과정 내에서 선택해야한다는 것 이외에 나머지는 열려 있었다. 예비 교사들은 가상의 수업이 일어날 모둠 학생들의 나이, 교사와 의사소통하는 모둠의 크기 등을 선택할 수 있다.

첫 단계에서 실패가 다반사인 것은 놀랍지 않다. 기술된 수업 장면은 우리가 상상했던 수학 수업과 거의 같았다. (Cuoco, 2001) 즉, 수업은 주로 교사가 길게 이야기하고, 학생은 가끔 질문했다. 놀랍게도 학생들은 정답을 제시하는 것에 매우 익숙해 보인다! 교사는 학생을 칭찬하고 그 뒤에 충분한 설명을 한 다음 몇 가지 질문을 한다. 대본 속에서 드물게 상상 속의 학생이 오답을 말하면 교사는 바로 교실에서 설명하고 "다른 생각"을 가진 사람이 있는지 질문한 후 바로 원하는 해답을 제시한다.

첫 번째 시도를 통해 우리는 예비 교사들의 관심이 그들의 학생이 아닌 내용 전달에 있음을 알 수 있었다. 예비 교사들은 이런 방식으로 '표준적인' 수업지도안을 수행하였다. 예비 교사들의 반응은 Mason(2002)의 말을 빌리면, 혼동의 시작 (p. 10)으로 다음 단계로의 발전을 위한 출발점이 되었다. 우리는 예비 교사들이 상상 속의 학생들에게 관심을 가지도록 수업 연극 과제를 재설계할 필요가 있었다.

두 번째 단계

우리는 예비 교사들과 함께 수업 연극 만드는 과제를 계속하면서 수업 연극의 특징이 주로 학생들과의 상호작용이 되도록 강조하였다. 다음은 예비 교사가 작성한 수업 연극 중 하나를 예로 제시한 것이다. 수학적 사고와 그 사고를 개발할 수 있는 교사와 학생의 상호작용에 관심을 가지길 바란다. 여기에 제시된 대본의 철자법과 구두법은 예비 교사가 쓴 그대로 유지하였다.

3.1.1	교사	어제 밤 어떤 일이 일어났는지 추측해 보렴. (극적인 효과를 위해 멈춘다) 엄마는 학교 카니발에 쓰려고 컵케잌 74개를 구우셨어. 대수 막대로 74개를 어떻게 나타내야 할지 생각해보자. 대수 막대로 74개를 어떻게 나타낼 수 있을는지 데본과 제시카가 한 번 해볼까? 10단위 막대와 1단위 막대는 각각 몇 개씩 필요하니?
3.1.2		(제시카와 데본은 막대를 가지고 가서 자리로 돌아간다.)
3.1.3	교사	두 사람 잠깐 나와 볼래? 제시카는 몇 개의 막대를 가지고 있니?
3.1.4	제시카	단위 막대 4개요.
3.1.5	교사	데본은 몇 개니?
3.1.6	데본	저는 7개요.
3.1.7	교사	고맙다! 이제 이야기를 계속해보자. 어제 밤에 내 고양이가 컵케잌 두 개를 먹어버렸어! 그 녀석 조금 있다가 배탈이 날거야, 틀림없다고.
3.1.8	교사	74개의 컵케잌이 있었는데 2개가 없어졌어. 이제 몇 개 남았지?
3.1.9	로빈	72!!! 참 쉬워요!
3.1.10	교사	좋아… 그렇지만 고양이가 9개의 컵케잌을 먹었다면… 빼기 문제를 행동으로 보여주기 위해서 제시카에게 가서 9개의 컵케잌을 가져갈게 (고양이 목소리로)
3.1.11		(제시카는 손에서 대수 막대의 개수를 보고 있다.)

3.1.12	제시카	저는 9개가 없어요. 4개 밖에 없어요.
3.1.13	교사	그렇지만 9개가 필요해. 제시카가 데본에게 가서 긴 막대 한 개만 달라고 하지 않을래? 그리고 은행에 가서 그것을 짧은 것으로 바꾸면 되지.
3.1.14	제시카	데본, 긴 거 하나 빌려줄래?
3.1.15	교사	잠깐만 제시카, 우리가 연필을 빌릴 수 있지만 수를 빌릴 수는 없지 않니? 컵케잌을 빌리는 것도 마찬가지야. 일단 고양이가 먹어버리면 돌려줄 수 없지.
3.1.16	제시카	그럼… 데본 긴 거 하나 그냥 줄래
3.1.17		(데본은 제시카에게 긴 막대를 하나 주고 제시카는 1단위 막대로 바꾸기 위해 은행으로 간다.)
3.1.18	은행원	안녕하세요? 손님, 제가 무엇을 도와드릴까요?
3.1.19	제시카	저, 이 긴 막대 하나를 10개의 짧은 막대 블록으로 바꾸고 싶어요.
3.1.20	은행원	네. 여기 있습니다. 2, 4, 6, 8, 10 (두 개 단위로 센다.)
3.1.21	제시카	감사합니다. 좋은 하루 되세요.
3.1.22	은행원	안녕히 가세요.
3.1.23		(제시카는 의자로 돌아왔고 이제 모두 14개의 짧은 대수막대를 가지고 있다.)
3.1.24	교사	이제 모두 몇 개를 가지고 있니?
3.1.25	제시카	14개요.
3.1.26	교사	(고양이 목소리로) 나는 아홉 개의 컵케잌이 필요해. 가져가도 될까, 제시카?
3.1.27	제시카	(제시카는 아래를 내려다보고 자신의 막대를 센다.) 네 가져가세요. 여기 있어요.
3.1.28	교사	이제 몇 개 남았니?
3.1.29	제시카	(아래를 내려다보고 다시 센다) 5개가 남았어요.
3.1.30		(교사는 칠판의 1의 자리 열에 5라고 기록한다.)
3.1.31	교사	고마워, 제시카. 이제 데본은 긴 막대를 몇 개 가지고 있니?
3.1.32	데본	(아래를 내려다보고 긴 막대의 개수를 센다.) 6개요.
3.1.33	교사	고마워, 데본. 이제 누가 이 수를 읽어볼까?
3.1.34		(몇 명의 학생들이 손을 든다.)
3.1.35	교사	브랜드, 이 답을 읽어 보겠니?
3.1.36	브랜드	65개의 컵케잌이 남아있어요.

3.1.37	교사	그것을 어떻게 알았는지 설명해 줄 수 있을까?
3.1.38	브랜드	선생님은 9개의 컵케잌이 필요했는데 제시카는 4개 밖에 없어서 데본에게 긴 것을 하나 빌려 10개로 바꾸었어요. 그랬더니 제시카는 14개가 되었고, 14개에서 9개를 뺐더니 5개가 남았어요. 제시카가 데본에게서 하나를 가져왔기 때문에 데본은 긴 막대를 6개를 가지게 되어 6개의 긴 막대와 5개의 짧은 막대가 있어서 65가 되었습니다.

이어지는 연극에서 교사는 활동에 참여한 세 명의 학생들에게 고맙다고 하고 다른 학생을 불렀다. 연극은 55개의 아주 귀여운 모자 중 16개를 땅에 묻은 강아지 이야기로 시작하여 학생들의 도움을 얻어 비슷한 방법으로 뺄셈을 가르치는 것으로 진행된다.

우리는 이 수업 연극에서 교실 상호작용의 중요한 특징을 발견하였다. 학생들은 대수 막대를 이용하여 뺄셈 활동에 적극적으로 참여하였다. 일단 뺄셈이 끝나면 어떻게 그 답을 얻게 되었는지 한 학생이 요약한다. [3.1.37, 3.1.38] 교사는 뺄셈을 도입하기 위해 이야기 형식을 이용하고 첫 번째 사람의 목소리로 이야기를 드라마처럼 만들었다. [3.1.1, 3.1.7] 교사는 중간 중간 고양이 목소리를 흉내 내기도 하고 [3.1.10], 고양이 이름을 학생들이 고르도록 하며 [3.1.7, 3.1.15], 학생들의 참여를 독려한다.

그러나 여전히 학생들이 어떤 새로운 사실을 학습했는지에 대해서는 알 수 없다. 학생들은 이미 뺄셈을 어떻게 하고 있는지 아는 것처럼 뺄셈을 했다. 3.1.4에서, 제시카는 빌려야 한다는 것을 알고 있는 것이 너무 신기하다. 이 점은 교사와 학생들의 행동을 보면 더 분명해진다. 교사는 사실에 기반을 둔 질문을 했고 학생들은 필요한 정보를 답했다. (예를 들면, [3.1.4, 3.1.6, 3.1.25]) 학생들은 실수를 하지도 않았고 뺄셈을 이해했다는 어떤 것도 드러나지 않았다. 다른 말로 하면, 예비 교사가 이 수업 연극을 작성했지만, 그 예비 교사는 여전히 학습자의 말, 생각, 또는 행동에 구애 받지 않고 특정 수업계획안을 따르고 있다는 느낌이다.

그리하여 우리는 다음 단계로 예비 교사들이 수업 연극을 쓸 때 학습자가 실수를 범하거나 어려움에 처하는 상황에 유념하도록 지도하기로 결정하였다. 우리는 흔히 볼 수 있는 수학 문제를 수업에 포함시키도록 수업 연극의 조건을 강화하였다. 내용의 선택이나 문제의 선택은 여전히 예비 교사들의 몫이었다. 반복적인 과제를 통해 예비 교사들은 문제를 구체화할 수 있었으나 문제에 대한 접근 방법은 오히려 제한되었다. 우리가 읽은 대부분의 대본에서 문제를 다루는 전략은 서로 다른 학생이 정답을 제시하거나, 소위

“기본으로 돌아가기”라고 부르는 방법으로서 시작점으로 돌아가 개념을 다시 가르치려는 시도였다. 다음에 나오는 예는 정답을 보여주고, 정답에 도달하는 방법에 따라 과정을 다시 시작하여 오답을 설명하는 방식을 취하고 있다.

3.2.1	교사	오늘은 소수(小數)의 곱셈을 연습하자. 0.2 × 0.3은 얼마니?
3.2.2	개리	0.6이요.
3.2.3	교사	다른 답이 나온 사람?
3.2.4	애니	0.06이요.
3.2.5	교사	맞아. 문제에 제시된 소수점 아래 자리의 개수와 정답에 제시된 소수점 아래 자리의 개수가 같아야 한다는 것을 기억하렴. 이 문제에서 소수점 아래 자리의 수는 두 개야.
3.2.6	수잔	0.60은 될 수 없나요?
3.2.7	교사	0.60은 0.6과 같은 수이기 때문에 0.60은 답이 될 수 없단다. 소수는 분수로도 표현된다는 거 기억하지? 60/100은 6/10과 같단다. 답을 분수로 나타내면 6/100이야.
3.2.8	수잔	6/100으로 써도 되나요?
3.2.9	교사	아니란다. 소수로 다루기 때문에 0.06 이라고 쓰지. 몇 개 문제를 더 풀어보자.

우리는 위의 수업 연극에서 작가인 예비 교사가 학생들의 흔한 실수인 [3.2.2]를 예상하기를 바랐으나, 기대에 미치지 못했다. 이 예비 교사는 그저 ‘법칙’ [3.2.5]로 설명했고 또 같은 분수를 끌어들여서 [3.2.7] 규칙에 대한 동기도 설명하였다. 예비 교사는 오답의 원인을 이해하고 설명하려고 하지 않고 학생들이 정답을 내도록 돕는데 중점을 두었다.

이 단계에서, 예비 교사들이 작성한 수업 연극을 모아서 잘 살펴보니, 상상 속의 학생들이 지어낸 대부분 오답들은 분수나 부정확한 세로 뺄셈에서 나오는데, 이를 보면 예비 교사들의 예시 공간[5]이 매우 한정되어 있음을 알 수 있다. 이러한 예들은 ‘결함 있는 알고리즘’이라는 주제로 앞에서 논의한 바 있다. (Ashlock, 2005) 주제를 선택할 때, 개인의 예시 공간이 “최근 경험 뿐 아니라 현재의 과제, 힌트 그리고 환경에 영향을 받는다.” (Watson과 Mason, 2005, p. 75)고 알려져 있기에 이런 주제를 선택하는 것은 그리 놀라

5) 예시 공간 : 교사가 어떤 개념을 설명하거나 학생이 문제를 해결하도록 돕는 과정에서 교사가 제시할 수 있는 관련된 예와 반례의 총집합을 의미하는 용어로 사용되었음.

운 일이 아니다. 학습자가 올바른 사고를 하고도 종종 오답을 내는 것은 추론이 복잡한 방법으로 이루어지기 때문이라는 것을 예비 교사들에게 보여주려면 더 많은 예가 필요하다. 더욱 구체적인 방향이 필요하며, 이 부분은 다음 단계에서 논의한다.

마지막 단계

과제를 다시 한 번 반복함으로써, 우리는 예비 교사들이 신중하게 선택된 장면에 근거하여 수업 연극 대본을 작성하도록 했다. 각각의 상황은 연구 문헌에 근거한 학생들의 추론 과정에서 공통적으로 일어나는 오류를 보여준다. 또한 이 장면들은 학생들의 오류가 어떻게 일어나게 되었는지에 대한 예비 교사들의 생각을 제시하도록 설계되었다. 아래에 제시된 표에서 다음 각 장에 소개된 프롬프트를 소개한다.

4장	교실에서 학생들은 여러 가지 물체의 길이를 재고 있다. 교사는 학생들의 반응을 수집한다. 교사 : 조니, 네가 재고 있는 막대의 길이는 얼마니? 조니 : 음… 칠이요. 교사 : 칠 그리고? 조니 : 칠 센티미터요. 교사 : 어떻게 재었는지 보여줄 수 있니? (조니는 아래 그림과 같이 막대를 눈금자 옆에 두었다.) 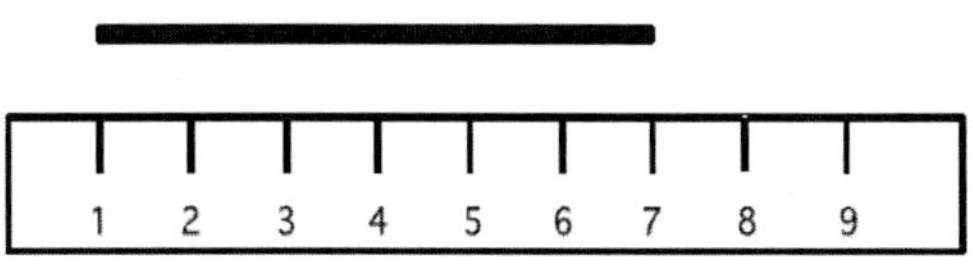 교사 : …
5장	교사와 학생이 대화를 나누고 있다. 교실에는 20여명의 학생들이 있다. 교사 : 왜 462를 4로 나눌 수 있다고 생각하니? 학생 : 각 자릿수의 합을 4로 나눌 수 있기 때문이에요.
5장	교사와 학생이 대화를 나누고 있다. 교실에는 20여명의 학생들이 있다. 교사 : 왜 354를 4로 나눌 수 있다고 생각하니? 학생 : 각 자릿수의 합이 4로 나누어지기 때문이에요.
5장	교사와 학생이 대화를 나누고 있다. 교실에는 20여명의 학생들이 있다. 교사 : 왜 354를 4로 나눌 수 있다고 생각하니? 학생 : 왜냐하면…

6장	교사와 학생이 대화를 나누고 있다. 교실에는 20여명의 학생들이 있다. **교사** : 91이 왜 소수라고 생각하니? **학생** : 곱셈표에 없기 때문이에요.
6장	교사와 학생이 대화를 나누고 있다. 교실에는 20여명의 학생들이 있다. **교사** : 왜 143이 소수라고 생각하니? **학생** : 2, 3, 4, 5, 6, 7, 8, 9가 그 안에 들어가지 않기 때문이에요.
6장	교사와 학생이 대화를 나누고 있다. 교실에는 20여명의 학생들이 있다. **교사** : 왜 37이 소수라고 생각하니? **학생** : 2, 3, 4, 5, 6, 7, 8, 9가 그 안에 들어가지 않기 때문이에요.
7장	20여명의 학생들이 교실에서 다음과 같은 문제를 풀고 있다. 장난감 기차에 100대의 객차가 달려 있다. 첫 번째 객차는 빨간색, 두 번째 객차는 파란색, 세 번째 객차는 노란색, 네 번째 객차는 빨간색, 다섯 번째 객차는 파란색, 그리고 여섯 번째 객차는 노란색이 반복된다. a. 80번째 객차의 색은 무엇인가? b. 마지막 파란색 객차는 몇 번째인가? 교사는 학생들이 어떻게 문제를 해결하는지 교실을 둘러보면서 관찰한다. 교사는 한 학생 앞에 멈추어 서서 질문한다. **교사** : 왜 80번째 객차가 빨간색이지? **학생** : 네 번째 객차가 빨간색이고 80은 4의 배수이기 때문이에요.
7장	20여명의 학생들이 교실에서 다음과 같은 문제를 풀고 있다. 장난감 기차에 100대의 객차가 달려 있다. 첫 번째 객차는 빨간색, 두 번째 객차는 파란색, 세 번째 객차는 노란색, 네 번째 객차는 빨간색, 다섯 번째 객차는 파란색, 그리고 여섯 번째 객차는 노란색이 반복된다. a. 80번째 객차의 색은 무엇인가? b. 마지막 파란색 객차는 몇 번째인가? 교사는 학생들이 어떻게 문제를 해결하는지 둘러보면서 관찰한다. 교사는 한 학생 앞에 멈추어 서서 질문한다. **교사** : 왜 80번째 객차가 빨간색이지? **학생** : 10번째 객차가 빨간색이기 때문이에요. 20번째, 30번째, 40번째도 모두 빨간색이 될 거예요.
8장	20여명의 학생들이 모여 진분수의 크기를 비교하는 문제를 풀고 있다. 교사는 교실을 둘러보다가 한 학생이 다른 학생에게 그가 발견한 전략을 설명하는 것을 들었다. **샘** : 쉬운 문제야. 위에 있는 수와 아래에 있는 수가 얼마나 가까운지 보면 돼. 더 가까운 쪽이 더 큰 분수야. **제니퍼** : 그거 항상 성립할까? **샘** : 지금까지 우리가 한 모든 문제에서 다 통했어.

9장	20여명의 학생들이 교실에서 다음과 같은 문제를 풀고 있다. 존과 빌은 멜론 농장을 가지고 있다. 존의 농장은 200 × 600m이고, 빌의 농장은 100 × 700m이다. 누가 더 많은 멜론을 재배하는가? 교사는 한 학생이 다음과 같이 쓴 것을 보았다. 두 농부는 같은 양의 멜론을 재배한다.

수정된 과제를 통해 예비 교사들은 먼저 오류가 나타난 근원을 찾고, 이어서 바로 오류를 수정하는 것이 아니라, 오류를 해결할 수 있는 교수학적 전략을 찾아 첫 번째 반복에서 했던 것처럼 대화 형식으로 제시해야 했다. 이 과제는 좋은 수업에 대한 예를 수업연극으로 보여주었다. 더욱이, 앞에서 3명 또는 4명의 모둠이 함께 수업 연극을 작성하였으나, 이번에는 개별적으로 작성하여 제출하도록 하였다. 단, 처음에 아이디어와 접근방식을 공유하는 것은 제한하지 않았다. 모둠 논의에서 예비 교사들은 "나는 단지 …을 보여주고자 했다." 또는 "나는 그저 그가 무엇을 했는지 스스로 설명하도록 했다."와 같은 문장을 생성하였다. 예비 교사들이 이러한 모둠 논의를 마치고 자신 만의 대본을 써가면서 알게 된 것은 위와 같은 단순한 전략들을 가공하는 것만으로는 과제의 다가 아니라는 사실 이었다. 따라서 처음부터 수업 연극을 작성할 때, 아이디어와 전략을 기술하기 위해 특정 단어를 선택하거나 학생이 진술한 문장에 어떻게 대응할지 등과 같이 언어에 관심을 기울이는 것이 필요하다.

각 장면들은 '전문가'들의 예시공간에서 선택된 것으로, 전형적인 예제이지만 잘 알려진 오류, 예를 들면 둘레와 넓이의 혼동 등을 포함하고 있으며, 소수와 나머지가 있는 나눗셈에 관한 선행연구 (Liljedahl, 2004; Zazkis과 Campbell, 1996a, b)에서 규명하였던 난제도 포함하고 있다. 이 장면들은 예비 교사에게 과제로 사용할 수 있는 다양한 예를 제공하였고, 예비 교사들이 알아야 할 오류를 확인하는 것만으로도 사려 깊은 처치를 촉진하는 충분한 의미가 있었다.

우리의 경험에 비추어볼 때, 수업 연극은 예비 교사들이 교실에서 학생들의 사고에 주의를 기울이게 하는 방식에 대한 강력한 통찰을 제공한다. 수업 연극은 예비 교사를 평가할 뿐 아니라 지속적인 발전에 도움이 되는 수업을 계획할 때도 도움이 된다. 연구자로서 우리는 학습자와의 수학적 상호작용 속에서 주의를 끌 수 있는 의사소통 방식을 면밀히 검토할 수 있다. 지금 우리는 교사가 학생들의 이해와 참여를 증진시키기 위하여 사용할 수 있고 연습할 수 있는 수학적 그리고 교수학적 지식을 분석하고 있다. 그리하여 우리는 수학 교수법에 관한 연구가 성장하는데 기여하고자 한다.

수업 연극 : '실제 수업'을 향하여

"실제 수업의 근간이 되는 주요 개념은 참여 구조와 인식의 본성이다" (Mason, 1998, p. 244). 우리는 이 주장에 동의하지만, 방법론 강좌의 맥락에서 다루기는 쉽지 않다. 광범위한 연구 문헌은 단순히 수학을 더 학습하거나 다양한 학습이론을 탐구하는 것만으로는 이를 이룰 수 없다고 말하지만, 아마도 얼마간의 진보는 이룰 수 있을 것이다. 실제로, 많은 교사교육자들은 예비 교사들이 '실제 수업'을 더 잘 준비하는데 사용될 수 있을 만한 특별한 과제와 접근법을 제안했다.

예를 들어, Silver 등(2007)은 '실행 중심의 전문성 개발'을 지지하고, 그의 핵심 요소인 '전문성 학습 과제'를 밝혔다. 그러한 과제의 목적은 실제 수업의 일상적인 일들과 비슷한 활동에 예비 교사를 참여시키는 것이다. 전문성 학습 과제는 교육과정 자료 및 교실 수업의 비디오나 수업 일화의 대화 기록물 등에 대한 검토와 학생들의 활동을 고려할 것 등을 포함한다. 이러한 과제를 통하여 "교사들이 성찰, 지식 공유 및 지식 형성 등의 과정을 통하여 그들의 잠재적 해결책과 교수학적 문제를 깊게 생각해 볼 기회를 제공한다" (p. 262). 교사의 성찰적 행동을 개발해야 하는 구체적 목표로, Peng(2007)은 중국에서 개발한 '수업 설명' 과제를 기술하였다. 이 과제는 교사에게 "수업에서 전개되는 내용이 어떤 것이고 동시에 그 내용이 제공하는 수학적 도전의 본질이 어떤 것인지 설명"하도록 했다. (p. 290) 과제는 수학적 내용의 설명, 선택한 방법의 정당화, '수업 과정'에 대한 설명을 포함하는데, 전자는 학습자의 인지적 기초와 개인차에 주목하여 학생의 능력 개발에 초점을 둔다.

Biza 등(2007)은 "구체적인 내용을 담은 상황"이 있는 과제를 개발했으며, 특정 학생의 대답을 예비 교사에게 제시하고 의견을 구했다. 그들이 선택한 학생들의 대답은 가상이고, 오류가 있지만 그럴 듯하였다. 연구자들은 이러한 과제들이 "교수학적으로 민감하고 수학적으로 정확한 피드백을 적절하게 제공할 능력 뿐 아니라 학생들의 어려움과 필요에 대한 교사들의 민감성을 개발하고 탐구하는 기회를 제공한다" (p. 303)고 하였다. 또한, 연구자들은 예비 교사들의 참여가 "실시간"이 아니고 교실에서 이루어지는 것도 아니기 때문에 학생들의 반응에 대해 더 생각하고 성찰할 수 있는 기회를 교사들에게 제공할 수 있음을 인정하였다.

"수업 연극" 과제는 앞에서 언급한 연구자들의 개발 의도와 목적에 잘 들어맞는다. "전문성 학습 과제" (Silver 등, 2007)는 실제 교사들의 업무와 유사하게 만든 것으로 볼 수 있다. 그것은 “수업 설명하기” (Peng, 2007)의 구성 요소를 포함하고, 가상이지만 구체적인 내용을 담은 그럴듯한 상황 (Biza 등, 2007)으로부터 시작하며 해결 방법도 찾는다. 더욱이, 수업 연극 과제는 단순히 그 상황에 대해 논의하는 것보다 “실제로 가르치는 상황 상상하기”를 중요 요소로 고려한다. 이는 Watson과 Mason(2007)의 견해인 “교사들과 같이 연구하는 근본적인 이유는 교사들이 자신의 경험을 살림으로써 어떤 상황에서도 교사 스스로 ‘뭔가 하는 것’을 상상할 수 있기 때문이다” (p. 208)와 같은 맥락이다. 이 주장에 따르면, 주목과 관심은 “빨리 생각하기”나 순간적으로 결정하기보다 오히려 닥친 상황을 완전히 통제하고, 다시 들여다보고, 바로잡고 하면서 “느리게” 개발된다.

수업 연극 작성 과제는 예비 교사의 관심을 일반적인 교육과정의 목표로부터 특정 내용으로 수업하는 것으로 바꾸며, 매우 자세한 방식으로 그런 방법을 상상하도록 한다. Mason은 ‘관심의 변화’라는 말을 사용하여 제시된 문제의 여러 가지 수학적 측면에 주목한다. 우리는 이 말을 차용했지만, 우리가 고려하는 변화는 수업 중에 일어나는 변화로, 과제의 다양한 수학적 요소 즉, 교수학, 강의법, 학생들이 겪는 어려움, 언어 문제 등에서 일어난다. 수업 연극은 예비 교사들이 복합적인 교수 행동에 따른 여러 가지 요구를 충족시키며 자신들의 수학 교수법을 행동에 옮길 수 있는 기회를 제공한다.

수업 연극은 교사, 연구자, 그리고 교사교육자 등 다른 입장에서 고려할 수 있다는 이점이 있다. 교수학적 도구로서, 수업 연극을 작성하는 일은 교사가 ‘실제 수업’에서 필요로 하는 여러 가지 유형의 반응을 제공해주는 것과 같다. 연구를 위한 도구로서, 수업 연극은 ‘좋은’ 수업을 위해 수업 방법을 상상해서 그 방법을 제공하며 이를 통해 교사들의 교수학적 경향뿐 아니라 교사의 수학 지식, 수학 교수법에 대한 지식 등을 추론할 수 있다. 또한 이 연구는 교실 상호작용 이미지에 대한 예비 교사들의 인식을 제공할 뿐 아니라 교사교육에 있어 교수학적 접근 방법에 대한 정보를 제공한다.

Lesson Play in Mathematics Education
A Tool for Research and Professional Development

제2부

제2부는 예비 교사들이 특정 프롬프트에 이어서 작성한 수업 연극을 분석하였다. 제시된 프롬프트들은 수학 소재 중에서 선택했고, 선행연구와 우리 자신의 경험에 비추어 볼 때 자주 범하는 실수로 인도한다. 막대 길이 측정(4장), 가분성 확인(5장), 소수(6장), 기차의 반복되는 패턴(7장), 분수 비교(8장), 넓이 측정(9장) 등을 다루었다. 각 장은 수업 연극에서 나타나는 공통 주제를 밝히고 수업 연극을 인용하였다.

일관성을 유지하기 위하여, 수업 연극 대본의 글자체나 양식을 하나로 통일하였다. 틀린 철자를 고치긴 했지만, 문장 구조, 구두법, 강조하는 형식(굵은 글씨, 고딕체)은 바꾸지 않았다. 그림은 원본에서 그대로 복사하였다.

특정 접근 방식이나 단계를 쉽게 참고하기 위하여 본문에 나오는 순서에 따라 수업 연극의 각 줄에 [X, Y, Z] 형식의 번호를 붙였다. 여기서 X는 장 번호, Y는 예시문 번호, Z는 줄번호를 나타낸다.

예비 교사들은 가끔 교사 역할에 자신의 이름을 쓰기도 했는데 그런 이름은 가명으로 바꾸었다. 하지만, 학생들의 이름은 그대로 두었다. 예비 교사인 수업 연극 작가들이 교사 역할에 교사라고 썼거나 김 선생, 이 선생과 같이 성만 썼을 경우에도 그대로 두었다. 교사 배역의 성별도 바꾸지 않았다.[1]

1) 원본은 교사라고 쓴 것도 있고 가명으로 쓴 것도 있으나 번역본에서는 교사 역할을 하는 사람들 모두 교사로 통칭하였다.

Chapter 04 막대 길이 측정

지금부터 나오는 여섯 개 장은 각각 어떤 특정 수학 개념을 다루고 있다. 먼저, 우리는 측정, 특히, 눈금자를 사용하여 어떤 물체의 길이를 재는 상황을 볼 것이다. 배역들이 측정 과제를 수행하면서 발생하는 개념적 문제에 유념하면서, 동시에 수업 연극에서 나타나는 상호작용의 특징을 탐구할 것이다. 우리는 다음 프롬프트에 기초하여 가상으로 대화를 이어가면서 만들어진 수업 연극에 대하여 논의할 것이다.

교실에서 학생들은 여러 가지 물체의 길이를 재고 있다. 교사는 학생들의 반응을 수집한다.

교사 : 조니야, 막대를 재어 보니 길이가 얼마나 되니?

조니 : 칠입니다.

교사 : 칠 그리고?

조니 : 칠 센티미터입니다.

교사 : 어떻게 쟀는지 보여 줄 수 있니?

(조니는 아래와 같이 막대를 눈금자 옆에 갖다 대었다)

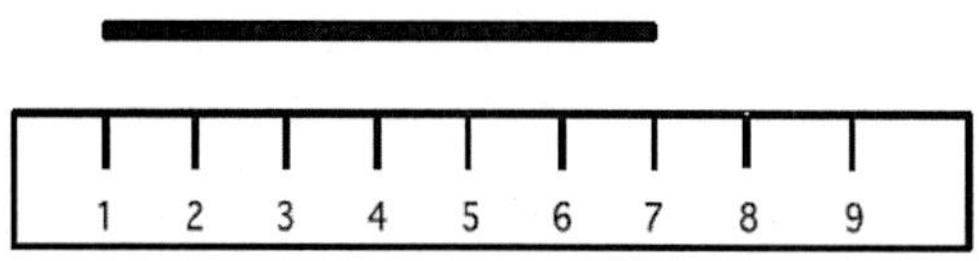

교사 : …

우리는 이 프롬프트를 예비 교사들이 방법론 강좌 첫 주에 처음 수업 연극 쓰기를 연습할 때 제시하였다. 이 주제는 개인적 경험과 눈금자와 같이 측정 교구를 사용할 때 학습자들이 맞닥뜨리는 걸림돌에 대해 연구한 논문 (예, Kamii, 1995, 2006)을 참고 하여 만들었다. 이 프롬프트는 Kamii(1995, 2006)가 소개했던 1985∼1986 국립교육진흥평가원 (National Assessment of Educational Progress, NAEP)의 과제를 수정한 것이다. 그 과제는 아래에 제시된 것과 비슷한 그림이 사용되었고 (실제 센티미터 눈금자를 그렸음) 학생들에게 선분의 길이를 구하도록 하였다.

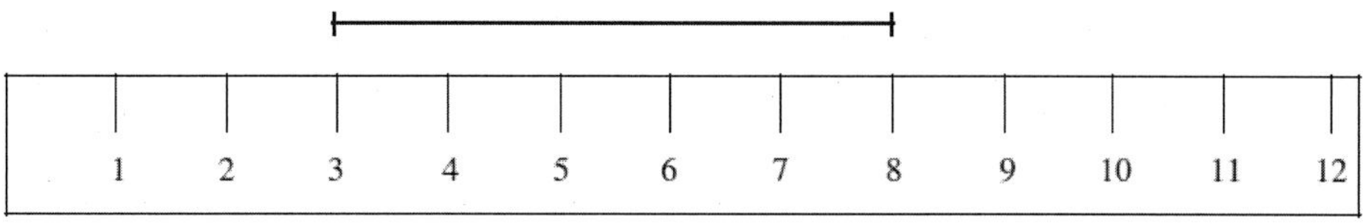

이 문항은 3, 5, 6, 8, 11cm 중에 하나를 고르는 선다형 문제였다. 검사 결과, 눈금자 사용에 중점을 둔 수업을 받기 전 실시된 사전 검사에서 3학년 학생들의 31%, 7학년 학생들의 37%가 막대의 길이를 6cm 라고 답했다. 이 답은 선분 아래에 있는 수의 개수를 세어서 나온 것이다.[2] Kamii(2006)에 따르면, 응답자들은 "길이의 단위가 무엇인지, 특히 1cm인 선분을 알지 못했다. (p. 154) 또, 30%의 3학년들과 9%의 7학년 학생들은 8cm라고 답했는데, 이 대답은 선분의 시작점인 왼쪽 끝은 무시하고 오른쪽 끝에 보이는 수를 읽은 것이다. 단순화시킨 우리 과제는 두 가지 전략이 같은 답을 얻게 된다. 따라서 예비 교사는 상황을 해석하고, 학생들이 범한 실수의 이유와 가능한 처치 방법을 수업 연극에 담아 내야한다.

우리는 이 프롬프트에 대한 34개의 수업 연극을 분석하였다. 예상했던 대로 "아니야. 틀렸어. 정답은 6cm야"라고 대화하는 수업 연극은 하나도 없었다. 예비 교사들은 조니가 틀렸다고 직접적으로 말하지 않았고 정답은 말하지 않으면서 다양한 전략을 사용하여 수업 연극을 진행하였다. 대본에 나타난 여러 가지 형태의 상호작용을 구분하는 한 가지 방법은 Wood(1998)의 방법인 몰아가기와 집중하기를 따르는 것이다. 몰아가기는 IRE 방법과 비슷하게, 학생들에게 어떤 절차를 따르도록 하거나 교사가 원하는 결론에 학생들이 도달하도록 유도하는 일련의 질문을 교사가 던질 때 일어난다. 이 방식에서 교사는 인지적 활동에 들어가 있으나 학생들은 단지 대답에 도달하는 질문들에 답하기만 할 뿐, 종종 질문들 간의 연결 관계조차도 알지 못한다. 이와 대조적으로 집중하기는 교사가 학생들의 답을 들어야 하고, 그 문제를 어떻게 풀어야 하는지 보다는 학생들이 무슨 생각을 하고 있는지에 기초하여 지도하여야 한다. 이러한 방식의 집중하기 상호작용은 다소 도전적일 수 있고, 단순한 시도와 피드백을 넘어서 방법적 또는 전략적 전환이 필요하다.

2) 그림을 보면 3에서 8까지 선분이 걸쳐 있으므로 선분 아래의 수는 3, 4, 5, 6, 7, 8 모두 6개이다.

수업 연극에는 보다 다양한 상호작용이 나타났다. 그 상호작용은 몰아가기 또는 집중하기라는 형태와도 다르고 실제 교실 수업에서 사용되는 형태와도 다르다. 이 장은 교사와 학생의 상호작용 맞바꾸기, 명료한 설명을 통해 몰아가기, 전략 수정을 통해 몰아가기 등 수업 연극이 쓰인 다양한 방식에 초점을 맞추어 논의한다.

교사 – 학생 상호작용 바꾸기

다음에 나오는 수업 연극 4.1은 교사가 정답을 말하지 않고 다른 학생에게 설명하게 하였다. 이 수업 연극에서 조니의 친구들은 조니의 대답을 평가하였다.

"다른 사람?"

4.1.1	교사	조니야 시도가 좋았어. 내가 보기에 너는 1cm부터 재기 시작했구나. 왜 그렇게 했지?
4.1.2	조니	왜냐면 우리가 1, 2, 3 이렇게 세잖아요.
4.1.3	교사	음 그렇구나. 좋은 지적이야. 1cm부터 시작한 사람 또 없니? 손을 들어 보렴.

이 수업 연극에서, 교사는 조니의 방법 [4.1.1]에 대해 의문을 제기하고 조니에게 질문하였다. 조니의 대답을 통해 그가 왜 틀린 답을 얻었는지 알 수 있다. 교사는 얼마나 많은 학생들이 1cm부터 시작하는 잘못을 저지르고 있는지 알아보려 한다. [4.1.3] 수업 연극이 계속되면서, 조니는 막대를 정확하게 측정한 다른 학생들의 도움을 받게 된다.

이 전략은 수업의 주도권을 넘긴다는 점에서 예비 교사에게 신선한 충격일 수 있다. 다른 학생에게 설명하도록 함으로써 교사는 혼자 추론하는 상황을 모면하게 된다. 물론, 같은 학생만 불러 내지 않도록 주의하여야 한다. 더욱 중요한 것은 조니가 스스로 생각하지 못하게 될 수도 있다는 점이다. 조니의 친구가 정답을 말한다고 조니가 왜 틀렸는지 스스로 깨닫게 되는 것은 아니다. 사실 [4.1.2]에서 예비 교사는 조니의 실수에 대해 나름대로 설득력 있는 이유를 대고 있다. 이 장의 뒷부분에서 우리는 예비 교사들이 이 특정 잘못에 보다 직접적으로 대응한 몇 가지 전략을 살펴볼 것이다.

이 수업 연극을 마치기 전에, 우리는 교사가 칭찬을 하고 있다는 점에 주목하고자 한다. 특히, [4.1.1]과 [4.1.3]에서, 교사는 조니에게 "시도가 좋았어", "좋은 지적이야"와 같은 말로 칭찬한다. 칭찬은 여러 가지 방법으로 해석될 수 있다. 그 중 하나는 조니가 틀렸을 때, 교사에 의한 부정적인 평가를 누그러뜨리는데 사용된다. 교사는 "아니야, 틀렸어"라고 말하는 대신 "시도가 좋았어"라고 말하고 있는데, 이런 말투가 조니에게는 더 부드럽고 보호받는 듯한 느낌을 주며, 대화를 지속하도록 분위기를 조성한다. 학생이 어떻게 대답하건 상관없이 학생을 칭찬하는 문제에 대해 12장에서 자세히 다루기로 한다.

그밖에 다른 학생이 불려 나와서 정답을 말하거나 설명하고 있는데, 다른 수업 연극은 교사가 모둠의 학생들이 함께 과제를 수행하도록 지도하기도 하였다. 다음 수업 연극 4.2에서, 교사는 학생과 상호작용 하지 않고, 한 학생의 답과 다른 친구들의 답을 비교하도록 지시한다. "너의 답을 주변 친구들의 답과 비교해 보고, 친구들은 어떻게 답을 얻었는지 보렴" [4.2.6]. 그러나 그 전에 작가는 조니가 역설적인 상황에 놓이게 되는 상호작용을 하였다.

4.2.1	조니	막대를 눈금자의 수 1에 맞추고 막대 끝에 있는 수를 봤어요.
4.2.2	교사	좋은 방법이구나. 막대를 2cm에 맞추면 어떻게 될까?
4.2.3	조니	음, 그럼 8cm가 되는데요.
4.2.4	교사	막대는 처음 잴 때나 지금이나 여전히 길이가 같겠지?
4.2.5	조니	커지지 않으니까, 같겠네요.
4.2.6	교사	너의 답을 주변 친구들의 답과 비교해 보고 친구들은 어떻게 답을 얻었는지 보렴.

이 경우 교사의 화제 전환은 조니가 역설적인 상황에 대해 생각해 보는 기회를 주고 싶은 마음에서 나왔을 것이다. 조니에게 친구들의 답과 비교해 보라고 지시하면서, 교사는 조니와 친구들이 이해를 공유하기 바란다. 수업 연극 4.1과 대조적으로, 조니는 자신이 틀렸다는 걸 알고 왜 틀렸는지 알고 싶어 하게 된다. 대본의 나머지 부분에서 다른 학생이 그 해법을 설명하고 있지만, 조니가 이 역설을 해결했는지의 여부는 더 이상 알 수 없었다.

"블록을 놓고 … 세어 보아라"

다음 수업 연극은 다른 사람에게 주도권을 넘기는 대신 교구(여기서는 나무 블록)를 사용한 점에서 앞에 나온 수업 연극과 차이가 난다.

4.3.1		(교사가 나무 블록을 꺼낸다).
4.3.2	교사	이 나무 블록의 길이는 1cm야. 일 센티미터짜리 블록을 막대 옆에 죽 이어 붙이고, 몇 개인지 세어 보렴. 막대 길이에 해당하는 블록이 모두 몇 개지?
4.3.3	조니	여섯 개가 막대 길이에 딱 맞아요.

블록은 조니가 과제를 어떻게 생각하는지 고사가 미처 알기도 전에 이 예비 교사에게 조니의 오류에 대한 해법을 제공한다. 실제로, 단추, 이쑤시개, 종이 클립 등 표준 단위가 아닌 물체의 속성으로 측정한다는 아이디어는 교과서에서 자주 볼 수 있다. 이런 활동을 하고 난 후 학생들은 교구를 사용하여 측정할 때 표준 단위가 필요함을 깨닫게 된다. 그러나 이 접근법에 대한 비판도 있다. (Clement, 1999; Kamii, 2006) 조니가 질문 받은 것은 물체 속성으로 측정하는 것과 표준 단위로 측정하는 것을 조화시키는 것이다. 수업 연극 4.3에서 조니는 매우 성공적으로 과제를 수행하였지만, 지금까지의 연구에 의하면 이와 같은 도약은 대부분의 학생들에게서 바로 나타나지 않는다. (Clements, 1999, Sarama 등, 2011) 특히, Sarama 등(2011)은 연구에 참여한 학생들이 눈금을 나타내는 수와 물체에 해당하는 타일의 개수를 관련시키고 타일의 개수를 세지 않고 대답하도록 지도해야 한다고 밝혔다.

수업 연극 4.1, 4.2, 4.3에서 결과적으로 정답을 말하고 심지어 정확한 설명을 제시하는 부담감을 덜었으나, 조니가 어떤 방식으로 사고를 발전시키는지 대해서는 여전히 알려주지 않는다. 상호작용에 집중하려면, 수업 연극 4.1과 같이 교사는 조니의 추론에 대하여 좀 더 살펴보아야 한다. 조니가 1에서 시작하고 7에서 끝나는 눈금자의 눈금을 세고 있었는가 아니면 7을 끝점으로 보고 있었는가. Kamii(2006)의 연구 결과 어린 아이들은 두 가지 전략을 모두 사용한다. 수업 연극 4.2에서 교사는 전자의 방식이 조니가 사용한 방식이고 이 방식이 교사로 하여금 역설을 만들게 유도한 것임을 찾아낸다. 또한, [4.2.3]의 작가는 일반적인 오류를 하나 더 보여 주는데, 학생들이 시작점은 보지 않고 오직 끝점에만 주목한다는 것이다. 4.2의 작가는 측정하면서 겪게 되는 개념상의 어려움을 인지하고 있었지만, 그렇다고 해도 조니의 오류를 해결하도록 충분한 도움을 주지는 못했다.

설명을 통해 몰아가기

다음에 나오는 수업 연극들에서 예비 교사들은 조니와 일관된 상호작용을 유지한다. 그러나 교사는 측정 과제에 대한 조니의 추론 과정을 밝히는 대신에 조니가 어떤 오류를 범했고 다양한 전략을 사용하여 그 오류를 직접 고치려는 것처럼 보인다.

"측정할 때 중요한 규칙"

[4.4.1]에서 예비 교사는 측정이란 규칙을 따르는 것으로 단정 짓는다. 이 결정은 실제로 조니가 규칙을 기억하는 일 (Hewitt, 1999)로 측정을 이해한다는 가정에 근거를 두고 있는 것으로 보인다. 다시 말해서, 교사는 조니가 눈금자의 마지막 수를 읽을 수 있지만, 영부터 시작하여 측정해야 한다는 규칙을 잊었을 것으로 가정한다. 아래 수업 연극의 처음 몇 줄에서 구분해낼 수 있듯이, 이 상호작용은 조니에게 교사가 의도하는 특정 방식을 사용하여 측정하도록 하는 몰아가기 형태이다.

4.4.1	교사	측정할 때 중요한 두 가지 규칙 기억하나요?
4.4.2	조니	음… 측정할 때는 빈칸을 두지 말라는 것 그리고… 음…
4.4.3	교사	그리고 시작점부터 시작할 것. 눈금자는 시작점을 가지고 있어요. 누구나 눈금자로 뭔가를 잴 때는 바로 시작점부터 시작해야 합니다. 이 눈금자의 시작점에 어떤 수가 있는지 말해 볼까요?
4.4.4	조니	예. 영이 있습니다.

이 수업 연극은 예비 교사 자신이 측정을 본문에서 말한 바와 같이 이해하고 있음을 보여준다. 그러나 조니가 다른 방법으로 측정하기를 원한다면 영에서 시작하는 것이 꼭 필요한 것은 아니다. 실제로 조니는 그가 원하는 어떤 수에서도 시작할 수 있고 정답을 얻기 위해서 끝에 도달할 때까지 빈칸의 개수를 세면된다. Barret 등(2011)의 연구에 사용된 "부러진 눈금자"라는 측정 과제는 이 점을 잘 드러낸다. 그 과제에서 학생들은 앞부분이 부러져 2부터 시작하는 눈금자를 사용한다. 몰아가기 상호작용 속에서, 교사는 조니가 어떻게 측정 과제에 접근하는지, 그리고 주어진 전략이 어떻게 초기 오류를 이해하도록 돕는지, 그 전략이 조니 스스로 대체해야 할 새로운 과정으로 이해되는지 등에 대해서는 관심을 두지 않았다.

"측정은 0부터 시작해야 한다"

다음 수업 연극 4.5에 나타난 조니의 오류에 대한 또 다른 해석을 살펴보자. 교사는 조니에게 정답을 말해 주거나 또는 규칙을 기억하게 하는 대신, 측정 절차를 보여주고 있다. 4.4에서 볼 수 있듯이, 영에서 측정하는 전략을 선호한다.

4.5.1	조니	그런데 왜 거기로부터 재기 시작하나요?
4.5.2	교사	눈금자의 0 또는 시작점부터 1까지의 영역이 1cm이기 때문이란다. 이어서 재려면 1에서 시작하면 된단다. 하지만 측정은 꼭 0에서 시작한다는 것을 기억하렴.
4.5.3	교사	어제 수업에서 센티미터에 대해서 배웠는데 일 센티미터가 얼마인지 기억하니?
4.5.4	조니	예. 제 가운데 손가락 굵기 정도 됩니다.
4.5.5	교사	그렇지! 그리고 일 센티미터가 무엇으로 구성되는지도 기억하지?
4.5.6	조니	일 밀리미터들이에요. 1cm는 10mm입니다.
4.5.7	교사	잘했다, 조니. 결국 우리가 수를 셀 때는 1부터지만, 측정을 할 때는 0부터 시작해서 1까지 가야 한단다.
4.5.8	조니	알 것 같아요. 측정할 때는 밀리미터를 이용하여 일 센티미터를 만드는 거죠.
4.5.9	교사	그래. 아주 잘했다.

4.4에서 측정하기를 하나의 규칙으로 보았으나, 4.5는 교사가 조니에게 어떤 기초 개념을 제공하고 있다. 특히, 이 수업 연극은 조니의 오류를 불러일으킨 잠재 요인을 지적한다. 그것은 조니가 1부터 수를 세는 방식 그대로 측정 단위를 세고 있다는 점인데, 그래서 0과 1 사이의 '빈칸'을 세어야 함을 이해하지 못했기 때문이라고 가정한다. 이 점은 매우 흥미로운 가정이지만, 조니 스스로 교사에게 제기한 가정은 아니다. 교사는 측정이란 어떤 단위(센티미터)를 그보다 더 작은 단위(밀리미터)로 "채우는 것"이라고 설명하였다. 우리는 조니에 대해 배우는 것보다 예비 교사들이 측정을 어떻게 생각하는지에 대해 훨씬 많이 배운다!

교사는 눈금자에 대한 대화를 이용하지 않았지만, 앞의 수업 연극 [4.5.3]과 [4.5.5]에서 볼 수 있듯이 "기억"에 의존하는 것은 조니가 지난 수업에서 배운 측정에 대한 무엇인가를 잊고 있다는 느낌을 준다. 이러한 과거로의 손짓은 예비 교사가 구사할만한 또 다른 전략으로 읽힐 수 있는데, 이를 통해 예비 교사는 교사가 직접적인 지시를 하지 않고도 조니와 상호작용을 계속하도록 만든다.

다음 4.6에서 교사는 조니에게 0에서 측정을 시작하면 어떤 일이 벌어질지 질문한다. 0에서 측정을 시작하는 것이 이전 수업 연극에서는 그저 통상적인 절차에 따라 제시되었고, 또 그이전의 수업연극에서는 하나의 규칙으로 취급되었다. 4.2와 같이 조니는 역설적 상황에 놓이지만, 이번에 교사는 바로 설명하고 측정을 시작하기 위해 이용한다.

4.6.1	교사	우리가 눈금자를 여기로 옮기면 (눈금자를 영으로 옮김) 답은 무엇이 될까?
4.6.2	조니	답은 6이 되지요.
4.6.3	교사	그래. 막대 크기가 7cm에서 6cm로 바뀌지 않는데도 막대를 다른 시작점으로 옮기니까 다른 답을 얻었구나. 측정은 항상 정확하고 한결 같아야하기 때문에 언제나 같은 지점에서 측정해야 한단다. 눈금자를 사용할 때 언제나 영에서 시작하는데, 이를 기준선이라고 부른단다.
4.6.4	조니	그런데 0이 수는 아니잖아요, 1이 처음 시작하는 수가 아닌가요?
4.6.5	교사	우리가 셀 때는 0에서 시작하고 한 칸을 뛰어서 1에 도달하게 한단다. 그리고 한 칸을 더 뛰어야 2에 닿겠지. 이런 식으로 계속해서 세는 거란다.
4.6.6	조니	그런데, 왜 일에서 시작할 때는 그렇게 할 수가 없나요? 처음 시작하는 수 1부터 시작할 수 없는 건가요? 1이 처음 수라서 그런 건가요?
4.6.7	교사	좋은 질문이구나. 처음 수가 사실은 0이라는 게 좀 헛갈릴 수 있지. 어쨌든 0이 처음 수란다. 이건 네 어린 동생이 태어났을 때와 같거든. 네 동생도 생일이 다시 돌아 와야 1살이 되지 않니.
4.6.8	조니	알겠어요. 하지만 우리는 나이가 아니라 센티미터에 대해 말하고 있잖아요.
4.6.9	교사	그렇지. 많은 날들이 모여서 1년이 되지, 마치 많은 밀리미터들이 모여서 일 센티미터를 이루듯이.
4.6.10	조니	아하!

[4.6.4]에서, 교사가 0에서 측정을 시작한다는 말에 대해, 조니가 0은 수가 아니라고 말한다. 이것은 조니가 스스로 측정 과제에 대해서 어떻게 생각하고 있는지를 설명할 수 있는 것으로 수업 연극에 처음 나오는 예이다. 교사는 처음 수가 1이기 때문에 영에서 측정을 시작하고 싶지 않다고 추측할 수 있다. [4.6.5]에서, 교사는 0이 합리적인 시작점

임을 설명하는 방법으로 기하적인 방식(0과 1 사이의 빈칸을 1로 센다.)으로 수 세기를 사용한다. 그러나 조니는 이를 받아들이지 않는다. 그래서 [4.6.7]에서, 교사는 "사실은 영이 처음 시작하는 수이지만 수를 셀 때는 그렇게 말하지 않는다. 그러나 영이 첫 번째 수라는 사실을 설명한다. 여기서 아기의 나이를 연상하여 비유하였는데, 조니는 이 비유도 잘 이해하지 못한다. 우리는 교사가 직면한 어려움을 가늠할 수 있다. 과제는 매우 쉽게 시작했고, 조니는 왜 0이 "처음 수"인지 이해해야 할 상황에 놓인다. 우리는 상호작용의 특성에 대해서 다음과 같이 반박한다. 몰아가기의 성질상 이 상호작용에서 조니가 영에서 시작하여 과제를 해결하는 것이다. 몰아가기 상호작용은 교사를 기술적이고 가끔은 오해의 소지가 있는 엉뚱한 논의로 유도하는데, 이로 인하여 결국 조니는 원래 과제에서 더 멀어진 듯하다.

Kamii(2006)는 교사용 지도서에서 종종 교사는 학생들이 측정할 물체를 정렬하도록 지도해야 한다고 제안하고 있음에 주목하였다. 이 절의 작가들은 조니에게 막대의 끝을 영에 맞추도록 함으로써 이 제안을 따르고 있다. 4.6에서 이 과정을 직접 볼 수 있고, 또 4.4와 4.5에서도 직접 볼 수 있다. 그런데, Kamii는 이를 "피상적 행동을 교정하기 위해 실증적 절차를 가르치는 것" (p. 157)으로 기술한다. 예비 교사들에게 도전 과제로 남는 것은 피상적 행동의 기저를 이루는 이해에 어떻게 도달하는지 알아내는 것이다. 사실, 학생들에게 영부터 시작하여 세도록 할 때, 교사는 측정을 제대로 하기 위해 눈금자가 사용되는 방식에 유의하라고 지시한다. 이러한 지시는 절차적인 것이다. 그러나 예비 교사들은 이 절차에 대한 개념적 기반을 찾으려고 한다.

4.6에 제시된 것처럼 측정 절차는 개수를 세는 행위와 관련되어 있는데, 이 전략은 여러 번 나타난다. 다른 예는 4.7에서 볼 수 있다. 수업 연극에 나타난 교사의 주장을 인용해 보자. 이 주장은 처음에 교사가 조니의 오류를 무시하고 학생들에게 물체를 어떻게 측정하는 지에 대해 서로 의논해보라고 지시한 후에 나타난다.

4.7.1	교사	측정할 때는 영에서 시작해야 한단다. 너희는 **일이 아니라 영에서부터 세기 시작해야** 한다. 우리가 수를 셀 때 영을 말하지 않지만 영은 친구인 일과 같이 있음을 가정해야 한다. 영은 일 옆에 있고 싶어 하지만 영은 수줍음을 많이 타서 잘 숨어 있고 그래서 너는 영을 볼 수 없단다. 고개를 숙여 보렴. 얼마나 잘 알고 있는지 알고 싶구나. 고개를 들지 말고 숙여보렴. 영과 측정에 대하여 이해했다면 손을 들어 보아라. 비밀 투표이니 고개는 숙이고 있으렴.

영에서 시작하는 "규칙"을 수세기 방법과 연결시키려는 시도에 대하여, 이 수업 연극은 흥미 있는 교수학적 장치를 사용하는데, 교사는 학생들에게 이해한다면 손을 들라고 말하면서 학생들의 이해를 가늠하려고 한다. [4.7.1] 비밀 투표는 학생들이 이해하지 못하고 있음을 알아챌 때 친구들 앞에서 가질 어떤 부끄러움을 극복하도록 도우려는 것이다.

"셀 때 사용하는 특별한 트릭이 있다"

이 수업 연극의 작가는 영에서 시작하는 것을 "규칙"이나 또는 암기해야할 것이 아닌 어떤 "특별한 트릭"으로 취급한다. [4.8.3]

4.8.1	교사	아 알겠다. 넌 그게 네가 본 처음 수이니까 거기서 시작했던 거구나!
4.8.2	조니	넵—우리는 언제나 일에서 시작합니다!
4.8.3	교사	조니, 네가 맞아! 보통은 일부터 세지! 하지만 맞춰 보렴. 우리가 측정할 때는 셀 때 사용하는 특별한 트릭이 있단다!
4.8.4	조니	정말요? 어떤 트릭을 쓴다구요?
4.8.5	교사	측정할 때, 여기 맨 끝에서 시작하는데 거기 영이 있지! 조금 더 쉽게 말해서 네 연필을 눈금자의 0에 갖다 대보면 어디서부터 시작해야 할지 알게 될 거야!

이 대본의 작가는 조니가 눈금자에 처음 나타나는 수가 0이 아닌 1로 알고 눈금자를 사용하는 것에 대해 다소 민감하게 반응한다. 이것은 조니가 왜 1에서 시작할까에 대한 그럴듯한 추측이다. 그러나 작가는 [4.8.3]에서 다시 한 번 측정 행위와 수를 세는 행위를 연결하여 그들 사이의 차이를 강조한다. 앞서의 수업 연극은 이 두 행위가 어떻게 비슷한지 보이려 했다. 이 경우는 "규칙"을 언급함으로써 학생의 주의를 끌고 그 학생이 기억하기 쉽도록 도운 것으로 볼 수 있다. 우리는 5장에서 가분성 규칙과 연결하여 규칙에 대해 보충 언급할 것이다.

"막대를 탁자 위에 세워라"

우리는 다음 예를 마지막으로 이 절을 마친다. 여기서는 수업 연극의 흐름상 조니가 0에서 시작해야 함을 알게 된다. 수업 연극 4.9에서 교사는 환경의 상황적 제약을 거꾸로 이용한다. 즉, 조니에게 그 막대가 더 이상 탁자 위에 있지 않지만 여전히 위로 향하도록 위치를 바꾸도록 격려한다. 그렇게 함으로써, 조니는 아마도 벽에 기대고 길이를 재는 활동과 같이 익숙했던 경험을 살려서 측정에 이용한다.

4.9.1	교사	막대를 탁자 위에 세워서 위로 길게 놓고 (교사가 시범을 보인다.) 눈금자로 재면 길이가 같겠지?
4.9.2	조니	물론이죠.
4.9.3	교사	해 보렴.
4.9.4		(조니는 막대를 세워서 잰다. 눈금자가 7이 아닌 6을 가리키자 조니는 얼굴을 찌푸린다)
4.9.5	교사	여기 어떤 일이 일어난 것일까?
4.9.6	조니	잘 모르겠어요. 마술인가?
4.9.7	조니	제가 한 개를 더 세었나 봐요.
4.9.8	교사	뭐를 한 개 더?
4.9.9	조니	일 센티미터요.
4.9.10	교사	그래서 어디에서 시작해야 하지?
4.9.11	조니	0부터요.

수업 연극 4.2와 4.6에서 보았듯이, 교사는 같은 막대인데 어떻게 측정값이 바뀔 수 있을까와 같이 역설적 상황에 놓이도록 유도한다. 그런데, 역설을 만드는 이런 방식은 아주 구체적이고 몰입된 상황을 이용하는 것처럼 보인다. 교사의 전략은 효과적이며 조니를 어리둥절하게 만든다. [4.9.6] 조니가 역설적 상황을 벗어나려고 "제가 한 개를 더 세었나 봐요" [4.9.7]라고 말했을 때, 교사는 대화로 영에서 세야 함을 유도한다. [4.9.8]에서 교사의 질문은 조니가 측정할 때 단위를 밝혀야 한다는 측정 담론을 상기시키는 것처럼 보이지만, 이 질문은 조니가 실제로 무엇을 세고 있었는지, 눈금의 개수인지 아니면 눈금자의 마지막 수(7)를 그저 읽은 것이지 밝히는 데는 전혀 도움이 되지는 못한다.

이 수업 연극은 예비 교사로 하여금 수와 측정 사이의 관계 그리고 영을 시작점으로 삼는 아이디어 등이 중요함을 깨닫게 한다. 하지만, 이런 아이디어를 조니의 활동에 어떻게 결합시킬지는 고심하고 있다. 이 장의 마지막 절에서, 우리는 측정의 특징과 관련한 연구를 논의하고 예비 교사들이 측정 과제에서 학생을 보다 잘 지도할 수 있는 방법을 제안할 것이다.

전략의 경로 변경을 통해 몰아가기

이번 절에 나오는 수업 연극은 0에서 시작하라는 "규칙"에 전적으로 집중하지 않는다는 점에서 앞 절에서 나온 수업 연극과 다르다. 대신, 이 수업 연극은 측정의 개념적 기초의 다른 부분들, 예를 들어 빈칸 세기, 시작점 바꾸기, 눈금자의 눈금에 집중하기 등을 지적한다.

"수 사이의 빈칸을 세어라"

빈칸의 수를 세는 것은 이 수업 연극을 쓴 예비 교사의 가장 일반적인 전략이었다. 이 수업 연극의 교사는 조니가 빈칸을 세는 것을 어려워한다는 것을 알 수 있었다. 처음 나오는 수업 연극 4.10은 조니의 빈칸 세기 아이디어를 눈금자의 수를 세는 것으로 전환하는 과정에서 조니의 어려움을 잘 나타내고 있다. [4.10.1]에서 교사는 조니에게 빈칸을 세라고 한다. 이것은 트릭이나 규칙으로 나타나지 않았고, [4.10.4]에서 조니는 빈칸의 개수를 세는 것이 막대의 길이를 재는 것과 어떻게 관련되는지 확실히 알지 못했다.

4.10.1	교사	신중하게 막대를 눈금자의 눈금 수에 맞추던데 아주 잘했다. 그런데, 이젠 뭔가 다른 방법으로서 수들 사이의 빈칸을 세보면 어떨까?
4.10.2	조니	좋아요. 1, 2, 3, 4, 5, 6. 빈칸이 여섯 개이고 막대 길이는 7cm입니다.
4.10.3	교사	그래 그렇구나, 빈칸이 여섯 개지. 막대를 눈금자의 끝으로 옮기면, 그 막대는 사실 6cm여야 한단다.
4.10.4	조니	잘 모르겠는데요.

수업 연극이 계속되면서, 다른 학생이 자신의 방법을 설명하는데, 그 방법이란 우리가 위에서 보았던 영에서 시작하는 것에 관계된 것이다. [4.10.8]에서 교사와 조니가 전에 논의하였던 빈칸을 세는 것과는 전혀 관련 없는 전략이 나오는데, 교사는 조니가 이 전략을 이해하는지 묻는다. 수업 연극의 나머지 부분의 대화는 수와 측정의 관계 그리고 눈금자를 측정에 사용하는 절차에 대한 것으로 흘러간다.

4.10.5	사라	제가 막대를 눈금자에 대어 보았는데 6cm입니다.
4.10.6	교사	그래, 6cm가 정확한 답이란다. 그런데 어떻게 그걸 알았지?
4.10.7	사라	음, 저는 눈금자의 가장 자리에서 시작해서 막대의 끝에 이르기까지 수들을 세었습니다.
4.10.8	교사	잘했구나. 훌륭해, 그러니까 1에서 시작한 게 아니라 영에서 시작했던 거로구나. 눈금자에 영이 보이지는 않지만, 거기 있단다. 사라야 고맙다. 조니야 알겠니?
4.10.9	조니	음, 글쎄요. 그런데 영이 거기 있다는 걸 어떻게 아나요, 그리고 수 사이의 빈칸은 어떻고요?
4.10.10	교사	좋은 질문이구나. 수직선 위에는 언제나 영이 있단다. (교사는 칠판에 수직선을 그린다.) 보통은 영에서 시작하여 세지 않지만, 그 수는 언제나 거기에 있다. 그래서 측정할 때는 물체의 한 쪽 끝은 영에 맞추고 물체의 다른 쪽 끝까지 얼마나 많은 빈칸들이 채워지는지 세는 거란다. 그래서 센티미터는 사실 수 사이의 빈칸이고 수는 그 빈칸의 끝을 나타내는 거란다. 다시 한 번 해 볼래?

빈 칸을 세는 것으로 시작하는 것은 적절해 보인다. 그렇다면, 조니는 눈금자에 있는 수로 무엇을 할 수 있을까? [4.7.10]에서 사라가 쓴 방법 "저는 눈금자의 가장자리에서 시작해서 막대의 끝까지 수를 세었습니다"는 교사에게는 바람직한 것이고 여전히 교사가 어떤 수를 세었는지 확실하지 않지만, [4.10.8]에서 "잘했구나"라고 응답한다. 교사의 요약 설명은 [4.10.10]에서 "센티미터는 사실 수 사이의 빈칸이고 수는 그 빈칸의 끝을 나타내는 거란다"라는 진술로 보아 어떤 약속을 하는 것과 같다. 그러나 교사는 영을 "언제나 거기 있는" 그래서 "측정할 때는 물체의 한쪽 끝을 영에 맞추고 물체의 다른 쪽 끝까지 얼마나 많은 빈칸을 채우는지 세야 하는" [4.10.10] 그런 수로 강조하는 것이다. 사실, 우리가 측정할 때, 빈칸을 센다면 시작점이 어디든 문제가 되지 않는다. 다음 수업 연극 4.11은 교사가 이러한 아이디어를 요약하고 학생이 재진술한다.

"어디에서 시작하든"

4.11.1	교사	네가 어디에서 시작하든 막대가 맞추어진 곳에 있는 수를 기준선 "0"이라고 생각해라. 그러면 너는 기실 보이는 수가 아니라 수 사이의 빈칸을 셀 수 있게 된다.

4.11.2	조니	알겠습니다. 항상 기준선에 두고 수 사이의 빈칸을 센다.
4.11.3	교사	바로 그거야.

이 대화에서 교사는 측정할 때 어떤 점에서도 시작할 수 있다는 아이디어를 강조했다. 그렇지만, 교사가 [4.11.1]에서 “기준선 ‘0’을 언급하면서 0에서 센다”는 아이디어를 재차 소개했다. 우리는 여기서 4.10에서 이미 보았듯이 시작점으로서 영에 방점을 찍고 이어지는 빈 칸들을 세는 전략을 보고 있다. 사실, 대부분 수업 연극은 영이 유일하고 오직 하나의 올바른 시작점임을 매우 강조하고 있다.

“여러분이 5cm부터 막대를 측정했다면”

위의 수업 연극은 시작점을 다르게 한다는 점을 언급하였다. 예를 들면, 수업 연극 4.2에서 교사가 막대의 한쪽 끝을 2로 옮겼고, 학생은 처음에 길이가 8cm로 바뀌었다고 대답했다. [4.2.3] 수업 연극 4.6에서 교사는 막대의 한쪽 끝을 영으로 옮겼고, 이는 학생이 측정값을 6cm로 바꾼 원인이었다. [4.6.2] 그러나 이 두 가지 경우에서 교사의 의도는 막대의 위치를 바꾸어 시작점을 다르게 할 수 있음을 보이는 것보다 길이가 바뀌지 않음을 강조하려는 것이었다. 이 절은 임의의 점에서 시작한다는 아이디어에 대하여 탐색해 본다.

수업 연극 4.2나 4.6과 대조적으로, 수업 연극 4.12는 영의 역할을 알게 함으로써 교사는 시작점이 단지 선택의 문제임을 강조한다. 수업 연극 4.12에서, 막대는 5cm에서 시작하고 11cm에서 끝난다. 하지만, 교사는 11과 5의 차이를 지적하기보다 다시 세는 것으로 돌아간다. [4.12.9]

4.12.1	교사	우리가 어떤 물체의 길이를 잴 때, 영에서 시작함을 잊지 마세요. 왜냐하면, 그렇게 하면 물체의 끝에 있는 수가 그 물체의 길이를 cm로 가리키지요. […] 자, 영에서 시작하는 것도 좋은 생각입니다. 하지만, 여러분이 막대 측정을 5cm에서 시작했다면, 항상 기억하고 있어야 할 것이 뭐죠?
4.12.2	샐리	몇 걸음인지 세어 보는 것입니다. 그러면 혼동하지 않습니다.
4.12.3	교사	맞아. 조니야, 네 막대를 5cm에서 시작하여 재어 보자. 뭐 알아낸 것이 있니?
4.12.4	조니	막대가 11cm에서 끝났습니다.
4.12.5	교사	그럼 조니의 막대는 길이가 11cm인가요?

4.12.6	마크	아니요. 5cm에서 11cm까지 걸음의 수를 세어야 합니다.
4.12.7	교사	5에서 11cm까지 몇 걸음이죠?
4.12.8	캐더린	6cm
4.12.9	교사	잘했다, 캐더린. 자 몇 걸음인지 다 같이 세어 보자.

아직 측정을 세는 것으로 재해석하지는 않았으나, 눈금자 위 눈금 사이를 "빈칸"이 아닌 "걸음"으로 언급한 것은 눈금자를 따라가는 역동적인 아이디어로 학습자의 상상을 자극한다. 4.12는 걸음의 개수를 센다는 아이디어가 강조된 반면, 4.13은 교사가 학생들이 측정 물체의 시작점과 끝점 사이의 관계에 주목하도록 돕는다.

4.13.1	조니	그럼 눈금자로 뭔가를 잴 때마다 0에서 시작해야 하나요?
4.13.2	교사	왜 그렇게 생각하지?
4.13.3	조니	왜냐면 그래야만 막대의 끝이 길이에 대응하는 수에 오게 되잖아요.
4.13.4	마크	하지만 0에서 시작하든 1에서 시작하든 길이가 변하지는 않아요.
4.13.5	교사	뭔가 알아낸 게 있니?
4.13.6	마크	막대를 1부터 재면 7에서 끝나는데, 길이는 6cm입니다. 0부터 재면 6에서 끝나고, 2에서 시작하면 8에서 끝납니다.
4.13.7	교사	25에서 시작한다면 어떨까, 막대가 눈금자 어디에서 끝날까?
4.13.8	아이델	31cm에서 끝나겠죠.
4.13.9	교사	어떻게 알았지?
4.13.10	조니	막대를 눈금자 어디에 놓더라도 길이는 변하지 않습니다. 그래서 25에 6을 더하면 31입니다.
4.13.11	마크	7에서 1을 뺀 것도 6입니다.
4.13.12	조니	막대가 눈금자 위 어디에 있더라도 상관없이 큰 수에서 작은 수를 빼면 막대의 길이를 구할 수 있습니다.
4.13.13	교사	막대가 35cm에서 시작해서 90cm에서 끝났으면 막대의 길이는 얼마지?
4.13.14	조니	90 빼기 35는 55. 길이는 55cm입니다.

이 수업 연극에서 마크는 같은 눈금자를 사용하여 막대가 다른 위치에 있을 때의 결과를 주목한다. [4.13.6] 교사는 눈금자에 있지 않는 수를 생각하도록 한다. "25에서 시작한다면 어떨까, 막대가 눈금자 어디에서 끝날까?" [4.13.7]. 이렇게 함으로써 학생들은 물

체의 길이는 두 끝점 사이의 차이라고 결론짓게 된다. [4.13.12] 이 결론은 처음에는 실제 사물을 측정하지만 나중에는 상상의 물체를 상상의 눈금자로 측정하는 것으로 강화된다. ([4.13.13], [4.13.14])

Zazkis(2001, 2008)는 여러 가지 수학적 맥락에서 "큰 수"를 가지고 학습하는 방안에 대하여 연구하였는데, 그는 학생들의 큰 수 경험이 일반화하고 대수적 표현으로 옮겨가는데 도움을 준다고 주장하였다. 그의 연구에서 '큰' 수란 손에 잡히는 계산기의 계산 능력을 넘어서는 것을 말한다. 그래서 함으로써, 학생들은 계산기에 의존하지 않고 추론을 해야 한다. 수업 연극 4.13에서 직선 측정과 관련된 아이디어를 세우고 강화하기 위하여 주어진 눈금자의 눈금을 초과하는 수로 이동하는 것이 이와 유사하다 할 수 있다.

수업 연극 4.13에서 "큰 수"로의 이동은 수업 연극 4.13의 주목할 만한 특징이지만, 다른 수업 연극에서 볼 수 없는 또 다른 중요 문제를 제시하고 있다. 그것은 왜 영에서 측정해야 하는지에 대한 대답이다. [4.13.3]에서 학생은 그 이유를 "왜냐면 그래야만 막대의 끝이 길이에 대응하는 수에 오게 되잖아요"와 같이 설명한다. 거의 모든 수업 연극에서 영을 시작점으로 취급하지만, 이와 같은 설명은 나타나지 않았고 눈금자 위의 수에 주목하기보다 빈칸이나 걸음의 개수를 세는 것이 일반적인 전략이었다.

"첫 눈금은 세지 않는 거야"

다음 두 수업 연극의 교사는 측정 과제에 사용될 수밖에 없는 눈금자의 "눈금"을 주목한다. 수업 연극 4.14는 이미 논의 되었던 몇 가지 특징을 볼 수 있는데 막대를 영으로 옮긴다든지 [4.14.1], 물체의 이동으로 길이가 변하지 않는다든지 [4.14.4], 눈금을 센다 [4.14.7]와 같은 것이다. 하지만, "끝에 있는 수를 읽는다" [4.14.6]는 제시카의 말은 학생이 취할 수 있는 매우 그럴 듯한 방법이므로, 교사는 눈금을 세는 것에 주목한다. [4.14.7]

4.14.1	교사	네가 막대를 움직여서 0cm부터 시작했다면, 길이가 얼마나 되었을까?
4.14.2	조니	그러면 6cm입니다, 선생님.
4.14.3	교사	그럼 막대를 움직여서 길이가 변했다는 건데 왜 그런지 누가 말해볼까? 막대가 부러지기라도 한 걸까?
4.14.4	제시카	선생님, 길이는 변하지 않았습니다. 여전히 같은 크기예요.

4.14.5	교사	그래 맞다 제시카. 조니야, 왜 답을 바꾸었니?
4.14.6	제시카	저는 그냥 끝에 있는 수를 읽었을 뿐이예요. 길이가 왜 바뀌었는지는 몰라요.
4.14.7	교사	음, 막대를 처음 측정했을 때의 위치로 바꾸어 보렴. 자 다 같이 세어 보자. 일단 시작한 눈금선 다음에 오는 눈금선은 1cm와 같음을 기억하자. 그러면, 시작하는 눈금선을 지적할 수 있겠니? (조니가 그것을 지적한다). 좋아, 다음 눈금선은 (교사가 지적한다) 뭐가 될까?
4.14.8	조니	1cm입니다.
4.14.9	교사	그러면 이 눈금선은 얼마일까?
4.14.10	조니	2cm입니다.
4.14.11	교사	그렇지. 계속 하렴.
4.14.12	조니	3cm… 4cm… 5cm… 6cm!
4.14.13	교사	막대의 길이와 같지 않니?
4.14.14	조니	예, 처음 눈금선을 세지 않았기 때문입니다, 선생님
4.14.15	교사	좋은 지적이구나. 조니. 결국 막대의 길이는 변하지 않았단다.

앞서 나온 수업 연극은 세는 데 초점을 맞추고, 교사는 학생들에게 빈칸, 점프, 뜀 등을 세도록 지도했다. [4.14.7]은 눈금 수를 세었는데, 여기서 "시작한 눈금선 다음에 오는 눈금은 1cm"이다. 이 장의 도입부에서 우리는 NAEP 문항에 대한 학생들의 부정확한 결과들이 물체 한쪽 끝에 있는 수에 집중하거나 물체 아래에 해당하는 수를 세거나 하여 나왔음을 소개하였다. 사실, Kamii(2006)와 같은 연구자는 바로 이 두 가지 방법이 그러한 오류의 원인임을 설명하였다. 또한 조니에게 제시된 과제의 경우는 두 가지 방법 모두 같은 결과를 보였다. 수업 연극 4.14에 나오는 잘못된 방법은 후자의 방법과 비슷하지만, 같지는 않다. 여기서 결론은 학생들이 수에 유념하기보다는 "눈금"을 센다는 것이다. 사실, 작가는 조니에게 과제에 대한 추론 방식을 이끌어내고 그것을 이용하여 상호작용을 이어간다. 그러나 경우에 따라 어떤 학생의 방법을 교정할 때 "처음 나오는 눈금 수를 세지 말아야 한다" [4.14.14]와 같은 예기치 않은 규칙을 소개하게 되고 학생들은 그것을 "기억하여야 한다" [4.14.7].

눈금선을 참고하는 것은 다음 수업 연극 4.15에도 나온다. 이 수업 연극은 교사가 조니에게 수를 세지 말고 수 사이의 빈칸을 세라고 말하면서 시작한다. 그러나 수업 연극은 곧 새로운 흐름으로 옮겨간다. 이 수업 연극의 작가의 말을 빌리면, "각각의 눈금이 하나의 수를 나타낸다" [4.15.9].

4.15.1	교사	조니야, 우리가 길이를 잴 때, 사실은 수를 세는 게 아니란다. 왜냐하면, 각 수는 자연수이고 길이는 실제로 각각의 수 사이의 공간이기 때문이지.
4.15.2	조니	정말이에요?
4.15.3	교사	먼저 문제를 다시 살펴보자. 뭔가 보여줄게.
4.15.4		(교사는 눈금자를 들어서 눈금자의 첫 눈금을 가리킨다.)
4.15.5	교사	조니야 이 눈금이 보이지
4.15.6	조니	예.
4.15.7	교사	음. 이 눈금선이 어떻게 일, 이, 삼 등의 옆에 있는 눈금과 같은지 알겠니?
4.15.8	조니	예!
4.15.9	교사	각각의 긴 눈금선이 하나의 수를 나타내기 때문이지. 여기 처음 나오는 긴 눈금선이 사실 영을 나타내고, 영은 원점, 다시 말해 시작점을 표시한단다.
4.15.10	교사	눈금자 위의 이런 눈금에 대해서 다르게 이야기해 보자면, 이 수들 각자는 세거나 잴 때 "자릿값"을 가지고 있고, 그래서 꼭 알아두어야만 한단다. 또한, 영도 자릿값을 가지고 있고 눈금자로 잴 때는 이를 기억해야 한단다.
4.15.11	교사	유치원에서 공통 기준선에 대하여 배웠지? 그리고 올해 1학년에서도 복습했지. 그래서 이제 우리가 측정하는 것은 표준 단위란다. 기준선도 여전히 중요하고 우리가 측정할 때 여전히 도움이 된단다.
4.15.12	조니	아, 그럼 막대를 눈금자의 영이 있는 시작 부분에 놓아야겠네요.
4.15.13	교사	옳지, 자 여러분, 이제 이 사실을 알고 제대로 측정해 봅시다!

교사가 "각 수는 자연수이고 길이는 실제로 각각의 수 사이의 공간" [4.15.1]이라고 말했는데, 여기에는 어느 정도 수와 측정에 대한 담화들이 섞여 있지만, 공간의 중요성이라는 적절한 아이디어로 소통한다. 작가는 교사가 "세거나 잴 때 자릿값" [4.15.10]이라고 언급하면서 이 내용을 분명히 연결하려 한다. 그렇지만, 자릿값은 그 의미가 불분명하고 또 왜 자릿값이 "눈금자를 사용하여 측정할 때 꼭 알아두어야만" 하는지는 설명하지 않

고 있다. 또 우리는 눈금자로 측정할 때 꼭 기억해야 할 중요한 수로서 성스럽기까지 한 0으로 돌아가는 것 [4.15.9]을 보았다. 눈금을 세라는 교사의 지시는 조니가 처음에 맞닥뜨렸던 것과 같은 식의 어려움을 줄 지 모른다고 염려한다. 왜냐하면, 그가 첫 눈금을 포함하여 여섯 개를 세야 할 지 일곱 개를 세야 할 지 모르기 때문이다. [4.5.11]에서 교사는 조니를 위해서 이 측정 과제와 유치원 때 배웠던 학습 내용과 연결하려고 하지만, "공통기준선"이 무엇을 말하는지 확실치 않다. [4.15.12]에서 조니가 결론적으로 눈금자의 시작점 즉 0 에서 시작하여 측정하여야 한다고 말하는 것으로 보아, 그는 아마 이해한 듯이 보인다.

"1cm 길이의 선분을 그려서 보여줄 수 있니"

대다수의 수업 연극이 위의 수업 연극과 같은 식이다. 수업 연극이 조금씩 다르지만, 공통의 흐름을 보이는데, 결국은 측정 과제의 해결 전략이란 보통은 영이라는 원점에서 시작하여 세어 가야하는 것이다. 이러한 흐름에 적용된 '전환'은 교사 또는 다른 학생이나 교구 등을 경유하여 직접 말하기부터 간접 유도까지 다양하다. 아래에 제시된 수업 연극 4.16에서 작가는 단위에 초점을 맞추고 있다. 이 수업 연극의 교사는 학생에게 1cm 길이 선분을 그리라고 한다. [4.16.3] 그리하여, 측정 단위가 도입되고 수업 연극은 측정을 거리로 생각하는 방향으로 흘러간다.

4.16.1	교사	네가 어떻게 세는지 나한테 보여 줄래?
4.16.2	조니	("1"을 가리키며) 1-2-3-4-5-6-7. 7cm입니다.
4.16.3	교사	조니야, 1cm가 얼마나 긴지 보여 줄 수 있니? 1cm 길이의 선분을 그릴 수 있니?
4.16.4		(조니가 눈금자를 바르게 대고 눈금자의 1에서 2까지 선을 그린다)
4.16.5	교사	그럼 일 센티미터가 여기서 여기까지구나(1에서 2까리를 가리키며)
4.16.6	조니	넵.
4.16.7	교사	이 눈금자에서 다른 일 센티미터를 보여 줄래?
4.16.8	조니	(2에서 3까지 가리킨다.)
4.16.9	교사	그럼, 일 센티미터는 여기서 여기 사이, 그리고 여기서 여기 사이의 길이네. (조니가 그린 1cm 선분의 처음과 마지막 점을 가리키고, 눈금자 위에서도 같음을 보임.)

4.16.10	조니	넵.
4.16.11		(교사가 조니가 그린 선분에 "1cm"라고 표시한다)
4.16.12	교사	그러면 막대는 몇 센티미터일까?

수업 연극이 계속되면서, 조니는 스스로 그린 1cm를 막대 위에 놓고 막대가 6cm임을 알게 된다. 그런데, 눈금자로 확인해보라고 했을 때, 조니는 다시 막대의 끝을 1에 맞춘다. 여기서 교사는 세는 담화로 돌아가는 대신 거리에 주목한다.

4.16.13	교사	거기서 거기까지 거리가 얼마지? (영에서 일까지 가리키며. 조니의 1cm 선분을 빈칸에 맞추어 넣음)
4.16.14	조니	아! 1cm가 딱 거기서 거기까지네요.
4.16.15	교사	그렇지. 영에서 1까지가 바로 1cm의 길이인거지. 거기서 거기까지 1cm가 있다면, 눈금자의 그 부분을 1cm라고 측정할 수 있겠지?
4.16.16	조니	아 네 그러네요.
4.16.17	교사	좋아, 그럼 이 선분을 눈금자로 측정할 때, 우리가 기억해야할 것은 뭐지?
4.16.18	조니	그건 앞부분에 1cm가 있다는 것입니다.

이 수업 연극에는 몇 가지 중요한 특징이 있다. 무엇보다 먼저 우리는 교사가 일관되게 세는 것이 아니라 거리에 초점을 맞추고, 측정을 단위 거리의 반복으로 해석함을 관찰할 수 있다. 조니에게 측정 단위를 그리게 한 다음, 교사는 몇 가지 예를 통하여 1cm를 그리게 한다. [4.16.12]에서 교사는 측정 과제 센티미터 단위를 막대에 맞추는 아이디어를 재성한다. [4.16.13]에서, 교사는 조니가 0에서 1까지의 처음 구간을 고려하지 않을 가능성을 염두에 두지만, 0에서 세기 시작해야 할 필요성을 주장하지 않는다. 사실, 교사는 [4.16.17]에서 조니에게 "눈금자로 측정할 때 기억해야 할 것이 뭐지?"라고 질문함으로써 절차에 대한 담론으로 들어간다. 이 질문에 대하여 학생은 [4.16.18]에서 대답하는데, 0과 1사이의 길이와 다른 두 연속하는 다른 정수들 사이의 거리를 구별한다. 이 수업 연극에서 특히, 조니가 범한 오류가 단위 길이의 반복으로 측정을 이해하는 것과 관련되지 않는다면, 끝 부분에 추가된 대화가 필요할지 분명하지 않다.

연구에 의하면, 처음에 교사가 1cm를 그려보라고 하는 것은 학생들에게 쉬운 일이 아니다. (Nührenbörger, 2004) 우리는 측정 물체에 대고 단위를 밀어 넣어서 단위를 반복하는 것과 여러 개의 단위로 물체를 재는 것 사이에 중요한 개념상의 차이가 있음을 안다. 사실, 대부분의 아이들에게 눈금자 위의 공간들과 측정 단위를 연결하는 것이 그리 명확한 것은 아니다. 이 관계를 확립하기 위하여, Kamii(2006)는 눈금자의 모든 수를 지울 것을 제안하고 다른 연구자 (MacDonald와 Lowriw, 2011; Nührenbörger, 2004)들은 학생들이 스스로 눈금자를 만들어서 사용하도록 권고한다.

예비 교사의 측정 아이디어에 대해 배운 것은 무엇인가?

여기 나온 수업 연극을 집중하기 상호작용의 예로 보기에는 무리가 따른다. 대신, 특히 영부터 시작하는 측정 전략을 사용할 때 몰아가기가 많이 보인다. 그러나 다른 많은 수업 연극에서 보았듯이, 특정 절차에 대한 흐름을 전개하는 여러 가지 방법이 있다. 작가들이 조니와 상호작용하면서 이끌어 내는 다양한 개념을 고려할 때, 우리는 예비 교사들의 측정에 대한 사고에 대해 중요한 통찰을 얻을 수 있다.

Cross 등(2009)의 연구에 따르면, 측정에 대한 기본 개념은 다음 요소를 포함한다.

(1) 속성 이해하기
(2) 보존
(3) 추이성
(4) 균등 분할
(5) 단위와 표준 단위의 반복
(6) 거리의 축적과 가산성
(7) 원점
(8) 수와 측정 사이의 관계

주어진 상황에 제시된 과제에서 측정 대상인 단일 속성은 막대이고 측정 교구는 센티미터 단위의 눈금자이다. 이와 같이, 위의 목록 중 (1) 속성 이해하기와 (3) 추이성은 이 과제와 관련이 없다. 우리는 (2)와 (4)-(8)의 기본 개념들이 수업 연극에서 전개됨에 따라, 뒤이어 무엇이 이어질지에 주목하였다.

길이 보존 개념 (2)는 피아제 학파의 연구에서 발달한 것이다. 보존은 물체가 움직이더라도 그 길이는 변하지 않는다는 이해를 수반한다. 수업 연극은 이런 사실을 물체를 다른 위치로 움직여 봄으로써 강조한다. 가상의 학생들은 결국에는 어떤 상황에 있든지 크기가 변하지 않음을 이해했지만, 여러 수업 연극에서 볼 수 있듯이, 처음 학생들은 막대 길이의 측정값이 눈금자 위의 위치로 정해졌을 때, 일시적으로 혼돈스러워 했다. 예를 들어, [4.2.3]과 [4.6.2]를 보라. 우리는 예비 교사들이 학습자의 혼동을 예견하고, 실제로 측정하기 전에 보존 아이디어를 분명히 하도록 시도했다는 결론을 내렸다.

개념 (4) 균등 분할은 "물체를 같은 크기의 단위로 자르는 정신적 활동" (Cross 등, 2009, p. 359)이다. 이는 (5) 단위 반복과 밀접히 관련되어 있는데, 물체의 크기에 맞게 직선 위로 어떤 단위를 반복하여 놓는 것이다. 모든 연구자들은 단위 반복을 측정의 기본 개념 중 하나로 여긴다. Lee와 Smith(2001)은 단위 반복이 "측정을 이해하는 핵심 요소" (p. 686)라고 주장하였다. 어떤 연구자들은 두 가지 형태의 단위 반복을 구분한다. 하나는 단일 단위 반복으로, 같은 단위를 물체를 따라 움직이면서 이동의 횟수를 세는 것이며, 다른 하나는 *타일 깔기*로 같은 크기의 물체 여러 개를 연속하여 늘어놓는 것인데, 이 때, 각 물체는 하나의 단위가 된다. (Lehrer, 2003) 이 수업 연극은 둘 다 보여주고 있는데, 1cm 블록 [4.3.2]으로 막대를 채우는 것은 타일 깔기의 예이고, 1cm 길이의 선분을 그리고 물체를 따라 선분을 움직이는 것 [4.16.3]은 단일 단위 반복하기의 예이다. Clement(1999)는 아이들에게 같은 크기의 단위를 반복하는 것이 여러 개의 단위를 늘어놓는 것보다 훨씬 까다로운 문제인데, 이는 아마도 교사의 가르치는 방식에 대한 선호 정도와 관련이 있을 것 같다. 사실, Lee와 Smith(2011)는 세 개의 미국 교육과정과 싱가포르 교육과정을 비교한 결과 단위 반복 개념이 교육과정에 "거의 나오지 않았음"을 발견했으며, "단위 반복의 중요성에 비추어 이는 상당히 놀라운 일" (p. 690)이라고 말하였다. 우리 연구에서 35개의 수업 연극 중에 오로지 한 개 (4.16)만이 단일 단위 반복을 언급하였다. 대부분의 수업 연극은 빈칸 세기에 주력함으로써 측정 단위와 물체의 길이 사이에 논리적 연결을 더욱 모호하게 만들었다.

Lehrer(2003)는 "길이를 표현할 때 단위를 세는 것은 문제가 있다" (p. 181)고 말하였는데, 그 이유는 어린 아이들이 타일을 깔 때, 단위 사이에 "선분"이 있음을 인식하지 못할 거라는 데 있다. 여기 제시된 수업 연극은 단위가 눈금자 위에 있고 "선분"은 문제가 되지 않는다. 우리는 다른 이유로 이 사안이 문제가 있다고 본다. 선분은 측정과 세기를 섞어놓아 학생들이 세기와 구분되는 측정의 기본 개념을 형성하는데 도움을 주지 못했다.

(6) 거리 축적은 "측정자가 물체의 길이를 따라 단위 길이를 반복한 다음 반복 횟수를 세고, 그 지점까지 센 모든 단위로 채워진 공간임을 이해"하는 것이다. (가산성은 길이의

축적 및 합과 차의 기호와 관련되며 이 과제에는 나타나지 않았다.) 이와 같이, 우리는 거리 축적을 단위 길이가 몇 번이나 반복되는지 세는 것으로 설명한다. 많은 수업 연극이 눈금자의 눈금 사이의 공간을 세도록 하지만, 그 수가 의미하는 것이 무엇인지는 명확히 설명하지 않는다.

(7) 원점 개념은 눈금자 위의 어떤 점도 원점, 즉 측정의 시작점으로 사용할 수 있음을 이해하는 데 있다. 우리가 살펴본 바 오직 4개의 수업 연극만이 원점에 대한 이해를 장려하고 있다. 반대로, 수업 연극에 나오는 대부분의 교사 배역은 원점으로 영 또는 "기준선"을 강조하였고, 이는 영에서 시작하는 것이 정확한 측정을 얻는 유일한 방법임을 은연중에 나타내는 것이다.

(8) 수와 측정의 관계는 이산 단위를 세는 것에서 연속 단위의 측정에 이르기까지 학생들의 이해를 재정립할 필요가 있다. 예들 들면, Cross 등(2009)은 Inhelder 등(1974)의 실험을 언급하였는데, 그 실험은 길이가 같은 막대 두개를 아이들에게 보여준 다음, 하나는 5 개의 성냥개비로 다른 하나는 6개의 성냥개비로 길이를 나타냈다. 많은 아이들이 성냥개비의 수가 많은 6개의 성냥개비로 나타낸 막대의 길이가 더 길다고 대답했다. 이 실험을 통하여, 큰 수가 더 큰 물체를 의미했던 세는 경험이 측정 개념에 영향을 미치고 있음을 알 수 있다. 측정에 대한 논의에서 눈금자 위의 표준 단위만이 논의의 대상이었다. 하지만 측정 경험과 세기의 이해에 대한 영향력은 학생 배역이 "우리는 1부터 셌어요"라고 반복된 주장을 할 때 강하게 표출되었다. 이는 예비 교사들이 측정할 때 세기를 어떻게 이용할지 잘 알고 있음을 의미한다. 이는 어린 아이들은 자주 눈금자 위의 1부터 세기 시작하거나 또는 그들이 발뼘의 수를 셀 때, 첫 발뼘으로 덮이는 부분을 생각하지 않은 채, 처음 동작부터 세기 시작한다는 Lehrer(2003)의 선행연구와 일치한다. 이는 아이들이 측정을 공간을 덮는 것으로 생각하지 않을 때 일어난다. 즉, 눈금자 위의 수는 덮을 수 있는 공간의 크기를 뜻하는 것이 아니라 수를 셀 때 의미 있는 것이다. 이러한 오류의 잠재적 원인을 수업 연극에서 적절하게 밝혔지만, 결과적으로 교사의 설명은 대부분 분명하지도 올바르지도 않았다. 많은 교사들이 설명했듯이 (예, [4.5.2], [4.5.7], [4.6.3], [4.7.1]), 선분의 한쪽 끝을 영에 맞추는 것이 "영부터 세라"를 의미하지는 않는다. 이는 단지 영과 일 사이의 단위 길이를 인정한다는 것이다.

O'keefe와 Bobis(2008)는 초등 교사들이 가지고 있는 측정에 관련된 그들 자신의 개인적인 지식과 학생의 지식에 대한 인식에 대하여 연구하였다. 이 연구자들은 교사가 학생들의 길이, 넓이, 부피에 대한 발달적 성장에 대하여 무엇을 알고 있는지, 그런 지식이

교사 자신의 교수법에 어떻게 영향을 미치는지 심층 면담을 통하여 조사하였다. 교사들은 수업에 사용하는 특정 학습 전략에 대한 질문에 대답하면서, 구체적인 학습 자료와 "조작" 활동 등을 언급하였는데, 이러한 자료와 활동 등은 아이들이 겪는 특정 어려움을 해결하는 것과 관련 없고 또한 나타난 오개념 또는 잠재적 오개념을 다루는 방향으로 나아가지도 않았다. O'kafee와 Bobis(2008)는 면담 과정에서 교사의 보고 내용이 일련의 교실 관찰을 수행하는 것보다 정보가 부족함과 함께 교실 사례 연구가 필요함을 지적하였다. 우리는 이 지적에 동의하면서 수업 연극은 학생들의 당면한 어려움 또는 학생들의 진척 상황에 대한 교사들의 지식뿐 아니라 이를 다루기 위해 더 선호되는 수업 중의 처치 방안 등에 대하여 연구할 수 있는 적절한 렌즈를 제공한다고 예비 교사들에게 반복하여 설명했다.

Chapter 05 4로 나누기

이제 측정 영역에서 수 영역으로 넘어가자. 이 장에서 우리가 논의할 몇 개의 주제는 앞 장의 주제와 비슷하다. 그러나 이 장은 탐구할 특정 수학 내용과 관련하여 몇 가지 중요한 차이점이 있는데 그것은 교사 배역이 수학을 설명하고 교사의 역할을 상상하는 방법이 흥미롭다는 것이다. 이 장은 다음과 같은 세 가지 프롬프트에 근거하여 작성된 수업 연극에 대해 설명한다.

> 교사와 학생이 대화를 나누고 있다. 교실에는 20여명의 학생들이 있다.
>
> (1) 교사 : 왜 462를 4로 나눌 수 있다고 생각하니?
> 학생 : 각 자릿수의 합이 4로 나누어지기 때문이에요.
>
> (2) 교사 : 왜 354를 4로 나눌 수 있다고 생각하니?
> 학생 : 각 자릿수의 합이 4로 나누어지기 때문이에요.
>
> (3) 교사 : 왜 354를 4로 나눌 수 있다고 생각하니?
> 학생 : 왜냐면…

우리는 프롬프트 (1)에 대한 17개의 수업 연극을 분석했고, 프롬프트 (2)에 대해서는 36개의 수업 연극을, 프롬프트 (3)에 대해서는 35개의 수업 연극을 분석했다. 프롬프트 (2)와 (3)은 (1)의 변형으로 두 모둠의 학생들에게 제시하였다. 한 모둠에게는 가상의 학생들이 "각 수의 합이 4로 나누어지기 때문이에요"라고 대답한 이유를 제시하도록 했고, 다른 모둠에게는 오류를 제시하였으나 그렇게 한 이유가 무엇인지 생각해 볼 여지를 두었다. 예비 교사들은 오류를 진단하고 교사와 학생의 상호작용의 형태로 문장을 썼다.

이 프롬프트는 잘못 적용한 가분성 규칙과 관련된 연구와 교수법에 대한 선행 연구에 기초하여 만들어졌다. 예를 들어, Zazkis와 Liljedahl(2004)는 예비 교사들이 151 × 157로 표현 가능한 수 F = 23,707을 소수라고 답하면서 다음과 같이 설명하는 것을 목격했다. “그 수는 소수예요. 왜냐하면 마지막 수가 7이고 각 수의 합이 19이기 때문이죠. 19는 소수고 1과 자기 자신을 제외하곤 어떤 수로도 나눌 수 없어요. 따라서 F는 소수예요” (p. 176).

Zazkis와 Campbell(1996a)의 연구에서 21명의 예비 교사 중 8명이 앞서 학습한 가분성 검사를 잘못 일반화하거나 잘못 적용하였다. 다음 응답들은 그러한 주장의 예를 제시한 것이다. (p. 558-560)

- 12,363은 63을 7로 나눌 수 있기 때문에 7로 나눌 수 있다.
- 291은 23으로 나누면 떨어지지 않는다. 왜냐하면 각 자릿수의 합이 23으로 나누어 떨어지지 않기 때문이다.
- 1,575는 마지막 자릿수를 볼 때 7로 나누면 떨어지지 않는다.
- 1,575는 마지막 두 자리의 수를 고려해 볼 때, 9로 나누면 떨어지지 않는다.
- 391은 91이 소수이므로 아마 소수일 것이다.

우리는 Zazkis와 Campbell(1996a) 그리고 Zazkis와 Liljedahl(2004)의 연구에 참가한 어떤 예비 교사도 7에 의한 가분성 규칙을 탐구하지 않았음을 주목했다. 수학 수업에서 마지막 자릿수에 의존한 규칙은 2, 5, 10으로 나눌 때이며, 마지막 두 자리의 수를 확인하는 규칙은 4, 20, 25, 100이고, 자릿수의 합을 확인하는 규칙은 3, 9이다. 따라서 이 연구에 기초하면 다음과 같은 가정을 할 수 있다.

> 많은 참가자들은 가분성 규칙에 대한 과도한 일반화와 잘못된 적용으로 어떤 규칙이 유용한지 잘 모른다. Matz(1982)에 따르면 이러한 오류는 비록 성공하지 못했지만 학생들이 이전에 학습한 지식을 새로운 상황에 적용시키려는 시도로 해석될 수 있다고 설명하였다. 또한 잘못 알고 있는 가분성 규칙을 통해 개념적 이해가 부족했을 때 절차에 집착하는 성향뿐 아니라 재평형을 이루기 위한 규칙도 모르고 있다는 것을 알 수 있다. (Zazkis과 Campbell, 1996a, p. 560)

우리는 상황을 발전시키는 과정에서 예비 교사들이 학생들과 가분성에 대한 잠재적 접근을 어떻게 구상할지에 중점을 두었다. 이들 수업 연극에서 우리가 반복적으로 목격했던 일련의 전환과 전략들은 수학적으로 또 교수학적으로 좀 더 건강한 접근이 가능한 교실 논의를 전개하는데 도움이 되었다.

다음 절에서는 예비 교사가 작성한 수업 연극에 대해 기술한다. 숙제의 일부로 제시한 문단에서 4명을 제외한 모든 예비 교사가 프롬프트 (1)과 (2)에서 4가 아닌 3에 의한 가분성 규칙을 언급했다. 따라서 이 수업 연극의 주요 목표 중 하나는 학생들이 이 오류를 인식하고 정확한 규칙을 구체화하는가에 있다. 대부분의 수업 연극에서 규칙은 교사에 의해 제시되거나, 교과서, 교실 벽에 제시된 도표, 지난 수업 노트, 교사가 인정한 다른 학생의 기억과 같이 어떤 "권위"에 기대어 나타났다. 따라서 우리는 수업 연극을 첫째, 학생의 기억 또는 외재적 권위를 언급함으로써 옳은 규칙이 유도된 경우와 교사 또는 학생에 의한 규칙에 대한 추론이 포함된 경우로 나누어 분석하였다. 다음에 나오는 두 개의 절에서, 우리는 수업 연극에 수학 언어가 어떻게 이용되고 있는지 중점적으로 다룬다. 특히 가분성에 대해 정확하고 엄격한 방식으로 말할 때 나타나는 도전적인 상황에 관심을 갖는다. 마지막으로 프롬프트 (3)의 응답에 대한 다양한 진단을 고찰한다.

올바른 가분성 규칙 복원하기

이제 일련의 수업 연극들을 통하여 올바른 규칙을 구체화하는 상호작용 방법에 대해 설명한다. 이 범주에 속한 수업 연극은 어떻게 유도하는가에 따라 다양하다. 그러나 가분성 '규칙'이란 무엇인가? 그것은 형식적으로 자연수의 성질과 그 사이의 관계에 대한 정리로 표현된다. 이러한 정리의 구조는 다음과 같다.

> 'N과 k가 자연수이고 n은 N의 자릿수에서 파생된 N보다 작은 자연수일 때, 'N은 k로 나누어 떨어진다'와 'n은 k로 나누어 떨어진다'는 서로 필요충분조건이다.

n이 어떻게 k에 종속된 N으로부터 파생되는가? 한 가지 방법만 있는 것은 아니다. 작은 수 n이 나누어 떨어진다는 것은 상대적으로 쉽기 때문에 이 정리는 더 큰 수 N에 대한 가분성 판별법으로서 유용하다. 이 판별법은 종종 '가분성 규칙'으로 불린다. 가분성 규칙은 나눗셈의 결과가 나머지가 없는 정수인지를 판별할 때 이용될 수 있는 수들의 성질을 설명한다. 그러나 예비 교사를 위한 수업 연극에서 가분성은 성질 또는 관계로 취급되지 않았다. 아래에 제시된 수업 연극 대본에서 보는 바와 같이 가분성은 나눗셈의 결과 또는 기억해야 하는 규칙으로 인식되었다.

"누가 기억하니?"

처음 두 개의 수업 연극은 학생의 기억에서 옳은 규칙을 이끌어낸다.

5.1.1	교사	어떤 수가 4로 나누어 떨어지는지 결정할 때 무엇을 알아야 하는지 기억하는 사람?
5.1.2	학생1	저요.
5.1.3	교사	좋아, 친구들에게 설명해 보겠니?

5.2.1	교사	좋아, 고맙다 토미. 이제 나눗셈 규칙에 대해 잠깐 이야기 해보자. 예를 살펴보렴. 4로 나누어 떨어지는지 판단하기 위해 모든 수를 더해야 한다고 생각하니?
5.2.2	학생1	잊어버렸어요.
5.2.3	학생3	이제 기억나요. 그 규칙은 3으로 나누어 떨어질 때 적용하는 규칙이에요.
5.2.4	교사	맞아. 샤논. 4로 나누어 떨어질 때 어떤 규칙을 적용하는지 기억하니?
5.2.5	학생1, 2	마지막 두 수가 4로 나누어 떨어지면 되요. 62를 더하면 4로 나누어 떨어져요.
5.2.6	교사	잘했어. 애들아! 규칙을 적용할 수 있도록 규칙을 반복해서 연습해 보자. 너희 3명이 함께 다른 문제도 풀어보렴.

두 개의 수업 연극 5.1과 5.2에서 교사는 배운 규칙을 정확하게 기억하고 있는 학생을 찾았다. ([5.1.1과 5.2.1] 참고) 몇 명 학생의 말은 전에 배웠거나 학습한 것을 분명히 기억하거나 잊어버렸음을 언급하고 있다. ([5.1.2, 5.2.2, 5.2.3] 참고) 기억한 학생은 교사에게 칭찬 받고 학급 친구들과 기억을 공유했다.

두 번째 수업 연극에서 정확하게 규칙을 적용할 수 있도록 하기 위해 "연습과 반복"을 언급한 점에 주목하자. [5.2.6] 이 부분은 종종 알고리즘을 적용하는 상황과 관련하여 수업 연극 전반에 걸쳐 나타난다. 이런 식의 언어 사용은 수학에 대한 절차적인 관점으로서, 학생들이 수학을 추론보다 연습으로 배울 수 있음을 인정하는 것이다. 5.2를 쓴 예비교사는 개념을 이해하는 것이 중요함을 굳게 믿지만 여기서는 그 주장과 맞지 않는 단어를 선택하고 있음을 볼 수 있다.

다른 수업 연극에서도 찾을 수 있지만, 5.2에서 인지한 두 가지 주제에 대해 언급하고

자 한다. 첫 번째는 [5.2.1]에서 볼 수 있듯이 옳지 않고 적절하지 않은 단어를 사용하고 있다. (이 주제에 대해서도 더 언급할 것이다.) 두 번째는 [5.2.6]에서 보는 바와 같이 교사의 칭찬에 대한 것이다. (12장에서 학생을 칭찬할 때 교사가 선택하는 방법에 대해 논의한다.) 독자들은 다음 수업 연극을 읽으면서 교사의 언어 그리고 학생들과의 상호작용에 영향을 주는 교사의 칭찬에 대해 생각할 기회를 가지게 될 것이다.

"내 노트나 아니면 다른데서 찾아봐"

아래에 제시된 몇 개의 수업 연극은 규칙을 외부의 권위를 통해서 복원한다. 아래의 두 수업 연극에서 노트와 표가 외부의 권위에 해당한다.

5.3.1	교사	어떻게 알 수 있을까?
5.3.2	학생3	가분성 규칙이 적혀있는 노트를 가져올게요. 음… 어디… 아! 여기 있네요. 마지막 두 개의 수가 4로 나누어 떨어질 때, 그 수는 4로 나눌 수 있어요.
5.3.3	학생1	아차, 제가 규칙을 잘못 알고 있었어요. 이게 규칙인 줄은 알았지만 수를 잘못 알고 있었어요.

5.4.1	교사	좋아, 12를 4로 나누면 떨어진다는 것은 옳단다. 그런데 이 규칙이 4의 가분성 규칙이라고 확신하니?
5.4.2	학생	네 저는 그렇게 생각해요.
5.4.3	교사	이 규칙이 옳은 규칙이라는 것을 어떻게 확신하지?
5.4.4	학생	노트에서 봤어요.
5.4.5	학생	좋은 생각인 것 같아요. 462가 4로 나누면 떨어진다는 것을 규칙을 적용하지 않고 확신할 수 있는 다른 방법이 있을까요?
5.4.6	학생	실제 나누어 보면 되지 않을까?
5.4.7	교사	좋은 생각이네 … 직접 나누어 볼까? (교사는 이 학생이 답하는 동안 다른 학생에게 말했다.)
5.4.8	학생	아… 4는 462 안에 딱 맞게 들어가지 않아요 … 아마 잘못된 규칙을 이용했나 봐요.
5.4.9	교사	그럼, 노트에 적어 놓은 가분성 규칙을 확인해 보겠니?
5.4.10		[…]

5.4.11	학생	모든 가분성 규칙을 다 기억하기가 어렵네요.
5.4.12	교사	다른 학생들도 그렇게 느끼는 것 같구나. 각 모둠들이 규칙에 대해 정리한 표를 만들어 다른 사람을 위해 교실에 붙여놓도록 하는 것은 어떨까?
5.4.13	학생	네…감사합니다.
5.4.14	교사	그리고 기억하렴. 어떤 수로 나누어 떨어지는가를 확인하려면 실제로 나누어 보면 된단다. 가분성 규칙은 너희를 도와주는 하나의 방법이란다. 그런데 너희에게 가장 잘 맞고 너희가 가장 편하게 느끼는 방법을 찾는 것은 너희들의 몫이란다.

위의 수업 연극은 수에 대한 가분성을 검사하는 다양한 방법을 찾고 있다. 옳은 규칙인지 확인하기 위해 가장 먼저 한 일은 노트를 확인하는 것이다. [5.4.4] 위의 첫 번째 수업 연극에서 노트를 확인하여 얻은 결론은 "제가 규칙을 잘못 알고 있었네요" [5.3.3]이고, 두 번째 수업 연극에서 교사는 규칙을 사용하지 않고 나누어 떨어지는지 확인하도록 했다. [5.4.5] 결과적으로 교사는 가분성과 나눗셈 결과 사이의 연결을 이끌어낼 수 있도록 도왔다. 그러나 학생이 실제로 나눗셈을 하고 "틀린 규칙"을 이용했을 가능성을 제안한 후 [5.4.8], 다시 노트를 확인하도록 했다. 학생들이 참고할 수 있도록 "규칙 표"를 만들어 벽에 붙이고 학생들이 이용할 수 있도록 하였다. [5.4.12]

앞의 두 가지 예 (5.1과 5.2)는 암기를 강조하였다. 첫째, 기억하지 못한 것과 기억하기 어렵다는 점을 인정했고 기억을 도와주기 위해 표를 만들었다. 이 수업 연극의 교사는 학생들의 개별 노트보다는 모두 볼 수 있도록 규칙을 벽에 붙여 놓는 편이 참고하는데 더 좋을 것이라는 신념을 보여준다. 규칙을 교실 벽에 붙여놓음으로써, 이 규칙은 학생들이 노트에 적어 놓은 개별적인 규칙과는 다른 상태가 된다.

[5.4.14]는 작가의 수학 학습에 대한 신념을 보여준다. 학생들에게 "너희에게 가장 잘 맞고 너희가 가장 편하게 느끼는 방법을 찾아라"라고 용기를 주는 것은 분명히 적절하지만, 실제 선택할 수 있는 방법이 나눗셈하기와 가분성 규칙뿐 일 때 계산기 사용이 허용된 교실은 이상하게 보일 수 있다. 더욱이 실제 나눗셈을 통해 가분성 규칙 적용을 확인하는 아이디어는 가능하지만 역효과를 낳을 수 있다. 규칙 적용은 계산기 없이 펜과 연필로 알고리즘을 수행하면 되기 때문에 즉각적이나, 실제 나눗셈은 시간과 노력이 필요하다. 이 문장을 볼 때 교사는 실제 나눗셈을 하는 것이 더 익숙하고 편안하며, 아마도 나눗셈 결과를 더 신뢰한다고 해석할 수 있다.

예비 교사들은 가분성 문제는 계산기를 사용하면 빠르고 정확하게 답할 수 있는데 왜 여전히 교육과정에 남아있는지 의아해 한다. 가분성 규칙은 수 사이의 관계를 탐구하고 이해하는 좋은 기회이다. 가분성 규칙은 패턴과 증명하기의 맥락에서 학습할 수 있으며, 단순히 유용성뿐 아니라 패턴, 미, 그리고 우아함 등을 탐색함으로써 수학 학습에 동기를 부여하는 방법에 대하여 논한다. (Eisenberg, 2000; Sinclair, 2006; Zazkis, 1999)

수업 연극의 논의로 돌아가서 수업 연극 5.4는 학생들이 표를 만들었는데 다른 많은 교실에서는 아래에서 보듯이 표가 붙어 있고 권위 있는 참고 자료로 활용되었다.

5.5.1	교사	**내 생각엔** 이 규칙을 3에 대한 가분성 규칙으로 잘못 생각한 것 같구나. 표의 규칙을 보면, 3에 대한 규칙이 무엇인지 알겠니?

앞의 예에서, 이 같은 주장은 추론의 기회라기보다 문제해결을 위한 전략 검토로 규칙을 보고 있다는 것을 알 수 있다.

"교과서의 용어 해설에서 찾을 수 있어요"

다음 수업 연극 5.6, 5.7, 5.8, 5.9는 교과서를 옳은 규칙을 찾아내는 권위자로 이용하였다.

5.6.1	교사	4로 나누기에 대한 옳은 규칙을 찾았다고 확신하니?
5.6.2	제인	찾을 수 있어요. (제인은 책에서 몇 페이지를 넘기고 소리 내어 읽는다.)
5.6.3	제인	4의 가분성 규칙, 여기 있어요. 어떤 수의 마지막 두 자리의 수가 4로 나누어 떨어지면, 그 수는 4로 나누어 떨어진다.

5.7.1	교사	그 규칙을 어디서 찾았니?
5.7.2	학생3	교과서의 용어 해설 부분에서 찾을 수 있어요.
5.7.3	학생1	그래? 한 번 보자.
5.7.4	학생4	교과서에는 4로 나누어 떨어지는 수에 대한 규칙을 그 수의 마지막 두 자리의 수가 4로 나누어 떨어지면 된다고 설명하고 있어.

5.8.1	교사	모두 함께 가분성 규칙을 찾아보자.
5.8.3	학생	네. (교사는 교과서를 펼치고 가분성 규칙에 대한 부분을 표시하여 학생들이 함께 찾을 수 있도록 동작을 취한다.)

학생이 틀렸다면 학생의 노트도 틀렸거나 불완전 할 수 있다. 교과서는 옳은 지식에 대한 절대적 권위를 나타낸다. 예비 교사들의 수업 연극에서 교과서가 자주 언급되는 것은 놀라운 일이 아니다. 처음 두 개의 수업 연극 5.6과 5.7에서 학생들은 교사의 질문에 대한 응답으로 교과서를 언급했다. 세 번째 수업 연극 5.8에서 교사는 먼저 "교과서를 펼치게" 하고 학생들이 "함께 가분성 규칙을 찾도록 [5.8.2]" 했다. 교과서는 추론을 대신했고, 추론을 통해 얻을 수 없는 정보를 제공하는 것으로 볼 수 있다.

위의 수업 연극은 교사가 교과서로 시작한 반면, 다음 수업 연극 5.9는 학생이 시작하고 있다.

5.9.1	미카엘	354는 4로 나누어 떨어질까요? …어제 저는 참이라고 썼는데 다시 확인하고 싶어서 가분성 표를 봤더니 354는 4로 나누면 떨어지지 않아서 제가 틀린 것 같아요.
5.9.2	교사	좋아, … 그런데 왜 354를 4로 나누어 떨어진다고 생각했지?
5.9.3	미카엘	3과 4의 가분성 규칙을 헷갈린 것 같아요. 각 자리에 있는 수의 합이 4로 나누어진다는 것은 4에 대한 규칙이 아니라 3에 대한 가분성 규칙이에요.
5.9.4	교사	훌륭하구나. 다른 사람들도 틀릴 수 있으니 칠판에 있는 이 질문을 잠깐 살펴보자. 가분성 표에 있는 4에 대한 규칙을 누가 읽어 볼래?
5.9.5	학생들	어떤 수 끝 두 자리에 있는 수가 4로 나누어 떨어질 때, 그 수는 4로 나누어 떨어진다.

교사는 학생들에게 교과서에 있는 가분성 규칙을 해석하라고 지시하는 대신 미카엘의 시도를 지지하면서, 학생들에게 규칙을 크게 읽게 한다. [5.9.4] 이와 같이 교과서는 교실에서 실제로 목소리를 내고 학생과 교사 모두에게 권위로 작용한다. 교사는 교실의 일상 언어보다 교과서에 제시된 명백한 수학 언어가 중요하고 보다 신뢰할 수 있다는 사실을 이야기 하고 싶을 지도 모른다. 권위를 갖고 있는 입장에서 교사는 교과서에 권위를 미루고, 학생들 또한 암묵적으로 교과서에 권위를 미루는 듯하다. (Herbel-Eisenmann, 2007) 교과서는 4의 가분성 규칙을 정의하고 소개하는 권위를 부여받는다.

교실에서 어떤 학생에게 교과서를 읽게 할 때 일어나는 교실 속의 대화는 종교 의식 중 사람들에게 경전을 읽게 할 때 일어나는 대화와 매우 비슷한 점이 있다. Olson(1989)은 다음과 같은 점을 지적하였다.

> 종교 의식은 사전적, 구문론적, 억양의 수준에 따라 어휘 선택에 제한을 받는다. […] 반대를 표현할 때도 제한적으로 선택하게 된다. 예배를 위한 형식적 언어에 수반되는 말하는 사람과 메시지 사이의 관계와 일상의 보통 대화에 수반되는 관계와는 다르다. […] 이 경우에 말하는 사람은 자신의 말을 하는 것이 아니라 대변인이나 전달자로서 장로들의 언어로 말하는데, 교과서 저자의 언어도 마치 이와 같다. (p. 235)

이런 식의 활동은 개인이 자신의 말이 아닌 다른 사람의 말을 하게 만든다. 그리고 이런 활동이 너무나 만연해 있어서 그 속에서 학생들의 목소리를 통제당하는 방식, 즉 학생들이 선택할 수 있는 단어의 형태가 제한되는 방식을 간과하기 쉽다. 우리는 예비 교사들이 의도적으로 이런 결과를 만든 것은 아니라고 보지만 이 수업 연극에 대한 논의를 통해 어떤 방식의 활동이 교수학적 신념과 반대 방향으로 진행되는지 검토할 기회를 갖게 되었다. 11장에서 비슷한 주제에 대해 다룰 것이다.

대부분의 수업 연극이 가분성과 관련하여 교과서, 노트, 표 등 외부의 권위를 참고한다는 것은 흥미롭다. 우리는 개인이 가지고 있는 지식이 불완전하다 것을 암시하는 것은 아닌지 궁금했다. 예비 교사들은 다른 주제를 탐구할 때 그렇게 하지 않았고, 학생들에게 측정(4장)이나 분수 비교(8장) 등을 가르칠 때는 어떤 인쇄된 자료도 참고할 필요도 없는 듯이 보였다. 이 수업 연극들은 Parks(2009)의 초등 교사에 대한 연구 결과와 마찬가지로 교사가 특정 학습목표와 해당 개념에 기초하여 다양한 형식의 교수법과 교수학적 전환을 하고 있음을 보여주었다.

"내 생각에 우리가 헷갈린 것 같아 … "

이전의 예들은 교사를 교실 안에서 권위를 가지고 있는 사람으로 정해두었으나, 다음에 나오는 수업 연극들에서는 교사가 수학의 권위자이다.

5.10.1	교사	내 생각에 우리는 3과 4의 가분성 규칙을 헷갈린 것 같아요. 자, 살펴봅시다. (교사는 복습을 위해 칠판에 가분성 규칙을 적는다.)
5.10.2		[…]

5.10.3	교사	여러분 모두 수학 활동지에 이 가분성 규칙을 적으세요. 가분성 규칙을 잘 적용할 수 있도록 복습할 필요가 있겠네요. (학생들은 칠판에 적힌 것을 적는다.)

[5.10.1]에서 오류의 이유를 "3과 4의 가분성 규칙을 헷갈렸기" 때문이라고 하고 규칙을 복습할 것을 제안했다. 그러나 노트나 교과서에 언급된 규칙을 '보는 것'과 달리 칠판에 규칙을 쓴 사람은 교사이다. 교사는 학생들이 규칙을 따라 쓰도록 하고 복습하도록 했다. [5.10.3] 따라서 수업 연극을 읽는 사람들은 칠판에 쓴 규칙이 무엇인지, 즉, 규칙들이 어떻게 적혔는지 정확히 알 수 없다. 이로부터 우리는 예비 교사들에게 옳은 규칙이란 오직 한 가지 방식으로 표현된다거나 또는 실제 문장 표현은 문제가 아니라고 해석하였다.

다음 수업 연극 5.11의 교사도 좀 더 상호작용하는 방식이지만 수학에 대한 권위를 가지고 있다.

5.11.1	교사	팀, 내가 생각하기에 너는 3과 4의 가분성 규칙을 혼동하고 있는 것 같구나. 뭘 하나 보여줄까? 자, 이 문제를 해결해보자.
5.11.2		(교사는 직접 354를 4로 나누고 몫 88과 나머지 2를 구했다.)
5.11.3	학생1	4로 나누면 떨어지지 않네요.
5.11.4	교사	그래. 이 문제에서 예전에 배웠던 3에 대한 가분성 규칙을 잘못 적용했어. 자 한 번 보자 ….

이 수업 연극은 교사가 4의 가분성 규칙을 보여주는 것으로 이어진다. 이 예시는 예비 교사가 가지고 있는 가르침에 대한 선입견을 단적으로 보여주는데 우리는 이를 방법론 강좌에서 고쳐주고자 하였다. 이 짧은 상호작용 속에서 교사는 세 번이나 권위를 나타내는데 첫째, 문제 [5.11.1]을 확인할 때, 둘째, 나눗셈 [5.11.2]를 할 때, 셋째, 어떤 가분성 규칙을 적용하는지 예를 들어 보일 때 [5.11.4] 등이다. 우리는 대부분의 수업 연극에서 이 세 가지 중 한 가지를 찾을 수 있었고 두 번째 경우는 학생들이 행하는 경우가 많았다.

다음 수업 연극 5.12에서 교사는 문제를 확인한 후 암묵적으로 이루어지긴 하지만 새로운 규칙을 제안한다.

5.12.1	교사	실제로 4는 462를 나눌 수 없어. 그 이유를 4의 가분성 규칙으로 따져보자. 4로 나눌 수 있는 쉬운 방법에 대해 이야기해 보자. 어제 교실에서 배웠지만 혼돈스럽고 기억하기 어려울 수도 있을 거야. 그렇지? 어떤 수의 각 자릿수의 합이 3으로 나누어 떨어지면 그 수는 3으로 나누어 떨어지지?
5.12.2	학생	네. 3으로 나누는 규칙은 기억하고 있어요. 그런데, 수학 규칙이 너무 어려우면 잘 잊어버려요.
5.12.3	교사	이렇게 해 보자. 종이에 3과 4로 나누는 규칙을 써보자. 헷갈리고 기억하기 어렵다면 반복하고 복습해야 해, 그렇지?
5.12.4	학생	네. 도움이 될 것 같아요. 그런데 집에 가면 어떻게 해야 하는지 잊어버려요.
5.12.5		[…]
5.12.6	교사	10,000조 730억 1000만 12는 4로 나눌 수 있을까?
5.12.7	학생	(학생들 웃음) 네. 나눌 수 있어요. 12만 보면 알 수 있어요.

우리가 앞서 논의했던 학생들이 잊는다거나, 규칙 적기, 규칙 복습하기 등의 주제에 덧붙여 이 수업 연극의 마지막 두 줄은 10,000조 730억 1000만 12라는 “큰 수”를 도입하였는데 [5.12.6], 이에 대해서는 수업 연극 5.19와 5.20에서 다시 논의할 것이다. 이 수업 연극과 다음 수업 연극 5.13에서 우리는 교사가 스스로 권위를 주장하고 규칙 외우기를 강조하고 있음을 볼 수 있다.

5.13.1	교사	여러분이 적용한 4로 나누는 규칙은 실제로 3으로 나누는 규칙이었어. 이제 계산기를 사용하여 462가 4로 나누어 떨어지는지 확인해 보자.
5.13.2	학생	(학생들은 계산기를 꺼낸다.) 계산기로 462를 4로 나누어 보았더니 115.5가 나왔어요. 그러면 462는 4로 나눌 수 있다는 거죠.
5.13.3	교사	좋아 그러나 기억하렴. 그 수가 완전히 나누어져야 해. 그 말은 답에서 나머지 또는 소수점도 없어야 한다는 것을 의미해.
5.13.4	학생	그러면 462는 4로 나눌 수 **없네요.** 각 자릿수의 합을 4로 나누어 보면 나누어 떨어지는데요?
5.13.5	교사	그건 네가 3으로 나누는 규칙을 이용했기 때문이야. 4로 나누어 떨어지는 수에는 다른 규칙이 적용되지. 4에 대한 규칙은 마지막 두 개의 수가 4로 나누어 떨어지면 전체 수가 4로 나누면 떨어진다는 거야.

5.13.6	교사	좋아. 462의 마지막 두 개의 수를 4로 나누어 보자.
5.13.7	학생	62를 4로 나누나요?
5.13.8	교사	그래. 그렇게 해 보렴.
5.13.9	학생	62를 4로 나누면 15.5라서 나누어 떨어지지 않아요.
5.13.10	교사	15.5는 자연수니?
5.13.11	학생	아니요.
5.13.12	교사	잘했구나. 그러면 462는 4로 나누어 떨어지니?
5.13.13	학생	아니요.
5.13.14	교사	훌륭하구나. 3으로 나누는 규칙은 모든 자릿수를 더하고 4로 나누는 규칙은 마지막 두 개의 수를 나눈다는 사실을 기억하렴.
5.13.15	교사	3과 4의 가분성 규칙이 서로 다르다는 것을 이해했니?
5.13.16	학생	네 이제 알겠어요.

이 수업 연극의 특징은 가분성이란 말을 해석하고 있다는 것이다. 즉, 나눗셈의 결과가 자연수여야 한다는 점을 강조하고 있다. 다른 수업 연극도 이 점을 의도했지만 명백히 드러나지 않았다. 먼저, 학생은 나눗셈을 한 결과가 115.5로 나와 "462가 4로 나눌 수 있다는 것을 의미해요" [5.13.2]라고 말했다. 앞의 수업 연극에서 이 부분을 자세히 탐구하지는 않았지만 우리는 가분성 개념과 "나눌 수 있다"라는 개념 사이에 혼동이 있음을 알고 있다. Zazkis(2002)는 언어적 유사성에 기반을 둔 가분성에 대한 해석이 그 용어의 수학적 의미와 일치하지 않음을 지적했다. 즉, '다룰 수 있는'의 의미는 '다루어 질 수 있는'이고 '달성할 수 있는'의 의미는 '달성될 수 있는'과 같은 의미일 때, '나눌 수 있는'의 의미는 '나누어질 수 있는'으로 해석하는 것이 타당하다. 그리고 한 수를 0이 아닌 다른 수로 나눌 때, 수학적 의미로 '나눌 수 있는'의 의미는 자연수인 답을 이끌어내야 한다. 이것이 작가가 학생에게 남겨 둔 혼동의 근원일 것이다. 수업 연극 5.41에서 프롬프트 (3)에 대한 응답을 검토할 때 다시 이 주제로 돌아오기로 하자.

교사는 학생들에게 그 수가 "완전히 나눌 수 있는"이 되어야 함을 상기시킨다. 이 표현은 "답에서 나머지 또는 소수점이 없어야 한다"라는 의미를 해석한 것이다. [5.13.3] 교사는 4의 가분성 규칙을 설명하고, 이 규칙을 이용하여 4로 나누어 떨어지는지 확인하도록 했다. [5.13.5, 5.13.6] 이 수업 연극의 마지막 줄에서 기억하기와 이해하기 사이의 불일치가 나타난다. 교사는 "기억하렴" [5.13.14]라고 제안하면서 "이해했니?" [5.13.15]라고 질문했다.

5.13에 나타난 또 다른 특징은 학생들이 계산기를 이용할 수 있는 수업이라는 것이다. 다른 많은 수업 연극에서 계산기는 다소 의심을 받으면서 사용되며 실제 나눗셈을 훨씬 선호한다. 12장에서 제시된 모든 수업 연극에서 계산기 사용을 검토할 것이다.

"멋진 트릭"

지금까지 가분성 규칙을 다양한 방법으로 기억해내고 외우고 할 때, 가분성 규칙에 대한 이야기들이 수업 연극의 중심이 되었다. 그러나 어떤 경우에는 가분성 규칙이 "트릭"으로 기술되기도 한다. 아래의 예를 살펴보자.

5.14.1	교사	모두 수학책을 꺼내렴. 오늘 우리는 나눗셈 문제를 해결할 때 도움이 되는 멋진 트릭을 배울 거야.
5.14.2	마이크	이미 알고 있어요.
5.14.3	아이크	네. 아빠가 수학 교수라서 가분성 규칙에 대해 가르쳐 주셨어요. 쉬워요.

수업 연극이 진행되면서 교사는 마이크와 아이크의 도움으로 여러 가지 가분성 규칙을 복습했다.

5.15.1	교사	걱정하지 마라. 데이비드. 너는 단지 가분성 규칙을 헷갈리고 있는 것 같구나. 다양한 경우에 성립하는 많은 수학 규칙이 있기 때문에 헷갈릴 수 있단다. 네가 어디서 헷갈렸는지 살펴보고 동시에 가분성 규칙에 대해 좀 더 이야기 해보자. 이제 시작해 볼까?
5.15.2	데이비드	네
5.15.3	교사	2부터 시작해보자.

수업 연극이 진행되면서 교사는 데이비드에게 2, 3, 4의 가분성 규칙을 설명했다.

5.16.1	학생	저희 아빠는 어떤 수를 그보다 작은 다른 수로 나누어 떨어지는지 확인하기 위해서는 큰 수의 자릿수들을 더한 것이 작은 수로 나누어지는지 확인하면 된다고 가르쳐 주셨어요.

5.16.2	교사	너와 아버지가 교실 밖에서도 수학에 흥미를 가지고 있다니 기쁘구나. 그런데 너와 아버지가 논의한 규칙이 모든 수에 대해 성립하니? 아버지가 어떤 수로 나누었는지 기억하니?
5.16.3	학생	제 생각에 그 수는 3이었어요.
5.16.4	교사	네가 나눗셈에 관한 수학 규칙에 관심이 있으니 작은 비밀 하나를 알려주마. 가분성에 관련된 수학 규칙은 나누는 수에 따라 다르단다.
5.16.5	학생	그럼 4에 대한 규칙은 어떤 거예요?
5.16.6	교사	4에 대한 규칙은 마지막 두 개의 수를 4로 나눌 수 있어야 해. 이 규칙은 마지막 2개의 수가 4로 나누어지면 전체 수도 4로 나눌 수 있다는 것을 설명한단다.
5.16.7	학생	와, 멋진 트릭이네요.

규칙에 대한 반복된 언급 ([5.14.1], [5.15.1], [5.16.7], 후에 [5.17.1], [5.29.1], [5.27.25]) 들은 수학 문제가 논리적이고 일관된 지식 체계로 풀리는 것이 아니라 기억하기 어려울 때도 있지만, 일련의 규칙으로 해결할 수 있다 또는 해결되어야만 한다는 믿음을 학생들에게 심어준다. 그럼에도, 규칙은 동기를 강하게 자극하는 요인으로 볼 수 있다. 관계에 관심을 가지는 학생들은 그 규칙이 어떻게 성립하는지 탐구하고 이해하고 싶어한다. 다음 수업 연극 5.17에서 교사는 학생들의 학습에 동기를 불어넣기 위해 '트릭'을 제시한다.

5.17.1	교사	여러분, 멋진 트릭을 살펴볼까요?
5.17.2	학급	네!!
5.17.3	교사	좋아요. 카펫에 앉아 칠판을 보세요.
5.17.4	학급	(카펫에 가서 앉는다.)
5.17.5	교사	두 자리 보다 큰 수를 아무거나 하나 말해 보세요. 그러면 그 수가 4로 나누어지는지 말해 줄게요.
5.17.6	학급	34
5.17.7	교사	아니! (칠판에 수를 쓰고 그 옆에 X표시를 한다.)
5.17.8	학급	228!
5.17.9	교사	맞아요! (수를 칠판에 쓰고 그 옆에 ✓표시를 한다.) 계산기로 결과를 확인하고 싶으면 해도 좋아요.

수업 연극은 학생들이 772, 963, 79588, 44797216과 같이 더 큰 수를 제시하고 교사의 결정을 계산기로 확인하는 장면으로 이어진다. 계산기 없이 그 결과가 자연수인지 아닌지 확인하는 교사의 능력은 학생들의 호기심을 자극할 수 있다. 그러나 학생들은 수업이 진행되면서 가분성 원리를 분석하기보다 '규칙'의 응용을 배우게 된다.

"콘서트 입장권이 걸려 있어"

이 절에서도 동기를 주제로 살펴보자. 다음 수업 연극 5.18은 외재적 동기를 제공하고 있다. 학생들이 계산기 없이 몇 초 만에 큰 수에 대한 가분성을 결정할 수 있다면 콘서트 입장권을 손에 쥐게 된다.

5.18.1	교사	462를 4로 나눌 수 있다에 동의하는 사람은 손들어 보세요. (학급의 절반이 손을 든다.)
5.18.2	교사	손을 들지 않은 사람들이 있네요. 462를 4로 나눌 수 없다고 생각하는 사람은 왜 그런지 이유를 설명해 주세요.
5.18.3	미아	계산기로 462를 4로 나누어 보았더니 답이 115.5가 나왔어요.
5.18.4	교사	그 답이 왜 4로 나눌 수 없다는 것을 의미하지요?
5.18.5	미아	어제 가분성 규칙을 설명해 주셨는데 완전히 나누어져야 한다고 말씀하셨어요. 남는 것이 하나도 없이요.
5.18.6	교사	맞아요. 그러나 계산기 없이 가능한가요? 여러분이 라디오 방청객이고 상품으로 콘서트 입장권이 걸려있다고 합시다. 462달러를 4명에게 똑같은 금액으로 나누어 줄 수 있는지 10초 안에 결정하라고 하네요. 단, 센트 단위의 잔돈은 가지고 있지 않습니다.
5.18.7	모두	4로 나누어 떨어지는지 확인하는 규칙을 알고 있어야 합니다.
5.18.8	교사	4로 나누어 떨어지는지 확인하는 규칙 알고 있나요??

위의 수업 연극과 같은 방법으로 실제 나눗셈보다 가분성 규칙이 더 효율적임을 강조하는 수업이 가분성 규칙을 배우는 동기를 제공한다. 그런데 계산기를 사용하지 않는 것은 상상하기 어렵다. 특히 요즘에는 핸드폰에도 계산기가 있다. 어쨌든 가분성 규칙의 원리를 이해시키는데 흥미와 도전을 장려하기보다 유용성만을 강조하게 될 위험이 있다.

"1000456814는 어때"

수업 연극 5.18에는 '큰' 수를 4로 나누어 떨어지는지 재빨리 결정하는 능력에 대하여 동기 부여 및 보상이 있었으나, 수업 연극 5.19와 5.20과 같이 대부분의 경우에는 교사가 추가 연습 문제로 큰 수를 제시하여 학생들이 규칙을 제대로 적용하는지 확인했다.

5.19.1	교사	354는 4로 완전히 나눌 수 있나요?
5.19.2	학생	아니요.
5.19.3	교사	1000456814는 어떤가요?
5.19.4	학생	음…
5.19.5	교사	규칙을 기억해보자.
5.19.6	학생	마지막 두 개의 수만을 보면 14에요. $4 \times 1 = 4$, $4 \times 2 = 8$, $4 \times 3 = 12$, $4 \times 4 = 16$. 어, 안되네. 1000456814는 4로 나머지 없이 나눌 수 없습니다.
5.19.7	교사	잘했어. 87645512는 어때?
5.19.8	학생	마지막 두 자리 수가 12에요. $4 \times 3 = 12$. 12는 4로 나누어지기 때문에 87645512는 4로 나눌 수 있어요.
5.19.9	교사	훌륭하구나.
5.19.10	학생	그런데 왜 그래요? 이 규칙이 어떻게 성립하나요?
5.19.11	교사	글쎄, 다른 학생들도 이 문제에 대해 고민하고 있는 것 같구나. 점심시간 후에 설명할게. 문제를 써 놓고 내게 상기시켜 주렴.
5.19.12	학생	수학을 더 한다고요? 아이고.

5.20.1	교사	자. 여기 3120, 9704, 4005, 그리고 5600이 있어요. 이 수들은 4로 나누어질까?
5.20.2	학생	3124는 맞아요. 9704도 맞고요. 4005는 음 … 아니에요. 이 수는 나눌 수 없어요. 5600은 맞아요. 제가 맞혔죠?
5.20.3	교사	왜 그렇게 생각하니?
5.20.4	학생	알 것 같아요!! 그렇다면 … (학생은 큰 수를 쓰기 시작한다.) 273,591,504는 4로 나눌 수 있어요!! 멋진데!! 그렇지만 3에 대한 가분성 규칙은 왜 자릿수를 더하는 거죠?
5.20.5	교사	좋은 질문이구나. 4의 가분성 규칙을 이해했다면 그것도 이해할 수 있을 거야

두 수업 연극 5.19와 5.20의 비슷한 점은 큰 수를 이용하여 배운 것을 확인하지 않고, 학생들의 호기심으로 끝을 맺는다는 것이다. ([5.19.10], [5.20.4]를 보라.) 이 규칙이 어떻게 성립할까? 질문을 보면 이 수업 연극의 작가는 규칙에 대한 설명이 있어야 함을 인정하지만 정작 답은 제시하지 않는다. 학생에게 "이해할 수 있을 거야" [5.20.5]라고 남기거나 "점심시간 이후에" [5.19.11]로 연기하였다. 이 부분은 교사가 학생의 질문에 대답할 준비가 되어 있는지 의심하게 만든다. 사실, 4의 가분성 규칙은 대부분의 수업 연극에서 언급되었지만, 오직 네 개의 수업 연극에서만 이 규칙이 왜 성립하는지 또는 어떻게 성립하는지 설명하려고 시도하였다.

학생의 추론으로 전환하기

이 절에서는 이전의 수업 연극보다 학생 추론이 포함된 상호작용이 더 많은 수업 연극을 살펴보려고 한다. 최근 예비 교사의 담론에서 "학생의 발견", "안내된 추론", "전달하지 않기", "학생 스스로 이해하게 하기"와 같은 아이디어들이 흔하게 나타난다. 이런 아이디어들은 호소력과 설득력이 있다. 그러나 문헌 (Jacobs 등, 2006)을 살펴보면, 이 아이디어를 실제로 구현하는 것은 쉽지 않은 과제이다. 다음에 제시되는 몇 개의 수업 연극에서 예비 교사들이 이러한 아이디어가 일어날 것으로 상상한 여러 방식을 분석해 보자.

"왜 성립하는지 이유를 찾아보렴"

수업 연극 5.21에서 학생들은 교사가 제시한 몇 개의 수를 가지고 자신이 생각한 "규칙"을 확인한다.

5.21.1	교사	좋아. 이제 4개의 수를 선택해서 나누기를 해볼 거예요. 548과 18620을 해보죠. 4로 나누어지지 않음을 보여주고, 255와 1762가 4로 나누어지는지 보여주세요.
5.21.2	학생	네. 그런데 계산기를 써도 되나요?
5.21.3		[…]
5.21.4	교사	그래서 무엇을 발견했나요?
5.21.5	학생	제가 생각한 규칙이 틀렸어요. 실제로 4로 나눌 수 있을 거라 생각했던 수는 나누어지지 않고, 나눌 수 없을 거라고 생각한 수는 나누어져요.

5.21.6	교사	흥미롭군요. 내가 원하는 것은 4로 나눌 수 있는 수를 찾는 거에요. 그렇지만 규칙에 맞추지 말고. 비슷한 부분을 찾아보세요. 곱셈을 통해 4의 약수가 무엇인지 생각해 보세요. 몇 분 후에 어떻게 하고 있는지 보죠.
5.21.7		(교사는 잠시 나간다.)

학생들에게 4로 나누어지는 수의 옳은 예와 옳지 않은 예를 판별하라고 시킨 후에 교사는 "비슷한 점을 찾아보라" [5.21.6]고 하였는데, 추측컨대 혹시 성립하는 다른 규칙이 있는지 찾아보라고 그런 것 같다. 놀랍게도 이 수업 연극이 진행되면서 학생들은 이 규칙을 이해한다. 이 수업 연극에서 다른 예가 제시되었는지 만약 제시되었다면 어떤 예를 제시했는지, 그리고 교사가 제시한 예만을 검사하여 올바른 규칙을 정한 것인지 분명하지 않다. 이 수업 연극은 최소한의 안내로 학생이 추론할 수 있도록 시도하였지만, 우리의 감으로는 작가가 학생들이 어떻게 교사의 노력에 부응할 지를 상상하지 못하는 듯하다.

과제를 제시한 표현은 잠시 접어두고 예제 선택에 관하여 살펴보자. [5.21.1]에서 548과 18620은 4로 나누어지지만 '자릿수 합' 규칙의 증거로는 적합하지 않다. 1762와 255는 4로 나누어지지 않지만 각 자릿수의 합은 4로 나누어진다. 그러나 이 예제 선택에서 624나 4536과 같은 수가 빠졌는데, 이러한 수는 잘못된 규칙을 임시로 인정하도록 잘못 인도할 수도 있지만 가분성 규칙의 적용 범위가 어떻게 확장되었는지 잘 이해할 수 있게 한다. 8장에서, 예비 교사들이 추측과 반례를 통해 학생들과 어떻게 이 주제에 대해 상호작용하는지 중점을 두어 살펴볼 것이다.

다음 수업 연극 5.22는 학생들 스스로 가분성 규칙을 이해할 수 있을 만한 방법을 제시한다.

5.22.1	교사	오늘 우리는 4에 대한 곱셈 규칙을 탐구할 거예요. 모두 숙제를 할 수 있도록 규칙을 이해했으면 좋겠네요. 숙제는 462, 148, 280, 352 네 개의 수에요.
5.22.2	학생1	100은 4로 나눌 수 있어요. 나누면 25가 되죠. 제 생각에 끝이 00인 모든 수는 4로 나눌 수 있어요.
5.22.3	교사	훌륭하구나. 정말 좋은 생각이야. 주어진 수가 4로 나누어 떨어지는지 어떻게 알 수 있을까?
5.22.4	학생2	음, 백은 항상 4로 나눌 수 있으니 마지막 두 개의 수만 확인하면 되요.

5.22.5	교사	완벽해! 이제 모두 잘 알겠구나. 예제에 제시된 모든 수에서 그 패턴이 성립하니?
5.22.6	학생들	네.
5.22.7	교사	그럼 이제 이걸 규칙이라고 말해도 될까?
5.22.8	학생들	네.
5.22.9	교사	그러면 지금까지 우리가 알고 있는 규칙을 복습해보자. 2에 대한 규칙은 무엇일까?
5.22.10	학생3	짝수면 되요.
5.22.11	교사	3에 대한 규칙은?
5.22.12	학생4	각 수의 합을 3으로 나눌 수 있어야 해요.
5.22.13	교사	4에 대한 규칙은?
5.22.14	학생5	마지막 두 자리의 수를 4로 나눌 수 있어야 해요.
5.22.15	교사	훌륭하구나!! 이것을 수학 노트에 적어보자.

앞의 수업 연극과 대조적으로 학생들의 추론은 완전히 감추어져 있지만 4의 가분성 규칙이 성립하는 방법에 대한 통찰을 얻을 수 있다. 그러나 몇 개의 예제를 기반으로 학생들이 규칙을 이해하고 형식화하는 것이 가능할 것이라 보이진 않는다. 더욱이 한 학생의 관찰 "끝이 00인 모든 수는 4로 나눌 수 있어요" [5.22.2]는 교사가 제시한 수와 관련이 없어 보인다. 설명을 더 자세히 할 것을 요구하기보다 교사의 칭찬이 이어졌지만 [5.22.3], 4에 의한 가분성의 특별한 경우인지, 마지막 두 자리에 대한 추론과 관련된 것인지 분명치 않다. 교사는 "모든 수에서 그 패턴이 성립하니?" [5.22.5]에 이어 "이걸 규칙이라고 말해도 될까?" [5.22.7]라고 하며 설명 없이 몇 개의 예로 확고한 규칙을 만들 수 있다는 인상을 주고 있다.

교사가 제시한 특별한 예, 462, 148, 280 그리고 352에 집중해보자. 여기서 462만 합이 4로 나누어 떨어지는 수이다. 다른 세 개의 수는 4로 나누어 떨어지며 처음 제시한 잘못된 규칙을 적용했을 때 반례로 활용할 수 있고 옳은 규칙을 적용했을 때 성립하는 예가 된다. 그러나 이 수업 연극은 이런 접근 방식을 고려하지 않아 작가의 의도가 어디에 있는지 알기 어렵다.

“쉬워요. 16, 20, 24 모두 4로 나눌 수 있어요”

규칙이 성립하는지 여부를 확인할 때 교사가 가장 자주 이용하는 예는 어떤 것인지 살펴보자.

대부분 수업 연극은 프롬프트에 제시된 처음 수 다음에 실제 나눗셈을 하거나 계산기를 사용하여 세자리 수에도 규칙을 적용할 수 있는지 확인하였다. 반면에 아래 수업 연극 5.23은 큰 수 대신 작고 친숙한 수를 택하여 학생들이 가분성 여부를 결정하기 쉽게 하였다.

5.23.1	교사	이 법칙이 항상 성립하니?
5.23.2	학생	네.
5.23.3	교사	좋아. 이 세 개의 수 중 어느 것이 4로 나누어 떨어지는지 말해 줄래? (칠판에 16, 20, 24를 쓴다.)
5.23.4	학생	쉬워요. 모두 4로 나눌 수 있어요.
5.23.5	교사	그렇지만 네 규칙을 적용하면 $6+1=7$, $2+0=2$, $2+4=6$이라서 더한 수는 4로 나눌 수 없지 않니? (교사는 칠판에 적어 놓았던 수 밑에 식과 답을 적으며 설명한다.)
5.23.6	학생	그러네요.

교사는 제시된 수가 3에 대한 가분성 규칙을 따르지 않음을 학생에게 맡기지 않고, 자신이 바로 지적하였다. 작은 수를 사용했을 때의 장점은 교사와 학생이 어려운 나눗셈을 하지 않고도 문제를 해결할 수 있다는 것이다.

“쉬는 시간 후에” … “살펴보자”

다음 수업 연극 5.24에서 학생들은 예가 성립하는지 성립하지 않는지 확인한 후에 3에 대한 가분성 규칙이 4에 대해서는 성립하지 않음을 결론 내렸다. 교사는 외워야 하는 “규칙”이라는 용어 대신 가정이라는 용어를 사용했고 가정을 검사하는 것에 대하여 말했는데, 이것은 수학 활동을 매우 다른 관점으로 규정하는 것이다.

5.24.1	교사	그것이 무엇을 말해주나요?
5.24.2	학생	모든 자릿수를 더하고 그 합이 4로 나누어 떨어져도 그것이 처음 수가 4로 나누어 떨어질 수 있다는 것을 의미하지 않아요.
5.24.3	교사	잘했어요. 여러분의 규칙에 대한 추측은 지난 시간에 우리가 3으로 나누기에 대하여 논의할 때 배운 내용에 근거하고 있어요. 여러분은 어떤 가정을 세웠고, 규칙을 추측하였고, 그리고 검사하였습니다. 이제 그 규칙이 4로 나눌 때는 적용되지 않는다는 것을 알았습니다. 그럼 4로 나눌 때 성립하는 규칙을 찾아봅시다. 주사위를 굴려서 나온 수를 두 열 중 하나에 기록하세요. 수를 충분히 많이 적었다면 어떤 패턴이 있는지 찾아봅시다.

학생들은 [5.21.6]에서 "비슷한 점 찾기"를 하면서 [5.24.3]에서 "다른 패턴"을 찾아야 한다. 이 둘 사이에 비슷한 점이 있기는 하지만, 차이점이 더 크다. 수업 연극 5.21은 학생들이 실제로 규칙을 찾도록 제안하지만, 수업 연극 5.24은 학생들이 찾는 것을 사실상 못하게 한다. 수업 연극 2.25는 과제를 인식한 것과 같은 움직임이 있으나, 그 과제의 해법을 향한 과정은 독자와 공유히지 않는다.

5.25.1	매디	이 규칙이 성립하는 수를 찾았어요.
5.25.2	교사	어떤 수니?
5.25.3	제이슨	440, 620이 가능해요.
5.25.4	제이콥	그렇지만 성립하지 않는 것도 찾았어요. 354요. 자릿수를 모두 더한 것은 4로 나눌 수 있지만 그 수는 4로 나눌 수 없어요.
5.25.5	교사	그게 의미하는 것이 뭐지?
5.25.6	제이콥	3에 대한 규칙이 4에 대해서는 성립하지 않는다는 거요?
5.25.7	교사	말하는 거니 아니면 질문 하는 거니? 어떤 건지 알겠니? 자, 거의 쉬는 시간이네. 쉬는 시간이 끝나고 좋은 수학 규칙이 어떻게 만들어지는지 보기로 하자. 그리고 이번에 4에 대한 규칙을 찾아보자.

위의 두 수업 연극, 5.24와 5.25는 학생들에게 몇 개의 예를 주고 "규칙"이 성립하는지 확인하도록 하고 있다. 확인해야 할 수는 교사가 제시하거나 세 자리 수를 만들기 위해 주사위를 굴려서 임의로 만들고 있다. 각 경우에서 학생들은 4에 의한 가분성이 자릿수의 합과는 관련 없다는 결론에 도달하였다. 이 결론에 도달한 후에 5.24의 교사는 4에 의

한 가분성을 결정하는 규칙을 찾도록 했고, 5.25의 교사는 "쉬는 시간 후에"에 규칙을 찾아보기로 하고 수업 연극을 마친다. 두 개의 수업 연극은 4에 의한 가분성을 결정하는 방법이 서로 다르다. 어떻게 성립하는지 기술하는 것은 나중 문제다. 여기에 보이는 설명 회피라는 교수학적 전환은 이전에도 비슷한 것이 제기된 바 있다. 수업 연극 5.19에서 교사는 "점심시간 이후"에 설명하기로 약속했고, 수업 연극 5.20은 "난 여러분이 발견할 것이라 믿어요"라고 용기를 북돋우면서 학생들의 몫으로 남겼다.

"이게 어떻게 성립하죠?"

이 절은 규칙이 어떻게 성립하는지에 대한 논증을 제공하는 수업 연극으로 시작한다. 앞에서 언급했듯이 대부분의 수업 연극은 가분성 검사를 설명이 필요 없는 '규칙'으로 다룬다. 몇 명의 작가들은 설명해야 할 필요성을 인정하고 있으나. '나중'으로 미루고 있다. (5.19와 5.20을 보라.) 단 네 개의 수업 연극에서 학생들의 질문을 시작으로 교사가 규칙에 대한 이유를 설명하려고 시도했다. 수업 연극 5.26을 살펴보자.

5.26.1	학생	규칙에 의하면 24를 4로 나눌 수 있기 때문에 424도 4로 나눌 수 있어요. 이건 알겠습니다. 그런데 이게 어떻게 성립하죠?
5.26.2	교사	백의 자리에 있는 수를 보렴. 백의 자리에 올 수 있는 가장 작은 수는 1이고 그것은 100을 의미한단다. 100은 4로 나누어지고, 나누면 25지. 그래서 모든 100의 배수들 또한 4로 나누어지지. 이제 우리가 해야 할 일은 그 수의 마지막 두 자리만을 보면 된단다. 왜냐하면, 백의 자리, 천의 자리, 만의 자리는 모두 100의 배수들이니까 이미 자동으로 성립하거든.

자세히 보면 교사는 아래의 관계에 대해서 애매한 상태로 그냥 두고 있음을 알 수 있다.

> 자연수 a, b, c, d에 대하여
> $a|c$이면 $a|ck$이다. (a가 c를 나누면 a는 c의 배수를 나눈다.)
> 그리고
> $a|c$이고 $a|b$이면, $a|(b+c)$이다.
> (a가 두 개의 서로 다른 수를 나누면 a는 두 수의 합을 나눈다.)

물론 이와 같은 형식화를 기대하는 것은 아니다. 그러나 교사가 학생들과 함께 규칙을 설명하고 이해할 수 있는 여러 가지 가능성이 존재할 수 있다는 것을 지적하는 것이다. 논증이 포함된 상세 수준에 대한 문제는 나중에 하기로 하고 이 수업 연극의 설명은 학생을 설득하기에 충분한 것으로 보인다.

"각각을 하나의 초콜릿 바라고 상상하자"

이 절의 수업 연극에서 교사가 가분성 규칙에 대한 추론의 여러 측면을 더욱 분명히 설명한다. 학생들에게 설명하도록 자극하기고 하고 또 어떤 때는 교사가 이 과정 속에서 도움을 주기도 한다. 앞에서 언급했듯이 설명을 통해 학생이 분명히 이해하도록 과정이 제시된 수업 연극은 매우 적었다. 다른 수업 연극을 분석해보면 예비 교사들이 학생들의 추론을 자극하려고 할 때, 교구를 사용하거나 기본 개념에 의지한다. (8장의 예를 살펴보자.) 이러한 활동이 가분성 규칙의 경우에는 훨씬 적게 일어났지만, 그래도 몇 개의 예를 볼 수 있었다. 사실 프롬프트 (1)과 (2)의 응답으로 이 장에서 분석된 71개의 수업 연극 중 5개의 수업 연극이 십진 블록과 같은 교구를 이용하거나 "실생활"의 상황 등을 언급하면서 나눗셈을 다시 가르치려고 시도했다. 여기에 교사가 교구의 이용을 "실세적인" 상황에 결합시킨 수업 연극 5.27 전체 지문을 소개한다.

5.27.1	교사	354가 4로 나누어 떨어지는지 알아보자. 블록을 이용하면 354를 어떻게 나타낼 수 있을까? 백 단위 블록은 몇 개 사용해야 할까?
5.27.2	닉	세 개요.
5.27.3	교사	십 단위 블록은 몇 개니? 일 단위 블록은 몇 개니?
5.27.4	찰리	십 단위 블록 5개와 일 단위 블록 4개요.
5.27.5		(교사는 블록 통을 열어 학생들이 대답한 블록의 수만큼을 꺼낸다.)
5.27.6	교사	좋아. (일 단위 블록 한 개를 들며) 각각의 블록을 하나의 초콜릿 바라고 상상하자. (십 자리 막대를 들며) 이건 초콜릿 10개가 들어있는 통이고, (백 자리 막대를 들며) 이건 초콜릿 10통이 들어 있는 상자야. 정확히 같은 수의 초콜릿 바가 필요한 4개의 가게가 있어. 어떻게 해야 할 지 생각해 보자. 누가 초콜릿 배달하는 사람 할래? (찰리와 세릴이 손을 든다.) 찰리, 네가 배달하는 일을 맡고, 닉, 미한, 세릴 그리고 스테판이 가게 주인을 하렴. 다른 사람들이 너보다 더 많은 초콜릿을 받는 것은 원하지 않을 테니 초콜릿 바를 받을 때 배달원을 도와주렴. 찰리, 가장 먼저 무엇을 배달해야 할까?

5.27.7	닉	10통 들이 상자요.
5.27.8	찰리	그렇지만 할 수 없어. 100개가 든 상자는 3개고 가게는 4곳이거든.
5.27.9	세릴	10통 들이 상자를 나누면 되요.
5.27.10	교사	좋아. 배달원. 3개의 상자를 창고에 가져다 두고 대신 30개의 통을 가져가렴. (교사는 창고의 문을 열고, 찰리는 백 단위 블록을 10개의 막대로 바꾸어 하나씩 나누어 주기 시작한다.)
5.27.11	스테판	시간이 너무 오래 걸려. 두 통 또는 세 통씩 나누어 주는 것은 어때?
5.27.12	찰리	알았어. 그렇게 해볼게. (찰리는 3통이 남을 때까지 2통씩 배달한다.)
5.27.13	찰리	이제 어떡하지?
5.27.14	교사	어떻게 할래? 상점 주인들은 다른 사람들이 상자 하나를 더 받는 것에 동의하니?
5.27.15	닉, 미한, 스테판, 세릴	아니요.
5.27.16	세릴	아까 큰 상자를 통으로 바꾸었던 것처럼 이번에는 통에서 초콜릿을 꺼내요.
5.27.17	교사	이 초콜릿 바는 어떻게 해야 할까? (처음 4개를 꺼낸다.)
5.27.18	찰리	그것도 함께 나누어 줄게요. (찰리는 초콜릿 3통을 30개의 초콜릿 바로 교환한 후 처음 4개를 더하여 두 개가 남을 때 까지 초콜릿을 나누어준다.)
5.27.19	찰리	이제 어떻게 하지? 모든 가게에 같은 수의 초콜릿을 줄 수 없어.
5.27.20	교사	남은 초콜릿은 어떻게 할 수 있을까?
5.27.21	찰리	먹어요!
5.27.22	스테판	잘라서 조각으로 나누어 줘요.
5.27.23	교사	좋아. 배달원이 먹을 수도 있고 우리가 먹을 수도 있어. 그렇지만 354개의 초콜릿을 네 곳의 가게에 똑같이 나누어 줄 수 없을 거야. 조각으로 나누어 준다면 손님들에게 팔기 어려울 거야. 이제 354개를 4로 나눌 수 있다고 생각하니?
5.27.24	찰리	아니요. 그런데 수를 다 더한다던가 뭐 비슷한 규칙이 있었던 것 같은데요.
5.27.25	교사	어떤 수가 나누어지는지 빨리 알아낼 수 있는 몇 개의 규칙이 있단다. 내 생각엔 3으로 나누어 떨어지는지 확인하는 규칙과 헷갈린 것 같구나. 이런 방법은 기억하기 어려울 수도 있지. 하나의 수를 4개의

		모둠으로 어떻게 나누는지 기억한 다음 큰 수를 확인해 보는 것이 것이 중요하단다. 다음 시간에는 수를 나누는 방법을 기록해보자. 여러분이 초콜릿을 어떻게 나눌지 궁금하구나.
5.27.26	찰리	알겠습니다. 다음 수는 더 커서, 저는 모두에게 한 번에 5 통씩 나누어 주려고요.
5.27.27	닉	이번에는 내가 배달원 할래.

교사는 가분성 규칙을 "기억하기 어려운 방법"이라고 표현하며, "하나의 수를 네 개의 모둠으로 어떻게 나누는지 기억하는 것이 중요하다" [5.27.25]고 설명했다. 규칙이나 기억해야 할 것이라고 했던 두 주제는 이전에도 논의된 바 있다. (5.1, 5.2, 5.14, 5.15, 5.16을 보라.) 규칙이나 기억에 호소하는 것은 354를 4로 나누는 의미를 이해시키려고 실생활 맥락으로 배달원을 사용한 것에 배치된다. 어떤 학생들은 실생활 맥락에 의해 동기가 자극될 수 있으나, 곧 이어서 학생들이 맥락을 무시하고 수학적 절차를 기다릴 수도 있다.

가분성 규칙은 답 찾기에 관한 것이 아니다. 가분성 규칙의 유용성은 나누기의 실행 여부가 아니라 나누기 결과가 자연수인가 아닌가 하는 것이다. 계산기를 사용하기 전에 나누어 떨어지는지의 여부를 안다면 꽤 유용할 것이다. 그러나 현재는 수의 성질을 탐구할 목적으로 가분성 규칙을 가르치고 배운다. 이 수업 연극에서 실제 나누기를 강조하는 것은 초등학교 교육과정에서 반복적으로 나타나는 주제의 결과일 것이다. 반면에 수의 성질에 대해서는 상대적으로 적은 관심을 보이고 있다. 우리는 여기서 [5.4.14]에 나타난 교사가 요약 정리한 말을 떠올린다.

> 어떤 수로 나누어 떨어지는가를 확인하려면 실제로 나누어 보면 된단다. 가분성 규칙은 너희를 도와주는 하나의 방법이란다. 그런데 너희에게 가장 잘 맞고 너희가 가장 편하게 느끼는 방법을 찾는 것은 너희들의 몫이란다.

학생에게 방법을 선택하라고 하는 것은 적절한 방법이나, 우리는 이 문장에서 가분성의 역할과 나눗셈의 역할 사이에 혼돈스러움을 발견할 수 있다. 실제로 나눗셈은 가분성에 대한 분명한 답을 제공하지만 우리가 수의 성질을 고려할 때, 나눗셈은 가분성 규칙과 같은 위치에 있다고 보지 않는다.

예비 교사들은 가분성을 수의 성질로 이해할지 모르지만, 가분성을 가르치는 교실 상황을 상상할 때 연산과 계산에 더 초점을 맞추고 있다. 이것은 프롬프트 (3)에 응답한 수업 연극에서 더 분명하게 드러난다. 그러나 그것을 분석하기 전에 프롬프트 (1)과 (2)와 관련하여 나타난 언어에 대한 문제점을 짚어볼 것이다.

수학 언어의 사용

이 절에서는 수업 연극에 나타난 실제 언어를 자세히 검토하면서 수학적 의사소통을 분명하게 하는 방법을 살펴볼 것이다. 우리는 수업 연극에 기록된 4의 가분성 규칙에 대해 언급하고 부정확한 언어의 사용이 야기하는 혼동을 살펴본다. 또한 학생들과 수학을 토의할 때 발생하는 문제점에 대해서도 기술한다.

"…하면 4로 나눌 수 있어요"

형식적으로 4 로 나누어 떨어지는 필요충분조건은 어떤 수의 마지막 두 자리의 수가 4로 나누어 떨어져야 한다. "필요충분조건"이라는 수학 개념은 아래의 두 명제 (a)와 (b)가 서로 동치임을 의미한다.

(a) N이 4로 나누어 떨어지면 N의 마지막 두 자리의 수가 4로 나누어 떨어진다.

(b) N의 마지막 두 자리의 수가 4로 나누어 떨어지면 N은 4로 나누어 떨어진다.

동치는 초등학교에서 거의 강조되지 않아서 수업 연극에서 찾아보기 어렵다. 이 성질은 가분성을 확인하는 검사법으로 이용할 수 있는데, 다음과 같이, 우리는 가분성 성질의 두 가지 함의 중에서 주로 함의 (b)에 초점을 맞추고 있다.

가분성 원리를 기술할 때 수업 연극에는 몇 개의 단어가 반복되고 있다.

- 마지막 두 자릿수로 이루어진 수가 4로 나누어 떨어지면, 원래 수도 그렇다. [5.6.3]
- 마지막 두 자릿수가 4로 나누어 떨어지면, 그 수는 4로 나누어 떨어진다. [5.9.5]
- 마지막 두 수에 해당하는 62를 더하고 4로 나누어 보면 된다. [5.2.5]
- 마지막 두 수가 4로 나누어 떨어지면 그 수는 4로 나누어 떨어진다. [5.3.2]
- 4의 가분성 규칙은 그 수의 마지막 두 자릿수가 4로 나누어 떨어지는 것이라고 교과서에 쓰여 있다. [5.7.4]

- 4에 대한 실제 규칙은 마지막 두 수가 4로 나누어지면, 전체 수도 4로 나누어진다는 것이다. [5.13.5]
- 4에 대한 규칙은 그 수의 마지막 두 수가 나누어지는 것을 말한다. 이 규칙은 마지막 두 수가 4로 나누어질 수 있다면, 그 전체 수도 4로 나누어져야 한다는 것이다. [5.16.6]
- 마지막 두 자릿수는 4로 나누어 떨어져야 한다. [5.22.14]

위에 제시된 두 개의 항목 [5.6.3], [5.9.5]와 같은 표현은 오직 다섯 개의 수업 연극에만 나타난다. 다른 문장들은 더 자주 나타나며 4로 나눌 수 있음에 대한 아이디어를 학생들이 원하는 방법으로 해석되며 "마지막 두 수를 4로 나눌 수 있다"와 같이 부정확한 문장은 잘못된 이해를 야기할 수 있다. 유사하게 수업 연극은 종종 [5.16.6]과 같이 "나누어질 수 있는" [5.16.6] 수에 관한 것으로 가분성에 대하여 언급한다. 몇 개의 예를 더 살펴보자.

- 좋아, 4로 나누어 떨어지는지 말해 줄 테니 두 자리 수보다 더 큰 수를 말해보렴. [5.17.5]
- 성립하지 않는 것도 알고 있어요. 354같은 거요. 모든 수를 더하면 4로 나눌 수 있지만 전체 수는 4로 나눌 수 없어요. [5.25.4]
- 100의 배수는 4로 나눌 수 있다. [5.26.2]
- 백을 4로 나누면 25에요. 그래서 끝이 00인 모든 수는 4로 나눌 수 있다고 생각했어요. [5.22.2]
- 어떤 수가 다른 수로 나누어 떨어지는지 확인하기 위해서는 큰 수의 자릿수들을 더하여 작은 수로 나누어 떨어지는지 확인하면 되요. [5.16.1]
- 12는 4로 나눌 수 있음을 알고 있지만 13은 나눌 수 없음을 알고 있어요. [5.32.8]

교사는 교실에 필요한 적절한 수준으로 판단해야 한다. 이를 통해 예를 들면, "마지막 두 수의 각각은 4로 나눌 수 있어야 한다"와 같이 수학적 아이디어를 기술하는 방법을 학생들이 어떻게 잘못 해석하고 잘못 이해할 수 있는지 인식할 수 있어야 한다.

"마지막 두 수를 봐요"

가분성 원리에 대한 부적절한 언급을 통해 수와 자릿수를 혼돈스러워하고 있음을 발견할 수 있다. 4에 의한 가분성을 고려한다면 올바른 참조는 [5.6.3]과 [5.9.5]와 같이 "마지막 두 자리에 제시된 수"이다. 이렇게 강조하는 것이 불필요하게 보이고, 또 방법론 강좌에서도 "…에 제시되는 수"와 같은 지나친 표현이 없어도 그 규칙은 아주 확실하다는 주장을 우리가 여러 차례 봐왔음에도, "마지막 두 수" 또는 "마지막 두 개의 자릿수"라는 표현은 분명 문제의 소지가 있다. 예를 들어, 다음의 수업 연극 5.28을 살펴보자.

5.28.1	학생5	우리 모둠에서 누군가가 마지막 두 수만 보면 354가 나누어지는지 알 수 있다고 했는데, 나는 잘 모르겠어.
5.28.2	교사	와! 너희 모둠이 훌륭한 발견을 했구나.
5.28.3	학생5	우리가요?!?!?
5.28.4	교사	그럼… 354가 4로 나누어 떨어지는지에 대하여 왜 54가 열쇠가 되는지 한 5분 동안 토의해보렴.
5.28.5		[…]
5.28.6	학생6	300부분에 대해서는 생각하지 않아도 되요. 충분한 이유가 있으니까, 그런데 54부분은 … 그것을 작게 나누면 더 쉽게 알 수 있을 거예요. 4를 예로 들면 4이기 때문에 가능해요. 그렇지만 5는 4로 나눌 수 없어요. 작은 수에서 나눌 수 없으면 큰 수에서도 나눌 수 없나요? 그런데 384를 보면 4도 4로 나눌 수 있고, 8도 4로 나눌 수 있어요.
5.28.7	교사	맞아. 너는 이해한 것 같구나! 작은 수들 (일의 자리와 십의 자리)을 4로 나눌 수 없으면 백 자리는 볼 필요도 없지. 이 설명은 조니가 오늘 우리에게 설명한 규칙과 어떻게 다른가요? 모두 이해했어요?

이 수업 연극에 학생들은 "마지막 두 수"를 각 자리의 숫자로 인식하여 가분성으로 해석하고 있다. 교사는 "맞아!" [5.28.7]라고 응답함으로써 예비 교사 자신이 이 성질을 잘못 이해하고 있는 것은 아닌지 의심이 든다.

"6에 대한 규칙은 무엇인가요?"

수업 연극 5.29는 가분성 규칙 (이 경우 6에 의한 가분성)을 해석할 때 나타나는 또 다른 실수를 보여준다. 아래 제시된 변화는 3과 4에 의한 가분성 규칙을 학생들이 성공적으로 검토하고 적용한 후에 나타난 것이다.

5.29.1	교사	좀 어려운 문제를 제시할게요. 6에 대해서는 어떤 규칙이 성립할까요?
5.29.2	학생	이 문제는 그렇게 어렵지 않아요. 큰 형이 가르쳐 주었어요. 수의 합을 2와 3으로 동시에 나눌 수 있으면 그 수는 6으로 나눌 수 있어요. 3333과 같이. 수의 합은 12고 이것은 2와 3으로 동시에 나눌 수 있어요.
5.29.3	교사	너는 정말 수학에 관심이 많구나!

교사는 3,333은 6으로 나눌 수 있다는 학생의 잘못된 주장에 대해 설명하기보다 "너는 정말 수학에 관심이 많구나!" [5.29.3]라고 칭찬한다. 사실 학생들은 6으로 나눌 수 있는지 결정하기 위한 절차를 제시된 수의 각 자릿수를 더하여 가분성 규칙을 생각한다든지 6의 약수를 고려한다든지 등 다른 가분성 규칙을 섞어 생각하고 있다. 이것은 교사가 오류를 용인하는 위험을 감수하고 학생들의 참여를 칭찬할 때 위기에 직면할 수 있음을 지적한다.

덧붙여 5.29.2에 제시된 '큰 형'의 대한 언급과 관련하여, 우리는 다른 예에서 가분성에 대한 뭔가를 학생들에게 가르치는 사람이 "아빠"였음을 보았다. ([5.14.3]과 [5.16.1]을 보라.) 우리는 다른 상황과 달리 수학 개념이나 주제와 관련된 수백 개의 대본을 검토하면서 흥미로운 점을 발견하였다. 그것은 가분성과 관련하여 가족에게 도움을 받을 때는 아빠, 형, 오빠이고 엄마, 누나, 언니는 한 번도 나오지 않았다는 점이다 더욱이 교실 밖에서 누군가에게 배운 것은 부정확한 정보 또는 혼동의 원인이 된다.

더 복잡한 표현

수업 연극은 언어에 대한 예비 교사의 관심을 유도한다. "나누어 질 수 있는"과 "마지막 두 자릿수는 4로 나눌 수 있어야 한다"와 같은 표현을 언급했는데 이러한 언어는 오해의 원인이 될 수 있다. 이 절에서는 대본에 나타난 몇 가지 표현의 문제를 짚어볼 것이다. 대부분의 경우 그 문장의 의도는 분명하지만, 이러한 수업 연극에서 사용된 언어를 깊이 있게 탐구함으로써 의사소통을 위해 더 나은 방법을 어떻게 개발할 지에 대해 배울 수 있다.

예를 들어, 다음과 같은 문장을 생각해보자. “Tom buyed three fishes[3].” 의도는 분명하지만 이 의도를 나타내는 정확한 문장은 “Tom bought three fish.”이다. 비슷한 방법으로 다음에 나오는 예제 표현은 수정되어야 한다.

- 그 수의 합은 3으로 나눌 수 있어야 한다. [5.22.12]
- 4에 대한 곱셈 규칙 [5.22.1]
- 가분성에 대한 규칙 중 하나는 그 수는 짝수로 나누어 떨어져야 한다. [5.18.5]
- 나눗셈 규칙 [5.2.1]
- 4로 나누는 규칙 [5.12.1]
- 수의 합이 2와 3으로 동시에 나누어지면 그 수는 6으로 나눌 수 있다. [5.29.2]

우리는 학생들은 물론이고 교사도 부정확한 표현을 사용하였음에 유의하였다. 그러나 대개의 경우 교사들은 학생들의 언어를 고쳐주지 않았고 어떤 대안도 제시하지 않았다. 아마 교사들은 일정하게 교정하는 것이 학생들의 참여를 방해하기 때문에 의사소통을 진전시키기 위해서 그냥 넘어간 것으로 보인다.

적절하고 관습적인 수학 언어를 장려하기 위해 Zazkis(1998b)는 유명한 게임인 “시몬이 말하기를”을 약간 변형한 게임을 제안했다. 이 게임은 교사는 부정확하거나 논리가 부족한 문장을 제안하고 학생은 이 문장을 정확한 수학 언어로 바꾸는 것이다. 예를 들어 시몬은 “모든 삼각형에는 180°가 있다” 또는 “임의의 삼각형의 각의 합은 180°이다”라고 말하면 “삼각형의 내각의 합은 180°이다”로 고친다. 우리의 경험상 이 게임은 언어에 대한 예비 교사의 민감성과 관심을 발달시키고, 예비교사들은 강사의 안내에 따라 문장을 재진술 함으로써, 서로가 서로의 언어에 유념하고 고치기도 한다. 언어에 대한 관심은 수업 연극 쓰는 과정을 더 발전시켰고 교사가 수업에 참여할 때 단어를 좀 더 의미있게 고를 수 있게 한다.

---

3) 이 영어 문장에는 두 군데 오류가 있다.
① 과거 시제 : buy의 과거형은 buyed가 아닌 bought이다.
② 복수형 : fish는 단수와 복수의 형태가 같은 명사이다.
이 두 가지를 고쳐서 정확하게 표현하면 뒤의 영어문장이 된다. 이러한 오류를 우리말로 표현 할 수 없으므로 원문의 영어 문장을 그대로 사용하였다.

왜냐하면 … 대안적 진단과 처방

예비 교사의 상상력에 따라 학생들의 오류 이유가 달라지는 세 번째 프롬프트를 검토해 보자.

> (3)
> 교사 : 왜 354를 4로 나눌 수 있다고 했지?
> 학생 : 왜냐면…

이 프롬프트에 응답한 35명의 예비 교사들 중 3명만이 학생들이 실수를 범한 이유가 자릿수의 합을 고려한 것, 즉 3의 가분성과 4의 가분성을 헷갈린 것이라고 제시했다. 그리고 대안적인 진단으로는 마지막 수에 초점 맞추기, 짝수 고려하기, 실제 나눗셈을 실행할 때의 오류, 그리고 "나누어질 수 있는"이라는 용어에 대한 잘못된 해석 등도 제시되었다. 이 절에서 대안적인 진단과 제시된 처방에 대하여 논의한다.

"354는 4가 있기 때문에"

다수의 예비 교사 (35명 중 18명)가 학생들이 오류를 범한 이유는 마지막 수에 초점을 맞췄기 때문이라고 진단했다. 사실, 프롬프트 (1)에서 462를 선택한 것과 달리 여기서 354를 선택한 것은 이러한 상황을 염두에 둔 것이다. 실제로 "354는 4로 끝나기 때문에"가 학생들에게서 가장 많이 나온 응답이었다. 수업 연극 5.30과 5.31에서 볼 수 있듯이 자릿값을 언급하거나 기대한 나눗셈 결과에 대해 언급하는 등 더 구체적인 대답도 나왔다.

5.30.1	교사	왜 354를 4로 나눌 수 있다고 했지?
5.30.2	학생	왜냐하면 354에 4가 있기 때문이에요.

5.31.1	학생1	354를 보니 마지막 수가 4에요. 4는 4로 나눌 수 있어서 4는 354를 짝수 번 나눌 수 있어요.

마지막 자릿수에 주목한 18명 중 6명만이 가분성 규칙을 언급하였고, 그 밖에는 4의 가분성 검사를 5 나 2에 의한 검사와 혼동하였다. 프롬프트 (2)의 "합이 4로 나눌 수 있

기 때문에"에 응답하여 작성된 수업 연극과 비슷하게, 여기서도 많은 수업 연극에서 가분성 규칙을 다시 가르쳤다. 적절한 규칙은 교과서에서 찾거나 아니면 다른 학생들이 기억한 것을 예를 들어 설명하였다. 나머지 12개의 대본은 오류의 이유를 마지막 자릿수에 나타난 패턴에 기인한 것으로 보았다. 이 학생들에 대한 처방은 실제 나눗셈을 해 보게 하는 것이었으며, 이 경우에 도구를 쓰기도 했다. 오직 두 개의 대본에서만 계산기를 이용해 나눗셈의 결과를 확인했다.

"실제로 나눗셈을 해 보자"

다음 수업 연극 5.32는 프롬프트 (3)에 대한 응답으로 가장 많이 나타나는 경우이며 나눗셈을 다시 가르치는 사례이다.

5.32.1	교사	에릭, 왜 354를 4로 나눌 수 있다고 했지?
5.32.2	에릭	354의 끝자리가 4라서 4로 나눌 수 있을 것 같았어요.
5.32.3	교사	왜 그렇게 생각했니?
5.32.4	에릭	끝에 있는 수가 5나 0이면 5로 나눌 수 있어요. 그렇게 가르쳐 주신 것으로 기억하고 있고요. 4의 경우도 성립한다고 생각했어요.
5.32.5	교사	그럼 끝이 4로 끝나는 모든 수가 그렇다고 생각하니?
5.32.6	에릭	44는 끝이 4로 끝나고 4로 나눌 수 있어요.
5.32.7	교사	맞아. 44는 4로 나눌 수 있지. 끝이 4로 끝나는 다른 수를 찾아보자. 14는 어떠니?
5.32.8	에릭	음…12는 4로 나눌 수 있지만 13은 그렇지 않아요.
5.32.9	교사	14도 한 번 해보자. 14 를 4 개씩 묶어 보겠니?
5.32.10	에릭	3묶음하고 2개가 남아요.
5.32.11	교사	맞아. 4로 끝나는데 4로 나누어지지 않는 또 다른 예를 생각해보자. 34는 어때?
5.32.12	[…]	
5.32.13	교사	잘했어. 에릭. 이제 끝이 4라고 해서 모두가 4로 나누어지는 것이 아니라는 것은 알 수 있을 거야. 끝이 5 또는 0으로 끝날 때 5로 나눌 수 있다는 것은 맞아. 그러나 4는 5와 달라서 5의 규칙이 4에는 적용되지 않는단다. 실제 나눗셈을 해서 354개의 사과를 네 개의 가방에 똑같이 나누어 담을 수 있는지 보자.

5.32.14	에이미	35가 4로 나누어 떨어지는지 보면 되요. 우리는 32는 4로 나눌 수 있지만 34를 4로 왜 나눌 수 없는지 금방 이야기했어요. 그리고 35도 4로 나눌 수 없어요.
5.32.15	교사	잘했다. 에이미. 이제 우리는 무엇을 해야 할까?
5.32.16	에이미	35아래에 32를 놓고 빼요.
5.32.17	교사	맨 위에는 어떤 수를 놓아야 할까?
5.32.18	에이미	8이요. 8곱하기 4는 32가 되니까요.
5.32.19	교사	잘했다. 에이미. 이제 35에서 32를 빼자. 남아있는 3을 어떻게 할까?
5.32.20	브라이언	354의 끝에 있는 4와 합쳐서 34를 만들어요.
5.32.21	교사	좋아. 방금 우리는 34는 4로 나눌 수 없다는 것을 배웠어. 어떤 수를 사용할 수 있을까?
5.32.22	카라	다시 32를 사용해요. 위에 다시 8을 써요.
5.32.23	교사	잘했다. 한번 해보자. 34에서 32를 빼면 2가 되네. 정답을 말해볼 사람?
5.32.24	에릭	정답은 88과 나머지 2에요.
5.32.25	교사	그럼 사과와 가방에 대해서 말해볼 사람? 354개의 사과를 4개의 가방에 똑같이 담을 수 있을까?
5.32.26	에릭	아니요. 각각의 가방에 88개의 사과를 담고 몇 개가 남아요. 제가 가져갈게요.

이 수업 연극은 처음에 4의 가분성을 고려할 때 마지막 자릿수에 주목하는 것을 막기 위하여 14나 34와 같이 작은 수를 이용하였다. 이것은 앞의 5.23에서 논의했듯이 강력한 전략이다. 그러나 이어지는 대화는 가분성보다는 나눗셈 알고리즘을 다시 가르치고 있다. 이 수업 연극에서 볼 수 있는 또 다른 특징은 실생활 상황을 언급하고 있다는 점이다. 가분성을 354개의 사과를 4개의 가방에 똑같이 나누어 넣는 상황과 연결시키고 있다. 그러나 사과와 가방을 형식적 알고리즘으로 연결하는 것은 나타나있지 않다.

다음 수업 연극 5.33은 실제 나눗셈을 다루는 또 다른 예인데, 이번에는 교구를 사용하였다.

5.33.1	교사	5번 질문에 대해서 354를 4로 나눌 수 있다고 쓴 걸 봤단다. 왜 그렇게 썼는지 이유를 말해주겠니?
5.33.2	학생	먼저 수를 봤는데 끝에 있는 수를 보니 짝수라는 것을 알 수 있었어

		요. 4는 짝수거든요. 또 354는 4로 끝나서 참이라고 썼어요.
5.33.3	교사	답을 이해할 수 있도록 동전이나 그림을 이용해봤니? 같이 해보자. 4개씩 묶어서 나눌 때 어떤 일이 일어날까?
5.33.4	학생	묶음이 다 같지 않습니다.
5.33.5	교사	그 말은 어떤 수가 짝수이고 4 로 끝난다고 하더라도 4 개로 똑같이 분리할 수 없다는 뜻이지. 그러니 새로운 방법을 찾아야 겠구나.
5.33.6		[…]
5.33.7	교사	먼저 식을 써보자. (학생은 식을 쓴다.) 잘했어. 이 질문은 "354로 4개의 모둠을 몇 개나 만들 수 있을까?"이고, 이를 위해 우선 무엇을 해야 할까?
5.33.8	학생	잊어버렸어요……
5.33.9	교사	먼저 첫 번째 수 3이 4로 나누어 떨어지는지 볼까? 동전을 사용하렴.
5.33.10	학생	할 수 없어요.
5.33.11	교사	그럼 다음 수로 가자. 35로 4개의 모둠을 만들 수 있니?
5.33.12	학생	(학생들은 동전을 사용하여 4개씩 묶는다.) 네. 8개의 모둠으로 나누어지고 3개가 남아요.
5.33.13	교사	5위에 8을 쓰자. 다음에 무엇을 해야 하는지 기억하니?
5.33.14	학생	뭘 빼야 해요.
5.33.15	교사	그래 맞단다. 4개씩 8개의 모둠이 만들어졌기 때문에 8 × 4가 된단다.
5.33.16	학생2	32! 35에서 32를 빼면 … 3이 되요.
5.33.17	교사	3 옆에 4를 내리면 34가 되지. 4개의 모둠을 몇 개 만들 수 있을까?
5.33.18	학생2	음, 8을 다시 넣고 4×8은 32가 되요. 이제 빼기를 하면 2가 남아요.
5.33.19	교사	4개로 된 모둠을 더 만들 수 있니? (학생들은 머리를 흔든다.) 4로 나누어지지 않는 수가 남았기 때문에 354를 4로 나눌 수 있다고 할 수 있을까?
5.33.20	학생	아니요!
5.33.21	교사	곱하기를 이용해서 답이 맞는지 확인해 봅시다. 몫 88에 4를 곱하면 얼마지?
5.33.22	학생	352에요. 거기에 2를 더하면 354가 되요.
5.33.23	교사	잘했구나. 다른 학생들과 확인해보자. 방과 후에 더 많은 식을 해결해보자.
5.33.24	학생2	네.

이 수업 연극에서 동전을 이용한 나눗셈을 예를 들어 설명하고 있고, 학생들은 모두 같이 "단계"를 기억해 낸다. 게다가 이 수업 연극은 또 다른 특징을 보여준다. 나눗셈에 대한 부분적 해석을 강조하고 있다. [5.33.3]에 분명히 나타난 것처럼 교사는 "4개의 모둠으로 나눌 때 어떤 일이 일어날까?"라고 질문했다. 같은 크기의 모둠에 대한 언급이 여러 차례 나온다. ([5.33.3], [5.33.5], [5.33.11], [5.33.15], [5.33.17], [5.33.19]) 나눗셈을 이런 식으로 해석하는 것은 분명 결과로 나오는 '모둠'을 강조하지만, 유리수 나눗셈에서는 오히려 장애 요인으로 작용할 수도 있다. (Ball, 1990; Simon, 1993; Tirosh와 Graeber, 1990) 여기서, 실제 나눗셈은 가분성, 즉, 수업 연극 5.4, 5.27, 5.32와 관련하여 위에서 우리가 논의했던 접근법에 대한 결론을 이끌어내는데 사용되었다.

"354는 짝수기 때문에"

아홉 개의 수업 연극은 354와 4가 짝수라는 사실을 지적하였다. 이들 수업 연극에서 학생들은 그 수가 짝수이므로 4로 나눌 수 있다고 이야기 하였다. 우리 생각에 수업 연극 5.34가 의도한 바가 바로 이것이고, 작가는 의도적으로 교사로 하여금 학생들이 8까지의 수를 모두 쓰고 짝수에만 동그라미 친 것을 알게 한다. (그렇지 않으면 [5.34.1]은 의미가 없다.)

5.34.1	교사	나는 여러분들이 8까지의 수를 모두 쓰고 짝수에 동그라미 친 것을 봤어요. 왜 이렇게 했는지 누가 설명해 볼까요?
5.34.2	샐리	저는 모든 짝수가 2로 나눌 수 있다고 배운 기억이 납니다. 4는 2로 나눌 수 있기 때문에 4에도 이 규칙이 적용된다고 가정했어요.
5.34.3	교사	흠, 매우 흥미 있는 이야기구나. 그렇지만 불행하게도 그 규칙은 4에 적용되지 않는단다.

[5.34.3]에서 교사는 바로 "그 규칙은 4에 적용되지 않는단다"라고 하며 학생의 제안을 반대했다. 여기서 교사가 언급한 규칙이 무엇인지는 명확하지 않다.

몇 명의 예비 교사들에 대해서는, 그 실수가 어떤 하나의 특별한 혼동이나 오개념에서 기인한 것이라고 보기엔 충분하지 않다. 그들은 몇 가지 추론을 결합하였다. 예를 들어 수업 연극 5.35에서, 수가 짝수라는 것과 마지막 자리 규칙을 잘못 적용한 것이 결합된 것이다.

5.35.1	교사	왜 354를 4로 나눌 수 있다고 했지?
5.35.2	바비	가분성 규칙 때문이에요. 어떤 수 x의 마지막 수가 y로 나누어지면 어떤 수 x는 y로 나누어집니다. 354를 4로 나룰 수 있는 또 다른 이유는 354가 짝수여서 2로 나눌 수 있기 때문이에요. 4는 짝수고 2로 나눌 수 있고, 따라서 354는 4로 나눌 수 있어요.
5.35.3	교사	바비, 이 문제를 풀기 위해서 네가 알고 있는 2에 대한 가분성 규칙을 적용하고 비슷한 문제를 풀기 위해 4의 가분성 규칙을 이용한 것 같구나. 합리적인 "추측"을 하고 문제에 적용하여 답을 내려고 한 것 같구나. 그렇지만 너의 "추측"이 맞는지 확인하는 것도 똑같이 중요하단다. 이 규칙이 성립하지 않는 예를 보여줄게.

우리의 주된 주제에서 잠시 벗어난 내용이지만 두 개의 수업 연극 5.34와 5.35에서 예비 교사들인 작가들이 학생들의 노력을 칭찬하면서도 학생들의 오류를 수정하려는 경향을 볼 수 있다. 교사가 학생의 잘못된 가정을 "흥미 있는" 것으로 여기지만, "불행하게도 그 규칙은 4에 적용되지 않는단다"가 [5.34.3]에서 교사의 반응이다. 또, [5.35.3]에서 교사는 학생들에게 "추론하여 문제를 풀"도록 권하지만, 학생들이 처음의 예측을 반박할 수 있는 경우를 생각해보도록 배려하기보다는 "예를 보여줄게"라고 바로 진행한다. 이러한 수업 연극은 예비 교사들에게 상황을 조정하는 대안적인 방법들에 대해 유익한 논의 기회를 제공한다.

가분성으로 돌아와서, 아래의 수업 연극 5.36에 나오는 논리적 오류를 살펴보자.

5.36.1	교사	여기 오류가 있네. 4로 나눌 수 있다고 354에 동그라미를 한 이유를 말해 줄래?
5.36.2	샐리	네. 처음에 몇 개의 수를 나누어 보면서 모든 홀수는 4로 나눌 수 없다는 것을 알았어요. 그 말은 4로 나눌 수 있는 모든 수는 짝수라는 뜻이죠.
5.36.3	교사	알겠다. 그것이 여기에 2와 4의 배수를 쓴 이유니?
5.36.4	샐리	네. 둘 다 끝자리가 2, 4, 6, 8, 0인 배수를 가지고 있는지 확인하고 싶었어요. 실제로 그렇고요.

홀수를 4로 나눌 수 없다는 것은 맞다. 그러나 목록에서 홀수를 제거한다고 해서 남은 수들이 모두 4로 나누어진다는 것을 의미하는 것은 아니다. 작가는 이 논리적 오류를 학

생에게서 찾기는 했지만 그것을 수업 중에 이용하지는 않았다. 대신 나머지가 있는 나눗셈을 어떻게 하는지에 대하여 설명하였다. 학생의 잘못된 논리는 교사가 설명하지 않은 채로 넘어갔다.

(P이면 Q이다)가 (Q이면 P이다)로 해석되는 논리적 오류는 다음 5.37에서도 나타난다. 5.34와 5.35에서 나타난 학생들의 추론도 이 같은 오류에서 비롯되었으나 [5.37.4]에서 더 분명히 제시되었다.

5.37.1	교사	354를 왜 4로 나눌 수 있다고 했지?
5.37.2	학생	끝자리 수가 4이기 때문이에요.
5.37.3	교사	아, 이 수는 좀 묘하구나. 이 수를 보면 4로 나눌 수 있을 것 같은데 정말 그럴까?
5.37.4	학생	네. 그럴 것 같아요. 끝이 2, 4, 6, 8, 0인 수는 짝수이고 2로 나눌 수 있어요. 4는 짝수이고 2의 배수이므로 어떤 수가 2로 나눌 수 있으면 4로 나눌 수 있어야 해요.
5.37.5	교사	354는 2로 나눌 수 있나요?
5.37.6	학생	네. 354는 177의 두 배에요.
5.37.7	교사	그러면 2로 나눌 수 있으면 4로 나눌 수 있어야 하나요?
5.37.8	학생	네.
5.37.9	교사	너의 사고 과정이 정말 좋구나. 그리고 우리의 수체계의 패턴을 검토하여 다시 가정으로 돌아가기까지 했으니 얼마나 노력했을지 짐작이 가는구나.
5.37.10	학생	감사합니다.
5.37.11	교사	그런데 실제로 354를 4로 나누어 보았니?
5.37.12	학생	아직까지는요.

학생이 제시한 논리적 함의가 옳지 않았지만 교사는 "너의 사고 과정이 정말 좋구나" [5.37.9]라고 학생의 노력을 북돋우기 위해 칭찬하고 있다. 그리고 학생이 제시한 것을 바로 반대하기보다 아래 제시된 바와 같이 작은 수를 이용해 학생 스스로 발견하도록 유도하고 있다.

5.37.13	학생	음… 4를 두 배하면 10보다 2가 적어요. 어떤 수를 2로 나눌 수 있어도 4로 나눌 수는 없는 것인가요? 둘 다 짝수에요.
5.37.14	교사	네가 말했듯이 둘 다 짝수라 하더라도 2는 4안에 딱 맞게 들어가지만 4는 2안에 딱 맞게 들어갈 수 있을까?
5.37.15	학생	아니요…
5.37.16	교사	좋았어. 그런데 왜 그렇지?
5.37.17	학생	아!! 4는 2보다 큰 수이기 때문에 2가 4를 나눌 수 있다 하더라도 4는 2를 나눌 수 없어요. 따라서 어떤 수가 2로 나눌 수 있어도 4가 2보다 큰 수이기 때문에 이것이 4로 나눌 수 있다는 것을 의미하진 않아요.

여기서 교사의 질문 “4는 2안에 딱 맞게 들어갈 수 있을까?” [5.37.14]는 학생 스스로 자신의 오류를 알게 할 뿐 아니라 처음 혼동에 대한 이유를 설명하고 있다.

“모든 나눗셈 단계를 거쳤어요”

네 명의 예비 교사는 학생들의 오류가 나눗셈 실행 과정의 오류 때문이라고 진단했다.

5.38.1	교사	왜 354를 4로 나눌 수 있다고 했지?
5.38.2	학생	답을 구했더니 나머지가 없었어요.

잘못된 나눗셈 계산은 앞에서 했던 추측이 맞을 거라고 재차 확신을 갖게 했다.

5.39.1	교사	왜 354를 4로 나눌 수 있다고 했지?
5.39.2	학생	끝이 4이고 4는 354의 약수이기 때문이에요. 실제로 나누기를 해서 확인했어요.

몇 개의 수업 연극은 학생이 교사의 도움을 받아 나눗셈 알고리즘을 따라 실행할 때 나타나는 오류를 언급하였다. 다음 수업 연극 5.40은 나눗셈 알고리즘을 실행할 때의 오개념을 분명히 보여주고 있다.

5.40.1	교사	왜 354를 4로 나눌 수 있다고 했지?
5.40.2	학생	모든 단계를 따라 나눗셈을 했더니 4 나누기 354가 111과 같음을 알게 되었어요.
5.40.3	교사	어떻게 구했는지 보여주겠니?
5.40.4	학생	물론이에요. 진짜 쉬워요. 먼저 4를 4로 나누고 4가 1번 들어가기 때문에 아무것도 남지 않아요. 다음엔 5를 4로 나누면 5에서 1을 빼면 4니까 1이 남아요. 남은 1을 3과 모아서 3 더하기 1은 4가 되어서 354를 4로 나누면 111이 되요.
5.40.5	교사	음… 그래. 네가 어떻게 이 답에 도달했는지 알겠다. 나눗셈 규칙을 이용하기보다 이 등식에 더하는 방법을 이용한 것 같구나.
5.40.6	학생	아…

이 수업 연극이 유일한 예시이다. 작가는 나눗셈에 실수를 끼워 넣었고, 또 나눗셈을 오른쪽에서부터 시작하여 실행함으로써 "계산 과정상의 오류 패턴" (Ashlock, 2005)을 분명하게 보이고 있다.

수업 연극이 계속되면서 교사는 "나눗셈 규칙" 대 "덧셈/뺄셈 규칙"을 언급하며 교구를 사용한 나누기 알고리즘을 다시 가르친다. [5.40.7]

5.40.7	교사	조니, 우리가 나누기를 할 때, 덧셈과 뺄셈이 다른 몇 가지 중요한 규칙을 기억해야 한단다. 먼저 나누기는 항상 왼쪽부터 오른쪽으로 나누고, 두 번째 우리가 나누기를 할 때 100인 큰 큐브가 3개, 10이 5개, 1이 4개 있다면 그것을 모두 같은 크기의 큐브로 바꾼 다음 똑같이 4개 모둠으로 나눌 때 몇 개의 큐브가 들어가는지 계산한단다. 모둠을 똑같이 할 수 있을까? 같이 확인해 보자.

모든 수업 연극이 그렇듯이 끝은 해피엔딩이다. 교사는 칭찬하고 [5.40.9] 학생들은 용기를 얻는다. [5.40.10]

5.40.8	교사	자. 왜 나눗셈을 한 답 옆에 R을 썼을까?
5.40.9	학생	아! 그건 나머지에요. 모둠으로 꽉 채우지 못하고 남은 블록. 맞아요. 나눌 때 우리는 모든 모둠을 똑같은 크기로 해야 하고 그리고 나서 남는 것은 나머지에요. 항상 왼쪽에서 시작해서 오른쪽으로 진행. 알겠어

		요. 감사합니다. 선생님!
5.40.10	교사	조니, 잘했구나. 난 단지 몇 가지 단계를 기억할 수 있도록 도왔을 뿐이란다. 네가 잘 해낸 거야.

"354안에 4는 88.5번 들어간다"

한 참가자는 오류를 "나눌 수 있는"이라는 용어를 잘못 이해한 탓으로 돌렸다. 학생이 용어를 잘못 사용한 예는 수업 연극 5.13에서 논의한 내용과 비슷하며, 용어의 수학적 사용은 실생활의 직관적인 해석과는 다르다.

5.41.1	교사	왜 354를 4로 나눌 수 있다고 했지?
5.41.2	학생	354안에 4가 88.5번 들어가기 때문이에요.

이 대본에서 교사는 즉시 학생에게 가분성의 개념을 다시 설명하였고 가능한 혼동을 예상하여 예제를 제시했다.

5.41.3	교사	네가 무엇을 말하는지 알겠구나…… 한 수를 다른 수로 나눌 수 있는가라는 질문은 나머지 없이 완전히 그 수를 나눌 수 있는지를 묻는 거란다.
5.41.4	학생	무슨 뜻이에요?
5.41.5	교사	만약 어떤 사람이 354를 4로 나눌 수 있는가를 질문했다면 나눈 결과가 자연수여야 한다는 거야.
5.41.6	학생	헷갈리는데요.
5.41.7	교사	예를 들어, 8은 4로 나눌 수 있니?
5.41.8	학생	네, 8에 4는 2번 들어가요.
5.41.9	교사	잘했구나. 조니. 13은 어떠니? 13은 4로 나눌 수 있니?
5.41.10	학생	음 … 잠깐만요. 적을 종이가 필요해요 …. 계산하면 13에 4는 3.25번 들어가요.

두 번의 계산을 하고 난 후, 그 학생은 교사 같은 말투로 결론 내린다.

5.41.11	학생	제수는 크기가 같은 모둠으로 균등하게 만들지 못하면, 피제수는 제수로 나누어질 수 없다.

물론 프롬프트 (3)에 대한 수업 연극에 예비 교사는 학생의 어려움을 예상하여 상호작용을 시도하였다. 진단을 내리는 것은 예비 교사들이 다양한 가능성에 대해 성찰할 수 있는 기회를 제공하며, 교실 상황과 더 밀접해진다. 수업 연극의 가장 중요한 공헌 중의 하나는 예비 교사들에게 가장 일반적인 어려움을 알려준다는 것이다. 이러한 상황은 예비 교사들이 처음의 반응에서 벗어나 학생들과 원점으로 돌아가 지도할 수 있도록 안내하고, 개념적 사고를 통해 계산과 절차에 의한 사고에 도달할 수 있는 방향을 제시해준다.

결론

이 장은 4에 의한 가분성을 포함한 상황과 관련된 많은 수업 연극 대본을 분석하였다. 이 수업 연극의 가장 큰 특징은 규칙을 외우고 따르게 하는 부분이다. 우리는 교실의 권위가 학생들의 자율성을 감소시킬 수 있기 때문에 교사 또는 교과서에 권위를 둔 광범위한 주제에 대해 논의하였다. 우리는 예비 교사들이 학생들의 추론을 증진시키고 관계를 명확히 하고 논증을 할 수 있도록 도와주는 상호작용을 상상하면서 나타나는 어려움을 강조하였다. 학생들은 기적적으로 답을 이해하기도 하고 논의 자체가 하루 뒤로 연기되기도 한다. 4장의 수업 연극에 나타난 대부분의 상호작용은 규칙에 도달하려는 목표를 가진 몰아가기 형식이었다.

언어를 선택하고 이용하는 주제 또한 수업 연극 분석에서 나타난 주요 특징이다. 예비 교사들은 가분성 개념을 분명하게 말하는 것을 어려워하였다. 특히, 예비 교사들은 가분성, 자연수를 포함하는 관계, 나눗셈, 유리수를 포함하는 연산 등을 혼용하는 듯 했다. 이러한 결과는 많은 선행 연구 (Zazkis와 Campbell, 1996a, b; Zazkis, 2008) 결과에서 나타난 결과와 같으며, 많은 예비 교사들이 수치적 사고와 계산적 사고에 강조를 두는 것도 그다지 놀라운 일이 아니다. 수업 연극은 언어에 대한 관심을 불러일으키고 학생들이 전개할 수 있는 개념화 과정에서 특정 선택이 미치는 영향을 고려하는 좋은 기회를 제공할 수 있다.

마지막으로 프롬프트 (3)과 관련하여 예비 교사들이 제안한 다양한 진단을 비교하였다. 이 상황에서 가분성은 분명히 언급되지 않았다. 여기서 우리는 교실에서 학생들에게 나타날 수 있는 다양한 방식의 이해에 대해 예비 교사들이 가지고 있는 폭넓은 상상력을 발견하였다. 수업 연극은 예비 교사들이 진단을 성찰하게 하고, 어떻게 그 진단이 옳다는 확신을 가지는지 이해하게 하는데 활용할 수 있는 매우 유용한 방법이다.

Chapter 06 소수

이 장에서는 소수에 대하여 논한다. 어떤 수가 소수임이 분명해지면, 소수에 대한 논의는 나눗셈과 가분성과도 관련된다. 그러나 소수라는 주제는 규칙이나 암기에 덜 의지하는 대신 정확히 소수가 무엇인가, 소수는 어떻게 규명할 수 있는가 등의 주제에 더 주의를 기울이게 된다. 우리는 다음에 제시된 세 가지 프롬프트에 기초하여 전개되는 수업 연극을 살펴볼 것이다.

> 교실에서 교사와 학생이 대화를 나누고 있다. 교실에는 20명의 학생들이 있다.
>
> (1) 교사 : 91이 왜 소수라고 생각하니?
> 조니 : 곱셈표에 없기 때문이에요.
>
> (2) 교사 : 143이 왜 소수라고 생각하니?
> 조니 : 2, 3, 4, 5, 6, 7, 8 9가 그 안에 들어가지 않기 때문이에요.
>
> (3) 교사 : 37이 왜 소수라고 생각하니?
> 조니 : 2, 3, 4, 5, 6, 7, 8 9가 그 안에 들어가지 않기 때문이에요.

5장과 같이, 위의 프롬프트는 우리가 예비 초등학교 교사를 가르친 경험과 예비 교사들의 수론 및 관련 개념의 이해에 대한 연구를 기초로 개발하였다. 특히, Zazkis와 Liljedahl(2004)은 어떤 수가 소수인지 판정할 때 주어진 수가 더 작은 수에 의해서 나누어지는지 확인함으로써 결정하기도 하지만, 연구 참가자들이 어떤 수에 대한 가분성 규칙을 알고 있을 때 그 수에 초점을 맞춤으로써 결정하기도 함을 예를 들어 설명하였다. 이를 바탕으로 프롬프트 (2)를 만들었다.

우리가 가르치는 거의 모든 수업에서, 일부 학생들은 91이 소수라고 주장한다. 가끔, 그들의 추론은 91이 곱셈표에 있지 않다는 관찰에 근거한다. 이로부터, 프롬프트 (1)을 만들었다. 사실, 곱셈표를 10단이나 12단까지 암기하고, 91이 이 곱셈표에 나타나는 수의 범위 안에 있어도, 학생들은 곱셈표에서 91을 볼 수 없을 것이다. 이와 같이, 91의 약수인 7과 13은 다수의 예비 교사들은 알아차릴 수 없는 그래서 기억할 수 없는 사실 중의 하나인 것이다. 그리고 Zazkis(2011)가 말했듯이, 일부 현직 교사들 역시 91이 소수라고 믿고 있다. Zazkis의 아들은 5 학년일 때 주어진 목록에서 모든 소수를 골라내는 과제에서 91을 고르지 않았고, 아들의 교사는 그것을 실수라고 표시했다.

프롬프트 (3)에서 눈에 띄는 실수는 찾을 수 없다. 143이나 91과 다르게, 37은 실제로 소수이다. 이 프롬프트를 개발할 때, 우리는 정답을 설명하는 과정보다 학생들이 소수를 결정할 때 쓰는 전략에 예비 교사들이 기울이는 관심에 주목하였다. 우리는 프롬프트 (1)과 관련된 14 개의 수업 연극, 프롬프트 (2)와 관련된 6 개의 수업 연극, 프롬프트 (3)와 관련된 6 개의 수업 연극을 탐구한다.

다음에 이어지는 세 개의 절을 통하여 우리가 분석한 바를 소개한다. 각 절에서 우리가 발견한 몇 가지 주제를 규명하고 예를 들어 설명하고 논의한다.

프롬프트 (1)에 근거한 수업 연극

프롬프트 (1)에 근거한 수업 연극에는 두 가지 주요 전략이 나타난다. 첫째는 곱셈표를 확장하는 것이고 둘째는 실제 교구 또는 가상의 교구를 사용하여 학생들이 91이 소수가 아님을 알 수 있게 하는 것이다. 6.1에서 알 수 있듯이 예비 교사들은 첫 번째 방법인 곱셈표 확장하기를 선호하였다.

"곱셈표를 더 크게 만들 수 있어요"

6.1.1	교사	91이 소수인지 아닌지 우리가 확실히 알 수 있도록 하려면 어떻게 해야 하는지 아는 사람?
6.1.2	학생	91을 임의의 수로 나누려고 시도할 수 있고, 나누어지는지 보면 알 수 있습니다.
6.1.3	교사	시도할 수 있는 방법 중 하나군요. 다른 방법이 있는지 옆의 친구와 서로 의논해 볼까요? 곱셈으로 생각해 보면 어떨까?
6.1.4	학생	우리가 곱셈표를 더 크게 만들어서 그 안에 91이 있는지 확인할 수 있어요.

6.1.5	교사	참 좋은 생각이네! 좋아, 여기서 우리는 무엇을 해 볼까? 여러분 각 모둠에서 곱셈표를 확장해 보세요. 목표는 91이 소수인지 아닌지 판별하는 것입니다.

이 수업 연극의 다음을 예상해 보면 확장된 곱셈표에서 수 91을 찾는 것이다. 이 과제는 쉽게 할 수 있다, 결국 최소의 확장만이 필요할 뿐이다. 이러한 접근법의 장점은 교사가 곱셈표에 집중하고 있는 학생을 따라간다는 것이다. 하지만, [6.1.2]에 나오는 "91을 다른 수로 나누어 보라는 제안을 교사는 [6.1.3]에서 은연중에 거부하고, "다른 방법이 있는지 옆의 친구와 서로 의논해 볼까요?"라고 묻는다. 그러나 "곱셈표를 더 크게 만들기" [6.1.4]와 같은 제안은 교사가 "참 좋은 생각" [6.1.5]이라고 하면서 받아들인다.

물론, 곱셈표를 확장하면 주어진 수에 대하여 임의의 수를 검사해 보는 것보다 빠르게 판단할 수 있다는 장점이 있다. 하지만, 이 방식의 잠재적인 약점은 어떤 수가 소수인지 판단할 때 곱셈표에 의존하는 성향을 강화시킬 수 있다. 그렇게 되면 학생은 69와 같은 수를 만났을 때, 강화된 전략에 따라 곱셈표를 과도하게 확장하게 된다.

다음으로 넘어가기 전에 이 수업 연극에서 교사가 각 모둠에서 다른 방법에 대해 논의해 볼 것을 학생들에게 요구하는 방식에 주목해 보자. 이렇게 짧은 상호작용에서 어떤 방법을 선택할지 결정한 사람은 바로 교사이며, 결정을 내리게 된 합리적인 판단 기준은 찾을 수 없다. 이러한 상호 작용은 교사가 하나의 특정 전략만을 고수하고 있기 때문에 발생하며, 학생들이 모둠에서 서로 의논하여 하나의 전략에 도달하도록 하는 동기를 부여하지 못한다. 실제로, 교실에서 이러한 논의를 조화롭게 지도하는 방법을 찾기란 상당히 어려운 일이다. 하지만, [6.1.3]과 같이 제시된 전략에 대하여 분명하게 답하도록 요청하면 풍부한 수학적 논의를 이끌 수 있으며, 그 모둠의 수학적 역할을 키울 수 있을 것이다.

"12개의 블록을 줄테니"

다음에 나오는 수업 연극 대본에서는 학생들이 블록, 체 등의 교구를 사용하여 소수와 합성수에 대해 추론하도록 한다. 예를 들어, 몇몇 수업 연극은 블록을 다르게 배열하여 소수와 합성수를 표현한다.

6.2.1	교사	12개의 블록을 주었을 때, 모둠에 포함된 블록의 개수가 같도록 나누는 방법이 몇 가지인지 어떻게 보여줄 수 있니?

이 수업 연극에는 앞으로 20, 26, 28, 55에 대하여 탐구하게 된다. 교사는 "이 수를 만드는 다른 방법"에 대하여 언급한다. 이 수를 가능한 여러 가지 방법으로 표현한 후, 수업 연극은 다음과 같이 계속된다.

6.2.2	교사	약수를 찾는 방법에는 여러 가지가 있단다. 몇 개의 수를 제시할 테니 옆의 친구와 상의하여 그 수를 만들 수 있는 방법을 생각해 보렴. 누군가는 곱셈표를 사용할 수 있고, 사용하지 않을 수도 있단다. 어쨌든, 너와 네 짝이 다음 수를 여러 가지 방법으로 만들어 봤으면 한다. 32, 52, 72, 91, 117 […]
6.2.3	교사	91은 어떨까? 약수가 뭘까?
6.2.4	학생	소수는 아니에요.
6.2.5	교사	그래? 어떻게?
6.2.6	학생	7 × 10은 쉽잖아요, 70입니다. 여기에 7을 계속 더해요.
6.2.7	교사	해보렴.
6.2.8	학생	7 + 7 + 7 = 21. 70에 더하면 91이 됩니다.
6.2.9	교사	그래서 91의 약수가 뭐지?
6.2.10	학생	7, 13 그리고 물론 1과 91도 있어요.
6.2.11	교사	훌륭해! 그럼 144는 어떨까? 여러 가지 방법으로 이 수를 만들 수 있겠니?

소수와 합성수의 개념을 직사각형으로 배열하는 표현과 연결시키는 것은 교수학적으로 적절한 방안이다. 사실, 우리도 예비 교사들과의 수업에서 직사각형 배열의 가로 세로와 약수 및 가분성의 개념을 구조적으로 연결하려할 때 가끔 이 전략을 이용한다. 하지만, 이 수업 연극에서 학생들은 이미 소수를 학습한 것으로 짐작되며 블록은 약수의 의미를 강조하려고 도입된 것이다. 그러나 학생들이 약수를 찾을 때 필연적으로 어려움을 겪는 것은 아니다. 문제는 91이 소수인지 아닌지를 어떻게 판별하느냐이다. 물론, 약수가 소수 판별과 관련이 있다. 그렇지만, 블록으로 직사각형 배열을 만드는 활동과 주어진 수가 소수임을 확인하는 능력과는 중요한 차이가 있다. 여기서, 가로와 세로에 해당하는 블록의 개수가 모두 1보다 큰 직사각형 모양으로 배열할 수 있으면 그 수는 소수가 아니라

는 사실이 내포되어 있다. 따라서 이 수업 연극에서 교사는 소수 판정에 대한 어떤 특정 형식의 이해를 향해 학생을 몰아가고 있음을 발견할 수 있다.

소수 판별과 약수와 관련하여 유의해야 할 몇 가지 흥미로운 점이 있다. 첫째, '약수'라는 단어가 [6.2.2]에서 나오지만 [6.2.1]에서 교사가 언급하는 "같은 개수로 묶는" 아이디어와 분명히 연결되지 않음을 유의하자. 묶음의 개수와 각 묶음의 원소의 개수를 약수로 생각하기 위해서는 같은 수의 원소를 갖는 묶음 만들기를 약수로 분명하게 바꾸어 말함으로써 전문적인 언어로 바꾸는 것이 필요하다. 또한, 교사는 '소수'라는 말을 전혀 쓰지 않았고, 위에서 말한 것처럼 소수의 개념을 자명하지 않은 약수를 갖지 않는 수라고 연결시키지도 않았다.

블록을 사용할 때, 교사가 내주는 예, 즉 [6.2.2]의 72, 91, 117, [6.2.11]의 144는 많은 블록을 써서 직사각형 배열을 만들기에는 너무 큰 수이기 때문에 눈여겨 볼 필요가 있다. 블록을 사용하여 기본으로 돌아가려는 욕구와 91에 대한 문제를 풀고자하는 바람 사이에 어떤 불일치가 있는 것만 같다. 분명히, 교사는 학생들이 문제마다 직사각형 배열을 사용하기를 바라지 않는다. 교사는 먼저 학생들에게 작은 수를 사용하게 함으로써, 학생들이 발견한 것을 더 큰 수에 대해서 일반화하도록 돕고자 한다. 교사는 학생들이 7 곱하기 10의 블록 배열을 상상하도록 하고 가로 7에 세 개의 세로를 더해 보도록 할 수도 있다. 이와 같은 접근법은 작은 수의 블록을 사용하는 것으로부터 큰 수를 다룰 때 생길 수 있는 직사각형 배열의 시각화까지 도움을 제공하면서, 학생을 일반화의 추론 과정으로 초대한다.

"동그라미를 치고 5와 7의 모든 배수를 지울 거예요"

학생들의 활동지 위에 구현되는 에라토스테네스의 체와 같은 것도 훌륭한 교구이다. 수업 연극 6.3의 [6.3.2]에서 밝히듯이 학생들은 본인들이 체를 가지고 무엇을 해야 하는지 이미 잘 알고 있는 듯하다. 그리고 학생들은 체를 교구로 사용하여 91이 지워짐을 알게 된다.

6.3.1	교사	(1부터 100까지의 수가 적힌 활동지를 나누어 준다)
6.3.2	학생	[…] 5 와 7이 다음 소수입니다. 5와 7에 동그라미를 치고 5와 7의 모든 배수를 지울 거예요.

6.3.3	교사	뭘 발견했니?
6.3.4	학생	네. 7 × 13이 91이기 때문에 91은 소수가 아니에요. 정말 멋지네요.
6.3.5	교사	그럼, 우리가 1부터 100사이의 소수를 다 찾았다고 생각하니? 7의 배수를 지운 다음 끝인가?
6.3.6	학생	잘 모르겠지만, 계속 찾아야 할 것 같아요.
6.3.7	교사	여기서, 7 다음 소수가 뭐지?
6.3.8	학생	11 그리고 다음에 13이에요.
6.3.9		(학급 전체가 11과 13의 배수를 지우기 시작한다)
6.3.10	학생	1부터 100까지 모든 13의 배수를 지웠어요.
6.3.11	교사	그래, 그게 무슨 뜻이지?
6.3.12	학생	11의 배수를 지운 다음에 멈췄어야 해요.
6.3.13	교사	왜 그렇지?
6.3.14	학생	모르겠어요.
6.3.15	교사	문제에 부딪혔을 때 뭘 해야 할까? 문제를 해결하기 위하여 어떤 방법을 택할 수 있을까?
6.3.16	학생	규칙을 찾거나 추측해 보거나
6.3.17	교사	잘했다. 그럼 여기선 뭘 할 수 있겠니?
6.3.18	학생	어쩌면 좀 더 단순한 문제에서 비슷한 일을 할 수 있을 것 같아요. 예를 들면, 1부터 20까지 모든 소수를 찾는 방법 같은 것 말이에요. (학생들은 1부터 20까지 쓰고 모든 합성수를 지우기 시작한다)
6.3.19	교사	모든 배수가 지워졌다는 걸 알기 전에 어떤 수에서 멈추었니?
6.3.20	학생	5입니다.
6.3.21	교사	이 문제와 다음 문제 (1~100)에서 뭘 발견했니?
6.3.22	학생	1부터 100까지의 소수만 남을 때까지 모든 배수를 지워야하는데 이때 마지막 수는 11이에요. 5는 1부터 20까지의 소수를 찾을 때 남았던 마지막 수에요. 그러니까, 11과 11을 곱하면 100에 아주 가까운 수를 얻어요. (11 × 11 = 121) 5와 5를 곱하면 20에 가까운 수를 얻죠. (5 × 5 = 25)
6.3.23	교사	여러분 모두 참 잘했어요.

합성수를 체로 걸러 내거나, 에라토스테네스의 체 방법을 적용하는 것은 주어진 수에서 소수를 찾는 적절한 방법이다. 사실, 91이 소수인지 확인할 때, 이 방법은 곱셈표를 확대하는 것보다 더 빠르다. 네 번째 소수인 7의 배수를 체로 걸러낸 다음 91을 발견하

게 된다. 그러나 "뭘 발견했니?"라는 교사의 질문에 학생은 "네. 7 곱하기 13이 91이기 때문에, 91은 소수가 아니에요"와 같이 대답하는데, 이는 체로부터 알아낸 것이 아니다. "보이는" 모든 것은 91이 7의 배수라는 것인데, 이것으로 충분히 91이 소수가 아니라고 결론내릴 수 있다. 이는 교사가 알아채지 못한 또는 파악하고 있지 않은 흥미 있는 수학 주제를 지적한다. 어떤 수가 소수인지 결정하기 위하여 하나의 약수를 아는 것으로 충분한가? 학생들은 약수를 배수와 같이 배우는데, 이로써 누구나 7과 13의 경우와 같이 두 개의 약수를 모두 알아야 한다는 믿음이 생겨난다. 하지만, 짝수에 대하여 학습할 때, 학생들은 어떤 수가 소수가 아님을 확인하기 위하여 그 수가 2로 나누어진다고 말하는 것으로 충분함을 알게 된다. 비슷하게, 어떤 수가 소수가 아님을 말하기 위하여 그 수가 7의 배수라고 말하는 것으로 충분하다.

이어서, 작가는 소수 판별을 위하여 또는 주어진 범위에서 모든 소수를 찾아내기 위하여 모든 소수의 배수를 계속하여 지워나갈 필요가 없음을 학생들에게 보이고 싶어 하는 것 같다. 하지만, [6.3.10]에서 학생은 "1부터 100까지 모든 13의 배수를 지웠어요" 더 나아가 [6.3.12]에서 "11의 모든 배수를 지운 다음에 멈췄어야 해요"와 같이 주장한다. 참이 아닌 문장은 문제가 되지 않는다. 1부터 100까지 수들 중에 11의 배수가 남아 있지 않기 때문에 이 문장은 옳지 않다. 11의 모든 배수는 이미 지워졌고, 지워진 수들 또한 11보다 작은 소수의 배수들이다. 더욱이, [6.3.18]에서 볼 수 있듯이 탐구하기는 문제해결을 위한 중요한 전략중의 하나이다. 그런데, 20보다 작은 소수를 고려할 때도 같은 오류를 범하고 있다. 무슨 말이냐 하면, 5의 배수를 지울 필요가 없다는 뜻이다. 사실, 1부터 20까지의 수 중 2와 3의 배수를 지운 다음, 5의 배수로 지워야 할 수가 남아 있지 않다. 부분적으로 정확하지 않은 전략이 [6.3.22]에 요약되어 있다. 고려해야 할 마지막 소수가 옳지 않을 뿐 아니라, 그렇게 한 이유도 "11과 11을 곱하면 100에 가까운 수를 얻어요. ($11 \times 11 = 121$) 5와 5를 곱하면 20에 가까운 수를 얻어요. ($5 \times 5 = 25$)"라는 것은 적절하지 않다. 실제로 필요한 것보다 하나 더 많은 소수를 검사하는 것이 해롭지는 않다. 다른 한편으로, 수업 연극의 교사가 "여러분 모두 참 잘했어요" [6.3.23]라고 응답한 것은 교사 스스로가 소수 판정을 할 때 불완전한 전략을 구사하고 있고, 그 전략이 어떻게 원하는 결과를 도출하는지 단지 부분적으로만 이해하고 있음을 보여준다.

6.2에서 블록을 사용했을 때와 마찬가지로 수업 연극 6.3에서도 교구 사용과 교사의 의도 사이에 불일치가 존재한다. 체는 교사가 학생들이 소수 판정의 개념에 대한 의미를 스스로 발달시키도록 돕는 것보다 그렇게 할 수 있다는 정보를 전해 주는 실제의 예로

더 많이 사용된다. 프롬프트 (1)에서 “91은 곱셈표에 없어요”라는 조니의 대답을 생각해 볼 때, 블록이나 체를 사용하는 것이 학생들의 주의를 집중시키는 적절한 방법인지 의문이 든다.

“곱셈표를 사용해서는 안된단다”

사실 10단이나 12단까지 있는 곱셈표는 소수 판정을 할 때 그다지 도움 되지 않는다. 다음에 나오는 수업 연극은 이에 대해 좀 더 특별한 이유를 제시한다. 수업 연극 6.4는 소수의 정의를 복습한 후에 이어진 것이다.

6.4.1	교사	여러분, 어떤 수가 1과 그 자신만으로 나누어진다고 어떻게 증명할 수 있는지 말해 보세요.
6.4.2	제임스	다른 수가 그 수를 나눌 수 있는지 확인해 봐요.
6.4.3	교사	그리고 내가 그 곱셈표와 더 큰 곱셈표에 대해서 했던 이야기도 기억하렴.
6.4.4	제임스	12보다 더 클 수 있다는 거 말이죠. 그래서 저는 어떤 수가 소수인지 확인할 때, 13, 14, 15와 같은 약수를 이용할 수 있어요.
6.4.5	교사	예를 살펴보도록 하자. 157은 소수일까, 합성수일까?
6.4.6		(제임스는 공책에 받아쓰고 여러 개의 약수를 사용하여 그 약수들이 157을 나누는지 살펴본다.)
6.4.7	제임스	소수에요.
6.4.8	교사	왜 그렇지?
6.4.9	제임스	왜냐면 이 수는 1과 자신을 제외하고 다른 어떤 약수로도 나누어지지 않아요.
6.4.10	교사	그렇단다. 그래서 어떤 수가 소수인지 아닌지 판정할 때는 가능하면 언제라도 12가 넘는 약수들을 포함하여 많은 약수를 사용한다는 것을 기억하렴.

제임스가 제안한 것은 소수를 판정할 때, “12보다 큰 수”인 “13, 14, 15와 같은 약수를 사용할 수 있다” [6.4.4]는 것이다. 여기서, 교사는 약수가 12보다 큰 수일 가능성을 강조한다. 그러나 10보다 작은 소수들의 배수들을 이미 살펴보았다면 14나 15에 의한 가분성을 검사할 필요는 없다. 교사는 학생들이 관찰한 것에 대하여 언급하지 않았다. 교사는 그 자체로 만족한 것인가? 더욱이, 157에 대하여, 제임스는 “여러 개의 약수”를 사용하지만, 정확히 얼마나 많은 약수들이 사용되었는지는 밝히지 않았다. [6.4.10]에서 교사

의 설명은 혼동을 줄 수 있을 정도로 정확성이 떨어진다. "많은 약수"를 검사하는 것은 올바른 판단을 보장하지 않는 한 쓸모없는 일을 늘릴 뿐이다.

수업 연극이 진행되면서, 교사는 곱셈표가 소수 판정을 위한 최고의 전략이 아닐 수 있음을 이해시키기 위해 많은 학생들이 가지고 있는 중요하고 오류가 섞인 가정을 인식하도록 한다.

6.4.11	교사	우리가 소수인지 아닌지 판단하고자 할 때, 곱셈표를 사용해서는 안된단다. 왜 그런지 알겠니?
6.4.12	학생	잘 모르겠습니다.
6.4.13	교사	그 속에는 소수도 있기 때문이지. 어떤 수일까?
6.4.14	학생	아, 2입니다.
6.4.15	교사	바로 그렇지. 그래서 이 방식으로 소수를 찾는 것은 좋은 방법이 아니야. 중요한 것은 소수가 무엇인지 이해하는 것이란다. 수업시간에 배웠던 것 기억하니?

실제로, 곱셈표는 소수를 규명하는데 도움이 되지 않는다. 그렇지만, 이것은 2가 존재하는 것과는 관계가 없다. 수 2는 곱셈표에서 2×1과 1×2의 결과로 나타난다. 그런데, 3, 5, 7에 대하여도 마찬가지이다. 작가는 아마도 수 2가 짝수면서 소수로 간주되는 상태에 고심했을 것이다. [6.4.13]의 교사의 잘못된 추론이 학생의 상호작용을 이어가는 능력에 직접적인 영향을 주는 것은 아니다.

프롬프트 (2)에 근거한 수업 연극

이제 프롬프트 (2)와 관련된 수업 연극을 살펴보자. 조니가 143이 소수인 이유를 "2, 3, 4, 5, 6, 7, 8, 9가 그 수 안에 들어가지 않아서"라고 답했음을 기억하자. 이 수업 연극들에서 다음과 같은 세 가지 주요 접근 방식이 나타났다.

- 9보다 큰 약수 유도하기
- 가분성 규칙 이용하기
- 소수의 정의 주목하기

"9보다 큰 수가 어떤 수의 약수가 될 수 있을까?"

다음 수업 연극 6.5에서는 9보다 큰 약수를 고려한다. 이 수업 연극은 교사가 칠판에 가분성 규칙을 쓰고 학생들이 연습하는 장면으로 시작한다. 2부터 9까지의 어떤 수도 143의 약수가 아님을 확인한 후에 대화는 계속된다.

6.5.1	교사	9보다 큰 수도 어떤 수의 약수가 될 수 있을까?
6.5.2	학생	잘 모르겠지만, 아마도 그럴 것 같습니다.
6.5.3		[···]
6.5.4	교사	우선 쉬운 예로 100을 생각해 보자. 2가 100을 나눌까?
6.5.5	학생	예.
	교사	어떻게 알지?
6.5.6	학생	2 곱하기 50이 100이니까요.
6.5.7	교사	금방 배운 가분성 규칙 중에서 우리를 도와줄 규칙이 무엇일까?
6.5.8	학생	100은 끝이 영으로 끝나는 짝수이니까, 2로 나누어져요.
6.5.9	교사	좋아. 그러니까 2가 100의 약수란 말이지, 50도 100의 약수가 아닌가?
6.5.10	학생	맞습니다, 50도 약수에요.
6.5.11	교사	그런데 50은 1보다 아주 큰 수인데 여전히 약수일까?
6.5.12	학생	그럴 것 같아요.
6.5.13	교사	음. 그럼 어떤 수가 9보다 큰 약수를 가질 수 있다는 걸 알고, 여러분 모두 계산기를 켜고 143의 다른 약수를 찾아보도록 해요. 이 문제에서 시행착오를 겪어도 괜찮습니다.

이 수업 연극은 143의 약수를 발견할 것을 예상하면서 전개되고 결론 또한 예상이 된다. 그러나 100이 9보다 큰 약수 50을 가진다는 것은 분명하지만, 100 또한 2나 5와 같은 작은 약수를 가지고 있기 때문에, 학생이 이 문제에서 가지게 된 어려움의 원인을 다루고 있지는 않다. 2에서 9까지의 수로 나누어지지 않는 수는 소수라는 주장은 그 수가 '큰' 약수를 가질 수 없다는 믿음에 근거한 것이 아니다. 오히려, 그 주장은 작은 약수가 언제나 존재한다는 믿음에 근거하고 있다. Zazkis와 Campbell(1999b) 그리고 Zazkis와 Liljedahl(2004)는 이러한 믿음에 대하여 연구하였다. 특별히, 이 연구에 참가한 학생들은 "작은 소수"로 나누어지는 합성수를 예상했고, 또 소수가 무한히 많다는 점을 알고 있었

다. Zazkis와 Campbell(1999b)의 연구에 참가한 한 학생이 이러한 예상에 대해 "어떤 수를 그 수의 소수로 분해할 때 […] 어떤 수를 그 수의 가장 작은 부분으로 나눈다는 소인수분해의 전체적인 개념으로 인해 […] 작은 부분은 더 작아진다는 생각을 갖게 되었습니다" (p. 216)라고 추론했다. 이와 같이, 교사가 학생에게 지시한 것처럼 [6.5.14], 계산기를 사용하여 143의 약수를 찾는 것이, 143의 소수 판정에 대한 학생들의 생각을 바꾸기도 한다. 그러나 혼동의 근원을 설명하지 않았다.

수업 연극 6.6 또한 큰 약수 찾기의 예이다. 이 수업 연극은 10보다 큰 약수를 찾는 아이디어로 시작하여, 10보다 큰 두 소수의 곱인 수를 찾는 과제로 진행한다. 수업 연극 6.6은 학생들이 가분성 규칙을 이용하여 143이 2, 3, 5, 9, 10으로 나누어 지지 않음을 보이고, 이어서 교사가 그것을 확인한 후에 그 대화에 변화가 일어난다. (조니가 처음 관찰한 바를 확인할 때, 교사는 전적으로 가분성 규칙에 의지하면서 4, 7, 8 등의 수를 무시하였음을 주의하자.)

6.6.1	교사	10보다 작은 수에 대하여 네가 말한 것은 참이란다. … 그런데 10보다 큰 수는 정말 많지요? 자, 여러분 계산기를 가지고 10보다 큰 수 … 11이나 13이나 17 등을 조사해 보세요.
6.6.2	사라	아하, 선생님, 13에 대해 해볼게요.
6.6.3	교사	사라야 143에 대해서 뭘 알아냈니?
6.6.4	사라	143이 소수가 아닌 것 같아요.
6.6.5	교사	143을 소수라고 생각한 건 실수였어요. 우리는 10보다 큰 수로 나누어지지 않는 수는 별로 다루어 보지 않았죠. 다음 과제로 소수가 아니면서 10보다 큰 두 개의 수로 나누어지는 수를 찾아보도록 합시다.
6.6.6		(5분이 흐른 뒤)
6.6.7	교사	누구 답을 찾은 사람?
6.6.8	샘	187이 있어요. 11 곱하기 17이에요.
6.6.9	교사	잘했구나, 다른 예도 있니?
6.6.10	샘	221이요.
6.6.11	교사	어떻게 221을 찾았니? 샘
6.6.12	샘	13과 17을 곱했어요.
6.6.13	교사	아주 훌륭하구나.

교사가 수업을 시작하면서 11, 13, 17 등이 143의 약수가 될 지 조사해보라고 제시하자마자 원했던 결과가 나타났다. 이어지는 학습 활동도 학생들로 하여금 10보다 작은 약수를 가지지 않는 합성수를 찾게 한다는 점에서 매우 좋은 연장선 위에 있다. 그렇지만 그러한 요구가 표현된 방식을 면밀하게 살펴볼 필요가 있다. 첫째, 교사는 "우리는 10보다 큰 수로 나누어지지 않는 수를 별로 다루어 보지 않았다" [6.6.5]라고 주장한다. 그러나 30이나 40은 어떤가? 교사는 10보다 큰 소인수를 가지는 제한적이고 전형적인 예로 주의를 끌었다. 그 다음, 학생의 과제는 "소수가 아니면서 10보다 큰 두 개의 수로 나누어지는 수를 찾는" 것이다. 그런데 60은 어떤가? 이 수는 10보다 큰 약수를 여러 개 가지고 있다. 분명히, 이것은 교사의 의도가 아니었다. 교사는 10보다 큰 소인수를 갖는 그리고 10보다 작은 약수를 갖는 수를 보이고자 했던 것이었다. 이것이 작가의 의도라면, 우리는 학생들이, 143의 소인수분해와 유사하게, 성공적으로 10보다 큰 두 소수의 곱을 만들어 내는 것을 [6.6.8]과 [6.6.10]에서 발견할 수 있다.

"11의 가분성 규칙을 아는 사람"

위의 마지막 두 예는 2부터 9까지의 수가 143의 약수가 아님을 판정하거나 확인하기 위해 가분성 규칙을 이용하였고, 아래의 수업 연극 6.7은 11에 대한 가분성 규칙을 유도하였다. 그러나 이 규칙을 발견하기 전에 조니는 소수에 대한 이해를 재확인한다.

6.7.1	교사	그걸 어떻게 알았지?
6.7.2	조니	가르쳐 준 규칙을 이용했어요.
6.7.3	교사	가분성 규칙을 말하는 거니?
6.7.4	조니	예. 보실래요? 여기 규칙이 있어요. 143은 짝수가 아니기 때문에 2는 143에 들어 갈 수 없어요. 143의 각 자릿수의 합이 3으로 나누어지지 않기 때문에 3도 143안으로 들어갈 수 없어요. 1 + 4 + 3 = 8이고 8은 3으로 나누어지지 않아요.
6.7.5	교사	알겠다, 조니야. 배운 수학 지식을 이용하여 문제를 해결하는 것을 보니 기쁘구나. 143이 소수라고 생각하는 다른 이유가 있으면 말해 볼래?
6.7.6	조니	143은 홀수이고 그래서 소수여야 합니다.
6.7.7	교사	143은 홀수지만 모든 홀수가 소수는 아니지. 15는 어떠니?
6.7.8	조니	5에 대한 규칙을 이용한다면, 15는 5로 끝나고 그래서 5로 나누어집니

		다. 5 곱하기 3은 15.
6.7.9	교사	5 곱하기 3이 15이므로 15는 소수가 아니야. 그런데 홀수거든.
6.7.10	조니	예, 그럼 어떤 홀수들은 소수가 아니네요. 하지만 143은 소수입니다.
6.7.11	교사	조니, 처음부터 다시 시작하자. 소수가 뭐니?

여기서 교사는 "143이 소수라고 생각하는 다른 이유가 있으면 말해 볼래?" [6.7.5]라고 물어본다. 작가는 학생들이 자주 혼동하는 내용을 소개한다. "143은 홀수이고 그래서 소수여야 합니다" [6.7.6]. 선행 연구 (Zazkis, 2011)에서 비슷한 혼동이 논리적 결점으로 보고된 바 있다. 대부분의 소수가 홀수라는 사실이 홀수들, 적어도 대부분의 홀수가 소수라는 의미로 잘못 해석되었다. 교사가 재빠르게 반례를 제시한다. "15는 소수가 아니지만 홀수란다" [6.7.9], 그러나 학생은 15의 일의 자릿수를 보면 15가 5로 나누어지는지 쉽게 알 수 있기 때문에 [6.7.8], 이 예가 그리 설득력 있다고 보지 않는다. '어떤 수가 5가 아닌 홀수로 끝난다면 그 수는 소수'라는 흥미로운 추측을 따져보는 대신, 교사는 "처음부터 다시 시작하자" [6.7.11]과 같이 말하며 기본으로 돌아가고 소수의 정의를 재차 확인하려고 한다. 소수의 정의를 아는 것이 조니의 추측을 재검토하는데 도움을 줄 수 있으나, 조니에게 친숙한 소수의 예와 관련하여 그가 내리는 일반화에 영향을 미칠 것으로 보이지는 않는다. Watson과 Mason(2005)의 연구에 따르면, 예를 만들고 그 예를 학습하는 것이 소수 판정에 대한 조니의 이해를 발달시키는데 정의를 상기시키는 것보다 더 좋은 방법이다. 소수가 무엇인지, 약수가 무엇인지 복습한 후에, 수업 연극은 계속된다.

6.7.12	교사	자 여러분, 143이 9보다 큰 어떤 수로 나누어질지 궁금하지요?
6.7.13	조니	뻔해요, 2부터 9까지 어떤 수도 143을 나누지 않습니다. 그래서 이 수로 만들어지는 어떤 수도 143을 나누지는 못합니다.
6.7.14	교사	알겠다. 음, 9보다 큰 수를 생각하면 어떠니? … 10은 어때?
6.7.15	조니	안됩니다. 100과 같이 영으로 끝나는 수는 10으로 나누어집니다.
6.7.16	교사	알겠다. 음, 10보다 높은 수에 대한 규칙을 아는 게 있니?
6.7.17	조니	아니요, 배운 기억이 없습니다.
6.7.18	교사	음, 학급 친구들에게 이 문제를 해결할 수 있을지 물어보자. 괜찮겠니?
6.7.19	조니	물론입니다.
6.7.20	교사	여러분, 주목하세요. 조니와 내가 143이 소수인지 아닌지 판정하는 데

		문제가 생겼습니다. 누구 아는 사람 없어요?
6.7.21	마크	143은 소수가 아닌데요, 왜냐면 네 개의 수가 그 안에 들어갑니다.
6.7.22	교사	자, 마크가 143은 네 개의 약수를 가지므로 소수가 아니라고 말했어요. 이제, 약수가 무엇인지 찾기 전에… 누구 10보다 큰 수에 대한 가분성 규칙을 말해 볼 사람? 우리는 2부터 9까지의 수들은 143을 나누지 않는다는 것을 알고 있어요, 그런데 마크가 143이 소수가 아니라고 말했으니, 10보다 큰 어떤 수로 나눌 수 있을 거예요.
6.7.23	수지	음, 11로 나누어 보았습니다.
6.7.24	교사	어떻게?
6.7.25	수지	(수지는 계산기를 보여준다)
6.7.26	교사	괜찮네. 가끔 계산기가 우리를 도와주지만 우리는 두뇌와 몇몇 규칙을 이용하여 어떻게 나누는지 알 필요가 있어요. 누구 11에 대한 가분성 규칙을 아는 사람?
6.7.27	바비	예. 선생님이 말씀하신 11에 대하여 (교사는 143을 칠판에 적는다) 마지막 일의 자릿수를 앞의 두 자릿수에서 빼면 11입니다. (14−3 = 11을 적는다) 답은 11, 그래서 143은 11로 나누어집니다.
6.7.28	조니	(조니는 규칙을 받아 적고 스스로 풀려고 한다) 음, 이제 11이 143안에 들어가는 것을 알겠어요 … 그러면 다른 수는 무엇인가요?
6.7.29	교사	글쎄, 나눗셈을 해 보자. 143/11 … 얼마일까? 공책에 나눗셈을 해보고 답을 알면 손을 드세요.

여기서 우리는 교사가 [6.7.21]에 있는 학생의 진술 “네 개의 수가 그 안에 들어갑니다”를 “그 수는 네 개의 약수를 갖는다” [6.7.22]와 같이 적절한 용어를 이용하여 재성하는 전략에 주목한다. 이어서, 교사는 10보다 큰 수의 가분성을 상기하도록 한다. 수업 연극에 종종 나타나듯이, 적어도 한 명은 필요한 규칙을 기억하고 있다. 사실, 11의 가분성 규칙을 이용한 유일한 예가 [6.7.27]에 나오지만, 교사의 주의를 끌지 못한다.

교사는 수지가 계산기를 이용해서 [6.7.23] 찾은 143의 약수인 11은 옆으로 밀어 놓았다. 교사는 계산기가 가끔 도움을 줄 수 있지만, “우리의 두뇌와 몇몇 규칙을 이용할” [6.7.26] 필요가 있다고 말한다. 더욱이, “다른 수”, 즉, 143의 다른 약수를 찾는 전략으로 나눗셈을 이용할 것을 제안했다. [6.7.29] 교사는 분명히 계산기를 불필요한 교구로 여겼으며, 규칙이나 알고리즘을 더 좋아했다. 여기서 계산기 이용은 부정한 방법으로 간주되는 듯 보인다. 수업의 주제가 연산을 연습하는 것이 아니라 큰 수의 약수를 찾는데 있다면 더욱 그렇게 보인다. "두뇌를 사용하라"는 요청은 수학이 단지 절차를 암기하고 적용하는 것이 아닌 추론에 관한 학문임을 인식하는 것이다. 그렇지만, 한 학생이 약수 중 하나를 이미 발견했기 때문에, 약수를 얻기보다 찾은 것을 확인하는 데 이용될 수 있다. 이상 대본에서 전개된 바 계산기로 나눗셈을 실행하는 것은 가분성과 관련된 결론에 도달하기에 충분치 않다는 인상을 남긴다. 이 수업은 가분성 규칙에 중점을 둔 것으로 보이는데, 이 점은 다음 사실에 의해서 확인된다. 마크의 대답 "143은 소수가 아닌데요, 왜냐면 네 개의 수가 그 안에 들어갑니다" [6.7.21]이 가분성 규칙의 가치를 높이기 위해 잠시 뒤로 밀리는 사실에서 알 수 있다. 그래서 뒤따라 일어나는 상호작용은 소수의 정의를 재정립하라는 교사의 요청뿐 아니라 소수가 홀수일거라는 조니의 일반화와도 관련 없이 진행된다.

[6.7.28]에서 조니는 143의 다른 약수에 대하여 질문한다. 교사는 이 질문에 답하기 위해 학급 모두에게 "학급 전체"가 나눗셈을 하도록 지시한다. 그리고 교사가 왜 모든 사람이 나눗셈하기를 원하는지 생각해 보는 것도 흥미롭다. 그러나 조니의 질문을 대하는 또 다른 방법은 다른 약수가 진정 필요한가를 묻는 것이다. 효율성이 중요한 수학적 가치라고 한다면, 교사는 이 질문을 학생들이 하나의 약수만으로 충분함을 알도록 돕는 기회로 활용할 수 있다. 수학에 심미적 가치를 더하기 위해 학생들에게 '하나의 약수만을 찾아라!', '나눗셈을 하지 말아라!'와 같은 단서를 단다면 상당히 흥미로울 것이다.

나눗셈을 마친 후, 교사는 143의 소수 판정에 대한 탐구를 마무리 짓는다.

6.7.30	교사	조니야, 11이 143 안에 몇 번 들어가니?
6.7.31	조니	13번입니다. 따라서 143은 소수가 아닙니다, 왜냐면 143은 네 개의 …
6.7.32	교사	약수
6.7.33	조니	예, 네 개의 약수를 갖습니다.…1, 11, 13, 143.
6.7.34	교사	굉장하네! 자 오늘 우리가 배운 것은 큰 수에 대해 10보다 큰 수에 대한 가분성 규칙을 사용하는 것이었습니다. 모두들 잘 했습니다. 자 이제 연습 문제로 돌아가 봅시다.

처음 조니는 143에 대해 헷갈렸지만, 나중에 143의 "다른" 약수를 찾았고 다음과 같이 결론지었다. "그래서 143은 네 개의 약수를 갖기 때문에 소수가 아닙니다" [6.7.31], [6.7.33]. 실제로, 143은 네 개의 약수를 갖는다. 하지만, 이들 네 개의 약수를 규명하는 것이 교사가

결론을 도출하는데 필요한지는 분명치 않다. 교사는 분명하게 밝히지 않았지만, 모든 수가 적어도 두 개의 약수를 가지며 소수 판정은 오직 두 개의 약수를 가짐을 보이는 것으로 충분하다고 생각하는 듯하다. 그러나 이 수업에서 조니는 143의 네 개의 약수를 모두 찾아내었다.

6.7에서 11의 가분성 규칙이 학생에 의해 제기되었으나, 다른 몇 개의 수업 연극은 교사가 학생들에게 벽에 전시되어 있는 11과 13의 가분성 규칙을 참고하도록 한다. 우리는 5장에서 비슷한 참고 자료로 교실 벽에 걸린 표를 본 적이 있다. 놀랍게도 예비 교사들은 초등학교 학생들이 11이나 13의 가분성 규칙을 잘 알고 있다고 가정했다. 가분성 규칙은 임의의 소수에 대해서도 개발될 수 있다. 또한, 이 규칙들은 13의 가분성 규칙이 성립하는 방식과 비슷하게, 수들 사이에 존재하는 놀라운 관계를 밝힌다. (Eisenberg, 2000; Zazkis, 1999) 그러나 5장에서 논의하였듯이, "계산기 시대"에서 규칙의 역할은 매우 다르다. 사실, 7과 10보다 큰 수에 대한 가분성 규칙은 현재 초등학교 학생 또는 수학 예비 교사를 위한 교육과정에서 거의 다루어지지 않는다. 가분성을 결정하기 위한 방법으로 규칙을 사용하는 대신, 오늘날 규칙은 수학적 추론 즉, 추측한 규칙을 개발, 검사, 개선하거나, 어떻게, 왜 그 규칙이 성립하는지 이해하도록 하는 기회를 부여하는 역할이 더 크다. 다시 말하지만, 이러한 규칙은 수학자들이 가치를 두는 어떤 마술이나 효용성을 구현하는 것 같고, 그 규칙을 학습하는 것이 이러한 가치를 학습자들과 보다 명확하게 소통하는데 도움을 준다.

결과적으로, 우리는 교사들이 가분성 규칙을 옹호하는 가운데 끼어서 꼼짝 못하게 되었다. 교사들에게 가분성 개념은 수들 사이의 배수 관계보다 어떤 특정 규칙과 관련된다. 우리가 위에서 논의하였듯이, 규칙은 나눗셈이나 계산기와 같은 가분성을 결정하는 다른 어떤 수단보다 더 가치 있다. 그리고 가분성 규칙이 하나의 약수를 알려준다 하더라도 수업 연극은 약수의 쌍을 찾아야 한다고 주장하는 것 같다. 이 때, 곱셈에 중점을 두게 되는데 곱셈의 관계적 성질보다 수의 성질에 더 중점을 두게 된다.

프롬프트 (3)에 근거한 수업 연극

모든 수업 연극에서 143이 실제로 10보다 작은 수로 나누어 떨어지지 않는다는 점을 인정하거나 확인했지만, 어떤 예비 교사도 이 전략에 의문을 갖는 것 같지는 않다. 즉, 143이 2나 3으로 나누어지지 않음을 인정했다면, 왜 4, 6, 9에 대한 가분성을 확인할 필요가 있었을까? 우리가 프롬프트 (3)을 제시한 이유는 판단의 옳고 그름보다 전략에 치중하기 위함이었다.

(3)	
교사:	37이 왜 소수라고 생각하니?
조니:	2, 3, 4, 5, 6, 7, 8 그리고 9가 그 안에 들어가지 않아서요.

이 경우 조사 대상은 소수지만, 제시된 학생의 대답은 불필요한 정보를 포함하고 있는데, 이는 소수를 판정하기에 부적절한 전략이 나올 수 있다는 암시일 수 있다. 아래의 예에서 알 수 있듯이, 대부분의 수업 연극은 전략에 집중하기 보다는 소수의 정의를 재진술하고 37이 소수 임을 보이는 다른 방법을 찾는데 중점을 두고 있다.

"37을 다른 소수로 나누어 보는 것이 필요해"

다음 수업 연극 6.8은 어떤 수의 소수 판정 전략이 교사가 아닌 학생에 의해 명확히 인정되는 유일한 수업 연극이다. 아래 수업 연극은 두 학생 사이에 일어난 대화로 교사가 전체 학생들에게 프롬프트에 제시된 결론 그리고 학생 1이 제시한 결론에 동의하는지 질문했을 때 일어났다.

6.8.1	학생 2	37을 다른 소수로 나누어 보는 것이 필요해. 그러니까, 2, 3, 4, 5, 7을 시도해 보자. 7 곱하기 7이 49로 37보다 크니까, 7까지만 해보면 되겠다. 다른 모든 수는 여기 이 소수로 합성된 거야. 그래서 이 소수들이 37을 나누지 못하면, 다른 합성수로도 나누지 못하지.
6.8.2	학생 1	그러니까 37이 소수인지 알아보기 위해 37을 모든 수로 나누어 볼 필요가 없다는 거지?

6.8.3	학생 2	어떤 수가 소수인지 알기 위해 해야 할 일은 그 수를 다른 소수로 나누어 보는 거야. 그 소수는 제곱한 값이 지금 보고 있는 수보다 작거나 같게 될 때까지의 수야.

학생 2가 "37을 모든 수로 나누어 보기"에 대한 대안으로 올바른 전략을 제시하였다. 그런데, 이 전략이 [6.8.3]에서 학생에 의해서 제대로 정리되었지만, 교사는 학생이 이렇게 언급한 이유를 알아보려는 노력을 기울이지 않았다. 더욱이, 이 전략은 [6.8.1]에 나오는 설명에 따라 예에 적용되지도 않았다. 즉, 설명에 의하면, [6.8.1]에 나오는 주장대로라면, "7 곱하기 7이 49로서 37보다 크므로 7에서 멈출" 수 있지만, 사실 5까지 확인하는 것으로 충분하다. 물론, 더 많은 소수로 가분성을 검사해보는 것은 비록 인용된 접근 방식과 일치하지 않지만 위험할 것은 전혀 없다. 우리는 강의와 연구를 통해서 학생들이 어떤 수에 대한 소수 판정에 적용할 올바른 전략을 설명할 수 있음을 많이 보아 왔지만 그 전략을 실제로 사용하는 데에 대한 확신이 부족한 것 같다. (Zazkis와 Liljedahl, 2004) 즉, 제곱이 문제에 주어진 수보다 작은 모든 소수에 대한 가분성을 검사할 때, 학생들은 "만약을 위해서" 또는 "신중을 기하여" 소수와 합성수를 포함하여 다른 수로 계속 검사한다. 이러한 행동은 특정 소수만을 고려해도 되는 이유를 설명할 수 없을 때 나타나기도 한다. 이런 현상은 확신이 부족한 것이고 전략도 제대로 이해하지 못했을 수 있으며, 또한 수학적 일반화의 가치를 제대로 평가하지 못하는 것이다. 이로써, 예비 교사들과 학생들 모두 일반화에 관련된 과제에서 추측하기, 검사하기, 반례 만들기, 추측 수정하기 등을 보다 많이 경험해야 될 필요가 있다. 우리는 이점에 대하여 8장에서 다시 논의한다.

"그건 소수를 정의하는 방법이 아니야"

다음 수업 연극 6.9는 소수의 정의에 대한 논의로부터 시작한다. 이 방식은 우리가 분석한 수업 연극에 공통적으로 발견되는 전형적인 화제 전환 방식 즉, 정의로 돌아가기를 보여준다. 조니의 접근 방식에 어떤 이도 반론을 제시하지 않았다.

6.9.1	교사	맞는 말이긴 하지만, 그건 소수를 정의하는 방법이 아니란다. 소수의 정의를 기억하니?
6.9.2	학생	예, 어느 정도는요. 오직 자신과 1로만 나눌 수 있는 수. 2와 같이, 맞나요?

6.9.3 교사 정확하구나. 소수는 자기 자신을 나머지 없이 나눌 수 있단다. 그래서 37이 소수라면 우리가 아는 것은 무엇일까?

6.9.4 학생 그건 37이 1과 37로 나누어진다는 것입니다.

6.9.5 교사 좋았어. 그럼, 37을 나누기 위하여 네가 고른 수에 대해서 이야기 해보자. 2부터 9까지. 이 수들이 왜 나눌 수 없는지 설명할 수 있겠니?

6.9.6 학생 저는 2부터 9까지의 수로 추측하고 검사했어요. 그래서 37이 소수임을 증명했어요. 1과 37이 아닌 어떤 수로도 나눌 수 없어요.

6.9.7 교사 잘했다. 우리가 이야기한 것이 진짜 유용한 것 같구나. 소수의 개념은 꽤 어렵단다. 자, 여러분 모두 하던 일을 멈추고 모둠에서 소수에 대하여 말해보자.

6.9.8 학생 예, 좋아요. 수학 문제를 풀 때, 선생님은 우리가 문제를 풀 수 있도록 도와주고 우리들이 따라할 수 있도록 해주셔서 정말 좋아요. 모둠 활동은 수학에 대해 항상 물어볼 수 있는 사람이 있기 때문에 정말 도움이 돼요.

독자는 학생이 제기한 마지막 말 [6.9.8]에 놀랐을 지도 모른다. 학생들은 교사가 사용한 교수학적 전략에 대해서 거의 견해를 밝히지 않는다. 여기서 작가는 모둠 활동의 중요성에 관하여 변호하는 듯이 보인다. 모둠 활동의 주요 목적은 "학급 전체가 제대로 하고 있는지 확인하는 것"과 "수학에 대해 물어볼 사람이 있다는 것"이다. 이들 목적 둘 다 실제 모둠 활동을 필요로 하지는 않았다. 사실, 모둠 활동을 옹호하는 많은 문헌에서 모둠 활동을 문제해결 프롬프트에서 수학적 대화를 편하게 이끄는 방법이라고 강조한다. 그러나 여기서 모둠 활동은 소수에 대해서 답하고 있으며, 이는 다른 목표이다.

어쨌든 왜 37이 소수인지 학생의 추론에 대한 교사의 응답을 유념하여 보자. 처음 교사는 학생의 결론에 만족감을 표시하지만, "그것은 소수를 정의하는 방법이 아니니기" [6.9.1]때문에 만족에 대한 이유는 아니다. 이는 소수 판정의 결과보다 차라리, 소수의 정의가 인용되었을 것이라는 명백한 기대가 있음을 보여준다. 학생은 [6.9.2]에서 정의를 떠올린다. 우리는 이미 앞 장에서 가분성과 관련된 언어에 대하여 깊이 논의하였다. 여기서, 학생이 제시하는 언어는 개선될 수 있지만, 교사의 표현 "소수는 자기 자신을 나머지 없이 나눌 수 있다" [6.9.3]은 소수 판정에 대한 아이디어가 아니다. 더욱이, 학생이 예로 2를 제시했을 때, 교사는 다른 예, 특히 짝수가 아닌 예를 탐색할 기회로 삼지 않았다. 또, 나머지 없이 나눈다는 의미가 무엇인지 학생의 생각을 알아볼 수도 있었는데 그렇게 하지 않았다.

"블록을 사용하여 찾아보자"

다음 수업 연극 6.10에서, 작가는 조니가 사용한 전략이 유일한 전략이 아니라는 것을 알고 있었으며, 그렇게 선호하지도 않음을 알 수 있다. 위에서 언급했듯이, 계산기를 사용하는 것은 아마 교사의 잘못된 인식에서 비롯되었을 것이다. [6.10.3]에서도 교사는 "다른 방법이 있는지 궁금해"하고 있다. 더욱이, 우리가 앞에서 보았듯이 교사는 교구를 이용할 때 기본으로 돌아가도록 화제를 전환하곤 한다.

6.10.1	교사	잘 모르겠는걸. 37이 소수란 걸 어떻게 알았는지 설명해 보렴.
6.10.2	학생	계산기를 써봤더니 안 돼요. (학생은 계산기를 이용하여 2에서 9까지의 수로 37을 나누는 걸 보여준다.) … 보세요, 소수가 맞습니다.
6.10.3	교사	그러니까, 네 말은 계산기가 37이 소수임을 보여준다고 말하고 있는 거구나. 다른 방법으로 37이 소수임을 보일 수는 없을까? 여기 블록이 있네.
6.10.4		(교사가 교구로 블록을 내놓는다)
6.10.5	교사	자, 블록을 이용해서 여러 가지 방법으로 37을 만들어 보도록 하자. 나는 네가 찾는 방법이 몇 가지인지 기록할게.
6.10.6		[…]
6.10.7	교사	그래, 왜 37이 소수지?
6.10.8	학생	37을 만드는 방법이 딱 두 가지 밖에 없네요.
6.10.9	교사	여전히 잘 모르겠는데. 그 두 가지 방법이란 게 뭐야?
6.10.10	학생	선생님, 바로 앞에 있잖아요. 1과 37 하고 37과 1.
6.10.11	교사	그렇구나. 그럼 소수는 1과 무엇만으로 이루어진 수더라…
6.10.12	학생	자기 자신이요.

학생이 "안된다" [6.10.2]라고 한 주장은 조사하지 않았음을 유의하자. 이 부분은 교사가 소수를 규명할 때, '안된다'가 어떤 의미인지 더 조사할 좋은 기회였을 것이다. 최소한, '안된다' 는 말을 '아, 네 말은 계산기가 정수를 보여주지 않았다는 말이구나'로 재성함으로써 학생을 위한 수학적 대화의 모델을 제시할 수 있다.

교사는 학생의 전략에 만족하지 못하고 "다른 방법으로 37이 소수임을 보이자"고 [6.10.3] 한다. 학생이 블록을 가지고 활동하는 걸 상상해 보건데, 그 학생이 가로 1 블록과 세로 37블록을 배열했을 것이다. 그러나 학생은 블록을 직사각형 모양으로 배열하는 다른 방법이 있을지의 문제에 대해 전혀 고심하지 않았다. 또한, 두 방법을 구분하는 것은 혼동을 야기할지 모른다. 아마 교사는 37의 두 개의 약수 1과 37을 직사각형을 만드는 방법과 연결시키고 있는 것 같다. [6.10.11]에서, 교사는 소수의 정의를 말하고 학생으로 하여금 단지 그 문장을 완성하게 함으로써, 자신에게 권위를 부여한다. 덧붙여, "만들 수 있는 수"를 수학 언어로 재성하는 일이 기다리고 있다.

"소수는 한없이 많을까?"

다음 수업 연극 6.11에서, 우리는 작가가 사용한 전략에 초점을 맞추고 언어라는 주제와 더불어 수학적 대화에서 정확성에 유념하는 것이 얼마나 중요한지 살펴본다. 이 수업 연극에서 교사는 소수가 한없이 많은지 그렇지 않은지에 대한 흥미 있는 질문을 던졌다.

6.11.1	교사	소수는 한없이 많을까?
6.11.2	학생	제 생각에는 그래요. 수를 계속해서 곱해 나갈 수 있잖아요, 그래서 우리가 그런 식으로 할 수 있으면, 여전히 소수도 있어야 합니다.
6.11.3	교사	좋은 생각이구나. 자, 여기까지 왔으니, 이제 그 표를 보고 모든 소수를 찾아보렴. 어떤 규칙성이 있니? 표에 없는 소수를 더 찾을 수 있겠니?

실제로, 소수는 무한히 많다. 그러나 위의 추론 "우리가 계속해서 곱해 나갈 수 있다" [6.11.2]는 사실 소수가 아니라 합성수가 무한히 많다는 말이다. 교사는 이 점을 지적하기보다 [6.11.3]에서 "좋은 생각이구나"라고 칭찬하고 있다. 게다가, "모든 소수"를 찾는 과제를 하면서 참고하였던 "표"가 무엇인지 명확하지 않다. 교사는 그만 흥분하여 학생의 설명을 평가할 수 없었을지도 모른다. 교사는 이 점을 좀 더 숙고하기 위하여 교실의 상호 작용을 잠시 멈추게 할 수도 있다. 또한 교사는 다른 학생들에게 이 추론을 평가하도록 할 수도 있다. 결국, 교사는 본인이 제시한 질문에 적어도 학생의 대답이 정확하다는 인상을 주지 않으면서도 스스로 어떻게 대답해야 할 지 모른다고 실토할 수도 있다. 우리는 작가가 사실 학생이 옳다고 믿었다고 가정했다. 이 점은 개정 교육과정에 기초하여 가르칠 때 일어나는 어려운 긴장 상태를 지적한다. 교사는 개정 교육과정에 기반을 둔 수업에서 질문을 제시하고 이끌어 내려고 애쓰지만 발생하는 상호작용을 모두 다룰 수 있도록 항상 준비되어 있는 것은 아니다. 이와 같이, [6.11.3]과 같은 재빠른 평가는

부정확한 수학적 아이디어를 옳다고 주장하기도 하고 또한 학생들의 추론 과정을 잘라버리기도 한다.

"소수가 아니면서 2, …, 9로 나누어지지 않는 수를 찾아라"

이제 마지막 수업 연극 6.12를 살펴보자. 작가는 이 수업 연극에 조니가 제시했던 전략을 인정하고 해결하려고 시도한다. 그렇지만, 전과 같이 교사는 정의로 돌아가기라는 익숙한 화제 전환 방식을 취했다.

6.12.1	교사	37이 소수라는 말은 옳아. 그리고 2, 3, 4, 5, 6, 7, 8, 9는 확실히 37을 나눌 수 없지. 하지만 소수의 실제 정의를 생각해 보렴.
6.12.2	학생 1	소수는 1과 그 자신만으로 나누어질 수 있다는 걸 알아요. 그런데 이 말은 꼭 소수가 아닌 모든 수는 2, 3, 4, 5, 6, 7, 8, 9로 나눌 수 있다고 말하는 것 같아요.
6.12.3	교사	흐음… 왜 그렇게 생각하지?
6.12.4	학생 1	왜냐면 금방 2부터 9까지 가분성 규칙을 배웠고 그리고 지금까지 모든 수형도가 2부터 9까지 중 하나를 가지고 있었으니까요.
6.12.5	교사	지금까지 수형도로 그려본 수 중 가장 큰 수가 뭐니?
6.12.6	학생 1	지난 해 6학년 때, 선생님이 시킨 거예요.
6.12.7	교사	이거 모두? 정말? 6학년 때 무한대까지 모든 수형도를 그렸구나.
6.12.8	학생 1	무한대까지는 아니고 100까지 그렸어요.
6.12.9	교사	수가 100에서 끝나니?
6.12.10	학생 1	물론 아니예요. 제 생각에는 그쯤해서 수가 반복하는 것 같아요. 이게 우리가 해야 했던 거죠.
6.12.11	교사	흐음, 학급 전체가 풀어 볼만한 흥미로운 문제인걸. 너희 3명이 있는 모둠으로 돌아가거라. 조금 어려운 문제를 주마. 자, 소수가 아니면서 또한 2, 3, 4, 5, 6, 7, 8, 9로 나누어지지 않는 수를 찾아보렴. 150보다 큰 수까지 조사할 필요는 없단다.
6.12.12	학생 1	아이고! 이 문제는 영원히 계속되는구나!
6.12.13	교사	어떤 전략을 사용할거니?

[6.12.1]에서 교사가 제시한 상황에 대하여, 우리는 학생이 [6.12.2]에서 "그런데 이 말은 꼭 소수가 아닌 모든 수는 2, 3, 4, 5, 6, 7, 8, 9로 나눌 수 있다고 말하는 것 같아요"

라고 대답하였다. 우리는 여기서 합당한 질문과 가정을 볼 수 있다. 이 질문 안에 암시된 믿음은 선행 경험에 근거한다. "왜냐면 금방 2부터 9까지 가분성 규칙을 배웠고 그리고 지금까지 모든 수형도가 2에서 9까지 중 하나를 가지고 있으니까요" [6.12.4]. 학생들이 과거 경험에서 100까지 수에 대한 수형도를 만들었다는 점은 분명하다. 그리고 100보다 작은 모든 합성수는 적어도 2부터 9까지의 수를 하나의 약수로 갖는다는 명제는 확실히 옳은 말이다. 그러나 교사가 지적했듯이, 수는 100에서 멈추지 않는다. 그래서 교사는 학생들에게 어려운 문제를 준다. 문제는 소수가 아니면서 "2, 3, 4, 5, 6, 7, 8, 9로 나누어지지 않는 수를 찾아라" [6.12.11]이다. 여기서 37이라는 특별한 경우에서 다른 데로 관심을 돌리고 있다. 그러나 교사는 확실히 2에서 9까지의 수를 검사하는 것만으로 충분치 않음을 보이는 반례를 만들려고 한다.

이 수업 연극은 모둠에서 학생들의 상호작용을 설명하는 데로 옮겨간다. 학생들은 먼저 10보다 큰 소수인 11, 13, 17, 19를 나열하고 100부터 150까지의 수를 이 소수들로 나누어 보고 가분성을 검사하기로 의견을 모은다.

6.12.14	학생 1	우리는 100과 150사이의 모든 수가 11이나 13으로 나누어지는지 조사해 보아야 해.
6.12.15	학생 2	짝수는 2로 나누어지니까 조사해 볼 필요가 없지.
6.12.16	학생 3	아 맞다! 끝에 5나 0이 있으면 5로 나누어지니까 조사할 필요가 없어.
6.12.17	학생 2	여기, 화이트보드를 사용하자. 그럴 것 같은 수를 써 보자. (학생들은 101, 103, 107, 109, 111, 등등 149[4])까지 적는다)
6.12.18	학생 1	아, 선생님이 하신 말씀 기억하지? 각 자릿수에 있는 수를 더한 값이 3으로 나누어지면 원래 수도 3으로 나누어진다는 말. 그렇지, 우리가 받아 적었던 규칙 중의 하나야.
6.12.19	학생 2	얘들아! 처음 수업 시작할 때 우리가 만들었던 가분성 규칙을 쭉 나열하고 그 규칙을 이용해서 다른 수를 하나씩 지워 나가자. 그러면, 나눗셈을 그렇게 많이 하지 않아도 될 거야. 규칙이 여전히 보드 위에 있으니까. 그렇죠 선생님?

4) 원문에는 150으로 나와 있으나, 이는 짝수이고 또한 5로 나누어지는 수이기 때문에 여기 올 수 없어 149라고 고침.

6.12.20		(학생들은 수를 지워 나가고 목록에는 다음 수가 남는다. 101, 103, 107, 109, 113, 121, 127, 131, 139, 143, 149)
6.12.21	학생 2	자 이제 여기 남은 12개의 수가 11이나 13으로 나누어지는지 알아보자.

나눗셈 작업을 공유한 후 학생들은 121과 143을 찾았다.

6.12.22	학생 3	선생님 여기 좀 보세요, 우리가 알아냈어요. 121과 143입니다! 남은 모든 수는 소수에요.
6.12.23	교사	그리고 121과 143이 어떻다고?
6.12.24	학생 3	121과 143은 소수가 아니면서 2, 3, 4, 5, 6, 7, 8, 9로 나누어지지 않습니다.
6.12.25	교사	그래서 2부터 9까지의 가분성 규칙이 항상 소수 아닌 수를 찾아주니?
6.12.26	학생 1	아니요!

이 수업 연극의 학생들은 2부터 9까지의 수로 가분성을 검사하는 것이 소수 판정에 충분하지 않다는 것, 즉 교사의 말을 인용하면 "소수 아닌 수를 항상 찾지" [6.12.25] 못함을 배웠다. 흥미로운 점은 이 상황에서 우리의 의도는 37이 소수인지 확인하는데 불필요한 단계에 집중하는 것이었지만, 이 극의 작가는 어떤 경우에는 해당 전략이 불충분함을 보이는 데 초점을 맞추고 있다.

이 수업 연극에서 교사는 학생들이 나눗셈과 같은 연산 개념보다 소수 개념에 좀 더 주의를 기울이도록 한다. 예를 들어, 학생들이 가분성 규칙과 나눗셈 지식을 이용하여 121과 143을 찾는 동안, 교사는 이 수가 어떻게 11 × 11이나 11 × 13과 같은 곱셈으로 이루어지는지 보여줄 수 있다. 이 수업 연극의 작가가 다음 수업으로 이 내용을 더 다룰 수 있는 가능성은 있지만, 선행 연구에 의하면, 곱셈과 나눗셈의 관련성은 정수론과 연관된 과제를 다룰 때 별로 취급되지 않았다. 예를 들어, 예비초등교사들은 17로 나누어지는 다섯 자리 '큰' 수를 찾으라는 질문을 받으면, 17을 세 자리나 네 자리의 수와 곱하여 그런 수를 만드는 것이 아니라 계산기를 가지고 가분성에 대해 조사하려고 한다. (Hazzan과 Zazkis, 1999) 더 나아가, 정확히 네 개의 약수를 갖는 수를 찾으라고 하면, 연구에 참가한 예비 교사들은 두 소수의 곱으로 그런 수를 만드는 것이 아니라 그저 추측하고 확인하기를 반복한다. (Zazkis와 Campbell, 1996b) 그렇게 보면, 100부터 150까지의 수에 대하여 2의 배수부터 9의 배수를 체로 걸러내는 전략은 훌륭한 선택이다.

결론

이 장에서 분석한 수업 연극은 예비 교사들의 소수에 대한 개념 이미지의 많은 요소를 보여주고 있다. Zazkis와 Liljedahl(2004)의 선행 연구는 예비초등교사가 소수 개념을 이해하는 것이 소인수분해 과정, 특정 작은 소수를 관찰하는 것, 그리고 배제로 정의를 해석하는 것이 강하게 관련됨을 입증한 바 있다. 즉, 예비초등교사들은 소수가 무엇인지 또는 왜 정확히 두 개의 약수를 가지는 것 보다 소수가 아닌 것은 무엇인지 또는 소수가 될 수 없는 것은 무엇인지에 관심을 갖는다. 즉, 다른 수로 나눌 수 없는 것 또는 소인수분해 될 수 없는 것에 집중한다. 수업 연극은 이러한 결과를 상기시켰을 뿐 아니라, 교사 배역과 학생 배역을 통해 소수를 이해하는 다양한 방식을 예를 들어 보여주었다. 또한 이해를 하도록 도움을 주는 여러 교구를 실제로 보여주었다.

가장 공통적으로 사용한 교구는 곱셈표이다. 곱셈표는 확장이 가능하고, 더 많은 수 특히, 소수가 아닌 수를 밝혀낸다. 다른 방법은 '큰' 약수를 찾게 하는 것이다. 이를 통해 구체적인 접근 방법이 첫 번째와 두 번째 프롬프트에 각각 적용될 때 여러 교구들이 학생들의 소수 판정에 대한 이해와 능력을 기를 목적으로 사용되었다. 수로 이루어진 표에서 배수를 지워 나가거나, 블록을 직사각형 모양으로 배열해 보거나, 계산기를 이용하여 특정한 수가 다른 수로 나누어지는지 검사하거나 하는 등의 특징을 관찰할 수 있었다. 또한 가분성 규칙이 가끔 약수를 찾거나 소수가 아님을 보이기 위해 이용되었다. 세 번째 프롬프트에는 소수를 인식하는 어떤 오류도 나타나지 않았다. 수업 연극의 교사들은 가끔 소수 판정 절차상의 효율성보다 소수의 정의에 주목하고 있다.

예를 들어 수 2의 상태에 유의하거나 또는 소수가 무한히 많은지 질문함으로써, 학생들의 개념 이미지가 향상될 수 있는 방법에 대해 예비 교사들도 부분적으로 인식하고 있음을 알 수 있다. 이 장의 수업 연극은 이전의 장보다 추론에 더 중점을 두고 있다는 특징이 있다. 다시 말하면, 우리가 고려하는 주제에 대하여 여러 가지 다른 학습 목표를 설정할 수 있고, 그에 따라 교수 방식도 달라질 수 있음을 분명히 보여주고 있다.

Chapter 07 기차의 반복되는 패턴

앞의 두 장은 기초적인 정수론 개념에 중점을 두었다. 이제 패턴과 규칙성에 중점을 두자. 학교 수학의 영역은 규칙과 절차보다 문제해결 전략에 더 강조를 두는 것으로 보인다. 이 장에서 우리가 분석한 수업 연극은 다음에 제시하는 두 가지 프롬프트에 기초하고 있다.

(1) 20여명의 학생들이 교실에서 다음과 같은 문제를 풀고 있다.
장난감 기차에 100대의 객차가 달려 있다. 첫 번째 객차는 빨간색, 두 번째 객차는 파란색, 세 번째 객차는 노란색, 네 번째 객차는 빨간색, 다섯 번째 객차는 파란색, 그리고 여섯 번째 객차는 노란색이 반복된다.

a. 80번째 객차의 색은 무엇인가?
b. 마지막 파란색 객차는 몇 번째인가?

교사는 학생들이 어떻게 문제를 해결하는지 교실을 둘러보면서 관찰한다. 교사는 한 학생 앞에 멈추어 서서 질문한다.

교사 : 왜 80번째 객차가 빨간색이지?
학생 : 네 번째 객차가 빨간색이고 80은 4의 배수이기 때문이에요.

(2) 20여명의 학생들이 교실에서 다음과 같은 문제를 풀고 있다.
장난감 기차에 100대의 객차가 달려 있다. 첫 번째 객차는 빨간색, 두 번째 객차는 파란색, 세 번째 객차는 노란색, 네 번째 객차는 빨간색, 다섯 번째 객차는 파란색, 그리고 여섯 번째 객차는 노란색이 반복된다.

a. 80번째 객차의 색은 무엇인가?
b. 마지막 파란색 객차는 몇 번째인가?

교사는 학생들이 어떻게 문제를 해결하는지 둘러보면서 관찰한다. 교사는 한 학생 앞에 멈추어 서서 질문한다.

교사 : 왜 80번째 객차가 빨간색이지?
학생 : 10번째 객차가 빨간색이기 때문이에요. 20번째, 30번째, 40번째도 모두 빨간색이 될 거예요.

우리는 프롬프트 (1)에 근거한 17개의 수업 연극을 분석했고, 프롬프트 (2)에 근거한 7개의 수업 연극을 분석했다. 이 프롬프트들은 반복되는 패턴과 관련된 연구 (Threlfall, 1999)와 예비 교사를 위한 강좌 (Liljedahl, 2004; Zazkis와 Liljedahl, 2002a)에서 다루었던 내용 중에 이 주제를 가르쳤던 우리의 경험에 기반을 두어 개발되었다. 이 연구는 대부분의 학생들이 장난감 기차와 같은 문제 상황을 해결할 때 순환마디를 적절하게 인지하지 못하고 있음을 보여준다. 위에 제시된 두 가지 프롬프트에서 순환마디를 부적절하게 인지하거나 일반화 되지 않는 패턴의 성질에 중점을 두고 있기 때문에 실수가 나타난다. 앞의 장과 같이 다른 경향이 나타나는 주제에 따라 수업 연극을 분류하였다. 먼저 다루는 주제는 학생들의 관심을 4의 배수에서 3의 배수로 돌리는 것이다. 이어서 수업 연극에 나타난 몇 가지 대안적인 전략을 제시한다. 그리고 반복되는 패턴에서 고려해야 할 주제를 다루면서 이 장을 마무리한다.

4의 배수에서 3의 배수로

이 절에 나타난 수업 연극에서 교사의 목적은 학생들이 4의 배수가 아니라 3의 배수에 대해 이해하도록 하는 것이다. 7.1, 7.2와 같이 학생에게 설명하도록 하거나, 7.3과 같이 교사가 분명한 설명을 하거나, 7.2, 7.4, 7.5, 7.7과 같이 상황을 모델링하거나, 7.5, 7.6과 같이 확신할 수 없는 증거에 중점을 두는 등 다양한 방식으로 나타났다.

"친구와 확인해 보렴"

예비 교사는 초등학교 수학 지도 방법론을 수강하기 전부터 교사는 '말해서는 안된다'는 신념을 가지고 있다. (Chazan과 Ball, 1999) 즉, 예비 교사는 학생이 실수를 할 때 분명히 말하지 않으면서 실수를 고칠 수 있게 해야 한다는 신념을 가지고 있다. 예비 교사들은 자신이 할 일이 학생들 스스로 실수를 발견하고 고칠 수 있도록 돕는 거라고 생각한다. 그러나 이러한 신념을 행동으로 옮기기 위해선 많은 교수학적 기술이 필요하다. 그럼에도, 수업 연극에서 이러한 합의가 쉽게 이루어지고 있는 것을 발견할 수 있다. 교사는 자신이 말해야 한다고 생각한 것을 말하지 않으면서 다른 학생들을 통해 원하는 설명을 하게 한다. 이러한 접근에 대한 예는 이미 5.1, 5.2, 5.22에서 제시한 바 있다. 수업연극 7.1에서 교사는 한 학생에게 교사의 역할을 부여한다.

7.1.1	교사	80번째 객차가 왜 빨간색인가요?
7.1.2	팀	네 번째 객차가 빨간색이고 80은 4의 배수이기 때문입니다.
7.1.3	교사	음 … 밥은 왜 그렇게 나오지 않았을까? 밥과 함께 확인해보렴.
7.1.4		(팀은 밥이 파란색이라고 쓴 것을 보았다.)
7.1.5	팀	아니야, 밥. 80번째 객차는 빨간색이 되어야 해. 네 번째 객차가 빨간색이고 80번째는 4의 배수잖아. 이 문제는 사각형과 원의 배열 문제와 같아. 기억해봐. 2번째가 동그라미일 때 10은 2의 배수라서 10번째도 동그라미였잖아.
7.1.6	밥	맞아. 그것이 파란색이 되는 이유야. 팀. 여길 봐.
7.1.7		(밥은 종이 위에 빨간색, 파란색, 노란색, 빨간색, 파란색, 노란색, 빨간색, 파란색, 노란색이라고 패턴을 쓴다.)
7.1.8	밥	4의 배수가 모두 빨간색이 되는 것은 아니야. 8은 4의 배수지만 8번째는 파란색이잖아. 패턴의 마지막 또는 패턴의 항의 수를 확인해야 해. 패턴에 세 가지 색이 있기 때문에 4가 아니라 3의 배수를 이용해야 해.
7.1.9	교사	팀, 패턴이 반복될 때까지 서로 다른 객차는 몇 대지?
7.1.10	팀	세 개요.
7.1.11	교사	좋아, 이 문제에서 3의 배수를 활용하자. 차 3대마다 패턴이 반복되고 수열에서 세 번째 객차는 노란색이야.
7.1.12	팀	그렇지만 3은 80을 나눌 수 없어요.
7.1.13	밥	맞아. 그렇지만 가장 가까이 있는 것이 무엇인지 찾을 수 있지.
7.1.14		(팀은 종이 위에 $3 \times 20 = 60$, $3 \times 25 = 75$, $3 \times 27 = 81$라고 쓴다.)
7.1.15	팀	81이 3의 배수야.
7.1.16	밥	그런데 80보다 1이 많지. 81번째가 3의 배수고, 3의 배수일 때 노란색 차이기 때문에 81번째 객차는 노란색이야. 그리고
7.1.17	팀	(밥의 말을 가로막으며) 아! 80은 81 바로 앞이기 때문에 노란색 바로 앞에 있는 파란색이야. 그래서 80번째 객차는 빨간색이 아니라 파란색이구나.

위의 수업 연극에서 교사는 팀의 실수를 눈치 채고, 정확한 답을 낸 다른 학생 밥과 함께 상의하도록 했다. 이러한 교수학적 전환은 교사가 "말하지 않으면서" 학생이 해결책을 제시하도록 한 것이다. [7.1.8]과 [7.1.16]에서 밥은 답을 제시할 뿐 아니라 전략도 설명했다. 분명히 모든 조건이 밥에게 전달된 것은 아니다. [7.1.9]에서 교사는 밥의 설명을 잘 이해했는지 확인하기 위해 팀에게 질문하는 듯 했지만 그 질문은 설명 대신 간단한 수치적 해답이 필요했다. 질문은 밥의 설명을 다시 말했으며, 반복되는 패턴 뿐 아니라 패턴에서 서로 다른 객차의 개수로 관심을 돌렸다. 교사는 밥의 전략을 확인해 주었다. [7.1.11]에서 교사는 밥의 말 "패턴의 마지막 또는 패턴의 항의 수를 확인해야 해"를 더 분명히 하고 "객차 3대마다 패턴이 반복되고 수열에서 세 번째 객차는 노란색이야"라고 다시 말했다. 이 설명에 따라 팀은 80에 가장 가까운 81이 3의 배수임을 확인했다. 그리고 81번째 객차가 노란색이라고 설명한 밥에게 마치 교사처럼 말했다. [7.1.16] 팀은 [7.1.17]에서 "노란색 바로 앞의 객차는 파란색이야"라고 말하며 80번째 객차가 파란색임을 알았다.

이 수업 연극의 특징은 학생과 협력하고 있다는 것이다. 수업 연극에 나타난 상황은 예비 교사들이 교실에서 있을 법한 상호작용을 상상한 것이다. 처음에 교사가 말하지 않고 학생들의 대답을 비교하도록 학생을 끌어들인 것은 성공적이었다. 결국, 밥의 설명은 적어도 "말하기"에 해당하고 권위가 잠시 밥에게 넘어간 것으로 해석될 수 있다. 그러나 [7.1.9]와 [7.1.11]에서 교사는 간접적인 말하기 방법으로 밥의 설명을 확인시켜 주고, 이 문제를 풀기 위해 따라야 하는 절차에 관심을 가지도록 했다. 우리는 팀이 처음에 생각했던 4의 배수가 왜 옳지 않은지 설명할 기회가 없었다는 사실에 주목했다. [7.1.9]에서 제시한 질문은 이 해답을 찾는 과정을 유지하도록 했다. 이 수업 연극은 처음부터 열린 접근이 학생들로 하여금 어떻게 효과적으로 자신의 전략을 수행하도록 하는지 보여주었지만, 이어지는 교사의 개입은 교사의 권위를 주장하는 결과를 가져왔다. 이 수업 연극은 교사가 전체 과정에서 권위를 보여주지만 학생들이 함께 추론한다는 점에서 흥미롭다.

"모니카가 어떻게 했는지 알겠어"

학생에게 권위를 넘기는 또 다른 예로 7.2를 보자. 여기서, 작가인 예비 교사는 "교실의 절반이 같은 실수"를 한 상황을 만들었다. 이에 대해, 교사는 학생들이 각각 다른 색깔의 객차를 나타내는 인간 기차를 만들도록 지시한다. 작가는 다음과 같이 기록했다.

"학생들이 줄을 지어 기차를 만든 다음, 교사는 빨-파-노의 색깔 배열 따를 때 각 학생들이 어떤 색이어야 하는지 질문한다" 다음은 수업 연극이 어떻게 진행되는지 보여준다.

7.2.1	교사	모니카, 너는 20번이야. 그러면 너는 무슨 색이니?
7.2.2	모니카	저는 20이 4의 배수이기 때문에 빨간색이라고 생각했지만 색의 배열에 따르면 파란색이에요.
7.2.3	루크	모니카가 어떻게 했는지 알겠어요. 모니카는 3대신 4로 센 것 같아요. 색 배열에는 오직 3개의 색만 있기 때문에 4의 배수가 아니라 3의 배수로 찾아야 해요.
7.2.4	교사	루크, 더 설명해 보렴. 옳은 방향으로 잘 가고 있구나.
7.2.5	루크	객차의 배열에는 세 가지 색만 있어요… […] 그래서 색의 배열이 오직 세 가지 색상만 있다면, 삼을 기초로 세어야만 해요.

여기서 루크는 자원해서 [7.2.3]과 같이 모니카의 실수를 분석했고, 뒤이어 교사의 칭찬이 이어졌으며 [7.2.4], 다시 어떻게 그 문제에 접근했는지 설명했다. 여기서 루크의 역할은 7.1의 밥보다 더 교사다웠다. 루크는 해답을 제시하고 설명할 뿐 아니라 [7.2.3]에서 "모니카가 어떻게 했는지 알겠어요. 모니카가 3개씩이 아닌 4개씩 센 것 같아요"라며 모니카의 실수를 분석했다. 그러나 다른 학생들 특히 모니카는 아무 말도 하지 않았다. 이런 점에서 볼 때, 루크는 사실상 교사였으며, 학생들 사이의 상호작용의 필요성을 제거해 버렸다. 결과적으로 루크는 교실에서 권위를 가진 자가 되었다.

"따라서 이 문제에서 우리가 봐야 할 부분은 …"

"말하지 않기"가 자주 교수학적 전략으로 시도되지만, 어떤 수업 연극은 인용문 7.3과 같이 말하기가 분명한 장면이 나오기도 한다.

7.3.1	교사	이 문제를 풀 때 왜 4의 배수를 이용했는지 말해 줄래?
7.3.2	학생	네 번째 객차가 빨간색이고, 또 80은 4의 배수지 3의 배수가 아니에요.
7.3.3	교사	그건 맞지만 반복되는 패턴에서 3개의 항만 나오면 4의 배수로 할 수 없단다. 여기서 헷갈리는 부분을 블록으로 살펴보자. 패턴은 3개의 블록이 반복되어 나타나고 있단다. 보이니?

7.3.4	학생	네.
7.3.5	교사	3개가 무엇 무엇이니?
7.3.6	학생	빨간색, 파란색, 그리고 노란색이요.
7.3.7	교사	잘했구나. 이 문제에서 우리가 봐야 할 부분은 노란색 객차가 세 번째라는 것이고, 삼의 배수지. 모든 3의 배수는 노란색이 될 거야…

수업 연극에서 학생들은 종종 자신이 동의하고 있음을 표현하지만 교사의 설명이 이어진다. 이 수업 연극은 4장에서 기술한 IRE 상호작용의 예를 보여주고 있다. 4장의 교사는 실제 반응을 이끌어내는 질문을 하고, 그 반응을 다소 직접적으로 평가한다. 7.1에서 그랬던 것처럼, 이 수업 연극의 흥미로운 특징은 학생들이 처음에 왜 4의 배수를 사용했는지 교사가 "이 문제를 풀 때 왜 4의 배수를 이용했는지 말해 줄래?" [7.3.3]과 같이 학생에게 설명을 요구하는 부분이다. [7.3.3]에 나타난 교사의 반응은 반복하는 패턴 내의 요소의 개수에 관심을 가지도록 하는 전략으로 상호작용을 몰아간다.

"1번 객차부터 10번 객차까지 객차를 그려 보세요"

처음 대답이 신통치 않자, 예비 교사들은 7.2와 같이 모델을 사용하도록 했다. 7.2의 학생들은 서로 다른 색의 객차를 나타냈다. 그러나 7.3에 나타난 색 블록 또는 색칠된 표가 좀 더 일반적인 모델이다. 다음 수업 연극 7.4에서는 학생들이 "패턴"에 대해 생각하도록 하고 "기차를 그려" 보도록 한다. [7.4.3]

7.4.1	교사	왜 80번째 객차가 빨간색일까?
7.4.2	파이나르	네 번째 객차가 빨간색이고 80은 4의 배수이기 때문입니다.
7.4.3	교사	어떤 패턴을 발견했나요? 1부터 10까지 객차를 그려보세요.
7.4.4		(학생들은 기차를 그리고 1～10까지의 차에 색을 칠한다.)
7.4.5	교사	빨간색이 나타나는 위치는 어디인가요?
7.4.6	파이나르	일, 사, 칠, 그리고 십입니다
7.4.7	교사	모두 4의 배수인가요?
7.4.8	파이나르	1과 4는 4의 배수지만, 7과 10은 아니에요.
7.4.9	교사	그럼 처음에 한 대답이 옳은가요?
7.4.10	파이나르	잘 모르겠어요.

7.4.11	교사	음, 피터는 좀 다르게 접근한 것 같은데. 둘이 앉아서 같이 문제를 풀어 보세요. (파이나르는 피터의 옆에 가서 앉는다.)
7.4.12	파이나르	야, 피터. 어떤 답이 나왔어?
7.4.13	피터	아직 답을 구하지 않았지만, 세 번째, 여섯 번째, 아홉 번째, 그리고 열두 번째가 모두 노란색이라는 것을 발견했어.
7.4.14	파이나르	나는 4개마다 빨간색이라고 생각했어. 그런데 12는 4의 배수지만 너의 말에 따르면 노란색이니까 내가 잘못 생각했구나.
7.4.15	피터	아마 4개마다가 아니라 3개마다 패턴이 나타나는 것 같아.
7.4.16	파이나르	아! 모든 3의 배수가 노란색이고 빨간색은 노란색 다음에 나오는구나.

교사의 전략은 경험적인 교구를 사용하여 학생들의 가정이 옳지 않음을 발견하도록 하는 것이다. 자신의 답에 대해 추론하는 것 대신 교사는 처음이 빨간색 차임을 확인시킴으로써 4의 배수마다 빨간색 객차가 나타나는지 확인하도록 했다. ([7.4.8]에서 1이 4의 배수라고 하는 실수는 교사의 의도가 아니었으며 이 수업 연극의 흐름을 방해하지 않았다.) 파이나르가 이 질문의 의도에 확신을 갖지 못할 때, 교사는 피터와 함께 찾아보도록 했다. 그렇게 함으로써 피터와 파이나르 사이에 상호작용이 일어났고 학생들은 3의 배수가 노란색 객차의 위치에 대응한다고 결론 내렸다. 이 수업 연극은 학생들 사이에 성공적인 협력을 전개한다. 피터는 파이나르와 처음에 자신이 관찰한 것 "세 번째, 여섯 번째, 아홉 번째, 그리고 열두 번째가 모두 노란색이라는 것" [7.4.13]라는 것을 공유하고, "아마 4개마다가 아니라 3개마다 패턴이 나타나는 것 같아" [7.4.15]라고 추측하였다. 12번째 객차가 노란색이라는 것은 12가 4의 배수이므로 [7.4.14], 빨간색이어야 한다고 생각한 파이나르에게는 반례에 해당한다. 파이나르는 피터의 추측을 받아들여 결국 성공적으로 문제를 해결하였다.

수업 연극 7.4에서 처음 상호작용은 교사에 의해서 안내되었으나, 후반으로 갈수록 교사의 도움 없이 두 명의 학생들이 함께 해결책을 찾아가는 것을 상상하며 열린 결말을 맺고 있다. 기차 문제에서 모형은 교사나 학생 모두에게 특정한 상호작용을 할 필요 없이 분명해 보인다. 기차 모형은 10 이상에 대한 일반화를 논의하면서 사라진다. 이러한 의미에서 모형은 해답을 주고 교사 또는 다른 학생의 권위를 줄여주는 대안적 권위가 된다. 이 수업 연극에서 모형을 사용하는 것은 다음과 같은 질문을 하게 한다. 모형에 암묵적인 형태의 "말하기"를 부여한다는 것은 어떤 의미인가? 모형을 사용하면 원래 문제의 질문이 달라지는가? 모형의 일반화 가능성 또는 경험적 관찰로 부터 이론적 추론으로의 전환에 대해 더 논의할 여지가 있는가?

"모든 4의 배수는 빨간색이어야 해, 그렇지?"

앞의 네 가지 예를 통해 볼 때, 설명의 오류를 지적하거나 모형을 이용하도록 하거나 다른 학생에게 지시하는 교사의 즉각적인 조치 뒤에 학생의 실수가 일어난다. 다음 수업 연극 7.5에서 여러 가지 교수학적 전략의 특징이 나타난다.

7.5.1 교사 왜 80번째 객차가 빨간색일까?

7.5.2 아담 네 번째 객차가 빨간색이고 80은 4의 배수이기 때문입니다.

7.5.3 교사 네가 쓴 답에 따르면 모든 4의 배수는 빨간색이어야 해. 그렇지?

7.5.4 아담 네.

7.5.5 교사 블록을 사용해봐. 네가 생각한 이론을 시험해 볼래?

7.5.6 베키 저는 객차와 색의 관계를 다음과 같이 표로 만들었어요.

객차	색
1	빨간색
2	파란색
3	노란색
4	빨간색
5	파란색
6	노란색
7	빨간색
8	파란색
9	노란색
10	빨간색
11	파란색
12	노란색

아담, 8과 12와 같이 4의 배수는 빨간색이 아니야.

7.5.7 아담 난 잘 모르겠어.

7.5.8 교사 다른 흥미로운 사실을 발견한 게 있니? (교사는 다른 모둠을 살핀다.)

어떤 의미에서 이 수업 연극은 모형을 이용하고 있는 7.4와 유사하다. 그러나 교사는 매우 다르게 행동하고 있다. 이 수업 연극의 교사는 학생이 관찰한 것에 대해 객차의 색이 4의 배수에 따라 결정된다면 "모든 4의 배수는 빨간색이어야 해" [7.5.3]라고 일반화했다. 이 때, 모형은 답을 찾기 위해 이용된 것이 아니라 반례를 제시하기 위해 이용되었다. 이 강력한 전략은 학생들과 면담 과정에서 적용할 수 있고, Ginsburgh(1997)가 "신념의 확신"이라고 정의한 바 있으며, 학생들의 사고를 이해하기 위한 필수 단계로 이해할 수 있다.

학생이 교사의 관찰에 동의한 후 [7.5.4] 블록으로 "이론을 확인" [7.5.5]한다. 더욱이 다른 학생이 블록에 해당되는 표를 제공한 후에 교사는 "다른 흥미로운 사실을 발견한 게 있니?" [7.5.8]라고 질문하며 다른 모둠을 살핀다. 여기서 우리는 아담이 어떤 과제에 집중하기 전에 표에서 패턴을 탐구하고 있었음을 볼 수 있다. 이 수업 연극은 학생들 사이의 대화로 진행되고, 학생들은 결국 정답으로 향하는 전략을 개발한다.

교사는 대부분의 다른 인용문에서 "다른 흥미로운 사실을 발견한 게 있니?" [7.5.8]과 같이 일반적인 질문을 하는 한편, 8번째와 12번째 객차의 색깔에 대한 구체적인 언급과 같이 [7.6.7], 좀 더 직접적인 접근을 유도한다.

7.6.1	교사	왜 80번째 객차가 빨간색일까?
7.6.2	조르단	네 번째 객차가 빨간색이고 80은 4의 배수이기 때문입니다.
7.6.3	교사	굉장히 흥미롭구나, 조르단, 그런데 왜 다른 것은 확인해 보지 않니?
7.6.4	조르단	(조르단은 블록을 늘어놓으며, 혼잣말 한다.) 첫 번째는 빨간색, 두 번째는 파란색, 세 번째는 노란색, 네 번째는 빨간색, 다섯 번째는 파란색, 여섯 번째는 노란색…
7.6.5	교사	조르단, 이 블록에서 다른 것을 발견했니?
7.6.6	조르단	음 … (한숨을 쉬고 잠시 아무 말도 하지 않는다.)
7.6.7	교사	조르단, 8번째 블록의 색은 무엇이니? 12번째 블록 색은? 그것이 무엇을 의미하는지 생각해보렴.
7.6.8	조르단	이것이 성립하지 않는다면 어떻게 80번째 블록이 빨간색일 수 있죠? 4의 배수지만 성립하지 않아요. (좌절하며 패턴 블록을 응시한다.) 4의 배수가 아니에요. 색이 세 개에요.

교사의 지시에 따르며 조르단은 "4의 배수가 아니에요"라고 자신의 실수를 인정하고 "색이 세 개에요" [7.6.8]라고 정답으로 이끌 수 있는 관찰을 하게 된다. 그러나 관찰에 따르기보다 조르단은 다른 학생의 패턴 블록과 합쳐 80개의 블록으로 기차를 만들어 원

하는 답에 도달한다. 더욱이 이 수업 연극에서 "세 번째 객차마다 노란색이에요"라고 다른 학생에게 말한다. 여기서, 문제가 정확하게 해결되기는 했지만, 이 수업 연극은 이 관찰을 지지할 수 있는 기회를 제공하지도 않고, 긴 기차를 만드는 것 보다 효과적인 전략을 개발하지도 않았다.

"패턴을 다시 써보지 않을래?"

다음 수업 연극 7.7을 제시하기 전에, "색 배열에는 오직 세 가지 색만 있어요" [7.2.3] 또는 "이 패턴에는 세 가지 색이 있기 때문에 3의 배수를 이용해야 해" [7.1.8]과 같이 반복되는 마디보다 색의 개수에 중점을 두고 있음을 주목하자. 다시 말하면, 속성의 개수가 순환마디의 길이를 결정한다는 암묵적인 가정이 있는 것이다. Threlifall(1999)는 순환마디의 길이가 속성의 개수와 다를 때 학생들이 패턴 확장을 어려워하는 것을 관찰하였다. 예를 들면, ABCABCABC 패턴은 반복되는 세 개의 속성(A, B, C)이 있고, 반복 단위의 길이는 3(ABC)이다. 그러나 ABCABABCABABCAB의 패턴은 세 개의 속성(A, B, C)로 이루어졌으나 순환마디의 길이는 5(ABCAB)이다. 그러나 초등학교 학생들이 푸는 대부분의 반복 패턴 문제는 속성의 개수와 순환마디의 길이가 같다. 교사가 순환마디의 길이보다 원소의 개수에 중점을 맞추면 학생들이 패턴을 찾는데 어려움을 겪는 원인 중의 하나가 될 수 있다.

이 과제는 세 개의 속성이 있고 반복 단위의 길이도 3이다. 그러나 7.7에서 보듯이 몇몇 수업 연극의 학생들은 ABC가 아니라 ABCA라는 형태의 반복단위를 가지는 패턴으로 잘못 이해하기도 한다.

7.7.1	교사	어떻게 그런 답이 나왔는지 설명할 수 있니?
7.7.2	학생	패턴은 [빨], [파], [노], [빨] 이렇게 계속 되요. 80번째를 찾아야 하지만 80까지 패턴을 쓰고 싶지는 않아요. 그래서 수를 단순하게 0을 떼어내고 8을 씁니다. 4 + 4 = 8이고 네 번째 객차는 빨간색이죠. 그리고 빨간색 객차와 빨간색 객차를 더하면 빨간색 객차가 나와요.
7.7.3	교사	12까지 패턴을 써 보지 않을래? 어떻게 되는지 살펴보자.
7.7.4	학생	네. [빨] [파] [노] [빨] [빨] [파] [노] [빨]

		[빨] [파] [노] [빨]
7.7.5	교사	좋아, 이제 패턴을 일렬로 다시 써보렴.
7.7.6	학생	네. [빨] [파] [노] [빨] [빨] [파] [노] … 잠깐만요. 빨간색을 두 번 썼어요. 그건 옳지 않아요. 그렇죠? 다섯 번째는 어떤 색이 있어야 하죠? (칠판에 있는 문제를 다시 본다.) 파란색? 제가 뭘 잘못한 것 같아요.
7.7.7	교사	다시 한 번 살펴보자. 색이 모두 몇 개니?
7.7.8	학생	세 개요.
7.7.9	교사	좋아. 세 개란다. 이번에는 세 개씩 그룹을 지어 패턴을 다시 써보지 않을래?

이 수업 연극의 교사는 잠재적 실수를 인지할 뿐 아니라 어떻게 설명해야 하는지에 대한 전략을 구사하고 있다. "패턴을 일렬로 다시 써보렴" [7.7.5]와 같이 학생이 실수를 인지할 수 있도록 도와주는 교수학적 전략은 매우 훌륭하다. 사실, 학생은 빨간색이 두 개 있는 것을 보고 "뭐가 잘못 됐어요" [7.7.6]라고 말한다. 교사는 [7.7.7]에 나타난 색의 개수에 중점을 맞추어 "다시 한 번 보렴. 색이 모두 몇 개니?"라고 학생에게 질문한다. 그리고 다시 대개의 수업 연극과 같이 색의 개수가 순환마디의 길이가 된다는 가정을 하고 있다. 이 가정은 논리적으로는 도움이 되지만 미래에는 문제가 될 수 있다.

다른 방법들

프롬프트 (1)이나 (2)에 이어지는 수업 연극에 우리가 발견한 가장 일반적인 접근 방법은 학생들이 3의 배수에 유의하도록 돕는 것이지만, 이 절은 그 밖의 다른 여러 가지 접근 방법을 논의한다.

"80이 배수가 되는 다른 수가 있나요?"

학생이 80을 4의 배수로 생각할 때, 자연스러운 반례는 빨간색이 아닌 작은 4의 배수를 찾는 것이다. 이것은 7.5와 7.6에 제시된 것처럼 매우 일반적인 전략이다. 그러나 7.8에서 보듯이 80의 또 다른 약수를 생각할 수 있다.

7.8.1	교사	왜 80번째 객차가 빨간색일까?
7.8.2	브라이언	네 번째 객차가 빨간색이고 80은 4의 배수이기 때문입니다.
7.8.3	교사	80은 4의 배수이지. 80이 배수가 되는 다른 수가 있니?
7.8.4	브라이언	네, 2요. 80은 짝수이기 때문이죠.
7.8.5	교사	그래. 80은 2와 4의 배수지. 왜 네 번째 객차를 선택했지?
7.8.6	브라이언	잘 모르겠어요.
7.8.7	교사	80이 배수가 되는 다른 수가 있나요? 더 많이 불러볼까? 5씩 세어 나가서 80이 5의 배수가 되는지 확인해 보죠.
7.8.8	학생들	(한 목소리로) 5, 10, 15, 20, 25, 30, 35, 40, 45, 50, 55, 60, 65, 70, 75, 80
7.8.9	교사	5도 80의 배수죠. 4말고 8의 배수가 되는 수가 더 있어요. 다시 문제를 읽고, 블록을 이용해서 객차의 패턴을 살펴봅시다.

이 수업 연극에서 교사는 80이 n의 배수라면, 80번째 객차는 n번째 색이 될 것이라고 생각하는 학생의 논리에 기반을 두어 질문을 해 나간다. 따라서 교사는 "80은 4의 배수지. 80이 배수가 되는 다른 수가 있니?" [7.8.3]과 같이 질문한다. 학생이 자신의 추론 (n번째 객차가 빨간색이면 모든 n의 배수는 빨간색이 될 것이다)을 수정하는데 이 질문을 사용할 수도 있다. 교사가 아마도 학생이 초기 결론을 재고할 수 있는 좋은 방법을 찾는 동안 이 방법은 사라진다. 대신, 80이 어떤 수의 배수인가에 대한 논의로 바뀐다. 색 블록을 기차 모델로 활용한 수업 연극이 계속 진행되었지만 가정에 대한 논의는 더 이상 없었다.

수업 연극을 좀 더 자세히 살펴보면 두 가지 흥미로운 점을 발견할 수 있다. 첫째, 교사 배역이 약수와 배수를 혼동하고 있다. "5도 80의 배수죠. 4말고 80의 배수가 되는 수가 더 있어요" [7.8.9] 이는 자주 나타나는 혼동이지만 놀랍게도 그 앞줄에서는 용어를 제대로 사용하고 있다. (정수론과 관련된 용어에 대한 깊이 있는 논의는 6장에 나왔다.) 둘째, 배수라는 용어는 수의 곱셈 구조보다 띄어 세기와 관련되어 있다. 띄어 세기는 80이 5의 배수인지 아닌지 확인할 때 많이 사용되는 방법으로 보인다. 이 같은 사실은 예비초등교사가 포함된 선행연구의 결과와 일치한다. (Zazkis와 Liljedahl, 2002a, b) 띄어 세기는 배워야 할 개념을 먼저 단순하게 하여 학생들이 다룰 수 있는 문제로 만드는 기본으로 돌아가기의 한 예이다.

"10개의 세트마다 패턴이 반복될 거라고 생각하나요?"

앞의 모든 수업 연극 (7.1-7.8)은 프롬프트 (1)에 이어지는 수업 연극이다. 프롬프트 (2)에 이어지는 수업 연극에 나타나는 주제도 다르지 않다. 대부분의 경우에 학생들은 반복되는 세 가지 색과 3의 배수를 이용하여 문제를 해결하고 있다. 7.9에 제시된 수업 연극은 다른 수업 연극과 달리 예외적으로 10의 배수마다 반복되는 패턴에 집중하고 있다.

7.9.1	교사	왜 80번째 객차가 빨간색일까?
7.9.2	학생	열 번째 객차가 빨간색이기 때문이에요. 20번째, 30번째, 40번째 이렇게 계속 빨간색이 될 거예요.
7.9.3	교사	좋아요. 그럼 10개의 세트마다 패턴이 반복될 거라고 생각하니?
7.9.4	학생	네.
7.9.5	교사	그럼, 20에 도달할 때까지 이 패턴을 써 보지 않을래? 그리고 네가 생각한 이론이 맞는지 알려주렴.
7.9.6	학생	네.
7.9.7	학생	(5분 있다가) 맞지 않아요. 20번째 객차는 파란색이에요.
7.9.8		[⋯]
7.9.9	교사	10까지 쓴 첫 번째 줄과 20까지 쓴 두 번째 줄을 비교해 보고 무엇이 다른지 찾아보자.
7.9.10	학생	네. 찾아볼게요.
7.9.11	교사	(5분 있다가) 뭘 찾았니?
7.9.12	학생	빨간색으로 시작했더니 10번째 객차가 빨간색이라는 것을 알았어요. 두 번째 줄의 첫 번째 객차 즉 11번째 객차는 파란색이라서 마지막 차 즉 20번째 객차는 파란색이에요.
7.9.13	교사	두 번째 줄은 첫 번째와 다르게 왜 빨간색으로 시작하지 않는지 알겠니?
7.9.14	학생	제 생각에 10개씩 세었기 때문에 그런 것 같아요. 이 패턴을 계속 써보면 11번째 객차는 파란색이에요. 이제 파란색으로 시작해야죠.
7.9.15	교사	의미 있는 이야기구나. 세 개의 반복되는 색이 10은 완전히 반복되지 않았다고 말하고 있는 거니? 그러면 10 이후에 패턴은 다르게 시작하겠구나.
7.9.16	학생	네. 그렇지만 매우 헷갈려요. 저는 하나의 색으로 시작했을 때, 같은 색으로 끝난다는 것을 알았어요. 그래서 아마 21에서 노란색 차를 시작했다면 30 번째의 객차는 노란색일 거예요.

7.9.17	교사	그래. 흥미 있는 발견이구나. 다른 걸 하기 전에 네가 생각한 것을 확인해 볼래?
7.9.18	학생	네
7.9.19	학생	(30초 후에) 맞아요. 30번째 객차는 노란색이에요.
7.9.20	교사	좋아, 잘했구나. 이점이 패턴에 대해 무엇을 말해 줄까?
7.9.21	학생	제 생각에는 다음에도 반복될 것 같아요. 31번째 객차가 빨간색이라면 40번째 차도 빨간색일거예요. 50번째 객차는 파란색이고, 60번째는 노란색 그렇게 계속 될 것 같아요.
7.9.22	교사	좋아, 10번째에 해당하는 모든 객차가 빨간색이 되도록 10개씩 띄어 셀 수 없는 거네. 이 점을 어떻게 설명할 수 있을까?
7.9.23	학생	네. 색이 세 개이기 때문에 세 번 반복할 때까지 기다려야 해요.
7.9.24	교사	좋아. 잘 관찰했구나. 그럼 80번째 객차의 색깔은 뭐라고 해야 할까?
7.9.25	학생	40번째가 빨간색일거고, 50번째가 파란색, 60번째가 노란색, 그리고 70번째가 빨간색이므로 80번째는 파란색일 거예요.

7.5와 유사하게 이 수업 연극도 "그럼 10개의 세트마다 패턴이 반복될 거라고 생각하나요?" [7.9.3]과 같이 신념을 강화시키는 것으로 시작한다. 학생이 [7.9.4]에서 분석을 확신하자 교사는 학생에게 패턴을 연장하도록 한다. 학생이 그 패턴을 연장함으로써 몇 가지 중요한 점을 관찰하였는데, 20 번째 객차는 파란색, 30번째 객차는 노란색, 그리고 10개마다 각 줄의 첫 번째 차(1, 11, 21, 31)의 색과 마지막 차(10, 20, 30, 40)의 색이 같다는 것 등이다. [7.9.16], [7.9.21] 그렇게 하여 "색이 세 개이기 때문에 세 번 반복할 때까지 기다려야 해요" [7.9.23]과 같이 10에 대한 새로운 패턴이 생성된다. 80번째 객차의 색은 세 가지 색의 반복주기에서 10개마다 객차의 색을 결정함으로써 알 수 있다.

이 경우 작가의 의도는 학생에게 좀 더 효과적인 방법을 알게 하기보다 학생들의 초기 생각으로부터 몰아가기 접근법을 구축할 수 있도록 하는데 있음을 예로 보여준다. 그러나 선행 연구에서 어떤 작가는 순환 마디가 아니라 모든 10번째 수에 중점을 두는 패턴을 더 좋아한다는 것을 발견할 수 있다. (Zazkis와 Liljedahl, 2002a) 아마도 이 수업 연극을 쓴 예비 교사가 스스로 이렇게 문제를 해결하는 것으로 보인다. 어쨌든, 표준적이지 않고 일반적이지 않은 해답을 수용하는 것은 상호작용에 중점을 두었을 때, 교사가 어떻게 대응할 것인가에 대한 질문을 제기한다. 이 경우 수업을 마친 교사는 정답을 찾았다는 것에 만족할 수 있다. 다른 방법으로 해결한 학생이 있는지 물어보고 이 방법과 비교하는 새로운 논의를 시작할 수도 있다. 두 가지 방법 모두 정답을 산출한다면, 교사는 어떤 방법이 더 나은지 평가하는데 목적을 두고 좀 더 심미적인 논의를 시작할 수도 있다. Sinclair(2006)가 보고한 대로, 효율성, 명확성, 일반화와 같은 수학적 가치가 나타날 수 있고 참신성, 명료성과 같은 다른 가치와 비교할 수 있다. 이 수업 연극에 다른 방법과 조율하는 것은 나타나지 않았는데, 이는 예비 교사들은 하나의 해법으로 충분하다고 생각한다는 가정을 지지한다.

80번째 객차의 색을 결정함에 있어서 7.9에 제시된 수업 연극은 과제의 두 번째 질문인 마지막 파란색 객차의 색을 결정하는 문제 [7.9.26]로 이어진다. 지금까지 우리는 과제의 첫 번째 질문 80번째 객차의 색에 대해 설명했는데 대부분의 수업 연극은 두 번째 부분을 쓰지 않았거나 수업 연극에 전개하지 않고 학생들이 탐구할 수 있도록 다음 과제로 남겨두었다.

7.9.26	교사	좋아, 3 이후에 반복되는 패턴에 대해 네가 알고 있는 것을 이용하여 기차의 마지막 파란색 객차의 번호를 알아보자. 그게 다음 질문이지?
7.9.27	학생	네, 이 기차에 100개의 객차가 있어요. 90번째 객차는 노란색이니 100번째는 빨간색이에요.
7.9.28	교사	그래. 10개들이 세트를 3개씩 세는 너의 방법을 이용하면 10의 자리마다 오는 색을 알 수 있지. 이제 그 사이에 있는 일의 자리에 대한 색을 구해야 해. 이 방법을 일의 자리에 간단히 적용할 수 있을까?
7.9.29		[⋯]
7.9.30	학생	이미 90번째가 노란색이라는 것을 알았어요. 여기서 3개씩 세면 안될까요?
7.9.31	교사	말해보렴.
7.9.32	학생	네. 93은 노란색, 96, 99도 노란색이에요. 파란색은 노란색 전이니까 98이 파란색이에요.

결국, 그 학생은 90부터 띄어 세어서, 이 과제를 해결하는데 성공하였다. [7.9.32] 그러나 "모든 십의 자리마다 색을 알기 위하여", "그 사이에 있는 일의 자리의 색깔", "이 방법을 일의 자리에 간단히 적용하면" [7.9.28]과 같은 구절에 주의하여 보자. 우리는 "모든 십의 자리마다"가 10의 배수임을 의미하고 "그 사이에 있는 일의 자리" 십의 배수가

아닌 수, 즉 일의 자리가 10의 배수가 아닌 수를 의미한다는 것을 추론할 수 있다. 수학 언어를 부정확하고 또 잘못 사용하고 있음에도, 학생들도 비슷한 방법으로 이 구절을 해석했을 것이다. 교사가 문제해결 과정이 쉽도록 의도적으로 수학 언어를 순화하여 사용했을 수 있다.

"우리를 도와줄 나머지를 보자"

대부분의 수업 연극에서 80번째 객차의 색은 4의 배수에 근접한 수로 찾거나 81부터 세거나 78부터 세면서 구한다. 색깔의 지시자로서 나눗셈 후의 나머지는 문제를 해결하는 또 다른 방법이다. 이 방법은 단 하나의 수업 연극에서만 나타났다. 이 수업 연극의 학생은 78부터 세기 시작하여 79가 빨간색, 80이 파란색임을 알게 된다. 교사는 학생에게 다른 객차의 색을 확인하도록 함으로써 곱셈으로부터 세는 방법을 구체화하고, 대안을 소개한다.

7.10.1	교사	나머지가 무엇인지 기억하니?
7.10.2	학생	완전히 나눌 수 없을 때, 남는 거요.
7.10.3	교사	80을 3으로 나눌 수 있니?
7.10.4		(학생은 나눗셈을 하여 26과 나머지 2를 구했다.)
7.10.5	교사	80번째 객차의 색을 구할 수 있도록 도와줄 나머지를 보자. 순환마디는 빨간색, 파란색, 노란색 즉, 3이야. 피제수가 3으로 나누어 나머지가 0일 때, 기차가 노란색임을 알고 있어. 그러나 나머지가 2라면 객차는 파란색이어야 해, 왜냐면 파란색은 빨간색 다음에 나오는 두 번째이기 때문이지. 그러면 나머지가 1일 때, 객차의 색이 무엇인지 말해볼래?

수업은 나머지에 따라 객차의 색을 어떻게 구할 수 있는지 확인하면서 계속 진행되었다. 이 수업 연극에서 놀라운 점은 주어진 객차의 색을 구체화하는 방법을 곱셈과 나머지가 있는 나눗셈 사이의 관계에 주의를 기울이지 않고 교사가 바로 제안했다는 것이다. 학생은 단지 계산만 하면 된다. 사실, 풀이를 비교하는 활동은 수학교실에서 잘 일어나지 않는데, 그것은 아마 같은 문제를 두 가지 방법으로 풀 수 있다는 사실 뒤에 감추어진 수학적 추론을 이해하는 것이 어렵기 때문이거나, 아니면 교사가 서로 다른 풀이를 비교하는 것이 별로 가치 있다고 믿지 않기 때문일 것이다.

다음 수업 연극 7.11도 나머지를 언급하였으나, 나머지와 색 사이의 연결은 이루어지지 않았다.

7.11.1	자크	패턴을 보면 세 번째 객차는 노란색이고, 80을 3으로 나누면 26.666이야. 그리고 어떻게 해야 할 지 모르겠어.
7.11.2	교사	지금 옳은 방법으로 진행하고 있단다. 힌트를 줄께. 계산기를 사용하지 않고 스스로 나누어서 나머지가 얼마인지 구해보렴.
7.11.3	헤일리	자크, 나누기 잘하니?
7.11.4	자크	8에 3이 두 번 들어가고 2가 남으면 0이 함께 내려서 20에 3이 6번 들어가니까 2가 남아. 26과 나머지 2야.
7.11.5	피터	80을 3으로 나누어 가면 26배는 78번째이고 노란색이야. 이것은 3의 배수가 80까지 2를 더 더해야 하니까 빨간색, 파란색이 되어 80번째는 파란색이야.

피터는 옳은 답을 제시하였으나, 다음과 같은 두 가지 관련성을 설명해야 했다.

(1) 계산기 결과와 나머지가 있는 실제 나눗셈의 결과 사이의 관계

(2) 나머지 2와 패턴의 두 번째 색인 파란색 사이의 관계

80을 3으로 나누면 나머지가 2이나 [7.11.4] 이 결과는 80번째 객차의 색을 구하는데 이용되지 않았다. 대신 "패턴에 2를 더한다"는 전략 [7.11.5]가 사용되었다. 교사는 그 관련성을 명확히 알고 있지만, 우리의 경험으로 볼 때, 학생들은 잘 모른다. 실제로, Simon (1993)은 예비 초등 교사가 자연수 나눗셈, 즉, 나머지가 있는 나눗셈을 분수 나눗셈과 연결하는데 겪는 어려움을 기술하였다. 대부분의 경우, Simon 연구의 참가자는 몫과 나머지를 구할 때, 계산기의 결과를 이용하지 못했다. "계산기를 사용하지 않고 스스로 나누어 보렴" [7.11.2]와 같이 학생에게 이야기한 것을 보면 이 수업 연극을 쓴 예비 교사도 같은 어려움을 가지고 있는 것으로 보인다.

"또 다른 30개를 더하면…"

앞 장에서 언급한 것과 같이 대부분의 수업 연극은 80에 가까운 3의 배수에 중점을 두었다. 7.10과 같이 나머지에 주목하는 경우는 독특한 접근에 해당된다. 배수와 나머지에 대한 명확한 설명 없이 문제를 해결하는 것도 드문 경우이다. 예를 들어, 반복되는 패턴을 원하는 만큼 확장하고자 할 때는 긴 기차를 만들거나 3씩 띄어서 센다. (7.6에 이런 접근의 예를 제시하였다.) 아래 7.12에 설명하고 있는 전략은 덩어리로 묶어서 세는 일종의 띄어 세기에 대한 변형이다. 아래에 제시된 대화는 학생들이 색깔 블록으로 기차를 만들고 난 후에 이루어졌다.

7.12.1	교사	주어진 패턴에서 첫 번째 노란색 블록은 어디에 있나요?
7.12.2	학생	세 번째 블록이 노란색이에요.
7.12.3	교사	아주 잘 했구나. 사라. 다음 노란색 블록은?
7.12.4	학생	6번째 블록이 노란색이에요.
7.12.5	학생	다음 노란색은 9번째 이고
7.12.6	학생	그 다음은 12번째 블록이고요.
7.12.7	교사	아주 잘했어. 얼마씩 증가하고 있는지 말할 수 있는 사람?
7.12.8	학생	3씩 증가해요.
7.12.9	교사	맞아, 다음은 어느 차일까?
7.12.10	학생	15!
7.12.11	교사	정말 잘하는 구나. 좋아, 다음 15까지 이 패턴을 반복한다면 15번째 객차는 무슨 색일까?
7.12.12	학생	노란색?
7.12.13	교사	맞았어! 그 수는 얼마니?
7.12.14	학생	제 생각에 30인 것 같아요.
7.12.15	교사	잘했구나. 모두 이해했니? 좋아요. 우리가 같은 일을 다시 할 때 이번에는 15를 더하는 것이 아니라 30을 더하면 무슨 색이 될까?
7.12.16	학생	역시 노란색?
7.12.17	교사	맞아, 그럼 그 수는 얼마야?
7.12.18	학생	60, $30 + 30 = 60$이니까요.
7.12.19	교사	빈센트 아주 잘했다. 다시 60에 30을 더하면? 그 때의 색과 수는 무엇일까?

7.12.20	학생	노란색, 90
7.12.21	교사	음, 90은 문제의 질문에 가깝지 않니? 90번째 객차는 노란색인데 80번째 객차의 색은 어떻게 알 수 있을까? 잠시 동안 모둠끼리 토의해서 방법을 찾아보렴.
7.12.22	학생	아, 알겠어요. 90에서 80까지 역으로 세면 되요.

이 수업 연극의 교사는 더해가는 전략을 이용하여 상호작용을 이끌어 가는 방법을 보여주고 있다. 이 수업 연극은 곱하기나 곱셈을 언급하지 않았다. 사실, 이 수업 연극에는 나타나지 않았지만 수업 초기에 학생들은 3씩, 4씩, 5씩 띄어 세기를 연습했다. 이 수업 연극은 "다음 15까지 이 패턴을 반복한다면 15번째 객차는 무슨 색일까?" [7.12.11] 15까지 센 후에 다시 15를 더하게 하여 띄어 세기의 효율적인 일반화를 제시하고 있다. 그리고 다음에는 30을 더하고 [7.12.15] 다시 30을 더하여 [7.12.19] 90이 되도록 하였다. 그리고 90이 80에 충분히 가깝다는 것을 알게 하여 답을 구하는데 이용하도록 했다.

학생들이 곱셈 구조 대신 더하기를 더 선호한다는 것은 다양한 연구에서 알 수 있다. 예비 교사들이 곱셈 대신 더하기를 활용한다는 것은 Zazkis와 Liljedahl(2000b, 2006)에서 논의된 바 있다. 수업 연극 7.8과 관련하여 볼 때, 이 수업 연극은 여러 가지 방법을 잘 구성한 것으로 보인다. 이 수업 연극에서 특히 15에서 30, 다시 60으로 옮겨가는 것은 우연히 일어난 것이 아니라 사전에 계획된 것이다. 학생들로 하여금 보다 효과적이고 보다 반복적인 다른 수열을 생각해보게 할 수도 있을 것이다.

패턴과 관련된 문제들

다음 3개의 인용문을 통하여 주어진 프롬프트와 관련하여 예비 교사들이 가지고 있는 몇 가지 어려움을 살펴보자. 교사가 실시간으로 "스스로 결정하는" 것이 아니라 강좌의 과제로 수업 연극을 제출하기 때문에, 이와 같은 문제는 잠깐의 실수에 의한 것이 아니다.

"패턴: 이 말의 의미는 무엇인가?"

첫 번째 예는 "패턴"이라는 단어의 의미에 대한 것이다.

7.13.1		(교사가 칠판에 "패턴"이라고 쓴 다음 질문한다.)
7.13.2	교사	이 단어의 의미가 무엇인지 누가 말해볼래요?
7.13.3	학생1	패턴은 한 줄에서 같은 것이 있을 때와 같아요.
7.13.4	교사	한 줄에 같은 것이 있을 때라, 좋아요. 누가 패턴을 다른 식으로 설명해 볼래요?
7.13.5	학생2	제 생각에는 항상 같은 것을 가지고 있을 때를 의미하는 것 같아요.
7.13.6	교사	"항상"이라고 했는데 그게 무슨 의미지?
7.13.7	학생2	반복되어도 항상 같고 변하지 않는 것이에요.
7.13.8	교사	좋아요. 잘했어요. 여러분이 말한 것을 다르게 바꾸어 볼게요.
7.13.9		(학생들이 동의하는 듯 고개를 끄덕인다.)
7.13.10	교사	패턴은 계속적으로 반복되는 어떤 것이에요. 동의한다면 엄지손가락을 들어주세요. (학생들은 자신의 엄지손가락을 든다.) 패턴은 어디에서도 찾을 수 있어요.

이 수업 연극에서 교사는 패턴이라는 단어를 학생들이 이해하는지 탐구하는 것으로 시작하고 있다. "한 줄에서 같은 것" [7.13.3] 또는 "항상 같은 것" [7.13.5]라는 학생의 생각을 교사는 "패턴은 계속적으로 반복되는 어떤 것이에요" [7.13.10]과 같이 옳지 않은 정의로 다시 기술하였다. 구조 또는 모델을 언급하는 것보다 반복을 언급할 때 "패턴"의 의미를 반복하는 것으로 제한한다. 위에서 교사의 정의는 기차 과제에는 적절하지만 반복과 관련하여 패턴을 인식하면 결국은 문제가 된다. (Liljedahl, 2004) 예를 들어, 유리수를 소수로 나타내면, 유한하거나 반복되는 순환마디를 갖는다. 사실, "유한"이라는 표현은 0 또는 9가 반복되는 것으로 볼 수 있다. 그러나 순환마디를 "패턴"으로 인식하면 0.12112111211112…와 같이 "패턴이 있는 수"를 유리수로 여기는 실수를 범하게 된다. 유리수와 무리수의 이해에 대한 연구들은 무리수를 정의할 때 패턴이라는 단어는 문제가 있으며 잘못 사용할 수 있음을 지적하고 있다. (Sirotic과 Zazkis, 2007)

교사 스스로 정의로 시작하기로 결정한 부분은 흥미로운 일이다. 이것은 학생에게 문제를 해석하고 해결하는 특별한 방법을 안내하는 역할을 한다. 정의는 수학의 형식적 표현을 상기시키며, 정의를 처음에 제시했을 때 문제를 해결하는 기초를 제공한다는 사실을 교과서와 연구 논문에서 찾을 수 있다.

"81번은 빨간색이 될 거예요"

수업 연극 7.14는 학생들이 4의 배수보다 3의 배수를 고려해야 한다는 것을 동의한 후에 일어나는 상황에 대한 수업 연극의 일부를 제시하고 있다.

7.14.1	데릭	3에 몇 배를 하면 80이 되는지 구해보려고 했어요. 그런 수는 없었지만 27이 가장 가까웠고 3과27을 곱하면 81이 되요. 이 수가 80에 가장 가까운 수에요.
7.14.2	교사	잘했구나. 그 다음엔 어떻게 하지?
7.14.3	데릭	글쎄요. 81번은 빨간색이 될 거예요. 따라서 빨간색 전의 색이 되어야 하므로 노란색이에요. 80번 객차는 노란색이에요.
7.14.4	교사	다른 방법은? (교실이 조용하다.) 노란색이 정답이라고 동의하는 사람? (교실의 3/4이 손을 든다.)
7.14.5	교사	잘했어요. 이 문제는 매우 어려운 문제에요. 명확하게 하기 위해 시간을 두고 문제를 검토해 봅시다. 질문이 있으면 칠판에 단계마다 적어 검토해 봅시다.

이 수업 연극에서 데릭은 81이 3의 배수임을 밝히고 80에 가장 가깝다고 하였다. [7.4.1] 그러나 다음 단계에서 "81번은 빨간색이 될 거예요. 따라서 빨간색 전의 색이 되어야 하므로 노란색이에요. 80번째 객차는 노란색이에요" [7.4.3]라는 일반적인 추론이 나타났다. (독자들은 '빨간색-파란색-노란색'이 학생들이 이 절에서 생각하는 반복 패턴에서 순환마디임을 상기하기 바란다.) 이 학생들의 추론은 마지막 배열에서 3의 배수에 해당하는 객차가 노란색이라는 것보다 첫 번에 있는 객차의 색이 빨간색이라는 것에 근거를 두고 있다. 이 수업 연극에서 놀라운 점은 교사가 이 실수를 간과하고 있다는 점이다. 예비 교사는 학생의 답이 잘못되었는데도 "잘했어요. 이 문제는 매우 어려운 문제에요" [7.14.5]라고 평가했다. 이로부터 우리는 예비 교사 스스로 실수했음을 알 수 있었다.

"15는 3의 배수이기 때문에 : 행운의 일치?"

아래의 마지막 예는 7.15 수업 연극의 일부로, 주어진 상황에 응답하기 전에 준비 활동으로 제시된 것이다.

7.15.1	교사	오늘 우리는 반복되는 패턴을 살펴볼 거예요. 먼저 패턴이 어떻게 진행될 것인지 가정해야 해요. 칠판에 반복되는 패턴 유형이 있어요. 누가 패턴의 핵심을 말해 볼래요?
7.15.2	키라	패턴에는 원, 사각형, 삼각형, 그리고 직사각형이 있어요.
7.15.3	교사	잘했다. 키라. 이 패턴을 다르게 말해보겠니?
7.15.4	키라	네, 1, 2, 3, 4, 1, 2, 3, 4 라고 할 수도 있어요. 핵심은 1, 2, 3, 4에요.
7.15.5	교사	고맙구나. 키라. 여러분 노트를 펴세요. 칠판에 있는 패턴을 그리지 말고 확장시켜 보세요. 패턴의 12번째는 어떤 모양인지, 15번째는 어떤 모양인지 예상해 보세요.
7.15.6		(학생들은 노트에 풀기 시작한다. 모든 학생들이 풀고 나면 교사는 전체 학생을 불러 주의를 환기시킨다.)
7.15.7	교사	패턴의 열 두 번째가 어떤 도형인지 누가 설명해 볼래요? (니아가 손을 든다.) 니아, 앞으로 나와서 발견한 것을 설명해 보세요.
7.15.8	니아	저는 12번째는 직사각형이라고 생각했어요. 왜냐하면 12는 4의 배수고 4번째 모양은 직사각형이에요.
7.15.9	교사	칠판에 패턴을 확장해서 맞았는지 살펴보자. 니아.
7.15.10		(니아는 자신의 예상이 맞는지 열두 번째 까지 나머지 패턴을 그렸고, 12번째는 직사각형이었다.)
7.15.11	교사	잘했구나, 니아. 엠마. 15번째 도형은 무엇인지 말하고 그 이유를 설명해 주겠니?
7.15.12	엠마	저는 15번째는 삼각형이 될 거라고 생각했어요. 15는 3의 배수이고 세 번째 모양은 삼각형이에요.
7.15.13	교사	좋은 생각이야. 엠마. 너도 니아처럼 배수를 이용하는 전략이구나. 너의 답이 맞는지 15번째 위치까지 패턴을 완성시켜 보겠니?
7.15.14		(엠마는 15번째 도형까지 패턴을 완성하고 자신의 예상이 맞았음을 보여주었다.)
7.15.15	교사	고맙구나, 엠마. 여러분 교과서를 펴고 칠판에 제시된 연습 문제를 해결해보세요.

이 수업 연극은 순환마디가 4인 패턴 모양을 제시하고 학생들에게 이 배열이 어떻게 이루어지는지 예상해보게 하는 것으로 시작하고 있다. 특히 교사는 "패턴의 12번째는 어떤 모양인지, 15번째는 어떤 모양인지 예상해 보세요" [7.15.5]와 같은 문제를 해결하도

록 했다. 니아는 12가 4의 배수이기 때문에 12번째 도형이 4번째 도형과 같음 [7.15.8]을 정확히 인지했다. 엠마는 15가 3의 배수이기 때문에 "15번째는 삼각형이 될 거라고 생각했어요. 15는 3의 배수이고 세 번째 모양은 삼각형이에요" [7.15.12]라고 니아와 같은 식으로 대답했다.

운이 좋게 엠마의 예상이 맞았지만, 그녀가 사용한 방법은 옳지 않았다. 그러나 교사는 모든 배수가 그렇게 되지 않았다고 엠마와 학생들 전체에게 설명하지 않고 "좋은 생각이야 엠마"라고 반응했다. 학생들은 엠마의 예상을 옳다고 생각하고 다음 활동으로 넘어간다. [7.15.15]

순환마디가 4를 단위로 하는 패턴을 분석해보면 15가 3의 배수이기 때문이 아니라 15와 3이 모두 $4n-1$, 즉 4의 배수에서 1이 적은 수의 형태이기 때문에 제시된 패턴의 15번째와 세 번째 위치가 같음을 알 수 있다. 엠마가 제시한 추론은 27번째 위치에 있는 도형을 추론할 때도 옳게 적용이 된다. 27 역시 4의 배수보다 1이 적기 때문에 같은 추론을 적용할 수 있지만 30번째 위치는 적용되지 않았다.

엠마의 잘못된 추론은 이러한 선택을 어떻게 표현해야 하는가에 내한 흥미를 불러 일으킨다. 즉, 3의 배수 중에서 4의 배수보다 1 작은 수는 무엇인가? 형식적으로 디오판토스 방정식의 꼴 $3k=4n-1$이라고 쓸 수 있는가? 3의 배수이면서 4의 배수보다 1 작은 수는 3부터 시작해서 3, 15, 27, 39, …로 첫째항이 3이고, 공차가 12인 등차수열이다. 매우 흥미롭지만 대부분의 교사들은 이 수업 연극의 맥락과는 너무나 먼 문제라고 생각했다.

엠마의 추론은 다른 문헌에서도 찾을 수 있으며 특별한 예를 이용하여 잘못된 일반화를 할 수 있다. 예를 들어, Simmt 등(2003)이 소개한 "성냥개비 문제"와 이를 좀 더 분석한 Zazkis 등(2008)의 연구를 보면, 학생들이 성냥개비로 만든 사각 배열을 탐구하게 하여, $n\times k$사각 배열을 구성하는데 필요한 성냥개비의 수를 구하는 일반화된 대수 공식

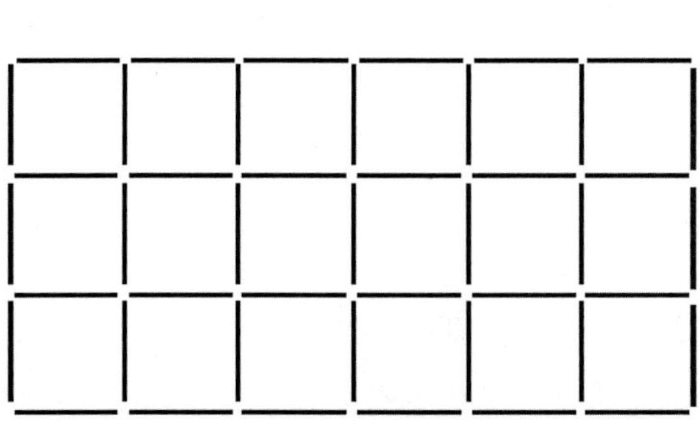

[그림 7.1] 성냥개비로 정사각형을 사각 배열하기

을 찾도록 한다. 학생들이 적절한 대수적 표현을 구할 수 있도록 [그림 7.1]과 같이 3 × 6 배열을 예로 제시하여 사용된 성냥개비의 수를 구하도록 하였다.

학생들에게 어떤 크기의 직사각형 모양에서도 사용된 성냥개비의 수를 구할 수 있도록 각각의 성냥개비를 일일이 세지 않고 대수적으로 표현하는 방법을 찾도록 하고, 다음에 10 × 15 직사각형 배열에 사용된 성냥개비의 수를 세어서 찾은 방법이 옳은지 확인하도록 했다.

정사각형의 사각 배열에 필요한 성냥개비의 수는 $L(W+1)+W(L+1)$이며, 여기서 L과 W는 각각 가로와 세로의 길이를 나타낸다. 3 × 6 배열을 생각해보자. 에릴린이라는 학생은 필요한 성냥개비의 수가 45라고 했고, 45는 3^2+6^2로 나타낼 수 있다. 에릴린은 이 결과로부터 성냥개비의 수를 L^2+W^2이라고 일반화하였다. 에릴린은 이 공식을 10 × 15 배열에 적용하여 325라는 결과를 얻었다.

에릴린의 교사는 명백히 잘못된 일반화가 옳은 결과를 이끌어 냈다는 사실에 놀랐다. 일반적으로 $L(W+1)+W(L+1)$와 L^2+W^2는 같지가 않기 때문에, 어떤 경우에 이 두 값이 같아지는지를 알아보는 것이 교사로서 매우 흥미로운 일이었다. 교사는 수학적인 탐구를 통해서 L과 W가 연속하는 삼각수이면 등식이 성립함을 알게 되었다. 이 과제에서 수의 선택은 우연이었으며 이 특별한 경우가 수학적인 흥미를 이끌어 내었다.

기차 문제의 경우에서 수학적 탐구는 우리의 몫이었고, 교사들의 몫은 아니었지만, 이 수업 연극은 '엠마에게 어떻게 응답해야 하는가'와 같은 교수학적인 문제 그리고 '엠마의 전략이 어떤 경우에 성립할 것인가'와 같은 수학적 문제와 연관시켜 예비 교사들과 논의하는데 사용되었다.

결론

이 장에서 분석한 수업 연극은 반복되는 패턴 탐구에 중점을 두고 있다. 대개의 경우 예비 교사들은 학생들이 반복 단위 또는 순환마디를 인지하는지에 관심을 두었으며, 때때로 상충되기도 하지만 대개 반복 패턴의 수와 관련되어 있다. 다양한 전략들이 3의 배수에 중점을 맞추도록 하였고, 친숙한 배수에서 앞쪽으로 세거나 또는 뒤쪽으로 세어 가는 방식을 취했다. 이 방법에는 교구를 사용한 모델링, 목록이나 표 만들기, 다른 학생들과 협력하기, 반례 활용하기 등과 같은 전략이 포함된다. 3의 배수에 강조를 두는 또 다른 전략으로는 7.10에서 10개 들이 세트를 보거나, 7.12에 30을 더하는 것과 같이 기차 문제에 더 친숙한 접근을 사용하기도 한다. 이러한 "비표준"적인 선택은 예비 교사들의 창의적이고 융통성 있는 사고를 보여주는 것이다. 그런데, 그들은 “기차에 점찍기” (Hewit, 1992)도 활용하도록 강조하는데 어떤 경우에는 패턴에 점이 찍힌 이유가 분명치 않다.

다양한 상황에서 교사 배역이 수학적 아이디어를 소통하는 방식은 지나치게 모호하거나 정확하지 않았다. 그것은 예비 교사 자신의 빈약한 수학적 이해와 관련되는 것 같다. 또한 수학교사들은 학생들과의 논의를 증진시키려할 때 긴장하는 것 같다. 교사들은 학생들이 편하게 느끼는 방법으로 이야기할 필요가 있으며, 지나치게 형식적이고 기술적 언어를 사용하여 학생들의 관심을 잃지 않아야 한다. Herbel-Eisenmann(2002)가 주장했듯이, 교사가 이 같은 목표를 달성하기 위해서는 “연결 언어”를 사용할 수 있어야 한다. 여기에는 학생들이 말한 구절을 전형적인 수학 용어로 재성하는 것을 포함한다.

이 장에서, 몇 개의 수업 연극에는 학생이 명백한 실수를 범하고 있으나 교사가 고쳐주지 않았다. (7.14, 7.15를 보라) 이러한 수업 연극은 잠재적인 학생들의 실수에 대해 예비 교사들과 대화할 수 있도록 해준다. 새로운 상황을 설계하여 제시할 수도 있다. 예를 들어 7.15에서 엠마의 경우를 상기해보면 수업 연극 과제로 다음과 같은 과제를 이용할 수 있다.

> 장난감 기차에 100개의 객차가 달려 있다. 첫 번째 객차는 빨간색, 두 번째는 파란색, 세 번째는 노란색, 네 번째는 빨간색, 다섯 번째는 파란색, 그리고 여섯 번째는 노란색의 순서이다. 39번째 객차의 색은 무엇인가?
>
> 교사는 학생들이 어떻게 진행하고 있는지 관찰하면서 교실을 둘러본다. 교사는 한 학생의 풀이를 보고 다음과 같이 지적하였다.
>
> 교사 : 왜 39번 객차가 빨간색이니?
> 학생 : 세 번째가 노란색이고 39는3의 배수에요.

위의 프롬프트와 이 장에서 탐구한 프롬프트 (1)과 (2)가 다른 점은 4를 순환마디의 길이로 하는 패턴으로 39번 객차의 색은 노란색이라는 것이다. 지금까지 우리는 답이 틀린 경우에 대해서만 탐구 (6장의 프롬프트 (3)) 하였다. 답은 맞았지만 정당화의 과정이 옳지 않은 경우를 제시하여, 그러한 시나리오에서 예비 교사들이 어떤 반응을 보이는지도 탐구할 수 있다. 이것은 답이 옳은가 옳지 않은가에 중점을 맞추는 것이 아니라 설명과 논증이 올바른가에 중점을 두므로 수학을 가르치기 위해 준비할 때 중요한 목적으로 작용한다.

Chapter 08 분수 비교

이 장에서는 분수 비교에 관한 다음 프롬프트에 기초하여 대화를 이어가는 수업 연극에 대하여 논의한다. 이 프롬프트는 분수의 특정 주제를 다룰 뿐 아니라 증명 과정의 요소들, 특히 어떤 추측[5)]에 대하여 학습할 때의 요소들을 살펴보는 기회를 제공한다.

> 약 20여명의 학생들이 진분수의 크기를 비교하는 문제를 공부하고 있다. 교사가 학급을 둘러보고 있을 때, 어떤 학생이 스스로 발견한 방법을 다른 학생에게 말하는 것을 듣게 된다.
>
> 샘: 아 쉽네. 그냥 위에 있는 수가 아래에 있는 수에 얼마나 가까운지 보면 되잖아. 가장 가까운 이 분수가 제일 커.
>
> 제니퍼: 이 방법이 항상 통할까?
>
> 샘: 지금까지 모든 문제에서 다 통했어.

우리는 이 프롬프트에 기초한 36개의 수업 연극을 분석하였다. 이 프롬프트는 Zazkis와 Chernoff(2008)가 설명한 예비 교사와의 대화를 기초로 개발되었다. 그 대화는 초등학교 수학 수업에 관한 방법론 과목에서 강사가 분수를 비교하는 여러 가지 방법들, 예를 들면 “기준점” 또는 “참고하는 점”, “전체에서 빼기”, “공통분모” 전략 등을 학생들과 논의한 후에 일어났다. 수업이 끝난 후, 예비 교사인 타냐가 강사에게 와서 다른 전략을 소개한다.

타냐: 교수님이 말씀하지 않은 다른 방법이 있어요. 저는 항상 이 방법으로 해결했어요.

강사: 좋아요, 말해 보세요.

---

5) 여기서 추측은 ‘p이면 q이다’ 형식으로 진술될 수 있고 아직 참인지 거짓인지 확인되지 않은 문장을 말한다. 참으로 확인하는 과정을 증명이라고 하고, 그 후에는 정리가 된다.

타냐: 아래에 있는 수에서 위에 있는 수를 뺀 다음 어느 쪽이 큰지 봅니다. 차이가 큰 쪽의 분수가 더 작아요. 예를 들어, 2/7과 3/7에서 5는 4보다 크고 그래서 (2/7을 가리키며) 이 분수가 더 작아요.

강사: 흐음, 흥미롭군요…

타냐: 교수님이 보여 주신 예에서도 성립합니다.

강사: 이 방법이 왜 성립하는지 설명해 볼래요?

타냐: 어떻게 설명할지 잘 모르겠지만, 어쨌든 성립합니다.

Zazkis와 Chernoff(2008)는 강사가 여러 가지 다른 방법으로 반례를 들어서 타냐의 전략이 옳지 않음을 설명했다고 보고했다. 강사는 먼저 1/2와 2/4와 같이 분자와 분모의 격차가 서로 다르지만 크기가 같은 분수를 제시하였다. 이 반례는 타냐가 자신의 전략을 포기하도록 설득하지 못했다. 오히려 타냐는 자신의 방법의 응용 범위를 축소함으로써 그 전략을 수정하려고 하였다. 강사가 타냐에게 9/10와 91/100을 비교하라고 했을 때, 타냐는 자신의 전략 적용 범위를 축소한 뒤에도 사용할 수 없음을 받아들이는 듯 보였지만, 분모가 "아주 크지" 않을 때는 여전히 적용할 수 있음을 고수하였다.

우리는 수년전 타냐가 수강했던 강좌를 지금도 여전히 강의하고 있다. 우리는 현재 수강하는 예비 교사들이 위의 프롬프트에서 가상의 학생들이 제시한 전략에 어떻게 응답하는지 매우 궁금했다. 예비 교사들이 작성한 수업 연극을 분석할 때, 먼저 증명 과정에서 시도했던 방법 즉, 반례, 적용 가능 범주, 설명 등에 중점을 두었다. 그 다음 조사한 수업 연극에서는 예비 교사가 학생들에게 교구나 눈에 보이는 표상 등을 이용하게 하거나 또는 분수를 소수로 바꾸게 하는 등의 방법으로, 분수에 대한 우선적 원리로 돌아가도록 했다. 이장의 마무리에서 앞 장에서 논의했던 몇 가지 주제를 분수 비교와 관련하여 다시 살펴본다.

반례에 대하여

명제를 반박할 때나 제시된 전략을 거부할 때, 하나의 반례를 보이는 것으로 충분하지만, 선행연구에 따르면 학생들은 이 사실을 쉽게 받아들이지 못한다. Harel과 Sowders(1998)는 학생들과 수학 전문가들의 "증명 인지구조"가 다름을 누차 지적했는데, 여기서 증명 인지구조란 개인이 설득력 있는 주장으로 받아들이는 것을 의미한다. 추측을 반박하는 방법으로 반례는 전문가의 증명 인지구조에 부합하는데, 일부 예비 교사도 이를 가지고 있을 것이다. 반례는 적용 범위를 조정하든가 관련 구성 요소의 의미를 조정하여 추측을 개선하도록 유도할 수 있다. 그렇지만, 우리가 분석한 수업 연극에서 하나의 반례는 학생이 자신의 전략을 곧바로 포기하도록 만드는 효력이 있다. 우리가 조사한 수업 연극 중 적어도 삼분의 일 이상에서 이 현상이 나타난다.

"어느 분수가 더 큰가? 1/2 아니면 2/4?"

수업 연극 8.1의 시작 부분에서, 샘은 제니퍼에게 자신의 전략이 옳다는 것을 보여주는 예로 2/4와 3/4 [8.1.4]를 보여주고, 제니퍼는 여기에 동그라미를 쳐서 확인한다. Lakatos(1976)가 제안한 탐구 논리를 따르면, 샘은 처음에 추측을 하고, 이 추측을 확인하기 위해 증거를 모으거나 또는 반례를 들기 위하여 어떤 검사를 필요로 한다. 제니퍼가 또 다른 예인 3/5와 1/5 비교하기 [8.1.5]를 제시한다. 바로 여기서, 교사가 대화에 끼어든다.

8.1.1	제니퍼	이 방법이 항상 성립할까?
8.1.2	샘	지금까지 우리가 한 모든 문제에서 성립했어.
8.1.3	교사	(교사는 천천히 주변을 돌면서 들은 것을 확인하는 중이었고 이제 막 샘이 제니퍼에게 그가 발견한 방법을 보이고 있는 걸 관찰한다.)
8.1.4	샘	좋아 여기 분수 2/4와 3/4를 봐. 2와 4의 격차는 2고, 3과 4의 차는 1이야. 3/4의 차가 더 적기 때문에, 이게 더 큰 분수야.
8.1.5	제니퍼	흐음… 그러네. (제니퍼는 그 분수에 동그라미를 치고 샘의 결론을 확인한다.)
8.1.6	샘	그래 그렇다니까.
8.1.7	제니퍼	3/5와 1/5에도 성립해.
8.1.8	교사	자, 화이트보드 위의 분수를 보렴. 어떤 분수가 큰지 누가 말해 보겠니? 1/2 아니면 2/4?
8.1.9	학생 3	2/4요.
8.1.10	샘	1/2요.
8.1.11	제니퍼	저는 샘의 의견과 같아요.
8.1.12	교사	자 **그림을 그리면** 어떤 것이 큰지 알 수 있을 거야.

(교사는 다음과 같이 두 개의 그림을 그린다)

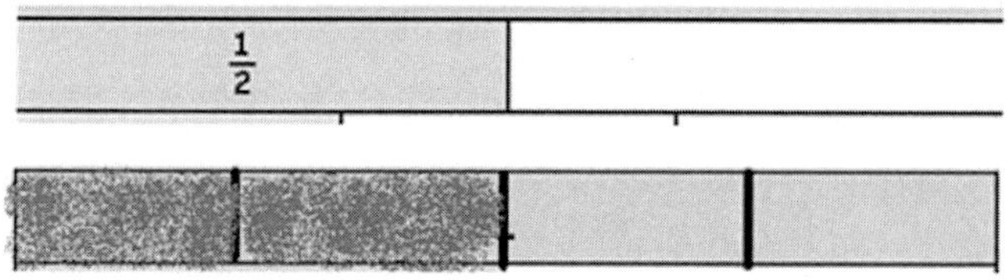

자 여러분 어때요?

8.1.13	제니퍼	둘이 똑같네요!!!
8.1.14	샘	(샘이 헷갈리는 듯 보드를 쳐다본다.)
8.1.15	학생 1	샘, 여기 봐. 네 방법이 성립하지 않아.
8.1.16	샘	흠, … 그러네.
8.1.17	교사	너희가 분수를 비교할 때, 1/2을 기준점으로 삼으면 편리하단다. 마치 너희가 10의 절반이 5라는 걸 아는 것 처럼. 분수에 대해 생각할 때, 이 수직선을 기억하렴.

교사가 1/2과 2/4를 제시했을 때, 샘은 [8.1.10]과 같은 결론에 도달한다. 이 결론이 옳지 않지만 그의 전략에 따른 것이다. (샘과 제니퍼는 학생 3의 의견에 동의하지 않으며, [8.1.12]에 나타나는 교사의 주장이 학생 3의 마음을 바꾸었는지 이 수업 연극에는 분명치 않다.) 그러고 나서 교사는 그림을 그리는데, 이 그림을 보고 제니퍼는 "둘이 똑같네요!!!" [8.1.13]라고 시인하게 된다. 이 상황에서 샘도 그의 전략을 포기한다. [8.1.16]

수업 연극이 진행되면서, 교사는 기준점 전략을 소개한다. [8.1.17] 그리고 학생들에게 "이 수직선을 기억하렴"라고 당부한다. 이후의 수업 연극에서 학생들은 1/2을 기준점으로 하여 몇 개의 예제를 다룬다.

이 수업 연극을 통해 무엇을 배울 수 있는가? 교사는 적절한 반례를 찾아냈고, 이는 하나의 반례가 가설을 부인할 수 있음을 교사가 알고 있다는 것을 의미한다. 그러나 교사는 학생들의 증명 인지구조를 발달시키는데 도움이 될 수 있는 증명 과정을 탐색하지 않았다. 교사는 제시된 전략이 어떤 조건에서 성립하는지 알아내기 위하여 적용 범위를 축소하는 라카토스식의 탐색을 할 수 있는 기회를 잡으려 했을 것이다. 예를 들어, 분수가 동치이면, 그 방법은 분명히 통하지 않을 것이다.

여기에 나타난 예는 4장에서 논의한 일종의 몰아가기식 상호작용의 예이다. 교사는 학생들이 분수 비교 문제를 해결하기 위해 기준점 전략을 사용하기를 원한다. 샘은 그의 전략이 왜 그렇게 많은 문제에서 성립하지 않는지 알지 못한 채 수업이 끝난다. 그리고 이러한 불완전한 해결로는 당연히 샘이 가지고 있던 개념이 교사가 제시한 새로운 전략으로 완전히 교체되지 않을 것이다. 우리가 발견한 또 다른 흥미로운 점은 교사가 학생들에게 1/2와 2/4와 같이 간단한 분수조차 그림을 그려보라고 한 것이다. 우리는 다음 절에서 이 주제를 조금 더 살펴본다.

"4/6는 1/2 보다 커요. 그리고 이건 제 가설과 맞지 않아요"

다음 수업 연극 8.2의 교사는 학생이 적당한 반례를 찾아내고 그 반례를 이용하여 전략이 맞지 않았다고 추론하는 것을 상상했다. 여전히, 하나의 반례는 샘이 처음에 생각했던 방법을 버리도록 하기에 충분했다.

8.2.1	교사	모둠 여러분! 과제는 어떻게 되어 가나요?
8.2.2	샘	음, 제 가설이 항상 성립하지 않는 것 같습니다.
8.2.3	교사	아 그래, 도구(패턴 블록)를 사용해서 만든 분수를 보여주겠니? 그리고 무엇을 찾았는지 설명해 볼래?
8.2.4	샘	음, 우리는 4/6와 1/2를 비교했어요. 그리고 여기 우리가 패턴 블록으로 분수를 만든 거예요.
8.2.5		(이 모둠은 4개의 노란색 삼각형과 2개의 초록색 삼각형을 사용하여 4/6를 나타내는 육각형을 하나 만들었다. 다음에 초록색의 사다리꼴 블록 한 개와 노란색 사다리꼴 블록 한 개를 사용하여 1/2를 나타내는 두 번째 육각형을 만들었다.)
8.2.6	교사	아주 잘 만들었구나, 자 샘, 이 두 분수로부터 뭘 알아냈니?
8.2.7	샘	음, 4/6는 1/2보다 커요. 그리고 이건 제 가설과 맞지 않아요. 위에 있는 수가 아래 있는 수와 가까운 것이 더 크다고 생각했는데, 선생님. 이제 알겠어요.
8.2.8	교사	잘 했다!

8.1에서, 교사는 1/2와 2/4에 대해 하나의 반례를 들었다. 그리고 그 반례는 샘에게 그의 전략을 수용할 수 없음을 확신시켰다. "그런가봐" [8.1.16]은 증거를 확신하지 않는 반응이었다. 교사는 샘이 처음에 가졌던 혼동을 신경 쓰지 않았고 수업은 1/2을 기준점으로 여기고 그림을 그려서 문제를 해결하는 쪽으로 진행되었다. 8.2에서도 이와 비슷하게, 1/2와 2/4에 대한 하나의 반례를 통해 "제 가설이 성립하지 않습니다"라고 인정할 뿐

아니라, “이제 알겠습니다”라고 결론내리기에 충분하다. 그러나 샘이 진정으로 이해한 것은 무엇인가? 문헌을 보면 샘이 가설을 검정할 때 반례의 역할을 이해했다고 믿기 어렵다. 그리고 전략이 통하지 않는 상황에 대한 논의가 없었기에 샘은 그 전략이 가끔씩만 성립하는 이유를 이해하지 못했다고 말하는 편이 옳다.

위에서 언급했듯이, 8.1과 8.2의 수업을 진행하는 방식은 서로 다르다. 8.1에서 교사는 칠판에 직사각형을 그리고 빗금친 부분으로 분수를 표현했다. 8.2에서는 도구를 사용하였고 ‘발견’한 사람은 학생이다. 이것이 우리가 조사한 수업 연극의 주제였다. 즉, 어떤 작가들은 학생들이 답을 찾은 것으로 하지만, 어떤 작가들은 교사의 설명을 통하여 이해를 증진시키는 쪽을 선택한다. 물론, 학생들 스스로 답을 찾아낼 수 있는지 또는 학생들이 설명을 필요로 할 것인지 아는 것은 쉽지 않다. Hewitt(1999)의 연구는 ‘임의’와 ‘필요’를 구분하는데, 이 맥락은 학생이 임의로 발견할 수 없다고 추정했다. 그러나 8.1과 8.2의 경우, 발견에 임의의 수학이 관련되지 않았다. 8.2에서 교사는 학생들에게 반례를 찾는 과제를 내주었고, 곧 그 전략이 통하지 않는다는 결론에 이른다.

지금까지, 우리는 수업 연극에 제시된 가설을 반박하기 위하여 교사나 학생이 사용한 1/2 과 2/4, 그리고 1/2과 4/6의 반례를 보았는데, 이들 중 어떤 것이 더 나을지 생각해 볼 가치가 있다. 첫 번째 예의 문제점은 학생들이 동치의 분수만이 가설로 삼은 규칙이 예외일 것으로 추론할 수 있다는 것이다. 두 번째 예의 분수는 각각 2/3와 1/2 로 약분될 수 있다는 점에서 흥미롭다. 이 경우도 규칙은 역시 성립하지 않지만, 학생들은 이 분수가 더 친숙할 것이다. 그렇지만 두 가지 예 모두 샘의 방법의 적용 범위를 축소하도록 한다는 특징 때문에 문제가 된다. 다음 절에서 이 점에 대해 더 살펴보자.

“아마 그건 속임수일 거야”

몇몇 수업 연극은 하나의 반례와 동시에 또는 바로 이어서 다른 반례들을 제시한다. 수업 연극 8.3을 보자. 샘이 자신의 전략이 지금까지 모든 예에서 “성립했다”고 주장할 때, 교사는 학생들에게 9/12와 2/4, 8/15과 2/5의 분수 비교 문제를 제시한다.

8.3.1	로이	오, 그거 멋진데 … 그런데 여기서는 안 되는 것 같은데 … 9/12와 2/4를 비교하고 있는데 여기 좀 봐. 공통분모를 찾으려고 2/4 = 6/12와 같이 했지 … 그래서 9/12와 6/12을

		비교하면 9/12가 크잖아.
8.3.2	샘	흠 … 아마 그건 속임수일 거야 … 다음 문제를 해보자. 8/15과 2/5에서, 15와 8의 차이는 7, 5와 2의 차이는 3, 그래서 2/5가 더 클 거야.
8.3.3	사라	좋아, 공통분모를 찾아서 증명해 보자. 음, 2/5는 6/15과 같고 그러면 8/15이 2/5보다 큰 것 같은데. 그 방법이 또 안 맞는 것 같아.
8.3.4	샘	분수 비교의 제일 좋은 방법은 공통분모를 계산한 다음에 비슷해 보이는 분수를 비교하는 것인가 봐.

8.1과 8.2는 하나의 반례를 보이는 것으로 충분했지만, 8.3은 9/12와 2/4를 비교할 때 증거가 거부당한 후에도, 샘은 [8.3.2]에서 "아마 그건 속임수일 거야"와 같이 말하며 그 전략을 포기하지 못한다. 그렇지만, 공통분모를 찾아서 "증명"하는 것은 샘이 자신의 방식을 포기하게 만들고, 또 "제일 좋은 방법" [8.3.4]라는 결론에 도달하게 만든다. 위에 나온 수업 연극에서 알 수 있듯이, 샘의 방법이 언제 성립할 것인가 또는 왜 특정 분수에서만 성립할까와 같은 문제에 대한 답은 전혀 찾을 수 없다. 교사가 선택한 반례가 흥미롭다. 왜 2/3와 1/2 대신 여전히 샘의 방법이 통하지 않는 9/12와 2/4를 사용한 것일까? 왜 두 개의 반례를 제시한 것일까? 반례가 샘이 처음에 "속임수"라고 추정하게 했을까? 하나의 반례만을 제시하는 것이 학생들이 반례를 이용하는 증명 인지구조를 발달시키는 데 더 유용한 것일까?

적용 범위와 설명에 대하여

증거가 거부당하는 상황에 놓이면, 누구라도 사용한 전략을 포기하거나 그 전략의 적용 범위를 축소한다. 앞의 절이 전략 자체를 부정하는데 중점을 두었다면, 다음 절은 범위를 축소하는 예이다. 우리가 제시하는 수업 연극의 예는 샘의 전략을 완전히 포기하지 않고 수정하는 쪽이다. 우리는 또한, 종종 '규칙'이라고 말하는 적절한 수정과 동시에 부적절한 수정의 예도 제시할 것이다.

"제 전략이 성립할 것 같아요"

8.4에서 나타나는 전환은 학생들이 샘의 방법이 "성립하는" 몇 개의 예를 본 후에 일어난다.

8.4.1	교사	여러분 한 문제 더 해봅시다. 그 다음 스스로 할 수 있는 문제 몇 개를 줄게요. 스테이시와 그렉, 다음 분수를 가져오렴. 그렇지, 7/9과 2/3를 해 보세요.
8.4.2	샘	흐음, 이건 제 전략이 성립하지 않는데요. 존재하지 않을 것 같은 패턴을 본 것 같습니다. 선생님 칠판에 그려볼게요. 전 여전히 제 전략이 성립할 어떤 것이 있을 것 같습니다.

여기서 다시 교사가 반례를 들고 있다. 샘은 패턴이 "존재하지 않을 것 같다" [8.4.2]는 아이디어를 받아들이고 있지만, 자신의 전략을 완전히 포기한 것은 아니다. 그는 "전 여전히 제 전략이 성립할 어떤 것이 있을 것 같습니다"라고 의문을 갖는다. 작가는 반례가 가설을 반박한다는 점, 또 가설은 반례에 의해서 생산적으로 수정될 수 있다는 점을 학생들이 이해해야 한다고 여긴다. 이 수업 연극에서 샘이 말한 "어떤 것"은 언급되지 않았다. 예비 교사들은 범위를 줄이면 가설이 성립할 가능성이 있음을 알고 있는 듯하다. 하지만 그것에 관하여 무엇을 해야 할 지 확신이 없다. 또는, 아마도 가설의 역을 검토할 필요가 없다고 판단한 것 같다.

"단지 같은 양만큼 떨어져 있어서 그럴 거예요"

다음에 나오는 일련의 수업 연극에서, 증거를 여러 차례 부인하더라도 그 전략을 "유지하고" 싶어 하는 욕구가 훨씬 강함을 알 수 있다. 8.5에서, 샘이 자신의 전략에 대한 증거를 확인한 후에, 교사는 학생들에게 몇 개의 예제를 더 생각해 보도록 한다. 그러고 나서 8.3에서 사용된 공통분모의 전략과 달리 그림을 이용하는 전략을 제공한다.

8.5.1	교사	여러분, 잠깐만. 전략이 그럴 듯하게 보이는구나. 그렇지만 몇 문제를 더 해보자. 모두 1/5과 2/6를 비교해보렴.
8.5.2		(문제를 찬찬히 살펴보면 둘 다 분자와 분모의 차가 4임을 알게 된다. 하지만 한 분수가 다른 분수보다 크다.)
8.5.3	샘	이거 하나 뿐이에요, 전략은 거의 대부분에서 성립해요. 아마, 분자와 분모의 차가 같아서 그럴 거예요, 그럼 이 경우는 빼면 되요.
8.5.4	재이크	더 해봐요.

8.5.5	교사	그래, 몇 문제 더 해 보자. […]
8.5.6	교사	자 모두 주목. 여기 두 정사각형을 분수 3/4과 4/5라고 하자. 우리가 전에 배웠던 곱하기의 방법으로 이 문제를 해결할 수 있을까?
8.5.7	제니퍼	네, 그런데 저는 곱하기 방법을 별로 좋아하지 않아요.
8.5.8	교사	샘의 방법으로 문제를 해결할 수 있니?
8.5.9	샘	아뇨, 둘 다 서로 1만큼 떨어져 있어요. […]
8.5.10	카렌	음, 이 분수를 곱하면 수가 바뀌니까, 속이는 거 같아요.
8.5.11	벤	응, 네 말이 맞는 것 같아. 이 방법이 어쨌든 훨 낫다. 그림이 수보다 덜 헷갈리잖아.
8.5.12	샘	이 방법이 내 방법보다 더 쉽네! 선생님이 이처럼 간단한 방법을 알려주다니 믿을 수 없어요…

[8.5.3]에서, 샘이 1/5와 2/6에 대한 증거를 부정하면서 "아마, 단지 분자와 분모의 차가 같아서 그럴 거예요, 그럼 이 경우는 빼면 되요"와 같이 제안한다. 명백히, 샘과 (그리고 어쩌면 작가도) 반례가 분자와 분모의 사이의 차가 같은 분수에서 성립하지 않는다고 생각하는 것 같다. 샘의 전략에 대해 더 알아보는 대신, 교사는 "곱하기"를 사용하도록 제안한다. 사실 이 방법은 공통분모를 찾는 것과 관련된다. [8.5.6]에서 교사가 제시한 예인 3/4과 4/5는 샘이 전에 반박했던 같은 '집합'에 속하는데, 이는 샘의 방법이 특별한 경우라는 생각을 지지한다. [8.5.8], [8.5.9] 제니퍼가 [8.5.7]에서 "저는 곱하기 방법을 별로 좋아하지 않아요"라고 말한 것처럼, 학생들은 이 방법을 좋아하지 않았다. 카렌의 생각 "이 분수를 곱하면 수가 바뀌니까, 속이는 거 같아요" [8.5.10]은 어떤 학생들은 분수를 비교하는 과정으로 공통분모 찾는 것을 이해하지 못한다는 작가의 인식을 드러내는 것이다. 물론, 카렌의 "속이기"라는 인식을 소개하면서, 교사 배역은 분자 분모에 같은 수를 곱할 때, 무엇이 바뀌고(분자와 분모) 무엇이 바뀌지 않는지(분수의 값)의 대화로 돌린다. 하지만, 학생들이 싫어하자, 교사는 그림을 그려서 분수를 비교하는 방법을 설명한다. "그림이 수보다 훨씬 덜 헷갈린다" [8.5.11]과 "선생님이 이처럼 간단한 방법을 알려주다니 믿을 수가 없어요…" [8.5.12]에서 보듯이, 학생들은 이 방법을 환영한다.

샘이 처음에 제시했던 전략으로 돌아가서, 이 수업 연극에 제시된 특정 예들 때문에 샘의 전략이 완전히 부정되었는지, 아니면 분자와 분모 사이의 차가 같은 경우에만 적용할 수 없는 것으로 결정된 것인지 분명치 않다. 다음에 이어지는 수업 연극에서, 샘의 방법에 대한 적용 범위를 축소하는 데 사용되는 반례를 살펴보자.

"분수가 동치면 그 방법은 성립하지 않아요"

증거를 거부하는 방법 중 하나로 전략의 적용 범위를 축소할 수 있다. 8.5에서 이런 접근 방식에 대한 암시가 있었는데 특별한 경우를 제외하고, 나머지 경우에 대해 분명한 결론을 제시하지 않았다. 다음에 오는 수업 연극 중 8.6, 8.7, 8.8은 교사에 의하여, 8.9와 8.10은 학생에 의하여 이 점이 더욱 분명해 진다. 수업 연극 8.6에서, 교사가 동치가 아닌 분수를 비교할 때 샘의 전략이 적용될 수 있다는 점을 [8.6.6]에서 제시하면서도, 동치가 아닌 분수에 적용할 범위를 축소한다.

8.6.1	교사	누구 저 학생들이 생각한 내용을 공유하고 싶은 사람?
8.6.2	파빈	(초록 모둠) 전 그림을 그려서 답을 찾았습니다. 샘이 했던 문제를 그림으로 그렸습니다. 두 분수에 대한 그림이 똑같은데, 그건 두 분수가 같다는 뜻입니다.
8.6.3		(파빈이 보드로 다가가서 두 개의 그림을 그렸다.)

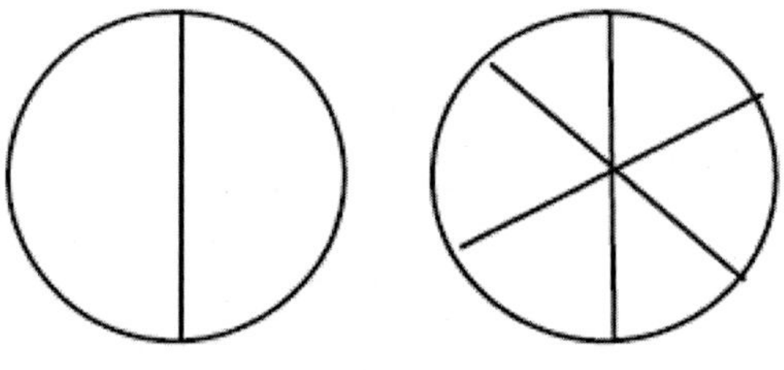

8.6.4	교사	파빈이 피자를 두 개 그렸네. 피자 절반, 같은 넓이에 빗금을 쳤구나. 처음 피자를 고르고 두 번째 피자와 같이 같은 크기로 조각내면, 우리는 여전히 피자의 절반을 먹겠지?
8.6.5	샘	분… 위엣수가 아랫수에 더 가까우면 그 분수가 더 크다고 말하는 것이 쉽지 않나요?
8.6.6	교사	우리가 **동치가 아닌 분수들, 즉 값이 같지 않은 분수를 비교할 때, 네 전략은 성립**한단다. 그렇지만, 파빈이 그린 두 피자와 같이 분수가 동치이면, 즉, 같으면, 그 전략은 통하지 않는단다.
8.6.7	교사	파빈이 생각한 것을 설명하기 위하여 무엇을 했지?
8.6.8	샘	그림을 그렸고 다른 색의 펜을 사용했습니다!!

동치인 분수를 제외하여 적용 범위를 축소한 후, 작가는 샘의 추측이 다른 모든 경우의 분수에 성립할 것임을 은근히 나타낸다. [8.6.6] Zazkis와 Chernoff(2008)의 연구에서 타냐가 개인 지식의 부분으로서 같은 전략을 언급하였는데, 8.6의 작가는 한 학생의 오류를 진단하고 그에 대해 지도하고 있다. 그런데, 여기서는 교사가 [8.6.6]의 굵은 글씨체로 강조된 부분에서 논리적 오류를 범하고 있다. 또한, 더욱 중요한 점은 증명 과정에서 추측을 확인하는 다른 예나 반례를 들거나 추측이 참이 될 이유를 찾으려는 노력이 필요한데 여기서 교사는 이러한 증명 과정을 전개하지 않기로 결정한다. 우리는 이 예에서 교사들이 과정의 전달에서 논증의 발달로 옮겨갈 때 어려움에 직면함을 알게 되었다. 이 수업 연극에서 교사 배역은 동치인 분수를 비교하는 방법에 대한 해법을 얻고 싶어 한다.

8.5와 같은 몇몇 수업 연극을 보면 어떤 특정 반례를 따를 때 샘의 전략이 특정 과제에 대해서 적용될 수 없는 것으로 여겨지는지, 또는 그 전략이 일반적으로 거부되는지가 분명하지 않다. 이들 경우에, 교사 배역들은 그들 스스로 추측의 상태를 확신하지 못했을 뿐 아니라, 더 이상의 대화가 계속 될 필요가 없다고 결정해 버렸다. 우리는 36개의 수업 연극 중 8.7 딱 하나만 샘의 전략이 부적절하게 강화됨을 발견하였다.

다음 수업 연극 8.7은 교사가 샘에게 그의 전략이 동치인 분수에는 성립하지 않는다고 말하는 점에서 8.6과 매우 비슷하다. 그러나 동시에 그 전략은 "같지 않은 분수 비교하기" [8.7.3]에 대하여는 인정받고 있다. 그렇지만, 그 추측에 대한 대화는 금방 다른 주제로 바뀐다.

8.7.1	교사	샘, 여전히 네 전략이 언제나 잘 성립할 거라고 생각하니?
8.7.2	샘	음, 좀 혼돈스러운데요, 위엣수가 아랫수에 가까운 분수가 더 클 줄 알았거든요.
8.7.3	교사	음 같지 않은 분수를 비교할 땐 그 말도 옳지, 그런데 동치인 분수를 비교할 땐 그 전략이 반드시 성립하지 않거든. 제니퍼가 그린 걸 보면, 피자 조각 개수가 서로 다르지만 두 분수는 같다는 걸 알 수 있단다.
8.7.4	페니	이러면 어때요, 우리가 그림을 그려서 샘에게 보여 주거나 고무찰흙[6]으로 피자 모양을 만들고 조각내어서 샘에게 보여줄 수 있어요.
8.7.5	교사	멋진 생각이구나 페니, 이런 전략을 연습하는 것이 가끔은 무척 도움이 된단다. 샘 2/4와 5/10에 대해 피자를 그려보지 않을래? 먼저 피자를 반으로 자르고 각 조각을 분수에 따라 나누면 된다. 네가 보기에 무엇이 같은지

		말해 보아라.
8.7.6	샘	(샘이 칠판에 그림을 그린다. 그리고 각 피자의 반을 자른 후에 멈춘다 …) 아, 무슨 말인지 알겠어요. 각 피자를 반으로 자른 다음에, 그 중 한 쪽을 여러 개 조각들로 나누고 다른 쪽은 그대로 두어도 여전히 반으로 잘린 거네요! 좋았어, 제가 연습이 좀 더 필요할 것 같습니다만 이제 분명히 이해했습니다.
8.7.7	교사	나도 기쁘구나, 자 여러분 진분수 비교하는 연습을 계속하도록 해요, 그리고 다음 시간에는 블록, 그림, 고무찰흙을 이용해서 피자로 제시한 분수를 표현해 봅시다. 책상을 말끔히 치우고 본인 물건 다 챙기세요.

"음 같지 않은 분수를 비교할 땐 그 말도 옳지, 그런데 동치인 분수를 비교할 땐 그 전략이 반드시 성립하지 않거든" [8.7.3]에서 샘의 실수에 대한 분석은 동치가 아닌 분수를 비교하기 위해 샘의 전략을 확정하는 역할을 한다. 그렇지만, 위의 예과 같이, 이 전략이 (심지어 실제로 성립하는 분수에 대하여도) 성립하는지 그리고 이 전략이 다른 전략들과 어떻게 비교될 수 있는지에 대한 논의가 없다. 이 예의 경우, 교사는 샘의 전략을 시각적 표현의 방법으로 바꾸기를 원하는 것처럼 보인다. 더하여, 교사는 학생들에게 분수 비교는 "연습"이 필요하다 [8.7.7]고 말하는데 이러한 언급은 오히려 다른 전략이 사용되고 평가될 가능성에 대한 주의를 흐트러뜨린다.

"분수의 아랫수가 같을 때…"

다음 수업 연극 8.8에서 교사는 그 추측이 동치가 아닌 분수에 통한다고 틀리지 않게 주장하면서 적용 범위를 줄인다. 즉, 적용 범위를 분모가 같은 분수들로 축소한다. [8.8.1]에서 교사의 진술은 샘이 속한 모둠이 교구를 써서 분수를 비교하고 샘이 제안한 가설을 부정한 후에 나온 것이다.

6) 원문에 "Play-do"라고 제시됨. 손에 묻거나 끈적이지 않아 교육용 도구로 많이 사용되는 고무 찰흙을 Play dough라고 함. "Play-Doh"는 Play dough를 대표하는 상표지만 교사, 학생, 학부모 등은 "Play-Doh"로 사용함. 원문은 상표이름을 그대로 쓸 수 없어 "Play-do"라고 표기한 것으로 보임.

8.8.1	교사	이 모둠, 아주 잘 했는걸! 그래서 분수의 위엣수가 아랫수에 가까운 정도로 분수를 비교할 수 없다는 것을 이제 모두 이해한거야? 이 규칙은 공통분모를 가지는 진분수를 비교할 때 쓸 수 있지만, 분모가 다를 때는 신뢰할 수 없단다. 그래서 아주 신중해야 한단다.

여기서, 샘의 전략은 분모가 같은 분수들에 대해서만 적용되는 것으로 여겨지며, 하나의 "규칙"으로 취급된다. 교사는 그 '규칙'이 일반적으로 성립하지는 않으며 공통분모를 가지는 분수들에만 적용되는 것으로 추론한다.

수업 연극 8.9는 8.8과 같이 적용 범위를 다룬다. 시작하는 장면에서 교사는 보드 위에 '가설'이란 단어를 쓰고 학생들에게 그 의미를 묻는다. 학생들은 이 단어를 들어서 알고 있지만 그 의미에 대해서는 확실하게 아는 것이 아니다. 교사는 "가설이란 어떤 것에 대한 추측이나 이론과 같은 것이다" [8.9.1]라고 해석해 준다. 그리고 어떻게 가설을 검정해야 하는지 설명한다.

8.9.1	교사	잘했다! 가설은 어떤 것에 대한 짐작이나 이론 같은 것이다. 좋아 과학자들, 오늘 여러분의 임무는 지난 수업 우리의 가설을 검정하여 그 가설이 모든 분수에 적용되는지 보는 거예요.
8.9.2		[학생들은 자료를 정리한다.]
8.9.3	교사	자 우리가 자료를 다 정리하였는데, 뭐 알아낸 게 없니?
8.9.4	샘	("예" 활동지를 가리키며) 그 가설이 이 페이지에서 다 맞습니다.
8.9.5	학생들	("아니오" 활동지를 가리키며) 하지만 여기서는 맞지 않아요.
8.9.6	교사	그래서 우리가 이제 이 규칙을 사용할 수 있다는 거니?
8.9.7	샘	네, 그런데 규칙에 뭔가 조건을 더 붙여야 합니다. 이렇게 말해야 해요. 분수들의 아랫수가 같을 때, 윗수가 아랫수에 가까울수록 큰 수이다.
8.9.8	교사	과학자들, 동의하나요?
8.9.9	학생들	네!

여기서 교사는 샘의 수정된 가설에 대해서 다른 학생들에게 동의를 구함으로써 전환을 시도하고 있다. 우리는 교사[8.9.1]과 샘[8.9.4] 둘 다 "가설"이라는 용어로 시작하고, 또 교사[8.9.6]와 샘[8.9.7]은 이를 "규칙"으로 변환한다. "규칙"은 어쩌면 신뢰성을 얻고 있다는 면에서 정리나 이론에 가까운 것이다. 그러나 이 용어를 사용함으로써, 따를 수 있

고 따라야 하고 암기해야 한다.

8.8에서 알 수 있듯이, 그 "규칙"이 수정되는데, 이번에는 수정하는 사람이 교사가 아니라 샘이다. 샘이 [8.9.7]에서 큰 저항 없이 규칙을 수정했고, 반 친구들은 그 수정에 기꺼이 동의하였지만 [8.9.9], 모든 경우가 항상 이렇지는 않다. 수업 연극 8.10은 이 과정이 상당이 껄끄러움을 보여준다. 샘은 그의 방법을 고수하고 싶어 하지만, 그도 서서히 적용 범위를 축소한다.

8.10.1	비올렛	야, 샘… 그러니까 내가 뭘 틀렸는지 모르겠어. 난 네가 말한 대로 했는데 이 방법이 안 통하는 것 같아.
8.10.2	샘	그래? 어떤 분수야?
8.10.3	비올렛	1/2와 3/4. 간단한 분수인데 네 방법대로 하질 못했어 … 그런데 그 방법을 검사하고 싶었거든…그리고 … 위엣수와 아랫수를 비교하는 것에 대해서 … 내가 말했던 대로… 그냥 말이 안돼. 이 경우, 이 분수에서 위엣수와 아랫수의 차가 둘 다 똑 같아. 둘 다 하나 차이지. 그런데 3/4가 크잖아. 어쨌든, 아 헷갈려.
8.10.4	샘	음, 이게 항상 성립하지는 않아… 내가 말했지? 두 분수가 차가 같으면, 그 방법은 안 통해.
8.10.5	아만다	샘! 내가 그 방법이 통하지 않는 다른 예를 찾았어. 적어도 난 그렇게 생각해. 6/8과 3/4를 봐. 앞에 분수는 분자와 분모의 차가 2, 뒤의 분수는 그 차가 1이야.
8.10.6	제니퍼	그런데 뭐가 문제인 거야? 3/4가 더 크잖아. 그 비는 더 가깝고.
8.10.7	칼로스	아니, 아만다 말이 맞아. 이 방법은 안 통해. 여길 봐. [칼로스는 원을 그리고 선을 그려서 그 원을 사등분하고서, 그 중 세 개를 색칠한다.] 3/4 맞지?
8.10.8	제니퍼	으응.
8.10.9	칼로스	자 이제 여길 봐. [칼로스가 두 개의 대각 선분을 더 그려서 원을 팔등분한다.] 이게 6/8이야. 나는 색을 더 칠하지도 않았어.
8.10.10	제니퍼	그 분수들이 같구나.
8.10.11	샘	좋아, 뭐 대수라고. 여기 보는 것처럼 동치인 분수에 대해서는, 그냥 이 방법을 사용하지 말자.
8.10.12	비올렛	엥, 규칙에 무슨 예외가 그렇게 많아?

1/2과 3/4의 반례에 직면하자 샘은 자신의 규칙의 적용 범위를 축소하고 다음과 같이 주장한다. "두 분수가 그 차가 같으면, 그 방법은 안 통해" [8.10.4]라고. 6/8과 3/4라는

다른 예에 부딪치자 샘은 그 범위를 더욱 축소한다. "여기 보는 것처럼 동치인 분수에 대해서는, 그냥 이 방법을 사용하지 말자" [8.10.11]. 흥미롭게도 이 두 번의 수정은 Zazkis와 Chernoff(2008)의 연구에 등장하는 예비 교사인 타냐가 제시한 것과 일치한다. 교사는 이 상황에 개입하지 않고 대신 학급을 모둠끼리 학습하도록 한다. 하지만, 딱 한 모둠에서만 교구를 이용하여 분수들 비교했고, 작가는 비교하는 두 분수를 설명하지 않았다. 그럼에도, 교사는 아래와 같이 요약하면서 이 수업을 마친다.

8.10.13	교사	그렇지만 샘, 우리가 그 분수를 신뢰할 수 있고 유용한 방법으로 비교한다면, 한 단계 더 첨가하는 것이 확실히 필요하단다. 분수 비교에 표준 알로리즘을 이용하기 위하여, 분수들이 공통 분모를 가진다는 점을 확실히 해야만 한다. 그럼으로써, 우리는 같은 크기의 부분을 비교할 수 있어요. 여러분 모두 제대로 하고 있어요. 분자와 분모 사이의 거리를 조사하는 것에 대해 여러분이 말했던 것은 옳습니다…그 전략에서 한 단계를 빠뜨렸어요. 분모가 같은 분수들을 비교하는 것이 100% 신뢰할 수 있는 유일한 방법입니다. 알겠죠?
8.10.14	학급전체	네!!

우리가 여기서 발견한 흥미로운 점은 앞에서 제시된 실수를 최소화함으로써 학생들이 한 일을 지지하려고 한다는 것이다. 교사는 "여러분 모두 제대로 하고 있어요" [8.10.13]라고 말함으로써 (차이를 비교하는) 학생들의 전략으로 돌아간다. 교사에게 전략에서 오류는 적용 범위에 관련된 것이 아니라 단계를 빠뜨린 것과 관련된다. 동시에, 교사는 [8.10.13]에서 공통분모라는 바람직한 전략을 강화하고 분수를 올바르게 비교하는 유일한 방법이 있음을 확고히 한다.

"넌 네 식대로 해, 난 내 규칙이 더 좋아"

8.10과는 대조적으로 8.11은 샘이 적용 범위를 축소하지 않았다. 대신, 다른 상황에 대해서 다른 "규칙"을 만드는 방식으로 그 규칙을 수정한다.

8.11.1	밥	음, 그 규칙이 여기에 적용되니? 3/4을 4/5에 비교할 수 있니?
8.11.2	제니퍼	어디 보자, 4 빼기 3은 1, 5 빼기 4도 1. 객차가 같으면 어떻게 하지?

8.11.3	샘	(교구를 이용하여) 아, 이 블록을 이용하면, 4/5가 3/4보다 크네. 그래서 5/6도 3/4보다 크고. 5/6는 4/5보다도 크네. 하지만 1/2은 3/4보다 작고, 또 차가 1인 다른 모든 분수보다 작아.
8.11.4	샘	(마치 선포하듯이 몸을 가다듬으면서) 에헴… 새로운 규칙, 위엣수와 아랫수의 차가 같으면, 아랫수가 큰 분수가 언제나 더 크다.
8.11.5	밥	멋진 규칙이야 샘. 어디에나 잘 통할 것 같아.

[8.10.4]의 결정과 다르게, 두 분수의 분자와 분모 사이의 차가 같을 때 그 규칙이 성립하지 않음을 피하기 위하여, [8.11.4]에서 샘이 그 전략을 수정한다. 실제로, 이 "새로운 규칙" 즉, "위엣수와 아랫수의 차가 같으면, 아랫수가 큰 분수가 언제나 더 크다"는 분수를 비교할 때 올바른 결과를 유도한다. 그러나 샘이 수정한 것은 각 분수를 전체와 비교하여 잃어버린 부분을 이해한 것[7]에 기초한 것이라기보다는 패턴을 읽어냄에 기초한 것이다. 수업 연극은 새 규칙이 왜 성립하는지에 대한 논의를 포함하고 있지 않다. 아마도 "규칙"이라는 말을 소개함으로써 추론이나 정당화의 필요성이 줄어들었을 것이다.

수업 연극이 진행되면서, 학생들은 계속하여 샘의 규칙을 사용하지만, 한편으론 교구를 써서 확인한다. 학생들은 규칙이 통하지 않는 몇 개의 반례를 찾는다.

8.11.6	밥	얘들아, 잠깐. 블록을 써 보았는데, 이 마지막 문제, 3/5과 8/11 비교에는 규칙이 안 통하는 것 같아. 3과 5의 차가 2, 8과 11의 차는 3인데도 8/11이 크다고.
8.11.7	제니퍼	으음, 어디 보자. 밥, 혹시 블록 배열을 잘못한 거 아니니?
8.11.8		(블록을 이리 저리 다르게 배열해 본 후에, 밥이 맞았고, 샘의 방법엔 뭔가 잘못된 것이 있다.)
8.11.9	샘	아냐, 밥이 옳아.
8.11.10		(샘이 블록을 재배열한다, 8/11이 약간 크다. 약 10% 정도) 흠, 여기 구멍이 하나 더 있네. (샘은 차가 3인 9/12, 7/10, 6/9, 5/8 등에 대하여 블록을 몇 번 더 배열해 본다.)

7) 본문에서 언급되는 분수는 초등 교육과정에서 모두 '진분수'를 의미하고 전체의 부분으로 이해되며 따라서 1보다 작다. 예를 들어, 분수 $\frac{4}{5}$는 전체를 크기가 같은 다섯 개의 조각으로 나눈 후, 4개가 부분이고, 나머지 조각이 잃어버린 조각으로 $\frac{1}{5}$이다.

8.11.11	샘	좋아, 5/8 되고, 이건 3/5보다 작아. 6/9은 안돼, 이건 3/5보다 커. 다른 규칙을 첨가한다. 아랫수 사이의 차가 아랫수가 작은 쪽의 위엣수와 아랫수의 차보다 크면, 아랫수가 큰 분수가 더 크다.
8.11.12	제니퍼/밥	응??
8.11.13	제니퍼	여길 봐. 5와 3을 2배하면 6/10이야. 샘의 방법으로 위엣수가 더 작으니까 6/10은 분명 7/10보다 작아. 그래서 우리는 그냥 동치인 분수를 찾아야만 해, 이게 나한테는 훨씬 이해하기 쉽다.
8.11.14	샘	글쎄, 넌 네 식대로 해, 난 내 규칙이 더 좋아, 대부분의 분수에 대해서 이게 더 빨라.

분자와 분모의 차가 3인 분수에 주목하여 샘의 "새 규칙"을 확인하려는 [8.11.10] 명백한 시도가 있었지만, 학급 친구들은 결국 이 방법을 포기한다. 실제로, [8.11.13]에서 제니퍼가 '그' 규칙을 분명히 설명하는 제안을 하고, 교사도 암묵적으로 지지한다. 분명하게 드러나지는 않지만, 이 변화에는 뭔가 중요한 수학적 가치가 있다. 제니퍼가 "좀 더 쉬운" 방식을 선호한 반면, 샘은 좀 더 손이 갈지는 몰라도 "더 빠른 규칙"을 선호한다. 이 연극의 작가도 제니퍼의 선택에 공감할 것이다. 샘은 밥과 제니퍼가 이성적으로 해결한 문제에 대해서 규칙이 성립하게 하려고 다소 완고해진다.

전체적으로, 학생들이 적용 범위를 축소하려 했던 예 조차, 교실의 학습 과제는 분수를 비교하기 위한 일반적인 절차를 규명하는 방향으로 진행된다. 이것은 가끔 일반화 과정에서 반례의 역할에 주의하게 한다. 우리는 또한 교구의 역할에도 주목한다. 교구들이 계산기가 사용되는 것과 마찬가지의 방식, 즉, 두 분수의 비교 가능한 크기를 알고자 하는 방식으로 사용되는 것을 볼 때, 예비 교사들이 왜 이런 교구를 수업 연극에 등장시켰는지 분명치 않다. 예비 교사들이 도구의 사용을 개념적 이해의 발달과 연관 지어 생각할지 모른다. 또는 교구를 언제나 도움이 되는, 적어도 리누스의 담요[8]와 같이 안심시켜 주는 물건으로 생각할지 모른다. 그러나 교구는 수학적 이해를 명백하게 해주는 조정자와는 거리가 멀다. (Pimm, 1995)

지금까지 우리가 본 수업 연극에서 교사들은 주로 학생들이 샘의 전략을 포기하고 믿을만한 규칙에 의지하도록 반례를 제공하는데 노력을 기울였다. 이에 대해서, 반례의 상

8) 실제로 꼭 필요하지 않지만 가지고 있으면 심리적으로 안정을 주는 물건을 비유적으로 이르는 말, 부적 같은 것. 신문 만화 'Peanuts'의 등장인물인 Linus가 보호를 위해 항상 담요를 가지고 있었던 것에서 유래함.

태, 추측, 그리고 적용 범위에 주목한다. 다음의 예도 왜 주어진 전략이 성립하는지 않는지의 문제에 대한 것이다.

"왜 그렇게 생각하지?"

8.12는 샘의 전략 이면에 있는 추론을 보여주는 기회가 샘에게 제공되는 유일한 예이다.

8.12.1	샘	선생님. 우리가 분수의 위엣수와 아랫수 사이의 차를 알면, 그 차가 작은 분수가 더 크다는 걸 알았어요.
8.12.2	교사	그것 참 재밌구나, 왜 그렇게 생각하지?
8.12.3	샘	음, 제 생각에는, 아랫수가 전체를 구성하는 같은 크기의 조각들이고, 그래서 위엣수가 전체에 더 가까울수록 그 수는 더 큽니다.
8.12.4	교사	으음, 누구 다른 생각 있는 사람? 그럴듯하게 들리는 구나, 그런데 그 아이디어를 좀 더 탐구해 보자.

[8.12.3]에서 "아랫수가 전체를 구성하는 같은 크기의 조각들이고, 그래서 위엣수가 전체에 더 가까울수록 그 수는 더 큽니다"라는 샘의 설명은 그 전략 이면에 추론이 있을 것이고 단지 몇 개의 예에서 인지되는 패턴에 기초하여 무리하게 일반화한 것이 아님을 나타낸다. 물론, 이 추론에서 "같은 크기의 조각"의 개수가 변할 수 있음을 고려하지 않은 결함이 있다. 하지만, 교사는 적절한 방법으로 이 방법이 "그럴 듯하다" [8.12.4]고 인정하고 더 탐색해 볼 것을 제시하였다.

샘의 전략이 말이 안된다면 그 이유는 무엇일까? 우리는 어떤 수업 연극에서도 이 질문에 대한 답을 찾지 못했지만, 답을 찾아보자는 교사의 권유는 찾았다. 예를 들면, 8.13의 대화는 학생들이 분수 비교에 대한 다른 전략을 써보도록 권유 받은 후에 일어난 것이다.

8.13.1	샘	우리의 방법이 여전히 성립하지 않아요.
8.13.2	교사	왜 그렇지?
8.13.3	제니퍼	우리가 그린 그림을 보면, 아랫수에 더 가까운 위엣수가 있는 쪽이 더 큰 분수라는 규칙을 따르지 않습니다. 분수를 우리 방식에 따라 순서대로 놓으면, 분수 7/12이 분수 16/24보다 클 겁니다. 하지만 선생님은 다른

		순서로 늘어 놓으셨어요. 그런데, 왜 그런지 모르겠어요.
8.13.4	샘	우리가 그림을 그리면, 7/12이 실제로 16/24보다 작은 분수임을 볼 수 있습니다.
8.13.5	교사	흥미 있구나. 여러분의 방식이 전에는 통했는데 지금은 안 통한다는 거지, 그 이유를 찾아볼까?

교사가 "이유를 찾자" [8.13.5]고 하는 것과 학생들이 "왜 그런지 모르겠다" [8.13.3]고 인정하는 것은 여러 수업 연극에서 나타나는데, 그 이유는 밝히지 않았다. 교사가 쫓는 추론이 무엇인지 그리고 학생들이 어떻게 대답하는 것이 알맞은 것인지 분명하지 않다. 교사는 아마도 그 이유를 알지 못했고 또 공개적으로 학생들과 같이 과제를 했다. 그렇지만, 작가로서 추론에 대하여 스스로 이해하려고 노력해야 할 뿐만 아니라 학생들이 그들 스스로 처한 상황에서 어떻게 추론할지 예상해 보아야만 한다.

다음 수업 연극 8.14에서, 샘의 전략에 대한 반응으로, 교사는 샘에게 시각적 표현을 이용하여 1/2과 2/4를 비교하라고 한다.

8.14.1	학생들	두 분수가 같습니다. 1/2은 2/4랑 같지요?
8.14.2	교사	오 좋아. 활동지를 내려놓고 잠깐 쉬었다가 모둠에서 이게 어떻게 가능한지 알아보자.
8.14.3		(교사는 샘의 책상으로 걸어간다. 교사는 샘이 자신의 답을 지우는 걸 보았다. 교사가 말할 기회를 잡기 전에, 샘이 먼저 쳐다본다.)
8.14.4	샘	음, 이 규칙은 모든 분수에 적용되지 않습니다. 지난번에는 됐는데, 왜 이 번에는 안 되지요?
8.14.5	교사	저 쪽 모둠이 너를 도와서 그 질문에 답할 수 있을 것 같구나.

[8.14.4]에서 샘의 호기심이 엿보인다. "지난번에는 됐는데, 왜 이번에는 안 되지요?" [8.14.5]에서 교사는 올바른 답과 설명을 다른 학생에게서 구함으로써 문제를 해결하려고 한다. 우리는 이 같은 예비 교사의 선택을 6장에서 이미 논의하였는데, 거기서 교사들이 "말하지 않으려는" 의도와 정답에 이르려는 욕구 사이에서 갈피를 잡지 못했다. 그렇지만, 8.14에서 보듯이, 여기 일련의 수업 연극은 전형적으로 모둠 활동을 반복적으로 언급하고 있다. (샘은 "저 쪽 모둠"으로 간다.) 다른 많은 수업 연극에서, 예를 들어 8.2, 8.6, 8.18 등의 예에서도 학급은 모둠 활동을 진행한다. 우리는 가상의 교실에서 수업 형태를 모둠

활동으로 바꾸는 것은 예비 교사들이 수강하는 방법론 강좌에서 모둠 활동이 꾸준히 연습되었다는 사실에 영향 받았다고 믿는다. 수업 연극은 이런 식으로 접근법을 채택하고 설명하였다. 그렇지만, 많은 연구자가 지적했듯이, 중요한 결정은 교사가 언제 모둠 전략을 이용하고 어떻게 모둠을 구성하는가이다. 많은 요인과 목표가 이 결정에 영향을 준다.

"성립하지 않는 것이 쓸모없다는 것을 의미하지 않기 때문에"

8.13과 8.14에서, 교사는 학생들에게 왜 그 전략이 몇몇 경우에만 통하고 다른 경우에는 통하지 않는지 그 이유를 찾아보라고 하였다. 이와 비슷하게 8.15에서도 학급 전체가 샘의 전략을 탐구하게 된다.

8.15.1	교사	여러분이 얘기하는 걸 들었다. 문제를 풀 때 알고 있는 모든 방법을 쓰는 걸 보니 마음에 드는구나. 샘, 네 전략이 아주 멋지구나. 왜냐하면 전략이 항상 통하지 않았다고 그게 쓸모없다는 것을 의미하지 않거든. 수학을 즐기면서 패턴을 찾는 것이 우리에게는 매우 중요하단다. 다음 시간에 이 문제들에 대해서 좀 더 시간을 갖기로 하자. 모둠으로 나누어 샘의 전략을 같이 탐구하고 그 전략을 이용할 방법을 찾아보자. 다르게 말하면, 샘의 전략이 지름길로서 성공적으로 사용될 수 있을까? 샘, 이건 정말 멋진 전략이다. 너만 괜찮다면, 다음 수업에서 이 전략을 학급 전체가 공유하여 학급 전체로 확대하자. 그리고 어떤 모둠이 그걸 이용할 방법을 찾을 수 있는지 볼까?
8.15.2	샘	예, 재미있을 것 같아요!

때때로 교사가 수학을 다루는 방식과 학생이 수학을 다루는 방식이 같지 않다. 한편으로는 학생들의 아이디어를 지지하려는 욕구가 있지만, 다른 한편으로는 제시된 전략이 틀렸다는 것을 알릴 필요도 있다. 8.10에서는 교사가 샘이 "한 단계를 놓쳤다"고 설명하면서 그럴듯한 타협을 제시하였다. 그러나 8.15에서 교사가 "이건 정말 멋진 생각이야"라고 말하는 건 오히려 그 아이디어가 적절치 못하다는 인상을 심어주게 된다.

8.16의 교사는 샘의 방법에 다른 가치를 부여한다. 8.8에서, 교사가 그 규칙이 일반적으로는 통하지 않았다고 분명히 지적한 반면, 다음 수업 연극 8.16에서 교사는 그 방법이 항상 통하는 것이 아니고 그래서 그 방법은 올바른 대응에서 최초의 평가로서만 사용

되어야 함을 알고 있다.

8.16.1	교사	샘, 이 문제에 대해 카트리나와 이야기해 보는 게 좋겠구나. (카트리나는 전부터 교구를 이용하고 싶어했다.)
8.16.2	샘	(카트리나가 샘의 답이 틀렸음을 **보여**주고 샘은 지켜본다. 샘은 자신의 방법이 여전히 가치가 있다고 믿는 것처럼 보인다.)
8.16.3	교사	샘, 네 규칙이 많은 경우에 적용되니까 아직도 그 규칙을 쓰고 싶어 하는구나. 네 방법은 어떤 분수가 더 큰지 빠르게 판단하는 좋은 방법일지 모른다. 하지만, 최소 공통 분모를 찾거나 혹은 다른 교구를 써서 네 답을 확인해 보고 싶을 거야.
8.16.4	교사	(교사는 보드에 새로운 문제로 여섯 개의 분수를 쓴다. 2/12, 1/16, 4/20, 4/16, 10/40, 1/8) 여러분 여기 보세요. 모두들 자기 책상으로 돌아가세요.
8.16.5	교사	여기 보드에 적은 수는 다른 크기의 피자 조각을 나타냅니다. 여러분 각자 친구 다섯 명과 함께 각각 한 조각씩 집을 겁니다. 가장 작은 친구가 가장 작은 조각을 가장 큰 친구가 가장 큰 조각을 갖도록 정하고 싶어요. 이 분수를 순서대로 나열해 보세요. 그래서 누가 어떤 조각을 먹을지 알아봅시다. 중앙에 있는 종이를 이용해서 모둠의 다른 친구들과 같이 접시받침으로 쓰세요. 종이 가운데에 답을 적으세요. (교사는 샘의 모둠으로 걸어가서 분수를 표현하기 위해서 특별히 고안된 원 모양의 교구를 내려놓는다.)

[8.16.3]에서 교사는 샘의 전략을 하나의 추측으로 다루지 않는데, 이것은 적용 범위나 추측을 개선하는 등에 대해 전혀 논의하지 않았다는 의미이다. 8.9는 분명히 샘의 전략을 하나의 '가정'으로 다루었다는 점에서 이 둘은 대조를 이룬다. 대신 제시된 전략은 분수를 "빠르게 대강 판단하고" 나서 확인하는 것이다. 하지만, 판단할 때 그 전략의 유용성은 더 이상 탐구하지 않았다. 8.16의 수업 연극이 계속되면서, 교사는 "피자 크기"의 목록을 적고 학생들에게 가장 작은 것과 가장 큰 것을 찾도록 했다.

실생활 문제에 접목시키려는 작가의 선택은 학생들에게 동기를 일으키거나 또는 분수가 사용되는 구체적 상황을 제공하려는 욕구에서 비롯되었을 것이다. 그렇지만, 이러한 욕구가 학생들의 활동에 대한 응답인지는 이 수업 연극에서 분명하지 않다. 아마도 교사는 수업 연극의 [8.16.5]에 기술된 "분수를 표현하기 위해서 특별히 고안된 원 모양의 교구"에 좀 더 적절하게 작은 분모를 갖는 분수를 제안했을 것이다.

앞에서 보았던 예에서 우리는 교사가 전략을 통하여 학생들과 같이 수업하는 방식, 특히, 반례와 적용 범위를 규명하고 질문하였던 방식에 중점을 맞추었다. 그러나 대부분의 수업 연극들은 분수를 비교하기 위한 여러 가지 다른 전략을 재탐색하는데 중점을 맞추었다. 우리는 다음에 이어지는 절에서 이러한 예를 몇 개 살펴본다.

앞에 나온 전략 재탐색: 기본으로 돌아가기

이 장에서 우리는 교사가 학생들에게 제대로 가르치지 않았다고 여긴 분수 개념을 다시 가르치려는 시도가 들어 있는 수업 연극들을 살펴본다. 여기 나오는 접근 방법은 다양한 교구 활용하기, 공통분모, 계산기로 소수로 고쳐보기 등이 있다.

주의하여 교구 활용하기

다시 가르칠 때 도구나 시각적 표현을 이용하는 것을 우선적으로 고려한다. 도구와 사진 또는 그림 등은 앞에서 이미 많이 언급되었다. (예, 8.1, 8.2, 8.5, 8.6, 8.7, 8.10, 8.13, 8.16, 8.18) 분수의 시각적 표현은 초보자에게 분자와 분모가 무엇을 나타내는지 이해하는데 그리고 분수에 대한 감각을 키우는데 도움이 될 수 있다. [8.5.12]에서 샘이 교사가 소개한 그림으로 비교하는 방법을 언급하면서 말한 바를 상기하자. "선생님이 이렇게 간단한 방법을 알려주다니 믿을 수 없어요…"

하지만, 교구나 그림과 같은 시각적 표현이 모든 분수를 설명할 수 없다는 점에서 불리한 면도 있다. 다시 말해서, 원이나 직사각형이 6이나 8개 조각으로 쉽게 나누어 질 수 있지만, 분모가 11이나 13인 분수를 표현하기란 쉽지 않다. 그런 예에 대하여, 교사는 그 전략이 쓸모 있는 것이지 물어보아야만 한다. 다음 대화는 샘의 모둠에게 다른 모둠의 답과 비교하도록 권유한 후에 일어난 일이다.

8.17.1	샘	저 모둠은 우리와 답이 달라요. 그래서 우리는 종이 한 장을 17 등분으로 접고 9 칸을 색칠해서 이 문제를 확인하기로 하였습니다. 이어서 다른 종이 한 장을 11 등분으로 접고 5 칸을 색칠했습니다. 9/17는 5/11보다 큽니다.
8.17.2	교사	그래서 너희가 전에 사용했던 그 규칙이 모든 경우에 다 적용되니?
8.17.3	제니퍼	아니요.

이 수업 연극은 공통분모를 고려하면서 진행된다. 학생들은 종이 몇 장을 11이나 17개의 등분으로 접어야 하는데, 이러한 교구 사용은 합리적인 수준을 넘어서는 일이다. 교사는 컴퓨터를 사용하여 좀 더 효과적으로 표현할 수 있을 것이다. 여기서, 종이 한 장을 정확하게 나누는 것은 일종의 시각적인 확인을 가능케 하는데, 교사는 이렇게 하는 것이 필요하다고 느낀다. 8.16에서 피자를 20개나 40개의 조각으로 나눈다거나, [8.11.6]에서 밥이 블록을 사용하여 8/11이 3/5보다 크다는 것을 보인 장면도 마찬가지이다.

공통분모, 언제나 최선의 방법

대부분의 수업 연극에서 공통분모가 사용 가능한 여러 전략들 중 하나로 취급되지만, 어떤 작가는 공통분모가 분수를 비교하거나 분수 비교를 가르치는 유일한 방법이라고 믿는다. 이러한 믿음은 "분수 비교의 제일 좋은 방법은 공통분모를 계산한 다음 비슷해 보이는 분수를 비교하는 것인가 봐" [8.3.4]에서 엿볼 수 있다. 좀 더 설명하자면, 샘의 전략에 대한 분석에서 어떤 예비 교사는 다음과 같이 적었다.

> 샘은 분수를 비교하기 위하여 분모는 반드시 같아야 하고 다음에 같은 크기의 조각들을 비교할 수 있음을 구체화하지 못한다. 곱셈 과정에서 분모의 공약수를 찾아야 한다. 다음에는 분모에 대해 행해진 모든 것을 분자에 그대로 적용해야 한다. 분모가 같지 않으면, 크기가 같지 않은 조각들을 제대로 비교할 수 없을 것이다.

이러한 인식은 다음 수업 연극 8.18에도 나타난다.

8.18.1	교사	네 전략은 분모가 같을 때 적용될 수 있지만 분모가 다르면 꼭 그런 것은 아니란다.

8.18.2	샘	알겠습니다. 그럼 분모가 다를 때는 어느 쪽 분수가 큰지 어떻게 알 수 있습니까?
8.18.3	교사	여러분 중에 분모가 다를 때 어떤 분수가 큰지 알 수 있는 방법을 찾은 사람?
8.18.4	모둠	우리 모둠에서 방법을 알아냈어요. 우리는 분모를 같게 만들었어요. 분수 3/5과 2/3가 있을 때, 같은 분모를 찾으려 했죠. 우리는 곱셈을 이용해야 했습니다. 3/5과 2/3의 공통분모는 15입니다. 즉, 3/5에서 5에 3을 곱하고, 또 3에도 3을 곱해야 한다는 뜻입니다. 그래서 분수 3/5은 이제 9/15입니다. 다음 2/3에 대하여 3에 5를 곱하여 분모를 같게 합니다. 이것은 2에도 5를 곱해야 한다는 뜻입니다. 그래서 이제 분수 2/3은 10/15입니다. 이제 분모가 같기 때문에, 어느 것이 더 큰지 쉽게 알 수 있습니다.
8.18.5	교사	최고다! 이게 바로 너희들이 해야 하는 거야. 너희 모둠이 대단한 방법을 찾아냈구나.
8.18.6	가 모둠	음, 도움을 좀 받았어요. 우리가 공통분모와 분수 비교에 대해서 배운 다음에, 어느 날 엄마가 그걸 어떻게 하는지 가르쳐 주었습니다. 제가 분모가 다르면 어느 분수가 큰지 어떻게 알 수 있는지를 물어 보았습니다.
8.18.7	교사	잘 했구나. 설명을 참 잘 했다. 곱하여 공통분모를 만들 때, 분자에도 같은 수를 곱해야만 한다는 걸 잊어선 안 된단다. 분모를 어떻게 하면, 분자에도 똑같이 해야 한단다. 공통분모 찾는 방법을 알아내기 위하여 곱셈표를 이용해야 한다. 공통분모란 두 분수의 아랫부분을 같게 만드는 걸 의미한단다. 공통분모를 찾을 때, 분모에 있는 수들의 배수들을 비교해서 공배수를 하나 찾는 거지. 공배수가 뭔지 기억하는 사람?
8.18.8	나 학생	공배수가 수를 곱한 답이 아닌가요?
8.18.9	교사	그래, 그렇지.
8.18.10		(교사는 3/5과 2/3를 보드에서 비교한다. 교사는 가 모둠이 설명한 방법을 써서 학급 전체와 함께 문제를 해결한다.)

[8.18.4]에서, 가 모둠에 있는 학생들은 공통분모를 이용하는 분수 비교 전략을 설명한다. 학생들은 교사의 질문인 "여러분 중에 분모가 다를 때 어느 분수가 큰지 알 수 있는 방법을 찾은 사람?"에 대한 응답으로 이 전략을 "찾아" 내었다. 작가는 이렇게 수준 높은 수학 대화를 학생에게 부여한 듯이 보이고 답변의 수준은 전적으로 인정할 만하다. [8.18.5] 이 점에서, 수업 연극은 학생들에게 높은 수준의 능력을 두지만, [8.18.6]에 나오

는 진술 “어느 날 엄마가 어떻게 하는지 가르쳐 주었습니다”는 새로운 아이디어가 어른들로부터 나온다는 느낌을 준다. 가족으로부터의 도움이 언급되는 경우, 다른 수업 연극은 ([5.14.3]이나 [5.16.1]을 보시오) 아빠나 큰 형인데 반하여, 이 수업 연극에는 흥미롭게도 엄마한테 도움을 받는다.

구원 투수 계산기

다음 수업 연극 8.19는 지금까지와 다르게 셈의 전략으로 시작하지 않고 계산기를 이용하여 소수로 고쳐서 분수를 순서대로 나열하는 장면으로 시작한다.

8.19.1	교사	오늘 우리는 분수 비교에 대해서 배우겠습니다. 분수를 비교할 때, 어느 분수가 큰지 어떻게 알 수 있을까요? 여기 두 분수 1/3과 4/5를 보세요. 두 분수를 비교해 봅시다. 분수를 소수로 고치면, 분수들 사이의 차를 쉽게 알 수 있겠죠. 그 분수를 소수들로 바꾸기 위하여, 우리는 두 수를 그 분수에서 나눕니다. 1/3 = 0.33이고 4/5 = 0.80이죠. 그럼 어느 것이 더 클까요?
8.19.2	올리비아	0.80이 0.33보다 크니까 4/5가 더 큽니다. 다른 거 해 봐요. 4/9와 6/8은 어떨까요?
8.19.3	보비	음, 4/9를 소수로 바꾸면 0.44입니다.
8.19.4	교사	보비, 계산해 줘서 고맙구나. 바로 맞았다. 누구 6/8을 소수로 바꿀 수 있는 사람?
8.19.5	알리시아	답은 0.75입니다.
8.19.6	에릭	0.75는 0.44보다 크기 때문에, 6/8이 더 큰 분수입니다.
8.19.7	교사	모두들 잘했어요! 여러분은 간단한 계산을 통하여 어느 분수가 큰지 알 수 있습니다. 여기 몇 개의 분수를 보드에 적겠습니다. 여러분 각자의 모둠에서 어느 분수가 큰지 알아 맞춰보세요. (교사는 보드에 분수를 쓴다. 1/2과 3/7, 4/12와 5/8, 2/9와 3/6, 8/12과 2/7)

학생들은 계산기를 사용하여 분수의 차를 쉽게 알 수 있다. 이와 같은 방법은 개념적 이해를 강조하지 않고 알고리즘만을 제공하는 단점이 있고, 또한 분수와 그 소수 표현의 등가성이 불투명하다. 그런데, 이 수업 연극은 실제로 계산기를 다루는 과정은 설명하지 않았다. 예를 들어, 보통의 계산기는 4 나누기 5를 0.80이 아닌 0.8(또는 .8)로 보여 준다.

연구에 의하면, 많은 학생들이 0.8이 0.33보다 작다고 진술했는데 그 이유는 33이 8보다 크기 때문이다. (Resnick, 1989; Peled와 Awawdy-Shahbari, 2009) 이런 점에서 계산기가 0.8보다는 0.80으로 보여주는 것이 더 그럴 듯하다. 어쨌든, 계산기로 답을 낼 때, 교사들은 결과가 나타나는 방식에 따른 복잡함을 가만하여야 한다. [8.19.1]에 나오는 0.33에 대한 논의에 대해서도 마찬가지인데, 보통 손바닥 크기의 계산기는 1/3을 0.33333333과 같이 보여준다. 작가는 아마도 계산기 사용 경험이 충분치 않았을 것이다. 계산기나 다른 교구 등을 수업에 활용하는 것은 교수 행동에서 혁명적 과정을 수반하는 중대한 변화를 필요로 한다.

계산기의 표시판이 일으키는 혼동에 상관없이 수업은 이어지고, 샘은 자신의 방법을 주장하고, 제니퍼는 그 방법을 거부한다.

8.19.8	제니퍼	너의 방법은 몇몇 분수에만 맞아! 네 방법은 항상 맞는 것은 아니기 때문에 진정한 전략이 아니야.
8.19.9	샘	응, 그런 것 같아. 바보같이. 그 방법으로 아주 쉽게 알 수 있었는데. 계산기를 쓸 필요도 없었고.
8.19.10	교사	자 여러분, 분수를 비교할 때 계산기를 사용하지 않고 항상 통하는 다른 방법이 있어요.
8.19.11	샘	정말요? 그게 뭐에요? (샘이 흥미를 보임)
8.19.12	교사	자, 샘… 네가 각 분수의 분모를 바꾸어서 서로 같게 만들면, 어느 분수가 큰지 쉽게 알 수 있단다…

계산기를 사용하지 않는 방법은 바로 악명 높은 공통분모 방법으로, 교사가 이 방법을 소개하면서 이 수업 연극이 끝난다.

수업 연극들을 아우르는 주제 "전에 나왔던"

다음에 이어지는 몇 개의 절에서, 다른 장에서 이미 나온 주제이지만 이번에는 분수 비교의 맥락을 유념하여 다시 살펴본다.

"분자가 분모에 가까운 쪽"

5장은 수학 언어의 사용에 주목하였고 학생들이 알맞은 용어를 사용할 수 있도록 어떻게 이끌어 갈 수 있는지에 대한 예를 제시하였다. 8.20은 분수에 대해 논의할 때 밑줄 친 말과 같이 적절한 용어를 사용하도록 교사가 강조하는 흔치 않은 예를 제시할 것이다.

8.20.1	제니퍼	예, 알아냈어요. 위에 있는 수와 더 가까운 수를 가지고 있는 분수를 고르면 됩니다.
8.20.2	교사	어디에 가까운 수라는 거니?
8.20.3	샘	아랫수 말입니다. 보세요. (확신에 차서 탁자를 한 번에 가로질러 뛰.) 4/5가 3/5보다 큽니다. (샘은 서둘러 교구를 조작하여 그의 이론을 시연한다.)
8.20.4	교사	아 알겠다, 그래서 네 말은 분자가 분모에 가까운 쪽이 두 분수 중 더 크다는 말이지?
8.20.5	제니퍼	네.
8.20.6	교사	알겠다, 그럼 분모에서 (본인이 말한 단어를 눈으로 보게 하려고 분모를 가리키면서) 분자를 (분자를 가리킴) 빼는구나, 그러고 나서 작은 차를 가지는 분수가 더 큰 분수라고 생각하는 거지?

이 대화는 교사가 학생의 표현을 적당한 수학 용어를 소개하여 재성하는 흔치 않은 예이다. 대부분의 수업 연극에서 교사가 적절한 용어를 사용하거나 혹은 같은 단락에서 두 가지 용어를 섞어 사용한다. 예를 들어, [8.8.1]에서 교사가 다음과 같이 요약하였다. "… 위엣수가 아랫수에 가까운 정도로 분수를 비교할 수 없다 … 이 규칙은 공통분모를 가지는 진분수를 비교할 때 쓸 수 있지만 …" 학생이 한 말에 수학 용어를 섞는 것은 수학 언어에 유의하도록 지도하는 보이지 않는 전략이기도 하다. 그렇지만, 대부분의 수업 연극에서 교사는 이 방법을 쓰지 않는데 아마 Herbel-Eisenmann(2002)이 지적한대로 어떤 학생이 쓴 말을 바꾸는 것은 그 학생의 자율권을 침해한다고 볼 수 있기 때문일 것이다.

"1/10 = 9, 1/8 = 7, 2/5 = 3, 3/4 = 1"

다음은 등호에 관한 예이다. [8.21.2]에서 샘이 자신의 전략에 대해 설명하고 있다.

8.21.1	교사	샘, 분수를 작은 것에서 큰 것으로 어떻게 배열할 수 있는지 너희 모둠이 설명해 보겠니?
8.21.2	샘	네. 우리는 1번 문제만 했는데요, 우리는 이 방법을 선생님이 내 준 예제에 적용하였습니다, 그런데 예제의 분수가 이미 작은 것에서 큰 것으로 배열되어 있었습니다. 그래서 우리의 방법이 성립했다는 걸 알았죠. 기본적으로 저희가 한 것은 이렇습니다. 1/10, 1/8, 2/5, 3/4. 각 분수에서 분자와 분모의 차를 계산합니다. 1/10 = 9, 1/8 = 7, 2/5 = 3, 3/4 = 1. 그 다음, 가장 작은 차를 가지는 분수가 실제로 나와 있는 분수 중 가장 큰 분수가 됩니다.
8.21.3	교사	샘, 그럼 이 방법이 항상 성립하니?

학생들이 등호를 같다는 뜻이 아니라 연산의 지시자로 사용하는 문제는 수학 교육 문헌 (예를 들어, Behr 등, 1980; Kieran, 1981, Matthews 등, 2012)에도 잘 알려져 있다. 샘이 분자와 분모 사이의 차를 "1/10 = 9, 1/8 = 7" [8.21.2]와 같이 적절치 않게 표기하는 방식으로 보아, 이 대본의 작가는 이 사실을 알고 있을 것이다. 어쩌면 작가는 옳지 않은 표현임을 알고 있음에도, 분수 비교라는 주요 주제에 집중하기 위하여 이 점을 애써 무시했을지도 모른다.

8.21에서 볼 수 있듯이 학생이 같은 실수를 범한 것이라면, 우리가 작가의 마음을 확실히 알 수는 없고, 단지 이것이 일부러 그렇게 한 것인지 아니면 아예 생략한 것인지 짐작만 할 수 있을 뿐이다. 그렇지만, 우리는 8.21을 쓴 작가의 동료가 분석한 글에서 등호를 비슷한 방법으로 잘못 쓰고 있는 경우를 발견하였다.

> 학생의 이론이 성립하는 몇 가지 예가 있습니다. 예. 5/6 = 4/8. 5와 6은 단지 하나 차이지만 4와 8의 차는 4입니다. 학생의 이론에 의하면, 5/6가 4/8보다 큽니다. 같은 방식이 5/6 = 8/12에도 성립합니다.
>
> 그 학생은 (이 활동지에서) 항상 성립하지는 않고 어떤 때 성립하는 전략을 구체화하였습니다.
>
> 학생의 이론이 성립하지 않는 예가 여기 있습니다. 예. 5/12 = 2/6. 공통분모를 찾으면 2/6는 4/12이고 이는 5/12보다 작습니다. 1/4 = 2/6, 4/6 = 9/12에서도 마찬가지입니다.
>
> 또한 다른 결점도 있습니다. 두 분수 모두 그 차가 1이면 무슨 일이 생길까요? 어느 분

수가 더 큽니까? 전략은 무엇이죠?
예. 1/2 = 3/4, 3/4 = 7/8

이 분석의 의도는 분명하지만, 우리는 쉽게 이해할 수 있도록 글쓰는 방식과 더 수학적으로 정교하게 등호를 사용하는 방식 사이의 다른 점을 지적하고자 한다. 예비 교사는 8.21의 수업 연극과 같이 등호가 비형식적인 형태의 대화에서 사용될 때는 꼭 수학의 상등을 의미할 필요는 없다고 믿는 듯 하다.

"너희가 찾을 수 없다면 이 가설은 참이야"

어떤 관계를 관찰하고, 그 관찰한 바의 범위나 옳고 그름의 여부를 확인하고자 할 때, 수학에서는 그것을 "추측"이라고 한다. 이 용어는 우리가 조사했던 수업 연극에는 나타나지 않았다. 대신, 샘의 전략은 종종 "가설"로 언급되었다. 8.2에서, 학생들이 "가설"이라는 단어를 되풀이하여 사용하였는데, 이는 모든 학생이 그 의미를 공유하고 이해했다는 걸 제시하는 것이다. 8.9에서, 교사가 이 단어를 칠판에 써서 소개하였고, 학생들이 그 의미를 정확하게 알지 못하자, 교사는 다음과 같이 설명하였다. "가설이란 어떤 것에 대한 짐작 또는 이론과 같다" 8.22에서, 교사가 여기에서 한 단계 더 나아가며 "과학적 접근"의 정수를 설명한다.

8.22.1	교사	아주 잘 했다. 샘, 그걸 가설이라고 한단다. 과학자는 항상 가설을 세우지. 가설은 어떤 것이 성립하는 아이디어이고 과학자들은 그 가설이 옳은지 옳지 않은지 실험해야만 한다. 자, 각 모둠이 과학자 팀이 되어서 이 가설이 참인지 거짓인지 증명해 보자. 이 가설에 맞지 않는 한 쌍의 분수를 찾아보렴. 너희가 찾을 수 없다면, 이 가설은 참이야.

이 수업 연극의 교사는 반례를 찾을 수 있는 개인의 능력에 따라 "참인지 거짓인지" 증명하도록 틀을 짠 것처럼 보인다. 이것은 [8.22.1]에서 "이 가설에 맞지 않는 한 쌍의 분수를 찾아보렴. 그래서 너희가 찾을 수 없다면, 이 가설은 참이야"라는 교사의 진술로부터 명백하다. 가정에 맞는 예를 더 많이 찾는 것이 가정을 더 믿게 하거나 또는 가정이 성립하는 이유에 대한 통찰을 제공한다는 지침에 따라, 이 진술을 살짝 수정함으로써, 교사는 학생들이 경험적 증명 인지구조를 발달시키는 걸 피하려 한다.

반례 또는 증거 부정하기에 대하여

수학에서 하나의 반례는 어떤 명제가 일반적으로 참이 아니라는 결론을 내리기에 충분하다. 그렇지만, 이와 같은 논리와 수학의 기초 규준이, "규칙을 증명하는 예외"를 보이라고 말하는 것 같이, 일상의 추론에서 연습되는 것은 아니다. 수학적이지 않은 상황일 때, 사람들은 어떤 것이 참인지 결정하기 위하여 종종 증거의 무게를 고려한다. 연구자들이 관찰한 바에 의하면, 학생들은 몇 개의 예를 확인한 후 증거를 부정하게 될 때 그 추측을 마지못해 포기한다. (예, Edward, 1997; Harel과 Sowders, 1998) 사실, 앞부분에서 샘의 주장 "지금까지 한 모든 문제에서 성립했어"는 학생들이 제한된 예에 기초하여 결론을 이끌어 내는 경향을 보여 준다.

Chinn과 Brewer(1993)는 과학 전공 학생들과의 실험을 통해 학생들이 "변칙 자료"라고 부르는 것에 대하여 일곱 가지 응답 유형을 규명하였다. 비규준적 응답에는 자료 무시하기, 자료 거부하기, 자료 재해석하기, 현재 이론에서 자료 배제하기, 유보 상태로 가지고 있기 (거부하지 않고 그렇다고 이론을 수정하기 위하여 사용하지도 않음) 등이 있고, 과학적이고 수학적인 규준을 따르는 응답에는 현재 이론에 부분적인 변화 주기, 그리고 본질적인 변화 주기 등이 있다.

예비 교사들이 작성한 수업 연극에는 학생이 단 하나의 반례로 추측을 거부하는 몇 가지 경우가 나타났다. 그러나 우리는 이런 식의 생각이 학습자의 입장에서 분명치 않음을 안다. 우리는 또한 학생들이 처음 한 추측을 거부하는 다양한 예를 발견하였다. 이 경우에, 학생들로 하여금 처음 전략을 포기하도록 하는 증거의 무게가 있었다. 변화를 싫어하는 경우에는 차라리 증거로 확신하거나 또는 추측을 수정하거나 그것의 적용 범위를 축소하는 경향을 보였다. 또한 증거를 부정하여 일시적으로 유보하는 예도 있었다. 즉, 이런 예는 샘이 소개한 전략을 일단 인정하고, 수업 연극은 그에 대해 특별한 결정을 내리지 않고 잠시 유보한 상태로 계속 대체 전략을 고려하는 쪽으로 진행된다.

간극 사고에 대하여

우리는 이 장의 앞부분에서 한 학생이 분자와 분모의 차에 기초하여 분수의 상대적 크기를 비교하는 프롬프트가 Zazkis와 Chernoff(2008)의 연구에 나오는 어떤 예비 교사의 혼동에 기초하여 개발되었다고 언급하였다. 사실, 비슷한 혼동들이 분수 순서 정하기 관련 연구에 잘 나타나며, 학생들이 분자와 분모 사이의 "간극"에 집중하고 있기 때문에 간극 사고라 부른다. Clarke와 Roche(2009, p. 129)에 의하면, "간극 사고는 사실 자연수 사고의 한 형태인데, 여기서 학생은 분모의 크기를 고려하지 않고 그래서 상대적인 부분의 크기가 아닌 단지 분자와 분모의 절댓값을 고려한다" 그렇지만, Mitchell과 Horne(2010, p. 417)의 설명은 다음과 같이 다르다. "간극 사고에 의한 설명은, 분수에 잘못 적용된 정수 사고라기보다 전체에 얼마나 가까울지 사고가 부적절한 분수의 쌍에 제대로 잘못 적용된 것으로 보인다" 이 연구자들은 간극 사고가 학생들을 분수의 상등으로 유도하는 효과가 있으며 또한 더하기 성질에 연결됨을 보였다.

연구자들은 간극 사고의 기원에는 동의하지 않지만, 간극 사고가 초등학생들 사이에서 공통으로 발견된다는 것에 동의한다. 간극 사고는 거의 대부분 분자와 분모의 차가 같고 실수로 분수들이 같다고 여겨질 때 나타난다. Clarke와 Roche(2009)는 간극 사고의 예로 11-12세 학생들의 29%가 5/6와 7/8이 같다고 주장한 것을 들었다. Mitchell과 Horne(2010)의 연구는 54%의 아동들이 여덟 개의 분수 비교 과제 중에서 적어도 한 개 이상에서 간극 사고의 형태를 보인다고 보고하였다. Mitchell과 Horne(2010)은 5/6와 7/8을 비교했던 아동들의 설명 중에서 다음을 인용하였다.

- "이 둘은 같습니다. 왜냐하면 둘 다 위엣수들이 아랫수들보다 하나씩 작기 때문입니다"
- "왜냐하면 둘 다 색칠하려면 하나가 더 필요하기 때문입니다"
- "왜냐하면 6에서 5는 한 조각이 남고 8에서 7도 한 조각이 남기 때문입니다" (p. 416)

또한 간극 사고는 분자와 분모의 차가 같지 않을 때도 나타난다. 예를 들어, Cramer와 Wyberg(2009)는 3/4이 5/12보다 크다고 주장했던 아동을 인용하고 있는데, 그 아동이 말하는 이유는 다음과 같다. "5/12는 아직 7을 더 가야 하지만 3/4는 "하나만 가면 됩니다. 그래서 3/4이 클 수밖에 없습니다" (p. 241). Clarke와 Loche(2009)는 4/7와 4/5를 비교한 학생을 인용하였는데, 그 학생은 "4는 7보다 5에 더 가깝다"고 주장하였다. 여기서 유의할 것은 간극 사고가 꼭 틀린 결론에 도달하는 것은 아니기 때문에 아동들이 그들의 결정을 설명할 필요가 없다면 정해지지 않은 상태로 남아 있을 수 있다는 점이다. 사실, Clarke와 Roche의 연구는 특별한 분수를 선택함으로써, "간극 사고로 여덟 쌍 중 네 쌍이 바른 답에 도달할 것이다. 분명히, 이 전략으로 답을 맞힌다면 이것이 바른 사고라는 학생의 믿음이 확고해질 것이다" (p. 134)고 하였다. 여전히, 8.6이나 8.7과 같이 동치가 아닌 분수에 대한 간극 사고를 교사가 재확인해 주는 것을 예비 교사들의 수업 연극에서 보는 것은 실망스러운 일이다.

분수의 상대적 크기를 성공적으로 비교한 학생들이 사용한 전략 중, 연구자들은 기준점 이용과 잉여 사고 (Behr 등, 1984; Clarke와 Roche, 2009)를 언급하였다. Mitchell과 Horne(2010)에 의하면, "잉여 사고는 전체에서 하나가 부족한 분수를 비교할 때 수학적으로 올바른 전략이다. 5/6는 전체 여섯 개 중에 하나 부족하고 7/8은 전체 여덟 개 중에 하나 부족하다" (p. 415). 이 전략을 확장하여 전체에서 'n'이 부족한 경우를 생각할 수 있다. 예를 들면, 4/7과 7/10을 비교할 때, 4/7은 전체 일곱 개 중에 세 개 부족하고 7/10은 열 개 중에 세 개 부족하다.

Clarke와 Loche(2009)는 전체 학급 논의에서 분명한 공유, 기준점 이용, 잉여 사고 등의 전략에 중점을 둘 것을 제안했다. 이 연구자들은 분수의 크기에 주목하여 이러한 전략을 강조하였다. 선호하는 전략을 구체화하는 동안, 교사들은 논의를 유도하여, 간극 사고와 같은 다른 전략이 적절하지 않음을 보여야 한다.

이 장에서 분석한 수업 연극에 나타난 분수를 비교할 때 사용되는 유용한 전략을 강화하거나 다시 가르치는 방법 중, 기준점 이용이 반복하여 나타나는데 기준점은 거의 1/2을 이용한다. 그러나 작가들이, 특히 분자와 분모의 "차가 같은" 경우, 잉여 사고를 소개하거나 강화하는 많은 기회로 삼고 있음을 발견하였다. 이는 예비 교사들의 방법론 강좌에서 잉여 사고의 사용을 더욱 분명히 개발할 필요가 있음을 제안하는 것이다. 더욱이, 작가들은 기준점 이용과 잉여 사고와 같은 방법을 지금까지 예시된 다양한 상황에서 어떤 식으로 적용할지 그리고 처음 시작한 원리로 돌아가지 않고 이용할 수 있을지 볼 수 있어야 한다. 물론, 예비 교사가 몰아가기 상호작용이 아닌, 학생들의 전략이나 사고방식으로 전개될 수 있는 상호작용을 상상해 보는 것도 도전이 될 것이다.

Chapter 09 멜론 농장의 넓이와 둘레

이 장은 다시 측정 주제로 돌아가 넓이와 둘레를 다룬다. 5장의 프롬프트 (3)과 같이 이 장에 제시되는 프롬프트는 진단이 들어 있지 않으며, 학생들의 실수 원인과 중재를 위한 전략의 범위에 따라 작가들의 가정이 다양하게 나타났다. 이 장은 예비 교사들이 쓴 수업 연극 중 진단에 관한 부분을 탐구한다는 점에 있어서 다른 장과 구별된다. 우리는 '문제해결을 통한 수학 가르치기' (Zazkis와 Liljedahl, 2008)에 나오는 베센뭇 이야기를 각색하여 다음 프롬프트를 만들었다.

> 20여명의 학생들이 교실에서 다음과 같은 문제를 풀고 있다.
>
> 존과 빌은 이웃에 사는 농부들로 멜론 농장을 가지고 있다. 존의 농장은 200 × 600m이고, 빌의 농장은 100 × 700m이다. 누가 더 많은 멜론을 재배하는가?
>
> 교사는 한 학생이 다음과 같이 쓴 것을 보았다.
> 두 농부는 같은 양의 멜론을 재배한다.

선행 연구는 어린 학생들이 종종 넓이와 둘레의 개념을 혼돈스러워 한다고 밝히고 있다. (Kamii, 2006) 베센뭇 이야기는 초등학생들이 실생활 상황 속에서 수학 개념을 접하도록 지어낸 것이다. 이 이야기는 아버지의 멜론 농장을 물려받은 어린 소년 베센뭇이 주인공이다. 농부로서 첫 해가 지난 후 그는 농장 둘레의 절반을 기준으로 계산된 세금을 내야 한다는 것을 알게 되었다. 그는 이웃에 있는 농장들과 같은 세금을 내는데도 이웃의 두 농장들과 자신의 농장이 생산하는 멜론의 양이 같지 않음을 알게 되었다. 세금을 계산하는 방법이 정확하지 않은 것이 마음에 들지 않은 베센뭇은 농장들의 크기를 표현하는 더 나은 방법을 찾기 시작했고, 바로 그의 청중들인 초등학생들과 함께 찾아보기로 했다.

농장의 가로와 세로가 아무렇게나 주어진 것은 아니다. 그 가로와 세로의 수는 쉽게 조작할 수 있도록 2 × 6과 1 × 7로 줄일 수 있고, 또 둘레의 길이가 같은 직사각형들이 모두 그렇듯이 이 수들은 보상 논리도 불러일으킨다. (Dembo 등, 1997) 즉, 이야기와 상황 속에 제시된 구체적인 수를 통해, 학생들은 한 농장의 가로가 다른 농장의 가로보다 100m 길지만 대신 세로는 100m 짧다는 점에서 두 농장의 크기가 일종의 균형을 이루고 있음을 보게 된다.

둘레는 일차식이므로 넓이의 개념보다 더 잘 이해할 수 있다. 그 이유는 많지만 가장 중요한 이유는 다양한 사물의 길이를 측정하기 위해 표준과 비표준 단위를 사용하는 활동을 통해 일차 측정 개념을 발달시키는데 많은 시간을 보냈기 때문이다. 직사각형을 이용하여 넓이를 도입할 때, 일차원에 해당되는 것을 측정하고, 산술적 연산을 수행한다. (Zacharos, 2006) 이러한 접근은 모눈종이의 격자점을 이용하여 사각형 단위와 관련시켜 나타냄으로써 보완할 수 있다.

베센뭇 이야기와 프롬프트에서, 멜론은 하나의 비표준 넓이 단위로 사용된다. 위의 프롬프트에서, 생산되는 멜론의 수는 각 겉넓이에 따른 농장의 크기에 대해 생각하게 한다. 그러나 둘레 또는 넓이에 대한 언급은 없다.

우리는 이 프롬프트에 대한 33개의 수업 연극을 분석하였다. 진단이 제시되지 않은 상황은 학생들이 추론의 본질에 대해 풍부한 가설을 세우도록 한다. 우리는 먼저 이 가설을 간략하게 제시한다. 다음 예비 교사들의 진단을 설명하기 위해 선택한 교수학적 접근 방법을 설명하는데 많은 지면을 할애한다. 그리고 이 수업 연극에서 발견되는 부주의한 면과 오류를 분석하며 이 장을 마무리한다.

진단

작가들의 목표, 가정, 그리고 가치는 수업 연극 자체에 나타나며, 예비 교사들이 작성한 진단에도 다루어진다. 작가들은 자신이 생각한 것을 가상의 학생들에게 직접 설명한다. 이 장에 도입된 상황에 대한 진단은 네 가지 주제, 즉 넓이 공식과 둘레 공식 사이의 혼동, 넓이에 대한 공식을 알지 못함, 두 개념 사이의 혼동, 그리고 넓이 개념을 이해하지 못함으로 분류할 수 있다.

두 공식 사이의 혼동

대부분의 진단은 학생들의 어려움의 원천을 넓이에 대한 공식과 둘레에 대한 공식 사이의 혼동으로 보고 있다.

D9.1 학생들은 둘레와 넓이에 대한 정의와 공식을 알고 있지만 종종 혼동한다. 따라서 주어진 문제를 해결할 때 넓이에 대한 공식을 적용시켜야 할지, 둘레에 대한 공식을 적용시켜야 할지 결정하는데 어려움을 겪는다.

많은 예비 교사들은 둘레와 넓이 공식을 함께 배운 학생들에게 일어나는 혼동에 대해 썼다.

D9.2 학생들은 둘레와 넓이를 동시에 학습한다.

D9.3 넓이와 둘레는 종종 함께 가르치기 때문에 학생들은 어떤 공식을 적용할지 혼돈스러워 한다. 예를 들어, 넓이를 구하기 위한 공식이 밑변 곱하기 높이이고 둘레를 구하는 공식이 각 변의 길이를 모두 더하는 것인데, 어떤 상황에 어떤 공식을 적용해야 할지 모른다.

어떤 예비 교사들은 넓이와 둘레를 계산할 때 필요한 곱셈과 덧셈 연산 사이에 존재하는 혼동 같은 것이라고 설명한다. D9.4는 둘레와 둘레 절반을 구분하면서 이 점을 분명히 한다.

D9.4 학생들이 넓이를 계산해야 할 때, 직사각형의 둘레의 길이를 계산한다. 네 변의 길이를 모두 더하여 전체 둘레의 길이를 계산하거나 또는 넓이를 계산할 때, 두 변이 필요하다는 것을 기억해서 오직 두 개의 변만 더하기도 한다. 여하튼, 두 직사각형 둘레가 1,600m, 또는 그 절반이 800m로 같다. 가장 큰 문제는 곱해야 할 것을 더한다는 것이다.

어떤 예비 교사는 넓이 공식을 이용할 때 잘못된 연산을 사용한 탓으로 돌리기도 한다.

D9.5 학생들이 정답을 구할 때 잘못된 연산을 이용했다.

D9.6 교사들은 학생들이 넓이를 구하려고 길이를 더했다는 것을 깨닫는다. 또한 길이를 곱하지 않았다 하더라도 학생들이 그 땅에 얼마나 많은 멜론이 있는지 결정하기 위해서 그렇게 계산했음을 깨닫는다.

넓이에 대한 공식을 알지 못함

학생들이 넓이에 대한 공식을 모를 것으로 진단한 것은 단 하나였다.

D9.7 이 학생은 공식을 가르치는 날 수업을 빠졌는데, 그가 기억하고 있는 다른 공식을 이용했다.

이런 방식으로 딜레마에 접근한 예비 교사가 단 한 명이라는 사실에 주목할 필요가 있다. 직사각형에 대한 공식은 매우 쉬워서 학생이 모른다고 인지하는 경우는 거의 없다. 그러나 선행연구에 따르면 공식을 아는 것이 넓이 개념을 이해한다는 것을 의미하는 것은 아니다.

Leinhardt(1988)는 계산 지식의 부족으로 두 공식 사이의 혼동이 있을 뿐 아니라 넓이 공식에 대한 지식 부족도 언급했다. 여기서 계산 지식은 직관적 지식, 구체적 지식, 원리적 지식과 더불어 하나의 지식 유형이다. 계산 지식은 학생들이 문제를 풀 때, 적절한 알고리즘을 사용하는지, 적절한 공식을 선택하는지에 대한 지식이다. 진단 D9.1, D9.3, D9.4, D9.5, D9.6에서 예비 교사들은 모두 학생들이 주어진 상황에서 잘못된 공식을 사용하는 것으로 가정하고 있다. 진단 D9.7에서 학생은 다른 어떤 공식도 알지 못하여 이미 알고 있는 공식을 적합하지 않은 내용에 이용하였다.

두 개념 사이의 혼동

예비 교사에 따르면 넓이와 둘레의 개념은 종종 함께 다루어진다. 직사각형의 넓이와 둘레 모두 직사각형의 크기에 대한 정보를 제공하는 것이다. 어떤 학생들에게는 이것이 혼동의 원인이기도 했다.

D9.8 학생은 직사각형 측정 방법으로 둘레와 넓이를 배웠지만 그 의미에 대해서는 생

각하지 않았다. 학생들이 "다음 도형의 넓이를 구하고 어느 도형이 더 큰지 결정하여라" 와는 다르게 애매하게 진술된 문제를 보게 된다면, 학생들은 어떤 측정법이 두 개를 비교할 때 도움이 되는지 결정해야 한다.

어떤 예비 교사들은 D9.9와 같이 직사각형의 넓이와 둘레는 직사각형의 다른 특성을 측정하는 것임을 지적했다.

D9.9 어떤 학생은 측정한 속성을 제대로 규명하지 않아서 농장의 넓이가 같다는 결론에 도달했다.

Dembo 등 (1997)은 직사각형의 크기가 측정과 관련되고 직사각형에서 측정해야 할 속성이 둘레와 넓이 두 가지이기 때문에 학습자가 애매함을 느낀다고 하였다. 한 예비 교사는 수업 연극에서 선행 연구와 정확히 같은 아이디어를 제안했다. 이 예비 교사는 아래와 같이 최근 둘레에 관한 수업에서 실수를 한 학생으로 묘사했다.

D9.10 질문이 애매하다. 학생들이 지난 2주 동안 둘레 문제를 학습하였기에 많은 학생들이 이 문제를 둘레 문제처럼 접근한다는 사실을 알고 있었다. 그래서 교사는 의도적으로 모호하게 질문을 설계했다.

D9.9와 D9.10에서 예비 교사들은 상황의 애매함을 언급하였으며, 이는 일부러 그렇게 한 것이었다. 그러나 또 다른 예비 교사들은 학생들의 혼돈이 핵심 단어에 중점을 맞춘 결과 갑자기 일어난 것으로 보았다.

D9.11 학생들이 문제를 받았을 때, 바로 둘레 문제로 가정하고 실제 문제가 무엇을 묻는지 고민하지 않고 문제를 해결하려고 하였다. [⋯] 많은 학생들은 문장제 문제를 풀 때, 문제를 단순화하기 위해 다른 단어를 무시하고 핵심 단어를 찾도록 배웠다. 이것은 문제가 실제로 묻는 것이 무엇인지 정확하게 해석하지 못하게 하는 결과를 낳는다.

진단에 제시된 핵심 단어는 주로 학생들이 풀려고 노력하는 개념이다.

D9.12 학생들은 단어 때문에 혼동을 겪는다. 내가 어렸을 때도 넓이와 둘레가 의미하는 것을 알지 못했다. 나는 개념을 이해했지만 공식이 그렇듯이 개념이 단어와 연결되었다고 생각하지 않았다. 따라서 내가 찾고 있는 것이 무엇인지 알고 있었음에도 어떤 공식을 이용해야 하는지는 알지 못했다.

넓이 개념을 이해하지 못함

많은 예비 교사들은 실수를 하는 근본적인 이유를 넓이에 대한 이해가 부족하기 때문이라고 생각했다.

D9.13 … 학생이 넓이의 속성을 이해하지 못하는 것과 관련되어 있다. 직사각형을 측정하는 방법인 넓이에 대한 이해 부족은 항상 그렇지는 않지만 종종 또 다른 측정 방법인 길이에 대한 이해 부족과 함께 나타난다.

이렇게 이해가 부족한 이유 중의 하나는 학생들이 배운 방법에 문제가 있기 때문이다.

D9.14 교사는 학생들이 스스로 개념을 이해할 수 있도록 충분히 시각적 표현을 보여주지 않았거나 실제 교구를 다루지 않고 둘레와 길이에 대한 공식을 강조하였다.

D9.15 둘레 문제에 대한 오개념은 넓이에 대한 이해가 충분히 발달하지 않았기 때문이다. 이 개념을 실제로 이해하기 위해 충분한 시간을 들이지 않고 이 단원의 기초가 되는 부분을 수박 겉핥기식으로 서둘러 끝내버렸다. 결국 수업은 둘레와 넓이의 공식을 암기하고 어떻게 공식을 적용해야 하는지에 중점을 두었다.

그리고 이러한 수업은 학생들이 문제를 해결하기 위한 핵심 전략으로 암기할 수 밖에 없는 결과를 초래한다.

D9.16 학생은 이해가 부족하고 단순히 넓이를 측정하는 공식을 암기한 것으로 보인다.

어떤 작가들에게는 오류의 근원이 정교한 듯이 보일 수 있다. 위에 제시한 D9.12와 같이, 이 작가 또한 오류가 문제에 제시된 단어와 연결된 것으로 간주하며 또 한 오류가 어떤 단어가 어떤 개념과 어울려야 하는지 잘못 이해하는 것과 관련된 것으로 본다.

D9.17 학생이 둘레와 넓이 문제를 풀지 못한 것은 넓이와 둘레가 어떻게 다른지 이해하지 못했기 때문이 아니라 어떤 연산을 수행해야 할지 모르기 때문이다. 맥락을 명확하게 하지 않고 활동지에 넓이와 둘레에 대한 문장제 문제를 섞어 놓으면 학생들은 어떻게 진행해야 할지 몰라 혼돈스러워 한다.

앞에 언급한 예들과는 대조적으로 D9.18은 학생이 넓이 자체를 이해하고 있지만 이해한 것을 어떻게 해야 할지 모른다고 설명한다.

D9.18 한 학생은 농장을 나타내는 정사각형 안에 멜론을 그렸는데, 이는 그 학생이 농장의 둘레가 아니라 넓이를 구해야 한다고 이해한 듯이 보인다. 그 학생이 사각형의 변을 따라 멜론을 그렸다면 그 학생이 둘레를 이해한 것이고, 따라서 문제를 정확히 읽지 않은 것이 된다. 그러나 그는 그렇게 하지 않았고, 결국 그 학생은 넓이와 둘레를 혼동한 것으로 보였다.

Zacharos(2006)는 넓이와 둘레 개념 사이의 혼동은 넓이 공식을 잘 도입하지 못했기 때문에 생긴다고 주장하였다. Sinclair 등(2012)은 주장했듯이, 넓이 개념은 처음에 분해, 재배열, 분배 등과 같은 기하적 접근을 통하여 가르쳐야 한다고 주장하였다.

중재

진단이 다양한 것처럼 예비 교사가 선택한 중재도 매우 다양하다. 모두 11개의 주제로 묶을 수 있었고, 각각에 대하여 차례로 논의한다. 이러한 범주화는 중재에 대한 우리의 표현은 매우 분명하지만, 진단만 보고 중재를 예측하기는 어렵다. 예를 들어, 두 개의 비슷한 진단이 서로 다른 중재를 이끌어 내기도 한다.

데이터 분석을 통해 나타난 주제는 그 중재를 처치하는 범위에 따라 크게 거시적 중재와 미시적 중재로 나눌 수 있다.

거시적 중재

많은 작가들은 프롬프트에 설명된 오류에 대해 선제공격을 시작하였다. 다른 말로 하면 이러한 중재는 어떤 주제에는 매우 부수적이어서 실제로 수업 연극 9.1과 같이 여러 다른 오류를 설명하는데 이용될 수 있다.

9.1.1	교사	질문이 무엇을 묻고 있는지 결정할 때 어떤 전략을 사용할 수 있을까?
9.1.2		(몇 초가 지나도 아무도 답을 하지 않았다.)
9.1.3	학생	선생님께 여쭤보기?
9.1.4	교사	좋아, 그것도 전략이라고 할 수 있지. 그러나 내 생각엔 너희가 더 많은 전략을 알 것 같은데. 문제를 풀 때 사용할 전략은 무엇일까?
9.1.5	학생	친구에게 물어보기?
9.1.6	학생	그림 그리기? 생각하고 있는 것을 써보기?
9.1.7	교사	좋은 생각이다. 또 다른 것은?
9.1.8		(교사는 표에 전략을 기록한다.)

[9.1.1]과 [9.1.4]의 중재는 너무나 포괄적이다. 수업 연극 9.2에서 9.7까지 더 크다는 것이 어떤 의미일지 질문하는 것으로 수업 연극을 시작할 수 있고, 수업 연극 9.8에서 9.11까지와 같이 비표준이거나 유사 표준의 단위로 넓이를 표현하는 것을 중점적으로 다룰 수도 있다.

"어느 농장이 더 큰가?"

많은 학생들에게 더 크다는 개념을 탐구하는 것은 좋은 시작점이다. 이 장 도입부의 프롬프트에는 사용되지 않았지만, 직사각형에서 그 단어가 무엇을 지시하는지 애매함에도, 그 질문은 학생들이 어떤 농장이 더 큰지 결정하도록 유도한다.

9.2.1	교사	둘레가 무엇을 알려줄 수 있을까?
9.2.2	제인	농장의 크기요.
9.2.3	교사	이 문제가 무엇을 묻고 있다고 생각하니?
9.2.4	마리아	어느 농장이 더 큰 가입니다.
9.2.5	교사	타일을 이용하면 다른 방법으로 이 문제를 생각하는데 도움이 될 거야.

교사는 더 크다는 아이디어가 꼭 둘레를 언급하는 것은 아니라는 것을 말하고 싶어 한다. 사실, 진단 [D9.8]의 예비 교사는 직사각형은 두 개의 측정값을 가진다고 지적하였다. 여기서 예비 교사는 제인이 둘레가 측정값과 관련 있다고 생각했기 때문에 제인의 관심을 타일을 이용하는 방법을 이용하여 넓이로 돌리려고 했다. 이 장 후반에서 넓이를 구할 때, 타일을 어떻게 이용하는지 더 자세히 살펴본다.

수업 연극 9.3과 9.4는 더 큰 농장의 개념을 더 많은 멜론의 개념으로 연결시키는 조금은 다른 접근법을 취하고 있다.

9.3.1	교사	자, 여기 보세요. 농장이 더 크다면 더 많은 멜론을 생산할 수 있겠죠? 그렇죠? 이 문제를 이해하기 위해서 우리가 생각해야 할 것은 무엇일까요?
9.3.2	비비안	어느 농장이 더 큰지 알아야 할 것 같아요.

9.4.1	데이비드	네, 그들은 같은 양의 멜론을 생산하지 않았어요. 존의 농장이 더 많은 멜론을 재배했어요.
9.4.2	교사	왜 존의 농장이 더 많은 멜론을 생산했다고 생각했니?
9.4.3	데이비드	그가 멜론을 기를 수 있는 땅을 더 많이 가지고 있기 때문이에요.

9.4를 쓴 작가는 멜론의 양과 땅의 넓이 [9.4.3]에 대한 개념을 명확히 연결시키고 있다. 이렇게 함으로써 작가는 어떤 속성이 넓이와 관련되어 있는지 주의를 모을 수 있고 또 동시에 넓이에 대한 비유를 제공한다.

수업 연극 9.5에서 교사는 학생들에게 농장이 직사각형 모양이고 “내부가 더 큰” [9.5.3] 농장은 어느 쪽인지 결정하는 것이 목표임을 상기시켰다.

9.5.1	교사	좋아, 농장이 직사각형 모양임을 기억하자. 멜론은 농장 내부에서 자라겠지? 그렇지?
9.5.2	잭	네.
9.5.3	교사	어느 농장의 내부가 더 큰지 알고 싶은 거지?

‘내부’라는 개념은 뒤에서 자세히 다룬다.

9.6에서 교사는 학생이 측정해야 해야 하는 속성이 무엇인지 애매한 부분을 떨쳐버리

려 하지만, 넓이와 관련하여 더 크다는 개념이 여전히 새롭고 덜 이해된 측면이 있음을 강조한다.

9.6.1	교사	잘했어. 오늘은 넓이를 측정하면서 공부를 시작하기로 하자. 어떤 영역이 더 큰지 또는 작은지 그렇지 않으면 같은 크기를 가지는 것인지 결정하고 설명하는 문제를 주려고 해. 누가 도전해 보겠니?

마지막으로, 어떤 작가는 더 크다는 개념에 분명하게 중점을 두면서 중재를 시작한다.

9.7.1	줄리아	선생님, 책상 위에 뭔가가 담요로 덮여 있어요.
9.7.2	교사	그래, 어떤 건지 궁금하구나. 평소 내 책상 위에 없던 건데. 담요에 덮혀 있는 것이 무엇인지 추측해 볼래? 손을 들어 보렴.
9.7.3	학생	강아지, 상자, 책, 토끼, 닌텐도.
9.7.4	교사	좋은 생각이구니. 너의 추측을 어떻게 확인하지? 이러한 추측을 확인하기 위해서 무엇을 할까?
9.7.5	학생3	잘 모르겠어요. 그냥 추측만 했어요.
9.7.6	학생4	크기를 봤어요. 제 생각에는 담요와 같은 크기의 물건인 것 같아요.
9.7.7	교사	좋아, 너희들이 그만한 크기로 알고 있는 것을 말했구나. 같은 크기의 다른 물체도 생각했고.

이 대본에서 담요 아래의 물건은 수박이다. 그런데 좀 더 적절하게 교사는 일상적인 물건을 덮어서 가지고 있었고, 이는 물체들이 같은 크기 또는 다른 크기를 가지는 것이 무슨 의미인지에 관한 풍부한 대화를 이끌어낼 수 있었다. 이를 통해 수박뿐 아니라 다른 크기의 사물을 비교할 때, 항상 길이가 판단의 기준이 되는 것은 아니라고 결론 내릴 수 있다.

"책상을 덮기 위해 필요한 카드는 몇 장인가?"

길이 측정을 소개하는 전통적인 방법 중의 하나는 비표준 단위를 사용하는 것이다. 이 방법은 넓이 개념을 도입할 때는 잘 사용되지 않았다. 그럼에도, 몇 명의 예비 교사는 이 방식을 선택하였다. 예를 들어, 9.8에서 카드는 책상의 넓이를 측정하는 비표준 단위로 사용된다.

9.8.1	교사	오늘은 여러분과 새로운 활동을 할 거야. 4명씩 여섯 모둠으로 나누고, 각 모둠마다 카드를 나누어줄게.
9.8.2	학생	재미있겠다!
9.8.3		[⋯]
9.8.4	교사	한 학생의 책상을 덮는 데 필요한 카드는 몇 장인지 구해보렴.

이 대본은 넓이를 구하기 위해 아주 간단한 활동을 곱셈과 연결하는 탐구활동으로 확장시켰다.

비표준 단위로는 모든 물체를 비교할 수 없다. 그러나 다른 물체를 측정할 때 같은 비표준단위를 이용한다면, 비교가 가능하다. 이러한 아이디어에 대한 논의가 9.9에서 "모양을 비교하려면 같은 종류를 이용해야 해"라고 관찰한 학생에 의해 이루어졌다.

9.9.1	교사	좋은 아침이에요. 여러분. 어제 우리는 삼각형 블록으로 공부했고, 도형의 내부 공간을 채우기 위해 그리고 도형의 둘레를 측정하기 위해 여러분이 블록을 어떻게 사용하는지 살펴봤어요. 정육면체 블록으로 할 수 있을까요? 긴 직사각형 블록을 어떨까요? 단위가 사물을 어떻게 바꾸나요?
9.9.2	알렉스	비교하려는 도형을 같은 종류를 사용하여 측정한다면 어떤 블록을 사용하는가는 문제가 아니에요. 일전에 카일과 선생님은 직사각형으로 측정했어요. 서로 다른 측정 단위를 사용하면 비교할 수 없어요.

더욱이 넓이에 대한 비표준 단위는 기하적 교구에 한정될 필요는 없다. 9.10의 예처럼 칠교판과 동전을 이용할 수도 있다.

9.10.1	교사	오늘은 다시 넓이에 대해 공부할 거예요. 전에 학습했던 칠교판과 스마티[9])를 이용해서 넓이를 공부할 거예요. 그리고 나는 여러분들 모두 넓이가 무엇인지 안다고 생각해요.

칠교판 조각의 넓이는 같지 않기 때문에 넓이를 측정하는 비표준 단위의 극단적인 형태이다. 그러나 각각의 넓이는 가장 작은 삼각형 넓이의 배수이다. 가장 작은 삼각형을

9) Smarties : 여러 조각의 닮음인 평면 도형들이 들어 있는 제품의 이름으로 짐작됨.

1 단위로 잡으면 다른 조각들은 각각 1, 2, 또는 4 단위가 된다. (그림 9.1) 이 조각들은 등비수열의 특징을 보이므로 다양한 넓이를 측정하는데 이용할 수 있다.

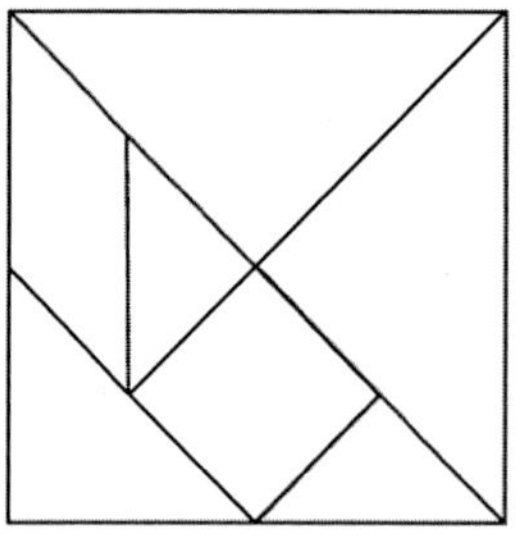

[그림 9.1] 칠교판 조각

동전은 많은 교사가 좋아하는 교구이다. 동전을 활용한 탐구는 쉽지 않지만 [그림 9.2]에 제시된 두 가지 방법처럼 어떻게 채워야 할지 합의를 이룬다면 넓이를 측정하는 단위로 이용 가능하다.

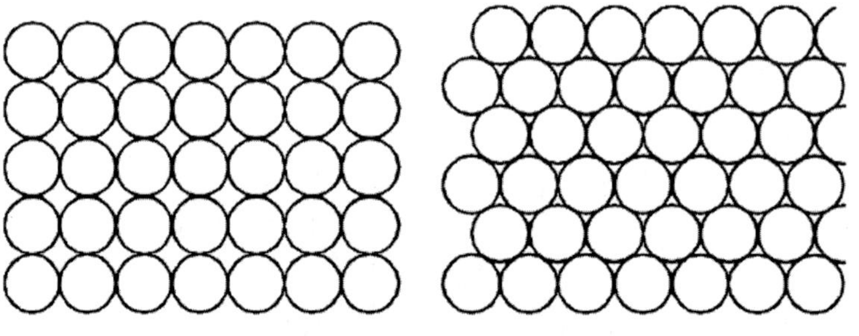

[그림 9.2] 채우기 배열

주어진 상황에서 동전은 멜론을 대신할 수 있다. 9.11을 작성한 작가는 비록 콩을 사용하고 있지만 사각형의 어떤 속성을 측정하는 것과 관련 있다.

9.11.1	교사	처음 목표로 돌아가서 질문해 보자. 실제로 대부분의 농부들이 밭 주변에 뭘 심지 않니? 농부들은 밭 주변에 무엇을 둘까?
9.11.2	학생	울타리요.
9.11.3	학생	농부들은 보통 사람이나 동물이 들어오지 못하도록 울타리 안에서 농작물을 가꿔요.

9.11.4	교사	존과 빌의 농장이 둘레의 길이가 같아서 울타리의 길이가 같다면 울타리 안의 넓이도 같을까? 하나의 타일에 4개의 멜론 (콩을 사용하여)이 들어간다면 어떻겠니?
9.11.5		[⋯]
9.11.6	1 모둠	각 타일에 4개의 콩을 넣고 그것을 세면 되요. 빌은 28개 존은 48개가 있어요. 따라서 존이 멜론을 더 많이 심었어요.

이 수업 연극에서 콩은 "하나의 타일에" [9.11.4]라는 문장을 통해 학생들이 넓이와 둘레의 관련성뿐 아니라 원래 문제를 상기하도록 이용되었다. 이를 통해서 작가는 넓이의 비표준 측정 단위인 콩과 넓이의 가상 표준 단위인 타일을 연결시켰다.

"그림을 덮을 때 필요한 블록은 모두 몇 개인가"

넓이의 표준 측정 단위는 cm^2, m^2, km^2, $inch^2$, $foot^2$과 같이 제곱이기 때문에 타일은 가상의 표준 단위로 생각할 수 있다. 따라서 교실에서 정사각형 타일은 넓이 개념을 가르치는데 유용한 표준이 된다. 9.12와 같이 블록은 둘레가 아닌 넓이에 중점을 둘 때 사용된다.

9.12.1	교사	그래서 16개 블록의 길이는 얼마니?
9.12.2	학생	블록을 모두 붙였을 때, 모든 변의 개수가 얼마인지 보면 되요. 둘레죠.
9.12.3	교사	그렇구나. 그림을 덮은 블록이 모두 몇 개인지 어떻게 알 수 있을까?
9.12.4	학생	이렇게 붙여 놓고 세면 되요.

타일을 이용하면 넓이를 쉽게 그리고 직접적으로 비교할 수 있다. 9.13에서 학생들은 색종이 타일을 사용하였다.

9.13.1	교사	어떻게 되는지 한 번 보자. 존의 농장에서 정사각형을 떼어 다른 종이에 붙여보자.
9.13.2		[⋯]

9.13.3	교사	벤, 이제 빌의 농장을 표시하는 정사각형을 가지고 존의 농장 위에 붙이지 말고 가만히 놓아 보자.
9.13.4	벤	와, 존의 농장이 빌의 농장보다 더 커요.

이 수업 연극 또한 비교할 때 측정이 필수적인 것이 아님을 설명하고 있다. 비교는 농장을 나타내는 정사각형을 다른 농장 정사각형의 위에 놓음으로써 [9.13.3] 이루어진다. 이는 [9.12.3]에서 "그림을 덮으려고 할 때 필요한 블록의 개수는"과 같은 문제와 다르다. 수업 연극 9.38-9.42의 모델링에 대한 논의에서 블록을 이용하여 농장을 비교하는 아이디어를 다시 검토한다.

정사각형 타일 또는 블록은 넓이와 둘레가 실제로 다른 측정법이라는 것을 강조하기 위해 두 개의 대본에서 이용되었다. 첫 번째 수업 연극은 9.14에서 보듯이, 타일의 수를 고정하고 직사각형을 만든다.

9.14.1	교사	좋아, 각 모둠의 대표가 앞으로 나와서 가능한 한 많은 타일을 가져가렴.
9.14.2		[…]
9.14.3	교사	이 활동의 목적은 정확히 12개의 타일을 이용하여 가능한 한 많은 직사각형을 만드는 거예요.
9.14.4		[…]
9.14.5	앤디	우리 모둠은 서로 다른 직사각형을 세 개 만들었어요.
9.14.6	교사	좋아. 이제 그 각각의 넓이와 둘레를 말해 보렴.

문헌에 의하면 학생들이 각 직사각형의 넓이가 같다는 사실을 항상 분명하게 인식하는 것은 아니다. (Kamii와 Kysh, 2006) 넓이가 같다는 것을 분명히 인식하더라도 둘레가 다를 것이라는 점은 분명하지 않을 수 있다. Stavy와 Tirosh(2000)의 주장에 따르면, 이는 직관에 의한 규칙 '같은 A-같은 B' 때문이다. 즉 직관적으로 임의의 물리량이 변형을 통해 어떤 물리량 (이 경우에는 넓이)과 같다면, 관련된 다른 물리량인 둘레도 같을 것이라고 생각하기 때문이라고 주장했다.

9.15에 둘레의 길이를 고정시켜 같은 물리량을 만드는 흥미로운 활동 과제가 예로 제시되었다.

9.15.1	교사	정말 흥미롭구나. 내가 만든 직사각형의 둘레는 18이고, 여러분이 만든 직사각형의 둘레도 18인데 내 직사각형의 타일이 더 많구나. 둘레의 길이가 18인 직사각형을 모두 찾아보자.
9.15.2	학생	저는 둘레가 18인 직사각형을 네 개 찾았어요.
9.15.3	교사	좋아, 각각의 넓이를 말해 보렴.

둘레를 일정하게 만드는 것은 프롬프트에 제시된 문제와 밀접하게 관련된다. 그러나 이 문제는 교사가 비례로 축소를 다루어야 하는 또 다른 문제가 일어난다. 실제 학생이든 가상의 학생이든 그 누구도 200 × 600m 또는 100 × 700m인 농장의 크기를 구하기 위해 타일을 이용하려고 하지는 않을 것이다. 대신 각 타일을 100 × 100m로 가정하고 이용할 수는 있다. 그러나 이 문제를 다룬 예비 교사는 아무도 없었다.

직사각형의 넓이를 측정하기 위해 타일을 이용하는 것과 관련하여 많은 예비 교사들은 길이를 잴 때도 타일을 이용하였다. 9.16의 중재는 타일을 이용하여 둘레만 만드는 활동으로 시작한다.

9.16.1	교사	오늘 여러분 모둠의 과제는 20개의 타일로 네 개의 변을 갖는 직사각형을 만드는 것입니다. […]
9.16.2	교사	좋아요. 20개의 타일로 직사각형을 만들었어요. 이제 직사각형에서 타일의 수를 함께 구해보세요. 잠깐 동안 각 직사각형의 타일 수를 구하는 방법을 생각해 보죠.

교사의 "직사각형의 타일 수를 함께 구해보세요" [9.16.2]라는 질문은 다소 애매하지만 학생들이 이 수업을 따라가는 데는 아무런 어려움이 없다. 더욱이 이 수업 연극에는 둘레에 사용된 타일이 넓이에 사용된 타일의 부분집합임이 분명하다. 수업 연극 9.17은 교사가 타일을 이용하여 각 변의 길이를 측정하도록 하며 9.16과 유사하게 시작한다.

9.17.1	교사	좋아요, 이제 여러분이 직사각형을 그렸으니까, 그 타일을 이용해서 각 변의 길이를 측정해 봅시다.

그러나 9.16과 달리 이 수업 연극은 넓이를 측정한 타일과 같은 타일을 이용하여 진행하지는 않았다. 대신 적절한 공식을 이용하는 것에 중점을 맞추었다.

우리는 이 중재들이 가장 일반적인 접근 방법에서 시작하여 진단에 나타난 오류의 근원에 점차 가깝게 변해가는 것을 볼 수 있다. 다음 몇 개의 중재를 통해서, 우리는 이 딜레마의 영역을 넓히는 접근 방법을 고려한다. 이 중재들은 공식에서 의미로의 움직임 그리고 넓이 개념을 이해하기 위한 비유 만들기 등 두 가지 형태로 나타난다.

"둘레는 외부를 측정하고 넓이는 내부를 측정한다"

학생의 오류가 둘레와 넓이의 개념을 이해하지 못했기 때문이라고 인식한 많은 예비교사들은 이 두 개념을 다루는 비유를 찾아 이해 부족을 다루려고 하였다. 가장 일반적으로 사용된 비유는 둘레는 직사각형의 외부이고 넓이는 내부라는 것이다. 다음 네 가지 수업 연극에서 이를 찾아볼 수 있다.

9.18.1	자스민	둘레는 외부를 측정하고 넓이는 내부를 측정해요.

9.19.1	교사	좋아, 우리는 정원의 바깥 부분이 둘레라는 것을 알았어.

9.20.1	학생	좋아, 농장의 주변을 걷는 것과 같이 우리가 구하는 답은 그것에 대한 거야

9.21.1	교사	이제 어떤 농장의 내부가 더 큰지 알아보자.

다른 수업 연극들은 더 직접적으로 넓이와 둘레를 멜론과 연결했다.

9.22.1	학생	농장의 모서리에만 멜론을 심을 수는 없어. 그렇게 되면 가운데 공간이 낭비야.

9.23.1	교사	그럼 존과 빌이 농장의 주변을 따라 멜론을 재배한다고 생각하니?

내부와 외부가 중재에 사용되는 유일한 비유는 아니다. 둘레를 “도형의 경계”라고 하거나 “둘레는 교실의 벽과 같다”고 설명하는 교사도 있었다. 이 비유는 그 자체의 3차원적인 특성 때문에 둘레의 개념을 9.11에 언급된 농장 주위의 울타리와 비슷한 것으로 여긴다.

9.24는 다른 비유를 제시하고 있다. 이 수업 연극은 둘레를 설명하는 “교실의 벽” 대신 “거실 벽”을 이용하여 넓이를 설명한다.

9.24.1	교사	정말 잘했다. 예를 하나 더 들어 보자. 부모님께서 거실 벽에 페인트를 칠하시려고 해. 벽을 칠하기 위해 상점에 가서 페인트를 사려고 할 때, 페인트를 얼마만큼 사야할까? 거실 벽에 대해 생각해보자. 벽의 경계선을 칠해야 할까 아니면 벽의 안쪽을 칠해야 할까?

분명히, ‘벽’은 그 자신이 어떤 사물을 둘러싸는지 아니면 덮는지에 따라 서로 다른 개념을 모델링한다.

“그렇다면 둘레가 의미하는 것은 무엇일까?”

이 장의 도입부에서 그리고 진단 부분에서 논의했듯이 많은 예비 교사들은 상황 속에 제시된 학생들의 실수 원인을 선행 학습에서 찾는다. 이러한 진단은 공식으로 시작해야 한다는 중재를 내놓으며 둘레와 넓이의 의미를 더 깊게 탐구하도록 한다.

9.25.1	교사	그것은 문제를 풀기 위한 공식 또는 규칙이야. 그렇다면 둘레가 의미하는 것은 무엇일까?

9.26에서 학생은 둘레를 계산하는 자신의 능력을 충분히 보이고 있다. 그러나 교사는 이러한 기술이 충분하지 않다는 것을 알고 있다. 교사는 직사각형의 측정이 넓이를 도입함으로써 복잡해졌고 그래서 개념 이해가 필요함을 알고 있다.

9.26.1	스캇	내 생각에 둘레를 구하기 위해서는 2를 곱해야 해. 그렇지만 같은 둘레를 가진다면 같은 넓이를 가지기 때문에 문제라고 생각하지 않아. 그렇지?

9.26.2		(교사는 스캇네 모둠 쪽으로 다가간다.)
9.26.3	교사	좋아, 우리는 직사각형의 둘레의 길이는 네 변의 길이를 모두 더한다고 알고 있어. 그것이 무엇을 의미하는지 알고 있니?

수업 연극 9.27에서 교사는 카일에게도 비슷하게 대처하였는데, 카일은 넓이 공식을 알고 있으나, 그 의미는 모르고 있다.

9.27.1	교사	좋아, 내 생각에 어떤 학생들은 이 문제를 혼란스러워 하는 것 같구나. 그렇게 걱정하지 않아도 돼. 모든 사람들이 이해할 수 있도록 잠깐 쉬면서 검토해 보자. 카일, 넓이에 대하여 말할 때, 무엇을 측정해야 하는지 알겠니?
9.27.2	카일	음 … 정사각형이요? 이거요? 음, 선생님이 첫 번째 수를 두 번째 수에 곱하는 것을 보았어요. 존의 경우 200에 600을 곱하면 넓이가 되요. 맞죠? […]
9.27.3	교사	(스스로에게) 우와! 이렇게 어려운 둘레와 넓이를 내가 가르쳤다는 것이 믿을 수 없네. 일주일이 지나 너희들이 둘레와 넓이의 의미를 전혀 모른다해도 놀랍지 않을 거야.

넓이 개념에 중점을 맞추려는 교사의 의도에 덧붙여 이 수업 연극에는 보기 힘든 장면이 나오는데, 그것은 교사가 학생들의 이해 부족을 자신의 가르침 탓으로 돌렸다는 점이다.

이 절에 제시된 거시적 중재들은 그 오류가 벌어질만한 더 큰 상황을 다룬다는 공통적인 특징을 가진다. 대조적으로 다음 절에 나타나는 미시적 중재는 어떤 특정 오류로 시작한다.

미시적 중재

프롬프트에 제시된 것과 같이, 교사가 학생이 범한 오류를 봤을 때, 거시적 중재와 같이 문제의 근본 원인을 다룰 수 있다. 다른 한편으로 미시적 중재는 기술적인 문제와 오류를 다룬다. 이 범주에 해당하는 중재는 by = 곱하기 = 넓이, 차원, 공식 복습, 옳은 연산 이용하기, 모눈종이 타일 비교하기, 정사각형 세기에서 곱하기로 이동하기 등의 여섯 주제로 정리된다.

"By가 의미하는 것은 곱하라는 것"

미시적 중재에 대한 가장 좋은 예는 200 by[10] 600과 같이 by라는 특정 단어의 의미를 살피는 것이다. 이 예는 9.28에 잘 나타나 있고, 교사는 학생이 브레인스토밍을 할 수 있도록 돕는다.

9.28.1	교사	또 다른 아이디어 있어요? 어느 것이 가장 큰지, 어느 것이 가장 작은지 결정하기 위해 가장 좋은 방법은 … 또 하나 힌트는 문제에서 200 by 600과 같이 by라는 단어를 봤을 때 수학 문제에서 by가 의미하는 것은 곱하라는 거예요. 그리고 곱하기를 해야 한다면 그것은 넓이 문제에요.

마지막 문장은 참이 아니다. 곱셈이 필요한 모든 문제가 넓이 문제는 아니다. 사실 넓이 개념은 두 개의 요인이 포함되어 곱하기로 모델링이 가능한 방법이지만 (van de Walle와 Folk, 2008), 곱셈이 넓이 문제를 만들지는 않는다. 그러나 이 교사에게 둘레와 넓이 문제에서 곱셈은 넓이를 의미한다. 우리는 이 예비 교사가 멜론을 재배하는 문제가 아니라 존과 빌의 농장 주위에 울타리를 치는 문제를 다룰 때 어떻게 할 것인지 매우 궁금했다. 사실 다음 수업 연극의 학생이 우리의 궁금증에 대해 말하고 있다.

9.29의 예비 교사는 문제 해결을 위한 중재로서가 아닌 해야 할 것을 기억하기 위한 보조로 by라는 단어에 중점을 두어 수업 연극을 전개했다. 그런데, 이 수업 연극은 다른 예비 교사들이 주목하지 않았던 모호성을 강조하고 있다.

9.29.1	교사	단위가 무엇인지 어떻게 알 수 있을까?
9.29.2	시드니	m은 미터이고 어깨에 있는 작은 수 2는 두 수를 곱하는 것을 의미해요. 부피면 3이 되죠.
9.29.3	교사	잘했구나. 시드니. 다음에 이와 같은 문제를 읽을 때, 기억해야 할 것은 무엇일까? 어떤 단어가 곱하라는 뜻일까?
9.29.4	시드니	By? 그렇지만 얼마나 큰 울타리가 필요한지 질문하면 어떻게 하죠? 울타리는 넓이가 아닌데 여전히 by가 있어요!

10) $a \times b$가 계산 중간 과정일 때 보통 'a times b'로 읽고. 그 다음 단계에서 a와 b의 곱을 결과로 제시한다. $a \times b$의 특별한 예로, (가로) × (세로)가 중간 과정이 아닌 마지막 단계일 수 있다. 어떤 직사각형의 크기를 밝힐 때, (가로) by (세로)로 나타내기도 한다. 이 때, (가로)와 (세로)를 그 직사각형의 차원이라고 부른다.

9.29.5	교사	좋은 질문이구나. 시드니. 학급 전체에 물어보면 어떨까? 이 문제에 곤란을 겪고 있는 사람이 혼자가 아닐 것 같은데…
9.29.6		(교사는 서서 학생들의 주의를 환기시킨다.)

수업 연극은 여기서 끝난다. 때때로 우연히 나타나는 주제가 학생들을 생각하도록 하고 다음 수업까지 이어지기도 한다. 여기서 시드니는 좋은 관찰을 했고, [9.29.4]로 이어지는 좋은 질문을 했다. 상황에 제시된 문제의 맥락에서 by는 문제를 해결하는 방법을 알려주기 위한 것이 아니라 농장의 차원을 기술하기 위해 이용되었다. 이 경우에는 by 단어의 두 가지 활용이 일치하고 있다.

"공식이 의미하는 것은 무엇일까요?"

앞에서 언급했듯이 많은 예비 교사들은 오류의 원인으로 넓이와 둘레에 대한 공식을 헷갈렸다고 진단하였다. 따라서 공식의 검토는 모든 대본에서 필수적인 부분이다. 때때로, 9.30과 같이 직접적으로 검토하기도 한다.

9.30.1	교사	칠판에 쓴 단어가 무엇인가요? [칠판에 넓이와 둘레를 쓰며] 이 공식이 의미하는 것은 무엇일까요?

어떤 때는 9.31과 같이 좀 더 개방적으로 단순한 공식 이상이 나오도록 독려한다.

9.31.1	교사	모둠 내에서 넓이와 둘레가 어떻게 다른지 설명해 보세요.
9.31.2		[…]
9.31.3	학생	우리 모둠은 둘레와 넓이가 계산하는 방법이 달라서 다르다고 결정했어요. 둘레는 가로 두 번 세로 두 번을 더하면 되지만 넓이는 가로와 세로를 곱해야 해요. 그게 다르죠.

이와 같이, 두 가지 유형에 대한 여러 가지 예제들이 있다. 이 활동의 목적은 학생들로부터 넓이와 둘레 공식이 형태와 기능 모두 다른 의미가 있음을 끌어내려는 것이다. 중재 활동에서 이러한 접근은 상황에 제시된 오류가 나타나기 전 대본의 앞부분 여러 페이

지에서 나타난다. 즉, 이 대본을 쓴 작가는 오류의 원인이 두 공식을 헷갈리는 것이라고 보고 있지만 두 공식을 검토하는 것만으로는 오류를 피하기에 충분치 않음을 염두에 두고 있다. 따라서 둘레와 넓이의 공식과 개념을 더 깊이 이해하도록 수업하는 단계가 필요하다.

"×는 곱하기를 해야 해요"

앞의 두 가지 중재와 관련하여 예비 교사들 중 몇 명은 by에 주목하지 않고, 9.32에 예를 든 것처럼 어떤 연산을 수행해야 하는지 이해하기 위하여 직사각형 차원의 표현을 이용하였다.

9.32.1	교사	직사각형에 대해 알고 있다는 것처럼 들리네요. 이제 시작해봅시다. 카일, 네가 그릴 수 있는 만큼 서로 다른 직사각형을 종류대로 그려보렴. 그러나 16개의 선분만 이용해야 한다. 내가 말하는 선분은 바로 이거란다. [모눈종이 위에 1개의 선분을 그린다.]
9.32.2		[…]
9.32.3	카일	[1 × 7, 2 × 6, 3 × 5, 4 × 4 직사각형을 그린다.] 제 생각에 다 한 것 같아요. 얼마나 다르게 보이는지는 모르겠지만 16개의 선분을 사용했어요.
9.32.4	교사	어디 보자. 이 경우에 대해 말해보아라. (2 × 6 직사각형을 지적한다.)
9.32.5	카일	16개의 선분을 가진 직사각형 중에서 날씬한 직사각형이에요. 짧은 쪽은 2이고, 긴 쪽은 6이에요. 초록색이죠.
9.32.6	교사	잘했구나. 여기 이건 (3 × 5 직사각형을 지적하며) 어떠니? 사실 아까부터, 이 직사각형을 구분하는 딱지를 붙이면 어떨까 생각했다. 카일. 네 생각은 어떠니?
9.32.7	카일	모두 서로 다른 색이에요.
9.32.8	교사	서로 구분할 때 더 유용한 방법이 있는지 궁금하구나. 직사각형의 모양에 대해 무언가 정보를 주는 방법을 생각해 볼 수 있겠니? 이 직사각형이 서로 달라 보인다는 것을 어떻게 이야기 했는지 기억하렴.
9.32.9	카일	알겠어요. 어떻게 한 변이 2이고 다른 한 변이 6인지 말하라는 거죠? 2 × 6 직사각형을 말하는 거죠?
9.32.10		[…]
9.32.11	교사	카일, 이에 직사각형의 차원이 넓이를 이해할 때 해야 할 것에 대한 무

		언가를 알려주고 있는 것 같니?
9.32.12	카일	×는 곱하기를 해야 해요

이 수업 연극은 좀 더 다듬어져야 하지만 이 중재의 궁극적인 목적인 차원의 표현을 직사각형의 넓이를 계산하기 위하여 필요한 곱셈 연산에 연결시키고 있다. 사실, 교사의 질문 [9.32.11]에 대한 반응으로 직사각형의 차원은 넓이를 계산할 때 어떤 수를 사용해야 하는지 말하고 있으나, 어떻게 넓이를 계산해야 하는지는 말하고 있지 않다. 이 접근은 9.29에서 보았던 것과 같이 직사각형의 차원의 표현이 둘레와 관련된 질문과 같다는 느낌을 주지는 않았다. 또한 이 접근은 2 × 6이라는 표현을 2 by 6으로 말한다는 사실을 간과하고 있다. 따라서 곱셈 연산의 시각적 연결을 잃어버리고 만다.

"곱하기를 하면 어떻게 될까?"

오류의 원인을 곱하기와 더하기 사이의 혼동으로 보는 예비 교사도 있었다. 이렇게 진단을 내린 작가는 수업 연극 9.33과 같이 말하기 또는 힌트 주기라는 중재로 시작했다.

9.33.1	교사	음, 다른 전략을 써 보지 않겠니?
9.33.2	시드니	음… 둘레처럼 주변에 있는 모든 값을 더하는 것이 아니라 두 변만 더한다면? 200 + 600 = 800이고 100 + 700 = 800이에요. 여전히 같네요.
9.33.3	교사	시도가 좋구나. 그리고 이번에는 써 줘서 고맙다. 더하기 말고 다른 걸 해보면 어떨까? (이번에는 시드니가 이해한 걸 볼 수 있었다.)

교사와 학생 사이의 비슷한 상호작용은 9.34에서도 일어난다.

9.34.1	학생	빌의 농장 크기를 계산하기 위해 100 + 100 + 700 + 700을 하면 1600m이고, 존의 농장 크기를 계산하면 600 + 600 + 200 + 200 = 1600m이므로 두 농장의 크기는 같아요.
9.34.2	교사	그래, 이 답은 농장 주위의 길이를 더했기 때문에 농장의 둘레에 대한 답을 제시한 거야. 답에 대한 설명을 잘 했구나. 농장 주변의 길이를 다 더했네. 곱하기를 하면 어떻게 될지 궁금해.
9.34.3	학생	아! 저는 그냥 더하는 것이 더 좋아요.

9.34.4	교사	좋아, 그렇지만 넓이를 구하려면 곱하기를 사용해야 해. 두 농장의 넓이를 구해보자. 타일을 이용해도 좋아.

9.33과 비슷하게 9.34의 교사도 학생들에게 곱하기를 이용해야 한다고 말했다. ('말하기'와 '말하지 않기'의 개념은 5장에서 자세하게 다루었다.) 그러나 후자의 경우, 작가는 타일을 이용하여 넓이에 대한 이해를 증진시킴으로써 이 중재를 확장하기 시작한다. 즉, 이 대본을 쓴 예비 교사는 연산 사이의 혼동을 더 큰 주제에 대한 증상으로 본 것이다. 반면 9.33의 교사는 증상과 문제의 근간을 같게 보고 있다. 여기서 알 수 있는 또 하나의 사실은 "저는 그냥 더하는 것이 더 좋아요" [9.34.3]과 같이 예비 교사들이 학생들의 더하기 성향을 인지하고 있다는 것이다. (이 주제는 8장에서 이미 언급하였다.)

"더 많은 타일을 이용했기 때문이에요"

지금까지 가장 일반적이고, 가장 효과적으로 보이는 중재는 학생들에게 모눈종이 또는 타일을 이용하여 문제에 제시된 두 개의 농장을 표현하도록 하는 것이다. 이러한 교구의 이용은 Leinhardt(1988)가 '구체적 지식'이라고 말한 지식의 발달을 고려한다. 그러나 이 전략을 사용하기 위해서는 비례로 축소가 필요하다. 본래 주어진 차원이 타일 또는 모눈종이와 일대일 대응시키기에는 너무나 크다. 대개 이러한 비례로 축소는 정확하지 않다.

9.35.1	교사	음… 모눈종이를 사용하는 것은 어떠니?
9.35.2	학생	네.
9.35.3		(학생은 가서 모눈종이를 가져온다.)
9.35.4	학생	농장을 그리고… 그런데 이게 맞나요?
	교사	왜 그러니?
9.35.5	학생	지난번엔 제가 잘못된 답을 낸 것 같아요. 100과 700으로 된 농장은 7개의 정사각형이 있었는데 200에 600인 농장은 12개의 정사각형이 있어요. 존의 농장에 더 많은 멜론을 재배할 수 있어요.

여기서 수백 미터가 아무 설명 없이 단위 타일들로 변환되었다. 반면에 다음 수업 연극의 교사는 그 점을 분명히 짚고 넘어간다.

9.36.1	교사	이 문제를 끝내기 전에 한 가지 물어봐도 될까? 조이? 네가 옳다는 걸 어떻게 알게 됐는지 말해준다면 내가 기뻐한다는 것을 항상 기억하렴. 여기 모눈종이가 있단다. 정사각형을 그리지 말고 다시 농장을 그려보자. 세로 200 가로 600인 직사각형을 다 그릴 필요는 없단다. 좀 쉽게 그릴 수 없을까?
9.36.2	조이	음… 제 생각에 세로 2와 가로 6. 그리고 세로 1과 가로 7로 했어요.
9.36.3	교사	잘했구나. 그런 식으로 농장을 그려보렴. 곧, 다시 와서 네가 잘 하고 있는지 살펴보자.

학생이 600m를 6개의 타일로 바꿀 수 있음을 받아들이는 것은 어렵지 않다. 타일의 개수에서 실제 넓이로 어떻게 넘어갈 수 있는가는 도전적인 문제이다. 여기에 관심을 두지 말고 수업 연극 9.50에서 9.52에 이르기까지 어떤 오류가 일어났는지 논의해 보자. 그러나 9.37의 수업 연극은 이 점을 분명하게 다루고 있고, 그래서 잠재적인 오류를 피하고 있다.

9.37.1	교사	모눈종이에 그릴 때 기억해야 할 것은 무엇이지?
9.37.2	존	크기 조정이요.
9.37.3	교사	좋아, 존. 모눈 한 칸이 얼마와 같지?
9.37.4	레일라	100곱하기 100입니다.
9.37.5	교사	잘했구나. 레일라. 그럼 정사각형 모눈 하나의 넓이는 얼마니?
9.37.6	모든 학생	10,000!

비례 축소에 대한 주제에서 벗어나 학생들은 타일 또는 모눈을 이용하여 두 농장의 크기를 비교하였다. Kospentaris 등(2011)과 Dembo 등(1997)은 이 전략이 가장 효과적이라는 것에 동의하였다. 우리는 이미 수업 연극 9.12, 9.13, 9.14에서 타일 또는 블록을 이용하였다. 여기서 다시 비교해 봄으로써 타일이 모델링에 어떻게 공헌하는지 살펴보자. 때때로 9.38과 같이 타일을 이용하고 그 개수를 세어서 비교할 수 있고 그 결과를 바로 알 수 있다.

9.38.1	마리아	존의 농장이 빌의 농장보다 커요.
9.38.2	교사	왜 그렇게 생각하니?
9.38.3	마리아	더 많은 타일을 사용했기 때문이에요.

가끔 한 농장의 타일 또는 모눈종이로 다른 농장의 타일 또는 모눈종이를 덮어서 비교하기도 한다.

9.39.1	교사	좋아, 주황색 분필을 이용해서 빌의 농장의 한 끝에서 존의 농장을 그려볼래? 가능하면 빌의 농장을 최대한 덮어서 그려보렴.
9.39.2		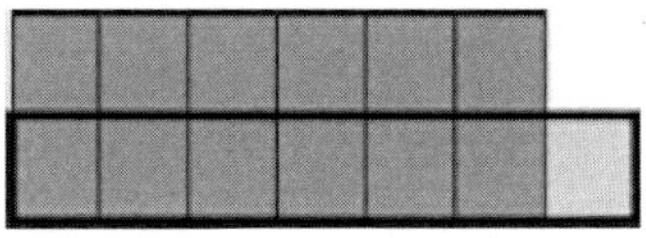

위의 그림에서 존의 농장이 빌의 농장 중 하나를 제외하고 모든 부분을 덮고 있음을 볼 수 있다. 어느 농장을 위에서 덮은 결과는 마찬가지로 명백하다. 아래 9.40에서 좀 더 특이한 덮기 전략을 볼 수 있는데, 각각의 타일을 개별적으로 취급하고 또 그것을 재분배한다.

9.40.1	교사	존의 농장은 12개의 타일이고 빌의 농장은 7개의 타일이에요. 빌의 타일을 존의 타일로 왼쪽부터 차례로 덮은 다음 멜론을 심어봅시다. 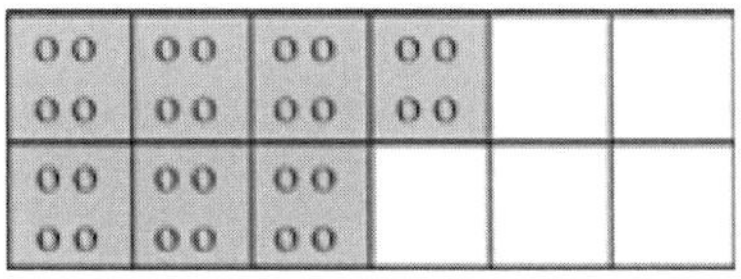

두 가지 방법을 비교하는 9.39와 9.40은 어느 농장이 더 큰지 시각적으로 보여주기는 하지만, 농장을 나타내는데 사용된 타일의 수를 7과 12로 이미 알고 있기 때문에 굳이 이 두 방법을 보일 필요는 없다.

비례 축소를 고려하는 이 같은 종류의 중재는 학생이 실제로 보는 각 타일 또는 사각형의 내부에서 멜론이 자랄 것임을 이해할 필요가 있다. 그렇지 않다면 이러한 중재는 도움이 되지 않을 것이다. 아래의 9.41은 모델링이 바로 명확한 해답을 제공할 필요가 없다는 사실을 예로 든 것이다.

9.41.1 샘 존의 농장은 세로와 가로 각각 200과 600m입니다. 블록을 이용하여 다음과 같이 6개씩 2줄로 배열해요.

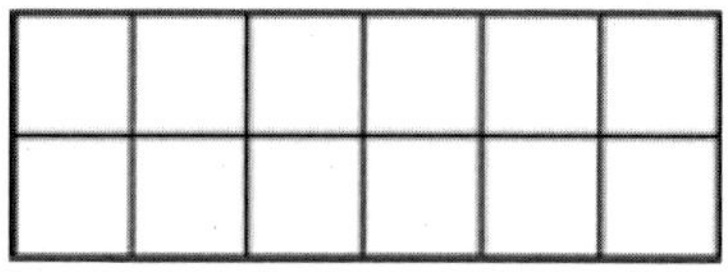

9.41.2 샘 그러고 나서 바깥쪽 변을 세면 16입니다. 빌의 농장은 가로 100 세로 700m입니다. 이것은 다음과 같이 7개씩 한줄로 배열할 수 있습니다.

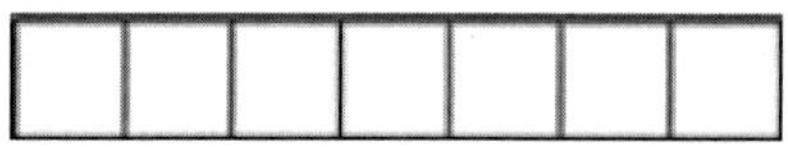

다음에 바깥쪽 변을 세면 역시 16 입니다. 따라서 이 두 농장은 크기가 같고, 또 그래서 같은 양의 멜론을 생산할 수 있습니다.

여기서 샘의 오류는 자랄 수 있는 멜론의 수가 아니라 농장의 크기에 고정되어 있기 때문인 것으로 보인다. 앞에서 살펴보았듯이 학생들에게 크기는 애매할 수 있다. 샘이 앞의 수업 연극에서 본 것과 같이 각 타일 또는 정사각형에 멜론을 심었다면 문제가 되지 않았을 것이다. 여기서 예비 교사는 명쾌히 보이는 모형임에도 그와 같은 오류가 지속될 수 있다는 사실을 요령 있게 잘 설명하고 있다.

"곱하면 더 빠를 거예요"

학생들에게 타일을 비교하고 또는 모눈종이 위의 정사각형을 비교하도록 하는 중재는 어느 농장이 더 큰지 비교하기에 충분하지만, 이것만으로 부족하다고 느끼는 예비 교사들이 제법 있었다. 학생들에게 넓이를 비교하기 위하여 공식을 이해시키는 것 또한 중요한 일이다. 9.42에서 타일과 모눈종이는 이 목적을 위해 사용되었다.

9.42.1 교사 이 모둠에서 논의한 것을 누가 발표하나요? 아, 니콜.

9.42.2 니콜 [화상기 앞에서] 여기 [높이가 3, 폭이 2인] 직사각형이 있습니다. 블록으로 공간을 채워가며 세어보기로 했어요. 이 직사각형은 6개의 블록으로 이루어져서, 직사각형이 차지하는 공간은 6 단위가 되요.

9.42.3 교사 고맙구나. 다르게 한 사람? … 높이가 540이고 밑변이 32인 직사각형이면? 쉽게 계산할 수 있을까?

9.42.4	학급전체	와우!
9.42.5	교사	작은 수면 세는 방법으로 가능해요. 하지만 큰 수라면 어떻게 해야 할까요?
9.42.6	헨리	알겠어요. 변을 함께 곱해요. … 서로 다른 길이의 두 변만. 한 변의 길이는 한 줄에 올려놓은 블록의 개수이구요, 다른 한 변의 길이는 제가 만든 블록 줄들의 개수입니다. 한 변이 540이면 540개의 블록이 있다는 거고, 다른 한 변이 32이면 540개의 블록이 32줄 있다는 거예요.
9.42.7	교사	설명 참 잘했구나. 가로와 세로의 길이를 함께 곱해서 공간을 차지한 직사각형의 수를 구했구나. 오늘 우리가 공부할 것은 직사각형의 넓이를 구하는 거란다.

큰 수를 제시하여 이 예비 교사는 직사각형을 만들고 정사각형을 세는 한계로부터 벗어났다. (Zazkis, 2001) 이렇게 함으로써 예비 교사는 학생들이 직사각형을 몇 줄의 타일을 모아 놓은 것, 즉 곱셈으로 구할 수 있는 수라는 아이디어를 발전시키도록 돕고 있다. 가로(줄의 개수)와 세로(한 줄 위에 있는 블록의 개수) 및 곱셈 사이의 연결이 [9.42.6]에서 한 학생에 의하여 이루어졌다. 주로 5장에서 제시하였고, 이미 여기저기에서 밝힌 바와 같이, 예비 교사들의 전략 중의 하나는 기대하는 답 또는 설명을 학생이 하도록 하는 것이다. 9.42의 예도 그런 경향이 나타나며 헨리가 기대하는 아이디어를 제시하였다. 이 아이디어는 [9.42.7]의 교사가 인정했을 뿐 아니라 "설명 참 잘했구나"라고 칭찬하였다. 교사는 헨리의 설명을 다시 말하며 학생이 말한 줄과 변을 직사각형의 길이와 폭 이라는 좀 더 수학적인 말로 연결시켰다.

수업 연극 9.43은 학생들의 상호작용 속에서 더하기에서 곱하기로의 전환을 설명하고 있다.

9.43.1	학생	농장 안의 정사각형을 셀 수 있어.
9.43.2	학생	곱하면 더 빠를 거야.
9.43.3	학생	곱셈이 의미하는 것이 뭔데?
9.43.4	학생	2 × 6을 곱하면 12야.
9.43.5	학생	세는 것과 같은 수가 나오네. 너의 방법이 더 빠르겠구나.

수업 연극에 제시된 바와 같이 곱셈의 아이디어는 당연히 예비 교사의 개인적 지식과 연결되겠지만, 2와 6을 12와 연결하는 관계에 주목함으로써 얻은 것일 것이다.

Hewitt(1992)는 이러한 방법을 “기차 관찰하기”라고 불렀다. 왜 그런 패턴이 일어나는지 생각하지 않고 그 패턴을 관찰하는 것으로 9.42의 예와 대조된다. 9.42의 곱셈은 포함된 수보다 구조를 고려한 결과이다.

대부분의 수업 연극에서 곱셈 방법을 제시하는 것이 궁극적인 목적이나, 수업 연극 9.44는 주어진 넓이에 해당하는 정사각형을 센다.

9.44.1	교사	정사각형을 세어보았기 때문에 정사각형으로 넓이를 측정할 수 있어. 그리고 단위는 거듭제곱 이란다.
9.44.2	학생	맞아요. 그러면 답은 m이 아니라 m^2인가요?
9.44.3	교사	바로 그렇단다.

여기서 교사는 기본 단위가 정사각형이기 때문에 단위가 거듭제곱임을 강조했다. 물론, m에서 m^2로의 이동은 정사각형을 셀 때는 불필요하다.

오류, 부주의, 간과

이 장에서 분석한 수업 연극은 중재와 진단에 대한 풍부한 사례와 함께 오류와 간과에 대한 사례도 제공하고 있다. 이러한 오류 중에는 미미한 오류도 있고 또 부주의에서 오는 오류도 있다. 예를 들어 m^2 대신 m과 같은 잘못된 단위를 사용했다든지, “200 × 600 = 1200”이라고 썼다든지 하는 것들이다. 그런데, 어떤 오류들은 좀 더 심각하다. 몇 가지 중요한 오류를 살펴보자. 이 오류들은 수학의 관점에서, 교수·학습의 관점에서, 그리고 교육학적 관점에서 흥미롭다.

“넓이는 사물이 차지하는 공간의 양이다”

어떤 예비 교사들은 넓이를 구어체로 말하거나 비유를 통해 넓이 개념을 가르치기 위해 넓이를 공간과 관련시켰다. 아래에 제시된 넓이에 대한 설명은 세 개의 서로 다른 수업 연극에서 교사가 한 말이다.

- “둘레가 사물 주위의 거리라면 오늘는 그 물체가 차지하는 공간을 찾는 방법을 이해할 수 있어요”

- "농장이 실제로 같은 크기인지 알기 위해서 각 직사각형 내부의 공간을 보는 것은 좋은 아이디어라고 생각해"
- "넓이는 어떤 물체가 차지하는 공간의 양이야"

수학에서 공간은 3차원으로 대개 부피와 용적과 관련 있다. 따라서 공간을 넓이와 관련시켜 이야기하는 것은 수학적으로 옳지 않다. 직사각형과 관련된 수학적 담화는 특히 그러하다. 그러나 멜론 재배와 같은 구체적인 상황에서는 이야기가 달라진다. 9.45에서 보는 대로, 실생활 맥락에서는 넓이와 공간과 같은 일상적인 용어의 사용이 허용될 수 있는가는 논의해 볼 일이다.

9.45.1	제이슨	이제 빌이 존만큼 충분한 공간이 없다는 것을 알겠어요. 그는 많은 멜론을 재배할 수 없어요.
9.45.2	교사	그래, 다른 문제를 한 번 생각해보자. 우리 집에 정원이 있어. 그리고 정원에 베란다를 내려고 하는데 내 정원이 얼마나 큰지 알려고 해. 우리 집 정원의 가로는 10m이고 세로는 4m야. 우리 집 정원의 공간은 얼마일까?

수학적 담화와 일상적 담화 사이의 구분은 수업 연극 9.46에 제시된다. 여기서 스캇은 농장에 대해 이야기 하다가 직사각형에 대한 이야기로 바꾸었다.

9.46.1	스캇	같지 않아요. 존의 농장이 멜론을 기를 수 있는 공간이 더 많아요. 그렇지만 둘레가 같은데 어떻게 더 큰 넓이를 가질 수 있는지 이해가 안돼요.

스캇은 농장에 대해 이야기할 때, 공간이라는 단어를 사용한 반면에 둘레에 대해 이야기 할 때, 넓이라는 단어를 사용했다.

그러나 누구나 다 넓이를 대신할 용어를 찾으려고 애쓰지 않았다. 많은 사람들은 9.45처럼 이 단어를 그저 비유적으로 언급할 뿐이었다. 다른 한편으로, 어떤 예비 교사는 다음과 같이 진단하였다.

D9.19 오개념은 학생들이 도형의 둘레와 넓이가 무엇인지, 그 둘의 차이가 무엇인지 분명히 알지 못하기 때문에 나타난다. 학생들은 둘레가 그 도형 주변의 총길이

> 임을 이해하지 못한다. 반면에 “넓이가 특정 겉넓이를 덮으려고 할 때 얼마나 많은 단위가 필요한가에 대한 측정값”인지는 이해한다. (van de Walle와 Folk, 2008, p. 400)

둘레는 개념을 설명했지만, 넓이는 정의를 인용했다. 이런 선택은 특히 교사가 개념을 어떻게 설명해야 하는지 확신하지 못할 때, 교과서가 권위적인 자원임을 보이는 예가 된다.

“가로에 세로 배를 한다”

5장과 그 외의 여러 곳에서 수학 언어의 부적절한 사용에 대해 설명하였다. 그러나 각각의 프롬프트는 수학적 담화 속에서 문제가 될 만한 구절이 담겨 있다. 넓이를 설명하기 위해 공간이라는 부적절한 단어를 사용하는 것은 하나의 예일 뿐이다. 다른 예를 살펴보면 넓이와 관련된 것은 아니지만 곱하기 대신 몇 배라는 단어를 사용하는 경우를 들 수 있다. 다음 두 가지 예를 살펴보자.

- 가로에 세로 배를 한다.
- 그것에 열의 개수만큼 배를 하는 것이 효과적이지 않을까?

두 가지 예에서 몇 배라는 단어는 같으며, 첫 번째 문장은 학생이 말한 것을 교사가 옳지 않게 다시 말한 것이다. 반면 두 번째 문장은 교사가 말한 것이다. 이를 통하여 교사가 시간을 두고 응답을 생각해도 언어의 문제가 일어날 수 있음을 볼 수 있다. 이는 또한 예비 교사들의 용어 선택이 학생들의 이해에 미칠 수 있는 효과를 생각하지 않고 있음을 보여준다.

그러나 어떤 작가는 9.47의 예와 같이 “~배”라는 단어를 특별한 의도로 사용하였다.

9.47.1	학생	선생님이 6을 11배 했어요.
9.47.2	교사	기억하렴. 단지 어떤 수와 어떤 수를 곱하는 것이 아니야. 실제로 무엇을 곱해야 하지?
9.47.3	학생	가로와 세로요.

이 수업 연극에서 학생이 "6에 11배 했어요" [9.47.1]와 같이 수학적 용어를 잘못 사용하자, 교사가 바로 [9.47.2]와 같이 바르게 고쳐주고 있는 것을 볼 수 있다. 이와 같이 예비 교사는 학생들이 스스로 설명할 때 잘못 사용하고 있다는 것을 말하려고 하는 것이 아니라 교사가 적절한 단어로 올바르게 고칠 수 있음을 보여준다. 이러한 재성의 전환은 수학교실에서 언어 사용에 관심을 갖고 유의하여야 함을 보여준다. 이러한 인식은 자주 일어나지는 않았지만, 8장의 수업 연극 8.20에서 이미 설명하였다.

"우리 교실은 35×43m" 그리고 또 다른 현실 맥락

예비 교사들이 어떤 중재를 가지고 탐구할 만한 새로운 내용을 구성하고자 할 때, 그들은 때때로 수업 연극 9.48과 같이 문제가 되는 선택을 하는 경우도 있다.

9.48.1	교사	여러분. 여기 보세요. 이제 교실의 둘레를 살펴보죠. 둘레는 교실의 벽과 같아요. 데이비드, 잠시만 일어서 줄래? (교사는 데이비드를 교실의 한 쪽 끝에 데리고 간다.) 좋아, 데이비드. 벽을 따라서 걷고, 우리는 그가 걸어간 거리를 기록해 봅시다. 좋아, 이제 걷기 시작하렴.
9.48.2		(데이비드가 한 쪽 벽을 따라 코너에서 다음 코너로 간다.)
9.48.3	교사	좋아요, 데이비드가 걸은 거리는?
9.48.4	학급 전체	43m
9.48.5	교사	그래, 43m (교사는 칠판에 쓴다.) 데이비드 계속해 보렴.
9.48.6		(데이비드가 다음 코너에 가서 선다.)
9.48.7	교사	데이비드가 저쪽 코너까지 간 길이는 얼마일까?
9.48.8	학급전체	35m
9.48.9	교사	좋아요. 데이비드가 지금까지 걸은 총 거리는 얼마일까?

이 상호작용을 자세히 들여다보면 말이 안 되는 것이 많다. 예를 들어, 교실 전체 학생들이 동시에 데이비드가 얼마나 걸었는지에 대해 같게 측정할 수는 없다. 그러나 이러한 가정을 배제하더라도 측정된 거리가 각각 43과 35m로 지나치게 크다. 예비 교사의 중재안은 얼마나 현실적인지는 신경 쓰지 않았다. 실제적인 맥락을 어떻게 비실제적인 상황으로 이끌 수 있는지 8장에서 언급한 바 있다. 12장에서 이 주제를 다시 다룰 것이다.

9.49에 나타난 부주의는 약간 다르다.

9.49.1	교사	자, 메르, 칠판 앞에 나와서 어떻게 둘레를 계산할 수 있는지 설명해보렴.
9.49.2		(메르가 교실 앞으로 갔다.)
9.49.3	메르	이건 삼각형이에요. 한 변은 3cm이고, 이 변은 2cm, 다른 한 변은 5cm 에요. 둘레는 삼각형 주변의 거리에요. 따라서 3cm 더하기 2cm 더하기 5cm 하면 둘레는 10cm가 되요.

이 대본의 작가도 9.48에서와 같이 색다른 내용을 제시하고 있지만, 비슷한 오류를 범하고 있다. 즉, 사용된 수에 별 관심을 두지 않았다. 이 경우 삼각형의 변의 길이로 선택된 수 2, 3, 5는 삼각형 부등식 정리에 의하면 삼각형을 만들지 못한다. 삼각 부등식 $c \le a+b$[11]을 적용하면 이 경우도 삼각형으로 볼 수 있으나, 이는 예비 교사가 의도한 바가 아닐 것이다.

"존은 500 제곱미터 만큼의 땅을 더 가졌어"

이 앞 절에서 비례 축소의 주제는 프롬프트에 제시된 문제를 탐구하기 위해 타일 또는 모눈종이를 사용한 중재의 맥락으로 도입되었다. 앞서 언급했듯이, 그러한 전환은 한 개의 타일 또는 모눈 위의 정사각형을 100 × 100m로 보는 비례 인자를 필요로 한다. 9.50에서 예제로 제시한 바와 같이 실제 농장의 넓이로 되돌리기 위해 어떤 예비 교사들은 자신의 활동을 타일이나 모눈으로 비례 축소하기도 하였다. 하나를 제외하고 나머지는 모두 부정확하게 쓰여 있다.

9.50.1	학생	답을 구했어요!!!
9.50.2	교사	잘했구나 … 어떻게 구했는지 설명해 주겠니?
9.50.3	학생	존의 농장의 타일이 더 많아요. 각 농장의 타일을 세어 보았더니 존의 농장은 12개, 빌의 농장은 오직 7개의 타일로 되어 있어요. 12에 100을 곱했더니 1,200m가 되고 7에 100을 곱했더니 700m가 되었어요. 따라서 존은 500m^2만큼 멜론을 기를 수 있는 땅이 더 많아요.
9.50.4	교사	잘했구나.

11) 유클리드 평면에서 a, b, c가 삼각형의 세 선분의 길이이면 $a+b \ge c$는 언제나 참이고, 그 역도 성립한다. 그런데 위의 예에서와 같이 세 선분의 길이가 각각 2, 3, 5이면 $2+3=5 \ge 5$가 되어 부등식을 만족하지만, 이 경우는 일차원으로 퇴화한다. 이 세 선분은 삼각형을 만들지 못하고, 2와 3의 선분이 5의 선분에 포개어진다. 이러한 점에서 $a+b \ge c$를 '약한 삼각부등식'으로 부를 수 있다.

비례 축소에서 학생이 실수한 것은 농장 넓이의 차이가 500m^{2}가 아니라 실제로는 50,000m^{2}라는 것이다. 교사는 [9.50.3]을 옳게 수정해 주지 않고 오히려 "잘했다"고 칭찬했다. Baturo와 Nason(1996)은 100cm는 1m이기 때문에 1m^{2}보다 128cm^2 더 크다는 것을 주장하는 예비 교사에게서 비슷한 점을 발견했다. 이것은 길이가 증가하는 것에 대한 선형성을 고수한 결과로 보인다. (de Bock 등, 2002)

9.51의 수업 연극은 단위도 옳지 않고 비례 축소도 옳지 않다.

9.51.1	교사	멜, 답을 봤는데, 어떻게 구했는지 설명해 줄 수 있니?
9.51.2	멜	모눈종이 위에 빌과 존의 농장을 그려서 구했어요. 하나가 100m를 나타내는 정사각형을 이용했어요. 따라서 존의 농장은 2개의 정사각형 곱하기 6개의 정사각형이죠. 각각의 농장에 몇 개의 정사각형이 있는지 세어보았고, 100m를 곱했어요. 존의 농장이 더 커요.

9.50에서 타일로 옮겨갈 때, 비례 축소가 포함되어 있고, 마지막에 비례 확대 할 때, 명확해진다. 두 번째 경우인 9.51은 비례인자가 양 끝에 분명히 제시되어 있다. 1을 100으로 보는 선형 비례 축소는 수업 연극에 자주 나타나지만 수업 연극 9.52와 같이 "200개의 타일을 가지는 충분한 방이 있을까" [9.52.2]와 같은 질문에 의해 비례 축소를 하는 수업 연극은 하나뿐이다. 마지막에 다시 비례확대하라는 주장을 하고 있음에 유의하라.

9.52.1	학생	좋아요. 여기 깔개와 타일을 이용해 볼게요.
9.52.2	교사	200개의 타일을 놓을 수 있는 깔개를 펼칠 만큼 큰 교실이 있을까?
9.52.3	학생	2개의 타일을 이용하고 끝에 두 개의 0을 더해요.

"끝에 두 개의 0을 더해요"는 학생이 100을 곱한다고 생각한다는 의미인데, 수학적으로 바람직한 표현은 아니지만 그렇다고 아주 틀린 표현도 아니다. 이 수업 연극에 "끝에 두 개의 0을 더해요"라고 한 의도는 9.50과 9.51에서 예로 제시한 것처럼 길이 단위에서 넓이 단위로 잘못 일반화하는 오류를 지적하고 있다.

"우리가 넓이를 정사각형으로 측정했기 때문에"

넓이 개념을 단위 정사각형과 연결시킬 기회를 놓치는 것이 가장 흔한 부주의이다. 이미 논의했지만 여러 수업 연극에 비례 축소로 농장을 나타내기 위하여 타일이나 모눈을 이용하기는 했지만 단위 정사각형을 분명하게 언급하진 않았다. 이 장의 프롬프트를 창작한 이유 중의 하나는 측정을 통하여 넓이에 대한 개념적 이해를 설명하기 위해서이다. 넓이를 측정하기 위해서는 측정 단위가 필요하고 그 단위는 전통적으로 정사각형이다. 그런데 우리가 9.53에서 보듯이 예비 교사가 학생들에게 정사각형 또는 타일을 세도록 하면서 이를 넓이와 넓이 측정의 개념을 일반화하는 기회로 삼지 않았다. Baturo와 Nason(1996)는 예비 교사들이 넓이가 정사각형 단위로 측정되는 것임을 인식하지 못하는 것 같다고 의심하였는데 위의 내용이 바로 이 연구의 연장선에 있다.

9.53.1	교사	좋아, 각 농장에서 얼마나 많은 멜론을 재배할 수 있는지 알고 싶다면 이제 무엇을 해야 하지?
9.53.2	잭	각 직사각형 안에 정사각형이 몇 개인지 세어 보아요.
9.53.3	교사	좋아.
9.53.4	잭	(세어본다.) 여기에는 7개, 여기는 12개. 농장의 크기는 같지 않아요.

위와 같은 내용이 들어있지 않은 두 개의 수업 연극이 있다. 하나는 9.54인데 여기서 교사는 정사각형을 세어 보게 하는 것으로 시작한다. 교사는 넓이 공식에 대한 탐구 결과를 이용하고 그 후에 학생들에게 실제 문제에 적용하도록 한다. 그러나 계산이 끝난 후, 교사는 제곱 단위의 아이디어를 도입하였다.

9.54.1	교사	문제에서 요구하는 측정 단위는 무엇이니?
9.54.2	학생	미터의 M이요.
9.54.4	교사	좋아, 답을 쓸 때 끝에 항상 단위를 붙여야 해. 우리는 넓이를 정사각형으로 측정했기 때문에 이 문제에서 제곱미터와 같이 제곱을 꼭 써야 해.

[9.54.2]의 "미터의 M이요"는 "문제에서 요구하는 측정 단위는 무엇이니?" [9.54.1]에 대한 답은 아니지만 교사는 넓이 개념과 정사각형으로 넓이를 측정하는 아이디어를 분명히 연결시켰다. 그러나 이러한 경우는 가로 × 세로의 계산 결과와 연결시키는 것 대신

학생들이 실제로 정사각형을 세고 난 후에 흔히 발생한다. 두 아이디어들 사이에 연결은 잘되지 않는 것 같다.

두 번째 예 9.55는 정사각형 개수 세기를 정사각형 단위로 연결시키고 있다.

9.55.1	교사	좋아, 모두 직사각형을 그려보자. 이제 어떻게 하면 네가 그린 직사각형의 넓이를 구할 수 있을까?
9.55.2	조안	정사각형을 세요.
9.55.3	교사	좋아, 왜 그렇게 하지?
9.55.4	비비안	직사각형 안의 정사각형의 수가 넓이와 같기 때문이에요.
9.55.5	교사	그렇지. 그런데 더 많은 설명을 할 수 있단다. 우리가 네 앞의 책상과 같은 어떤 물건의 길이를 잴 때 센티미터와 같은 표준 단위를 선택한 다음, 책상의 한 변에서 다른 한 변까지 센티미터가 얼마나 많이 들어있는지 본단다.
9.55.6	조안	그럼, 우리가 직사각형을 측정할 때 정사각형을 선택하고 직사각형 안에 정사각형이 몇 개나 들어가는지 측정합니다.
9.55.7	교사	그래. 넓이는 어떤 겉면을 덮기 위해 얼마나 많은 단위 정사각형이 필요한지 측정하는 거야. (교사는 이를 칠판에 쓴다.)

이 경우에 교사는 분명히 넓이 개념과 정사각형 개수 세기 그리고 넓이 개념과 단위를 사용한 넓이의 측정을 연결시켰다. 그러나 33개의 수업 연극 중에서 이러한 연결이 분명히 드러난 것은 이 수업 연극뿐이었다.

결론

예비 교사와 현직 초등 교사가 넓이 개념을 잘 이해하지 못한다는 주장이 있다. (Baturo와 Nason, 1996; De Bock 등, 2002; Lee, 2009; Zacharos, 2006) 특히, 이들이 관계적 이해가 아니라 절차적 이해를 한다고 주장하는 연구도 있다. (Menon, 1998) 이것은 종종 넓이와 둘레 개념 사이의 혼동 때문에 일어난다. (Reinke, 1997) Baturo와 Nason(1996)은 계산에 의한 이해가 우세한 것은 넓이 개념과 넓이를 포함한 구체적 경험에 대한 교사 자신의 연결성 부족 때문이거나 이 개념을 처음 만나게 되는 초등학생들의 학습 경험이 부족하기 때문이라고 하였다. Menon(1998)은 이해 부족으로 인하여 교사들이 넓이에 대하여 완전히 이해시키기 위한 상호작용을 개발하지 않고 넓이에 대한 절차적 측면을 강조하게 될 것을 걱정하였다.

우리가 이 장에서 분석한 수업 연극들은 위에서 언급한 단점이 매우 적다. 대체로 예비 교사는 넓이와 둘레에 대한 개념적 이해를 발달시켜야 할 필요성을 예를 들어 보였는데 타일과 모눈을 이용한 구체적 경험을 활용하기도 하였고, 실생활 경험에 기반을 둔 비유를 제시하기도 하였다.

이것은 부분적으로 우리가 제시했던 프롬프트의 특성 때문인 것으로 보인다. 예비 교사들은 학생들이 개념적 이해를 하도록 했다. 그들은 단지 넓이에 대한 공식보다 넓이 개념에 더 충실하였다. 우리의 연구에 따르면, 이것은 예비 교사가 학습자로서 개념을 이해할 때와 개념을 가르칠 때 다르게 행동하기 때문인 것으로 보인다. 우리는 교수를 위한 지식이 내용 지식을 포함한다 (Ball 등, 2001; Ball과 Bass, 2003; Shulman, 1986)는 주장에 동의하지만, 가르칠 때 어떤 특정 내용 지식이 다루어져야 하는지에 대해서는 논의가 필요하다.

Cross, Woods, Schweingruber(2009)에 따르면, 넓이 측정과 길이는 전이성, 수와 측정과의 관계, 단위 반복과 같은 기초적인 아이디어를 공유하고 있다. 이 연구자들은 여기에 넓이의 속성에 대한 이해, 등분할과 공간 구조화 등과 같은 넓이 측정에 관련된 기초 개념을 규명하였다. 작가인 예비 교사들은 수업 연극의 가상 학생들에게 때때로 넓이를 둘레와 대조하면서, 넓이를 물체의 속성으로 이해하기를 강조한다. 등분할은 "이차원 공간을 같은 넓이를 갖는 여러 부분으로 나누는 정신 작용" (p. 361)으로 정의되는데 이는 학생들이 잘 이해하는 것으로 취급되었다. 그런데, 등분할 방법은 농장의 크기를 비교하는 방법으로 농장 모형을 이용할 것을 주장한 예비 교사들에 의해서 강조되었다. 공간 구조화의 아이디어는 넓이를 이차원으로 이해하게 한다. 이것은 공식 외우기가 아니라 거듭제곱에 대한 이해가 선행되어야 함을 의미한다. 즉, 왜 길이를 곱해야 하는지 이해해야 한다. 예외적으로 9.42의 공식은 공간 구조화와 관련되지 않았다. 이러한 연결 부족은 과제에서 그렇게 하라고 분명하게 요구하지 않았기 때문이다.

예비 교사들이 개념에 중점을 둔 것에 비하면, 정사각형 측정의 단위 개념이 거의 사용되지도 않았다. 그러나 우리가 분석한 수업 연극에 따르면, 넓이 측정 단위의 개념이 부족하다고 결론 내릴 수 없다. 즉 이들 수업 연극에서 정사각형으로 타일 깔기 활동이 넓이의 개념을 주어진 경계선과 넓이 단위를 갖는 이차원 겉면으로서 보는가에 중점을 두고 있는지 추론하기 어렵다. 수업 연극에 제곱 단위는 직사각형 영역을 덮는 타일 형태로 나타났으나 직사각형 영역이 강조되지는 않았다. 직사각형 영역을 강조하지 않은 것은 개인적 이해가 부족하기 때문이거나 과제에서 명확히 요구하지 않았기 때문인 것으로 보인다. 비례 축소 및 넓이와 길이의 측정이 어떻게 다른지에 대해서도 분명하게 이해하고 있는지도 확실하지 않다.

Lesson Play in Mathematics Education

A Tool for Research and Professional Development

제3부

제3부에서 우리는 각각의 프롬프트에 대한 분석에서 시작하여 수업 연극을 좀 더 전체적으로 조망한다. 10장은 한 예비 교사가 작성한 수업 연극에 대한 초등학교 및 중학교 현직 교사들의 반응을 보고한다. 이는 석사 학위 과정에 등록한 현직 교사들에게 부여된 과제로, 현직 교사들로 하여금 이 예비 교사들을 지도하면서 예비 교사들이 작성한 수업 연극에 피드백을 준다고 가정하게 하였다. 우리는 현직 교사들이 발견한 것을 연구자의 시각과 비교하였다.

11장과 12장에서 우리는 전체를 하나로 묶어서 검토한다. 11장에서 우리는 작가들이 사용한 언어, 특별히 교사 배역이 질문, 논평, 평가를 표현한 방식에 중점을 둔다. 우리는 교사 배역들이 학생들에게 제공하는 대리인의 감각에 영향을 주고 학생과의 상호작용 내에서 그들의 권위에 영향을 주는 선택 방식을 탐구한다. 또한 수업 연극에서 두드러지는 담화와 문헌에서 설명을 찾을 수 있는 담화를 비교하고, 어떻게 예비 교사들이 이미 수학교실 속 담화의 배역들의 방식으로 의사소통을 시작하였는지 탐구한다. 12장에서는 여러 가지 프롬프트에 대한 수업 연극에서 드러난 공통 주제에 대해 주목한다. 이 주제들은 개정된 수업 방식과 전통적인 수업 방식 사이의 상호작용, 주제를 넘나드는 교수 상의 전환, 예비 교사가 학생들의 정서적 안정감에 가지는 관심, 그리고 마무리 장면의 선택 등을 포함한다. 마지막 장인 13장은 예비 교사, 교사교육자, 그리고 연구자에게 수업 연극이 각각 시뮬레이터, 평가도구, 그리고 렌즈로 사용될 수 있음을 요약하였다.

Chapter 10 창작에서 논평으로

이 장은 교실의 상호작용에 대한 글쓰기인 수업 연극 과제보다 그의 변형인 수업 연극에 대한 비평에 중점을 둔다. 특히 한 예비초등교사가 작성한 일부의 수업 연극에 대하여 초등학교 및 중학교의 현직 교사 17명의 반응을 논한다. 현직 교사들은 교육학 석사 과정에 등록하였고, 강좌에서 수업 연극을 접했기 때문에 수업 연극에 친숙한 사람들이다. 그들에게 질문한 것은 수업 연극에서 주목한 것은 무엇인가, 긍정적인 특징으로 지적할 것은 무엇인가, 개선될 여지가 있는 것은 무엇인가, 실현 가능한 대안적 선택을 제안할 것인가 등이었다. 교사들이 수업 연극을 읽으면서 생각할 수 있도록, 우리는 교사들에게 이 수업 연극을 쓴 예비 교사를 지도하는 중이라고 상상하기를 권했다.

이 수업 연극은 줄번호를 붙인 표 형태로 제시되었다. 교사들에게 아래의 표에는 보이지 않지만 표의 오른쪽 칸에 논평을 남기고, 필요하면, 아래 여백을 이용하도록 했다. 아래 제시된 수업 연극은 다음 프롬프트에 이어진 것이다.

교 사 : 왜 143이 소수라고 생각하니?
타일러 : 왜냐하면 2, 3, 4, 5, 6, 7, 8, 9가 그 안에 들어가지 않아요.

이와 비슷한 프롬프트에 기반을 둔 여러 수업 연극이 6장에서 논의된 바 있다. 특별히 이 수업 연극을 논평 과제로 선택한 이유는 이 수업 연극이 수학적으로 또 교수학적으로 확대 해석할 여지가 있기 때문이다. 좀 더 자세히 말하면, 이 수업 연극은 여러 문헌에서 논의되었으며, 4장에서 9장까지 수업 연극 분석에 나타났던 교수학적 전환을 다양하고 광범위하게 포함하고 있다.

예비 교사가 작성한 수업 연극

1	김교사	타일러, 왜 143이 소수라고 생각하니?
2	타일러	왜냐하면 2, 3, 4, 5, 6, 7, 8, 9가 그 안에 들어가지 않아요.
3	김교사	여러분 중에 143이 소수라고 생각하는 사람? (학급의 절반 정도가 손을 든다.) 음, 소수가 아니라고 생각하는 사람도 있네. 왜 그렇지? (몇 명이 손을 든다.) 트래이시, 말해볼래?
4	트래이시	음, 타일러 말이 맞아요. 143을 2, 3, 4, 5, 6, 7, 8, 9 로 나누어 보았는데, 그 때마다 남는 수가 있었어요.
5	김교사	"남는 수"가 있다는 건 무슨 뜻이지, 남아도는 수?
6	트래이시	음, 그 말은 제가 143을 2로 나누면 나머지가 있고 그래서 저는 2를 다른 수에 곱하여 143을 만들 수 없다는 뜻입니다. 그래서2는 143에 들어가지 못해요.
7	김교사	그래서 네 말은 2, 3, 4, 5, 6, 7, 8, 9가 143의 "약수"가 아니라는 거지?
8	트래이시	예.
9	김교사	누구 4학년 때 배운 약수에 대해서 기억하는 사람? (대부분의 학생이 손을 든다.) 케리, 약수가 뭔지 말해 볼래?
10	케리	약수는, 10이 있을 때 2와 5를 곱하여 10을 만듭니다. 그러면 2와 5는 10의 약수입니다.
11	김교사	잘했다, 약수는 서로 곱하여 다른 수를 만드는 수들이란다. 조단, 7의 약수는 무엇일까? (교사는 힌트로 칠판을 가리킨다.)
12	조단	1과 7입니다.
13	김교사	그래이, 4의 약수를 말해 볼래?
14	그래이	음 1 곱하기 4요.
15	김교사	그래이, 칠판의 4 밑에 그걸 써 보렴. 다른 사람, 수지, 4의 다른 약수가 있을까?
16	수지	2 곱하기 2가 있습니다.
17	김교사	그렇지. 칠판에 그래이의 답 아래에 그걸 적어보렴. 더 있을까? (모두가 고개를 가로저으며 다같이 "아니요"라고 대답한다. 교사는 칠판 앞으로 가서 그래이가 적은 1과 4에 밑줄치고 수지가 적은 두개의 2들 중 하나에 밑줄을 긋는다.) 수 4는 세 개의 약수를 갖지. 약수 2는 한번만 센단다.
18	김교사	100은 어떨까? (교사는 100의 약수를 살펴보고 나서, 같은 방법으로, 학생을 칠판으로 나오게 하여 적게 한다. 학생들은 100의 약수들이1, 2, 4, 5, 10, 20, 25, 50, 100임을 알게 된다.)

19 김교사 서로 곱하여 다른 수를 만드는 수에 대해서 이야기 할 때 약수라는 단어를 사용하여 말해보자.

20 학생들 예 (학생들은 고개를 끄덕여 동의한다).

21 김교사 좋아. 이제 143으로 돌아가 보자. 카일이 수 1에 대하여 말하고 싶어 하니까, 카일, 난 널 잊은 게 아니란다. 타일러, 네가 약수를 확인하다가 왜 9에서 멈추었는지 궁금하구나.

22 타일러 1, 2, 3, 4, 5, 6, 7, 8, 9가 다른 모든 수를 만들어내기 때문입니다. 1에 대해서는 모두 알고 있으니 확인할 필요는 없습니다. (몇몇 학생이 칠판의 뭔가를 가리키고 속삭인다.)

23 김교사 수 100과 그의 약수를 생각해보자. 우리가 9에서 멈추었었니? 그래이, 네 짝이랑 속삭인 말을 큰소리로 말해볼까?

24 그래이 100에 대하여 우리는 10 곱하기 10을 생각해냈습니다. 다음 약수는 20이예요, 왜냐면 5 곱하기 20, 다음 약수는 25 왜냐면 4 곱하기 25, 다음 약수는 50 왜냐면 2 곱하기 50. 그리고 마지막 약수는 100입니다.

25 김교사 우리가 100에 대하여 알고 있는 것을 이용하여 143의 약수를 써보기로 하자. 우리가 이미 알고 있는 것은 뭐지? (학생들은 바로 1 곱하기 143이라고 답하고 칠판에 적는다. 학생들은 10의 배수는 모두 영으로 끝나기 때문에 10은 143의 약수가 아니라고 단정 짓는다. 그러나 10 곱하기 10이 143보다 작기 때문에 10보다 큰 약수가 있을 수도 있다고 느낀다. 곱셈표를 공부했던 다른 학생이 12 곱하기 12는 143보다 크기 때문에 12보다 작은 수가 약수이어야 한다고 단언하였다.)

26 타일러 11 곱하기 13이요! 11 곱하기 13이 143입니다.

27 김교사 143의 약수를 더 찾은 것 같구나. 타일러, 그 수를 칠판에 적어 보렴. 다른 약수가 더 있을까? 그래, 수지 손을 들었구나.

28 수지 약수는 더 이상 없습니다. 11과 13 사이에 있는 수는 12밖에 없어요. 우리는 12 곱하기 12까지 모든 경우를 다 곱해 보았습니다. 그리고 12 곱하기 12는 144로 143보다 크기 때문에 우리는 여기서 멈춰야 해요.

29 김교사 우리는 소수보다 약수에 대해서 더 많은 이야기를 나누었습니다. 그런데, 소수를 이해하는데 도움이 되는 중요한 정보를 얻었어요. 각각의 수가 얼마나 많은 약수를 갖는지 보세요. 그리고 어떤 수가 소수가 되는지 보세요. 누가 "약수"라는 용어를 사용하여 소수가 뭔지 설명해 볼 사람? 알렉스, 한 번 말해 보겠니?

30 알렉스 약수를 두 개 갖는 수, 1과 그 자신. 그래서 143은 소수가 아닙니다. 왜냐면 약수가 네 개 있기 때문입니다.

31	김교사	소수에 대한 가장 좋은 정의는 두 개의 약수를 갖는 수란다. 왜 우리가 1에 대하여 이야기 하는지 알아봅시다. 카일, 1이 소수임을 우리에게 확신시키고자 했었지…

학생들과 교사 사이에 이루어지는 각 상호작용 부분마다 생각해 볼 거리가 많다. 우리는 먼저 각 단락의 중심 주제를 설명하고 현직 교사들의 논평과 비교하였다. 이 수업 연극 서른 한 줄에 대하여 현직 교사들은 약 700개의 논평을 달았다. 이 장의 분량이 너무 많아 보일지도 모르지만, 이 책은 논평이 달린 글의 약 10%만 인용하였음을 독자들에게 밝힌다.

이 장에서 "교사들"이라고 말할 때는 수업 연극에 논평을 달아 준 현직 교사를 의미한다. 수업 연극을 쓴 작가는 "예비 교사"로 통칭한다. 수업 연극의 교사 배역은 "김교사"로 이름 붙였다. 많은 현직 교사들이 응답했음을 보이기 위하여, 반응을 (ET-6)과 같이 괄호 번호를 붙여 구분하였다.

주목하기에 대한 설명

수업 연극을 전문가의 눈으로 바라볼 때, 어떤 주제는 바로 이목을 끌지만, 두 번 세 번 읽어야 주목하게 되는 주제도 있다. 수학교사들의 주목하기에 대한 많은 연구가 있다(Sherin 등, 2011a). 이런 연구들은 주목하기가 "가르칠 때, 특히 수학을 가르칠 때 필요한 전문 지식과 기술의 주요 요소" (Sherin 등, 2011b, p. 79)라는 믿음에 근거하고 있다. 어떤 연구자들은 주목하기를 고려하여 교사가 수업할 때의 여러 가지 특징에 중점을 두었지만, 이 장에서 우리는 가상의 교실에서의 상호작용을 고려하면서, 무엇이 교사의 주의를 끌고 또 끌지 않는가에 중점을 둔다. 이 같은 접근 방식은 Star와 Strickland(2008) 및 Star 등(2011)의 연구에서도 볼 수 있다.

구조적인 논의를 위해, 우리가 분석한 것을 세 개의 부분으로 묶었다. 각 묶음에서 먼저 우리가 주목한 것을 고려하고 다음에 교사들이 주목한 것을 고려한다. 그 다음, 교사들이 주목한 것의 전체적인 흐름을 관찰하고 이를 우리의 주의를 끌었던 주제와 비교한다.

대화줄 1-11에서 우리가 주목한 것

이 상호작용에서 우리가 주목한 것은 김교사가 수학 용어를 모델링하려고 시도한 것이다. 김교사는 어떤 학생의 부정확한 말 (남는 [4], 들어가지 못한다 [6])을 받아서 수학 용어인 나머지 [5]와 약수 [7]을 대화 속에 끌어 들인다.

김교사가 약수라는 용어를 사용한 후에, 모든 학생들이 그 용어를 이해하는지 확인한다 [9]. 케리가 약수의 구체적인 예 [10]을 든 다음에 김교사는 정의 또는 일반적인 설명을 덧붙이려 한다 [11]. 하지만, "약수는 서로 곱하여 다른 수를 만드는 수란다"라는 설명은 좀 헷갈린다. 이것은 약수라는 용어의 다의성과 관계가 있다. (Zazkis, 1998b) 간단히 말하면, 약수라는 용어는 곱셈 문장에서 어떤 수의 역할에 의미를 주고 또한 수의 관점에서 수 사이의 관계에 의미를 부여한다. 예를 들면, $2 \times 5 = 10$에서, 수 2와 5는 약수이고, 10은 두 약수의 곱이다. 즉, 2와 5는 10의 약수이다. 같은 식으로, $2 \times 3.5 = 7$에서, 2와 3.5는 약수이고 7은 그 둘의 곱이다. 하지만, 2는 7의 약수가 아니다. 학생의 예도 김교사의 일반적 설명도 곱셈에서 수의 역할을 언급한다. 그렇지만, 이것이 수론의 과제에서 의도하는 의미도 아니고 "2, 3, 4, 5, 6, 7, 8, 9는 143의 '약수'가 아니다" 라고 [7]번 줄에서 말하는 것처럼 앞의 대화에 사용한 단어의 의미도 아니다. 이 대화에서, 가능한 약수로 2에서 9만 생각한 것은 불충분하며, 소수만을 고려해야 하기에, 불필요한 요소를 포함하게 된다.

대화줄 1-11에서 교사들이 주목한 것

대화줄 [1]과 [2]의 상황에서 타일러가 143이 소수라고 잘못 주장하였다. [3]에서, 김교사는 다른 학생들이 타일러의 말에 동의하는지를 알아보려고 전체 학급에 질문한다. 대부분의 교사들은 이 부분에 대하여 학생을 참여시키고 다른 의견도 환영하는 좋은 전략으로 인정하였다. 덕분에 타일러는 자신의 답이 틀려서 지목당한 것은 아니라고 느끼게 된다.

- 김교사가 곧바로 맞았다 틀렸다를 말하지 않고 논의를 할 수 있게끔 이용한 방법이 좋았다. (ET-13)
- 김교사가 학생들 사이의 다른 의견을 지적하는 것이 좋았다. 학급의 절반 정도가 본

인들이 동의하지 않는 것이 틀린 것을 의미하지 않았다고 느끼게 한 것이 좋다. 이 점에서 트래이시가 타일러의 의견에 동의한다고 교사가 생각하는 것 같다. 교사는 오류를 찾으려고 하는가 아니면 정답을 찾고 있는 것인가? (ET-6)

- 전체 학급이 그 질문에 소통할 기회를 가진 것이 맘에 듭니다. 특정인을 지목하지 않으면서 누구에게나 기회를 줍니다. […] 학생의 대답을 평가하지 않고도 인식할 수 있는 좋은 방법입니다. (ET-12)
- 김교사가 타일러의 대답에 집중하지 않고 학급 전체가 주목하도록 갈등을 끄집어 내었습니다. 모순은 흥미를 자아내지요. 좋은 전략이라고 생각합니다. (ET-9)

하지만, 네 명의 교사들은 교사가 부정확한 아이디어에 집중하면서 어떤 기회를 놓친 것을 지적하였는데, 그 놓친 기회란 타일러에 동의하지 않는 학생들에게 그들의 생각을 말하는 기회이다. 그래서 이 대화가 전체 학급의 논의로 옮겨가기보다는 학생들이 드러난 주제에 대하여 서로 논의하고, 공책에 적어보게 하는 쪽으로 흘러가도록 두자는 제안이 나왔다.

- 다른 학생들은 왜 그 수가 소수가 아니라고 생각하는지 조사할 기회를 놓쳤습니다. 김교사가 "소수"라는 대답을 아직은 원하지 않을 것으로 생각합니다. 그렇지만 단 몇 명에게 만이라도 그 이유를 살펴보는 것이 흥미 있었을 것입니다. 트래이시가 손을 번쩍 들었을 것만 같네요. (ET-1)
- 교사가 트래이시에게 말할 기회를 주었다. 교사는 짝끼리 서로 이야기해서 공통의 의견을 내보도록 할 수도 있었다. 학생들이 서로를 가르칠 수 있는 능력을 키우게 하자. '주제에 대하여 말하기' = 학생들의 의견 공유. (ET-2)
- 아, 여기서는 교사가 질문을 던지고 학생들이 생각하게 하네요. 이젠 모두가 143이 소수일지 아닐지에 대하여 적어 보는 시간이네요. (ET-15)
- 나라면 피드백을 주었을 텐데. 나라면 오답을 가지고 있는 학생에게 집중하지 않을 겁니다. 내 의견으로는, 정답을 알고 있는 학생에게 그의 의견을 정당화하도록 지시함으로써 학생들에게 이것이 내가 가치 있게 여기는 메타인지임을 보일 수 있습니다. 또한, 정답을 정당화는 것은 훌륭한 논의를 만들어 낼 수 있습니다. (ET-4)

[4]에서 트래이시가 타일러가 처음 관찰한 것에 동의하고 어떻게 나눗셈의 결과가 정

수가 아닌 경우에 내릴 수 있는 결론에 도달하는지 자세히 설명한다. 교사들은 트래이시가 "우리"라는 말을 했고 교사에게 대답할 때 분명히 타일러를 언급했음에 주목했다. 이 점은 교실 분위기가 좋다고 볼 수 있는 근거로 간주되었다.

- 트래이시가 타일러의 이름을 말한 방식으로 보아, 아마도 학급 전체가 아이디어를 논의하는 기회를 가졌고, 교실 분위기는 협력적이었다. (ET-9)
- 트래이시가 타일러가 말한 것을 언급한 방식이 아주 좋다. 주제를 논의하는 방법을 배우지 않았다면 한 학생이 그저 그 명제를 만들었을 텐데 그렇지 않은 것으로 보아, 이 아이들은 분명히 논의할 때 말하는 법을 배웠음에 틀림없다. (ET-15)

딱 한 명의 교사가 소수 결정에 대한 전략이 충분하지 못했음을 지적하였다.

- 나라면 잠시 시간을 들여 2가 약수가 아니면 4, 6, 8을 실제로 확인할 필요가 없음을 논의했을 겁니다. 물론, 학생들 중 한 명이 이 점을 관찰했더라면 좋은 일이었겠죠. 내 생각에 여기서 가르치기 쉬운 지점을 잃어버린 게 아닌가 합니다. (ET-16)

살짝 돌아가자면, 우리가 이 상황에 관련된 수업 연극을 분석할 때, 예비 교사들이 2부터 9까지의 수를 약수로 고려하는 것이 충분치 않다는 사실에 유의하였다는 점을 유념하였고 또한 효용성의 문제는 수업 연극에 다루어지지 않았다는 점도 우리가 유념하였음을 독자들은 상기하기 바란다. 또한 우리는 다음과 같은 상황도 설계하였다. "2, 3, 4, 5, 6, 7, 8, 9가 그 안에 들어가지 않았다"고 주장함으로써 37에 대한 소수 판별이 올바르게 이루어진다. 그런데, 이러한 주장은 암암리에 예비 교사가 대답에 대한 교정보다 그 전략에 집중하게 만들고 있다. 이 점은 6장에서 자세히 다루었다.

[5]와 [6]에서 "나머지"에 대한 대화가 오갔다. 교사들은 그 대화에 매우 긍정적으로 반응하였고, 교사가 수학 언어를 만들어낸 그 방식을 높게 평가하였다.

- 김교사가 트래이시가 하는 말을 인식하면서 어휘를 형식화한다. 이것은 좋은 연습이라고 생각한다. (ET-9)

학생들에게 그 명제를 재진술하도록 지도하라는 의견이 나왔다.

- 김교사가 "나머지"라는 단어를 소개하였는데, 반대로 학생들에게 그 단어와 정의를 말하도록 할 수도 있었다. (ET-6)
- 학생들이 "나머지"라는 용어를 몰랐거나 기억하지 못했다고 가정하고, 김교사는 학생들에게 '남아 있는'을 정의하는 다른 용어를 아는지 물어볼 수 있었다. 그렇게 하는 대신, 김교사는 학생들에게 정의를 말해 주었다. (ET-17)
- 김교사는 학생들이 그 용어를 찾도록 지도하는 대신, 학생들의 대답을 재조직하여 그 단어를 학생을 위해 만들어 내고 있다. (ET-2)

ET-2에서 제안한대로, 학생들이 "용어를 찾는" 것은 아마 가능하지 않을지도 모르지만, 여기서 교사들은 학생들 스스로 수학 용어를 사용하도록 격려하는 것이 중요하다는 데 동의한다. [7]에서 [11]까지 대화는 약수라는 용어를 중심으로 이루어진다. [7]에서 교사가 약수라는 용어를 소개하는데, 이 용어는 위의 논평과 비슷한 논평을 교사들로부터 유발하였다. 대다수의 논평은 수학 용어를 사용한 점을 인정해 주었지만, 그 과제를 학생들에게 남겨두는 편이 더 좋았을 것이라는 소수 의견도 있었다.

- 김교사는 학생들에게 '약수'라는 용어에 대해서 물어 보지도 않고 그 용어를 소개하였다. 김교사는 그 용어를 소개하기 전에 그 단어에 대한 선행 지식에 접근하지 못한 것으로 보인다. (ET-12)

[9]에서 교사가 학생들에게 약수라는 용어를 질문한다. 이에 대하여 케리가 [10]에서 예를 들어 설명하고 교사는 [11]에서 일반적인 용어로 바꾸어 말한다. [9]에 대한 교사들의 대답은 대화의 "수준"을 유지하기 위하여 선행 지식으로부터 접근하는 것으로 평가하였고, 학생들의 참여를 위해 아래와 같은 대안도 제공하였다.

- 교사는 학생들에게 배경 지식을 가르치고 있다. 좋은 전략이다. 학생들이 서로 말하고 약수가 무엇인가에 대하여 친구와 논의하게 하는 것이 좋은 점일 것이다. (ET-6)
- 선행 지식에 접근하기 위하여 교사는 학생들에게 친구끼리 이야기해서 의견을 공유하도록 지시했어야했다. 학생들이 교사 중심인 수업보다 더 능동적으로 배우고 있음을 느꼈을 것이다. (ET-2)
- 학생들에게 친구와 약수에 대하여 논의하라고 요청하기에 적절한 시간이다. (ET-9)

어떤 교사는 학생들의 소통을 매우 강조하고, 김교사가 소통을 가능하게 할 필요가 있었다고 지적한다. 한 명의 교사는 효율적인 소통 구조로 모둠 활동을 제안했다.

- 가끔 학생들이 논의하고 나서 모둠으로 돌아갈 기회를 갖는다면, 내 생각에는 수학을 훨씬 편하게 느끼고 학습도 더 잘될 것이다. 나라면 모둠의 학생들에게 '약수'의 정의를 논의하여 답을 내도록 요구했을 것이다. 그래서 학생들에게 약수가 무엇인지 묻기 전에 그들 스스로 정의하게 했을 것이다. 모둠들이 논의하고 정의하도록 시켰다면, 수업에서 일어나고 있는 질문 과정을 우리가 따르지 않을 수도 있을 것이다. 우리는 이런 정보(선행 지식)를 학생들에게서 끌어낼 수 있어야 하고, 학생들이 스스로의 학습에 대한 중계자가 되도록 만들어야 한다. (ET-12)

몇몇 교사들은 위의 교사가 설명한 이유에 대하여, 질문할 때 "4학년 때 배운"이라는 표현을 쓰지 않는 편이 더 좋다고 하였다.

- 나는 여기서 이 말이 거슬립니다. 이 문장으로 어떤 학생들은 4학년에서 배웠어야만 했던 것을 알지 못하기에 본인이 부족하다고 느낄지 모릅니다. 또 어떤 학생들은 예전에 배운 쉬운 것을 복습하는 것으로 생각하여 듣지 않을 지도 모릅니다.

교사들은 케리의 약수에 대한 설명 [10]에 대하여 긍정적으로 반응하였다. 교사들은 예비 교사가 학생들의 대답을 적절하게 예상하고 있음을 평가하였다.

- 내 생각에 이것은 훌륭한 예이고, 전형적인 학생의 예일 것이다. (ET-16)
- 김교사가 '약수'를 설명하는데 도움이 되는 예를 학생이 사용한 점이 매우 훌륭하다. 또한 이 부분은 다른 학생들에게도 도움이 된다. (ET-7)

17명의 현직 교사들 중 딱 한 명만이 아래와 같이 질문하여, 김교사가 [11]에서 약수를 정의하는 방식에 주목하였다.

- 2와 2분의 1과 4도 서로 곱하면 10이 되니까 이것도 약수일까요? (ET-1)

위의 문장이 본문의 맥락에서 제공한 적절하지 않은 정의를 이용하여 질문 형태로 진술된 것에 유의하자. 하지만, 다른 교사들은 김교사가 학생들의 예를 재성하고 일반화하였음에 주목하였다. 두 종류의 논평이 있다. 첫째, 대다수의 교사들은 [11]에서 김교사의 답을 지지하였고, 그러한 재성은 학생들에게 도움이 된다고 지적하였다. 특별히, 한 교사(ET-9)는 김교사가 케리의 예를 일반화한 것을 인정하였고, 다른 교사들, (ET-4)와 (ET-11)은 예와 정의를 구별하지 않았다.

- 김교사가 켈리의 예가 좋다는 것을 알아차렸고 일반화하였다. (ET-9)
- 김교사는 정확한 정의를 말하기 전에 아이들이 약수를 정의하도록 기회를 준다. (ET-11)
- 나는 김교사가 학생들이 두 번씩 듣는 것을 확인하면서 나머지와 약수에 대한 정의를 재진술한 점이 좋습니다. (ET-4)
- 김교사가 학생이 든 예의 내용을 이용하여 정의를 기술한 점은 도움을 줍니다. (ET-7)
- 아이들이 약수가 무엇인지 기억을 하건 못하건 간에, 분명히 김교사는 다음과 같은 목적을 가지고 있다. 약수라는 용어의 정의를 알자. 그리고 약수와 관련하여 논의를 계속하자. 나는 여기서 수학 용어를 사용한 점이 대단히 좋다고 생각한다. (ET-15)

앞에서 보았듯이, 두 번째 논평은 김교사의 선택을 분명히 평가하지도 않고, 대안을 제공하는 것으로 보인다.

- 김교사는 케리가 말한 것을 다른 누군가가 다시 말하도록 해서, 교사 자신이 아닌 학생이 말하도록 했다면 좋았을 것으로 생각합니다. (ET-6)

이후 논평은 교사가 질문할 때 특정 학생을 부르는 방식에 대한 것이다.

- 다시 이런 상황에서, 김교사가 어떤 학생에게 질문하기보다 누구라도 약수가 무엇인지 설명하기 원하는 학생으로 하여금 그렇게 하게 했다면 더 좋았을 것이다. (ET-17)
- 제 생각에 트레이시가 손을 들었을 것 같군요. (ET-1)

대화줄 11-20에서 우리가 주목한 것

여기서 우리의 이목을 끈 주제는 교사가 예를 선택하는데 서툴다는 점이다. 약수라는 용어를 강조하기 위해 처음 이 수업 연극에서 사용한 수는 7이다 [11]. 조단이 정확하게 규명하였듯이 [12], 소수인 7은 “자명한” 약수만을 갖기 때문에, 약수가 무엇인지 설명할 때 좋은 선택이 아닐 수 있다. 다음으로 거론된 수는 4이다 [13]. 학생들이 4를 1 × 4 [14]와 2 × 2 [16]로 정확하게 표현한다. 의도는 분명하지만, 교사가 “4는 약수를 세 개 가진다. 2는 한 번만 센단다” [17]라고 정리할 때, 표현 방식에 문제가 있다. 1 × 4와 2 × 2 같은 표현들은 약수가 무엇인가라는 물음에 대한 답이 아니라, 그 수를 곱으로 나타낸 것이다. “1 × 4” 대신, 앞에서 7의 약수를 규명했던 방법 [11]과 비슷하게, “1과 4”가 약수라고 말하는 것이 더 적절할 것이다. 학생들이 약수를 나열하는 것과 수를 곱으로 나타내는 것 사이에 혼동을 일으킬 수 있다고 짐작하는 것도 무리는 아니다. 예비 교사가 이 대목에서 학생들로 하여금 정확하지 않은 답을 내게 하고 김교사가 그것을 교정하도록 하지 않아서, 우리는 예비 교사가 그 둘 사이의 구별에 별 신경을 쓰지 않았다고 의심한다.

예를 선택하는 프롬프트로 돌아가서, 다음에 나오는 수는 100과 2[1]이다. 이 때, 2를 선택한 이유가 분명치 않다. 100은 9보다 큰 약수가 있기 때문에 선택된 것으로 보인다. 이것이 맞기는 하지만, 100 또한 9보다 작은 약수도 있기 때문에 100의 소수 여부를 확인할 때 9를 넘어갈 필요가 없다. 여기서 적절한 예는 9보다 큰 약수만을 가지는 합성수, 예컨대 143과 같은 수이다.

대화줄 11-20에서 교사들이 주목한 것

[11]에서, 김교사가 용어를 정의할 때, 조단에게 7의 약수를 물어보았다. 예비 교사는 “교사는 힌트로 칠판을 가리킨다”는 주석을 괄호 안에 달았다. 대다수의 교사들이 칠판의 내용을 알 수 없고 조단이 얻은 힌트가 어떤 것인지 알 수 없다고 지적하였다.

대화줄 [12-17]은 7과 4의 약수에 집중한다. 교사들은 케리가 대답을 “잘한” [11] 것으로 인정받은 사실을 알아보지 못했다. 죠단이 7의 약수를 정확하게 규명한 것도 전혀

---

1) 수업 연극에서는 2를 선택하는 지문이 나오지 않는다. 아래에 이어지는 절 ‘교사들이 주목한 것’에도 이에 대한 언급이 나온다. 아마 편집 과정에서 수업 연극의 일부가 누락되었을 것으로 추정된다.

인정하지 않았고, 대신 김교사는 바로 다른 학생인 그레이에게 다른 질문을 한다. [13] 김교사가 작은 수를 이용하여 질문하기 시작한 것은 좋아 보인다. 그러나 교사들은 김교사가 질문에 대답할 학생을 어떤 식으로 선택하는지에 대해서는 의문을 가졌다.

- 김교사는 아주 다양한 학생들에게 질문하는 것 같습니다. 될 수 있으면 많은 사람들의 관심을 끌려고 애쓰고 있어요. (ET-11)
- 김교사는 다시 문제를 제시하기 전에 한 학생의 이름을 부릅니다. 그래서 대부분의 학생들은 무엇을 답해야 할지 생각할 필요가 없어요. 아마 김교사는 그레이의 마음을 수업 안으로 돌려놓으려 했을 겁니다만, 처음에 이름을 부르지 않고 질문했을 수도 있겠지요. 그리고 개리가 대답하도록 묻고 있어요. (ET-9)
- 김교사는 몇몇 학생을 지명하고 있는데요, 학생들이 손을 들 필요는 없었던 것 같아요. 그러니까 모든 학생을 대상으로 한 거지요. 4는 약수를 찾기에 어렵지 않는 수이고 학생들이 곤란함을 느꼈을지도 모르지만, 이 수의 약수를 적어도 한 세트는 찾을 만큼 충분한 배경 지식을 가져야만 합니다. (ET-13)

"그래이, 4의 약수를 말해 볼래?"라는 특별한 질문 방법에 관하여, 세 명의 교사가 주석을 달았다. 그런데 이들 모두 사뭇 다른 관점을 보였다.

- 나는 김교사가 그래이를 4의 약수를 모두 구하라는 질문으로 지나치게 곤란하게 만들지 않았다는 점이 좋습니다. (ET-17)
- 내 생각에는 "4의 약수가 무엇인가?"라고 묻는 것이 더 좋을 것 같습니다. 교사는 학생들에게 여기 나오는 약수에 대해서 잠깐 의논하거나 생각할 시간을 줄 수도 있죠. (ET-6)

[14]에서 그래이가 4의 약수를 1 × 4로 대답한다. 수업 연극에 나타난 형식과 곱셈 기호의 사용은 교실에서 사용하는 말이 아니다. 단, 두 명의 교사의 답변만이 우리가 앞 절에서 설명하였던 문제를 규명한다. 비슷한 답변이 [16]에서 수지의 대답에 나타난다.

- 교사가 여기서 학생의 언어를 바로 잡지 않은 것이 좋지 않네요. 약수는 1 × 4가 아니라 1과 4인데요. (ET-7)

- 교사가 이 대목에서 학생을 고쳐주어야만 한다고 생각합니다. 학생이 4의 약수를 구해보라는 문제를 받았는데, 그가 4의 두 약수를 규명하는 동안에는 그 질문에 바로 대답할 수가 없습니다. 1과 4가 4의 약수고, 1 × 4는 그 곱이 4가 되는 두 수의 곱셈을 보여 주는 것입니다. (ET-15)

[15]에서 김교사는 그래이에게 칠판에 적게 하고 수잔에게 다른 질문을 던진다. 대다수 (17명 중에 12명) 교사들이 학생을 불러내어 칠판에 적게 하는 방식에 대해 좋게 평가하였다. 교사들은 학생의 능동적인 참여, 주목 받기, 시각적 표상 등을 언급하였다.

- 김교사는 학생에게 자신의 공책이 아닌 칠판에 적게 함으로써 참여를 독려합니다. (ET-17)
- 김교사가 간단한 수를 사용하여 빠르게 다른 예를 만드네요. 또 문제를 한 학생에게 칠판에 적게 함으로써 그 학생이 주의하여 답을 알아내도록 하구요. 이렇게 학생을 움직이게 만들고 잠시 모두의 주목을 받게 합니다. 이것은 긍정적인 전환입니다. (ET-9)
- 그래이에게 칠판에 적게 하여 다른 학생들이 눈으로 보게 하고 혹시라도 빠졌을지 모를 약수를 생각해 보게 합니다. (ET-8)

[18]에서 김교사가 100의 약수에 대해서 묻고 있다. 현재의 대화보다 예비 교사는 교실에서 무슨 일이 일어나는지를 괄호 안에서 설명하는데, 학생들이 약수 100과 2를 발견한 것을 언급하고 있다. 김교사의 이러한 선택은 그 단순성과 접근성의 면에서 대체로 후하게 평가를 받았다.

- 100은 굉장히 많이 사용되고 그래서 학생들은 아주 빠르고 쉽게 100의 약수를 찾기 때문에 100을 선택한 것은 탁월하였다. (ET-4)
- 이 학급의 대부분 학생들이 많은 수들이 100을 만들어 낸다는 생각을 가지고 있기 때문에 100을 선택한 것은 매우 유용하군요. (ET-7)
- 김교사가 단순한 예에서 친근하면서 복잡한 예로 가고 있군요. 좋은 방법이라고 생각합니다. 김교사는 몇몇 학생에게 9보다 큰 약수가 있음을 알게 합니다. (ET-9)
- 4와 7의 약수에서 100으로 건너뛰어서, 처음엔 여기서 100을 선택한 것이 이상해

보였습니다. 이제 9보다 큰 약수를 갖는 수를 보이고 싶은 마음이 동기가 되었음을 이해했습니다. 그런데 왜 2가 나오죠? 이게 당신이 찾는 소수라면, 더 큰 소수는 어떤가요? (ET-3)

100을 선택한 것에 의문을 갖는 경우도 있었다.

- 이 점에서 두 가지가 고민입니다. (1) 100이 143에 가깝고 쉬운 수지만 너무 가깝지는 않아 김교사가 왜 100을 선택하였는가? (2) 100이 완전제곱수이고 제곱근호를 씌운 수를 보이려고 100을 선택하였을까? 어쩌면 둘 다 일지도? 김교사가 여기서 2를 선택한 이유를 모르겠습니다. 단지 소수를 찾는 거라면, 나라면 13같은 좀 더 큰 소수를 골랐을 텐데요. (ET-16)

[19]에서 김교사가 학생들에게 약수라는 용어를 사용하도록 제안하면서, 학생들이 동의하고 있는 부정확한 정의를 반복한다. 다시 한 번 말하는데, 교사들은 김교사의 언어에 대한 관심을 칭찬한다. 단 한 명의 교사(ET-1)가 예외적으로 여기에 의문을 나타내었다.

- 약수가 무엇인가를 분명히 밝히기 위하여 이제 김교사는 자연수의 특징을 좀 더 분명하게 해 둘 필요가 있다. (ET-1)
- 김교사가 왜 '약수'가 사용하기에 편리한 단어인지 설명할 때 그 이유를 제시하는 방식이 참 좋고요, 그 다음에 수업 중에서 그 단어를 반복하는 것이 좋습니다. (ET-4)
- 김교사는 학생들에게 수학 용어를 사용하도록 권하고 왜 그 용어가 논의를 확실하게 만드는데 타당한지 보여줍니다. (ET-9)

대화줄 21-31, 우리가 주목한 것

여기서 전개되는 상황은 희망적인 사고로 보인다. [18]에서 100의 약수를 나열하면서 [18] 학생들은 어떤 수는 9보다 큰 약수를 가질 수 있음을 상기하게 된다. 한 단계 더 살펴보고, 학생들은 143이 11과 13의 곱임을 알아낸다. [27]에서 교사가 "다른 약수"가 있을까라고 물은 것은 예상되는 결론인 143은 소수가 아니다로부터 주의를 흐트러뜨리는 것 같다. 물론, 약수를 찾으면 이 결론에 도달한다. 그러나 주어진 프롬프트와 학생의 혼동에 비추어 보건데, 이 점이 분명하게 진술되었더라면 좋았을 것이다. [28]에서 수지가 더 이상 약수를 찾을 필요가 없는 이유를 설명한 것은, 우리가 보기에는 예비 교사가 학생들에게 자신의 개인 지식을 전수한 결과이다. 비록 옳았지만, 다른 학생들도 분명하게 이해할 지 자못 의문이 든다. 그런데도, 교사는 수지의 결론을 명확히 하기보다는, 다른 문제, 즉 소수의 문제를 던진다. [29]의 "각각의 수가 얼마나 많은 약수를 갖는지 보세요. 그리고 어떤 수가 소수가 되는지 보세요"라는 김교사의 지시는 앞에서 그가 7과 2를 선택한 이유가 된다. 그렇지만, 무엇을 보고 있는지 여전히 불분명하다. 대본에 따르면, 학생들은 아마 7, 100, 2, 143과 이들의 약수를 보고 있을 것이다. 소수에 대하여 추론하는 것만으로 충분할까? [30]에서 알렉스가 소수를 "약수를 두 개 갖는 수"로 정의하였고, 교사가 이를 [31]에서 반복하였다. 그리고 우리도 소수를 두 개의 약수를 갖는 수로 정의하는 것이 "가장 좋은 정의" [31]라는데 동의하지만, "정확하게 두 개"라고 언급한 부분은 반드시 엄밀하게 소개하여야 한다고 여긴다. 더욱이, 소수에 대하여 앞에서 자세하게 논의되지 않았으면, 학생이 소수의 정의를 내린다는 것은 별로 흔한 일이 아니다. 또한, 프롬프트의 장면이 개념과의 친근함을 암시하기에 학생들에게 어떤 수가 소수일지를 질문함으로써, 수업 중 이 단계에서 소수에 집중하는 것이 이상해 보인다.

대화줄 21–31, 교사들이 주목한 것

[21]에서 김교사가 "1에 대하여 자꾸 말하고 싶어하는" 다른 학생을 보고 143으로 대화를 되돌리고 있다. 다음 논평은 교사들의 일반적인 반응을 나타내는 예이다.

- 나는 김교사가 143으로 대화를 돌리는 방식이 좋습니다. 그리고 카일과 전체 학급에게 카일이 잊힌 존재가 아님을 알게 한 것도 좋게 생각합니다. (ET–16)
- 김교사는 틀렸다거나 실수를 범했다고 말하는 대신, 학생들이 질문을 차분히 생각하여 학생들이 왜 9에서 멈추었는지 골똘하게 생각하게끔 만들었습니다. 그래서 학생들은 거기에서 멈추어야 할지를 스스로 결정할 수 있습니다. (ET-11)

[22]에서 타일러는 1, 2, 3, …, 9가 "다른 모든 수를 만들어 낸다"고 하면서 그가 처음 내린 결론을 설명하는데, 이에 대하여 교사는 [23]에서 그에게 100의 약수를 생각해보라

고 지시한다. 몇몇 교사들은 타일러가 "다른 모든 수를 만들어 낸다고 말할 때 숫자와 수를 혼동하고 있는 듯하다"고 제시하였다. 그런데, 수 1에 대해서 타일러가 말한 것을 보니 이번엔 그 경우가 아니다. 일부 학생들의 "속삭임"에 대해 주를 달았으나, 이 프롬프트에 대한 견해가 하나로 모아지지는 않았다.

- 학급 전체 논의 중에 '속삭임'이 '좋은가' 아니면 '나쁜가' 아니면 못하게 해야 할까? (ET-2)
- 속삭임을 관찰하는 것은 좋은 것이고 당연히 속삭임은 논의를 불러일으키기 위하여 허용되고 장려되어야 한다. (ET-1)
- 두 학생 사이에 '사적으로' 이루어지는 논의에 교사가 관심을 갖고 그들에게 전체 학급과 의견을 나누도록 하는 방식이 좋네요. (ET-10)
- 김교사가 질문이나 도전의 형태로 어떤 단초를 제공하는 점이 아주 좋아요. 또 김교사가 속삼임을 알아채고, 그 학생들에게 생각을 공유하도록 격려한 점도 좋습니다. 이 점에서, 김교사가 그 학생들이 수업을 옳은 방향으로 몰고 갈 수 있는 '뭔가를 안다'고 짐작한 것이 맘에 듭니다. (ET-16)
- 타일러가 일러준 답을 받아 적는 대신, 김교사는 좀 더 생각하도록 합니다. 학생이 제시한 대답에서 다음 단계로 전개하는 것, 이건 아주 좋은 수업입니다. 교사는 학생들 사이에 일어난 속삭임에 귀를 기울이고 그래이에게 전체 학급과 같이 이야기할 것을 요청합니다. 교사가 한 두 명의 학생에게만 집중하지 않고, 많은 학생들에게 생각하는 바를 설명하도록 노력을 기울인다는 점이 마음에 듭니다. (ET-17)

[24]에서 그래이가 100의 약수를 두 수의 쌍으로 설명한 후에, [25]에서 교사가 학생들에게 이 방법으로 143의 약수를 생각해보라고 안내한다. 타일러가 $11 \times 13 = 143$임을 알아낸다.

- 학생들이 제시한 방법을 사용하여 김교사가 학생들이 143에 대하여 다시 한 번 생각하도록 사고의 폭을 넓혀 주는 것이 좋아요. (ET-7)
- 김교사가 뭔가 더 친숙한 것으로부터 좀 더 복잡한 예로 다시 나아가네요. 김교사는 학생들이 새로운 수와 그 수의 약수를 아마 이미 알고 있는 지식으로 다리를 놓는데 도움을 주고 있습니다. (ET-9)

- 143으로 돌아가서 우리의 김교사는 곱하여 100이 되는 두 수의 쌍과 약수를 결정할 때 학생들의 사고 과정에 나타난 유형을 끌어냅니다. 이건 문제를 더 쉽게 하지만 비슷한 문제를 해결하는 전형적인 경우입니다. 분명히, 학생들은 100을 편안하게 느꼈을 테고 약수도 찾았을 것입니다. (ET-15)

위의 반응으로 알 수 있듯이, 교사들은 친숙한 것을 언급하는, 그리고 앞서의 주장을 다시 고려하기 위하여 지금 막 나눈 대화를 이용하는 전략을 바람직한 것으로 인지하였다. 또한 교사들은 이미 143이 소수임을 알아낸 학생들이 있을 텐데 실수를 범하였던 학생인 타일러에게 143의 다른 약수를 알리는 영예가 주어졌음도 인지하였다.

- 결국 타일러는 이 수에 9보다 큰 두 개의 약수가 있다는 걸 알게 됩니다. 그는 이 정보를 스스로 찾았고 그래서 스스로 배우면서 튼튼한 연결이 만들어졌기 때문에 쉽게 기억할 것입니다. (ET-13)

일부 교사들은 [25]에서 괄호 안의 주석이 분명치 않다고 의견을 냈다. 이 부분은 약수를 찾을 때 어디에서 멈출 수 있는가에 대해 학생들의 주의를 끌 수 있는 기회를 놓친 것으로 보인다.

- 와아, 나는 당연히 김교사가 10 × 10이 143보다 작고, 12 × 12가 143보다 크기 때문에 10보다 크고 12보다 작은 수를 살폈어야 했다고 생각합니다. 이렇게 함으로써 해야 할 일을 많이 줄일 수 있습니다. 이 점은 학생들에게 끝이 없는 과정이 아님을 강조합니다. (ET-16)

[27]에서 김교사는 “다른 약수가 더 있을지” 묻고, 수지는 그 질문을 받아서 왜 “여기서 멈춰야 하는지” 합리적으로 설명한다. 일부 교사들은 우리의 관심을 공유하였다.

- 교사는 개념을 이해하지만 학생들은 어떨까요? 학생들이 모둠활동으로 이러한 이해에 도달할 수 있을까요? (ET-12)

다른 교사들은 수지의 대답을 칭찬했고, 김교사가 이 점을 완전히 인식하지 못했음을 아쉬워했다.

- 내 생각에 수지의 설명은 최고입니다. 그 학생은 여기서 훌륭한 논리적 추론을 보여주었고, 제시한 예도 다른 학생들이 이해할 수 있는 것입니다. (ET-10)
- 김교사는 아마 수지가 말한 것을 알았을 겁니다. 28번 대화줄에서 수지의 설명은 이 수업의 전체 목표에 너무나 중요한 요소인 듯합니다. (ET-15)

수업 연극의 마지막 세 줄은 소수의 정의에 집중하고 있다. [29]에서 김교사가 도입하고, [30]에서 알렉스가 제안하고, [31]에서 김교사가 재진술한다. 교사들은 김교사가 소수와 약수의 두 개념 사이에 연결을 시도하고, 참여하지 않고 있는 학생들을 끌어들이고, 지금까지 상황을 정리하고, 수학 용어를 사용하도록 장려하는 것에 대해 조언을 남긴다.

- 김교사가 '약수'라는 용어를 이용하여 소수의 정의가 무엇인지 알 수 있도록 각각의 수의 약수가 몇 개인지 생각하게 하는 방식이 좋습니다. (ET-17)
- 김교사가 소수를 정의하는 방식이 참 좋네요. 1과 자기 자신만을 약수로 갖는 수보다 약수를 2개 갖는 수말이죠. 교사의 정의는 너무도 당연하게 1을 배제합니다. 왜냐면 1의 약수는 1뿐이니까요. 훌륭합니다. 이 교사는 논의를 능숙하게 이용했고 그 논의가 수업을 이끌고 있습니다. 사실, 그 논의가 수업 자체였습니다. 아주 좋습니다. (ET-11)

두 명의 교사만이 제공된 상황이 소수에 대한 약간의 지식을 전제로 한다는 우리의 관찰과 같은 내용을 제시하였다.

- 여기서 김교사는 이 점을 연착륙 시키려고 시도합니다. 당연히, 이것은 시도할만한 좋은 일입니다. (하지만 무시할 수도 있죠) 그렇지만, 저는 김교사의 시도는 적당치 않아 보입니다. 수업 연극의 상황이 분명히 이미 (미완일지라도) 정의가 존재함을 암시했다는 점을 고려해 보건데, 여기서 우리가 소수를 정의하고 있나요?

두 명의 교사만이 정의 자체를 언급했는데, 한 사람은 학생이 정의를 말하는 것은 흔치 않은 일이라고 했고, 다른 교사는 상당히 엄격한 정의라는 우리의 생각과 같은 의견을 제시했다.

- 내 생각엔 알렉스의 설명은 놀라울 만큼 훌륭합니다. 학생들은 아마 단 하나로만 나누어지는 수 같은 걸 말하려고 했을 겁니다. (ET-16)
- 더 나은 정의로는 다음과 같겠죠. 소수는 오직 두 개의 서로 다른 약수를 갖는 수이다. (ET-2)

지금까지 교사들이 각각의 줄에 제시한 논평을 소개하였다. 이와 더불어, 우리는 교사들에게 몇 개 대화줄을 묶어서 또는 수업 전체에 대한 논평도 요청하였다. 교사들은 다음과 같이 김교사가 성공적으로 학습 내용을 전달했고, 학생들의 생각을 이끌어내고, 용어를 강조했다고 평가하였다.

- 이 수업은 아주 철저합니다. 김교사는 확실하게 학생들에게 용어를 소개하며 수업 내용을 잘 전달하였고, 기본적인 수업으로 빨리 돌아갈 수 있도록 정리했습니다. (ET-10)
- 이 수업에는 매우 의미가 있고 훌륭한 개념들이 드러나 있습니다. 나는 특히 김교사가 학생들에게 답을 말하는 것보다 질문을 던지는 이런 방식이 좋습니다. 김교사는 학생들에게 정보를 전달하기보다 오히려 정보를 이끌어내고 있습니다. 그리고 학생으로 하여금 칠판에 적게 하고 움직이게 만드는 것도 좋다고 생각합니다. (ET-6)
- 김교사가 매우 훌륭하게 수업을 이끌었다고 생각합니다. 김교사가 질문을 많이 하고 학생들의 대답은 단순했기 때문에, 소수와 다른 용어를 정의할 때 학생들이 서로 협력하게 만드는 부분에서 개선의 여지가 있습니다. 김교사를 위한 나의 마지막 질문은 "모든 학생이 소수를 이해하기 위하여 약수를 학습하여야 하는가 아니면 이 과정은 모둠에서 진행할 수 있는가?"입니다. (ET-7)
- 결국, 이 예비 교사는 이 모든 걸 버무려서 굉장한 일을 했습니다. 오개념을 잘 예상했고 적절한 용어를 강조하였습니다. 많은 학생을 참여시켰고, 배움이 있고 보상이 있는 과정 속으로 학생을 인도했습니다. 물론 돌아보면, 재빨리 판단하고 눈앞에서 학급에 대응하는 것과 달리 논평을 하는 것은 쉽지만, 내 생각에는 정말 훌륭한 수업입니다. (이 수업이 상상이긴 하지만 ~ 어쩌면 그편이 더 나을지 모르죠!) (ET-16)

교사들은 우려도 하고, 줄 단위 논평 속에서 가끔씩 등장하는 비평을 통하여 대안을 제시하기도 하지만, 전체적으로 이 수업을 칭찬했다. 이 수업에 대한 비평이 예비 교사가 없을 때 이루어졌기 때문에, 이 정도의 칭찬은 놀라울 따름이다.

주목한 것과 주목하지 않은 것 : 요약

요약하면, 우리의 관심은 수학 언어, 수학적 엄밀성, 그리고 예제의 선택과 관련된 것이었으나, 현직 교사의 반응 중 겨우 삼분의 일 정도가 수학적 내용에 관련된 것이었다. 대부분의 경우, 김교사가 언어에 주목한 것과 과거에 그리고 최근에 복습한 지식을 언급한 것이 수업의 긍정적인 특징으로 간주되었다. 그런데 간헐적인 대답만이 우리가 부정확하고 완전하지 않은 정의에 민감하다는 걸 상기시켰지만, 여러 교사들이 이러한 반응을 보였다는 점이 중요하다. 어느 교사도 지적하지 않았지만, (10보다 큰 약수를 갖는 수로) 100은 9를 넘는 약수를 가진다는 것을 확인해야 할 필요성을 제공하는 것은 아니다. 한 명의 교사(ET-16)만이 김교사가 가능한 약수로 2를 생각한 후에 4, 6, 8은 확인할 필요가 없다고 지적할 수 있음을 언급하였다.

교사들의 대부분의 논평은 교수학적 전환과 교실 관리가 이루어짐에 따라, 교실에서 학생들의 안녕과 관련된 것이 있다. 수업 연극에 드러나는 교실 분위기로 보아서 학생들은 편안하고 안전하게 느끼며, 실수를 무서워하지 않고 시도하고, 또한 김교사는 학생들의 학습을 지원한다. 대다수 교사들은 대답하는 학생이 손을 들었는지는 모르겠지만, 어쨌든 대화 속에 많은 학생들이 참여하고 있음에 주목했다. 학생을 칠판 앞으로 불러내어 적게 하는 것도 학생의 참여를 유도하는 본보기로서 칭찬 받았다. 교사들의 논평은 수업 연극 안의 김교사가 교실에서 학생들의 감정을 배려하고 있음을 언급하였다. 예를 들어, 교사들은 타일러가 처음에는 뽑히지 않았으나 나중에 143의 자명하지 않은 약수를 큰 소리로 학급 전체에 말하게 되었다는 사실을 논평하였다. 일부 학생들의 대답을 긍정적인 방향으로 강화한 것도, 김교사가 몇몇 학생들의 올바른 대답을 인지하지 못했다는 사실과 함께 같이 조명 받았다. 학생들에게 정답을 제공하기보다, 바람직한 대답으로 유도하는 교수법이 이 수업의 장점으로 고려되었다. 또한, 교사들은 학생들이 기초를 복습하는 방식을 긍정적으로 인정하였고, 또한 김교사가 친숙한 것으로 부터 선행 지식을 구축하고 수학 개념들 사이에 연결을 끌어내어, 수업을 전개하는 방식에도 높은 점수를 주었다. 부정적인 측면에 대하여 말하자면, 교사들은 전체 학급 논의 보다는, 옆 사람과 말하기 또는 모둠 활동 등과 같이 더 많은 학생을 참여가 가능한 대안이 필요하다고 논평하였다.

대부분 교사들의 논평은 일반적인 성향을 띠었다. 예를 들면, 김교사가 제공한 정의의 세부사항에 관심을 두기보다는 학생들의 생각을 새롭게 말하기, 수학 용어에 유념하기 등의 일반적인 전략을 주목하였다. 또한, 어떤 선택이 적절하였는가보다 기본 복습하기 등의 바람직한 일반 전략에 주목하였다. 마지막으로, 유도되든 (또는 유도되지 않든) 어떤 특정 연결보다는 연결을 유도하는 일반적 아이디어에 주목하였다. 이와 같은 일반 성질에의 주목은 Jacobs 등(2011)이 발견한 것과 일맥상통하는데, 이 연구에 의하면 교사들의 초기 경향은, 학생들의 사고의 세부사항을 주목하기보다 일반적인 교구나 견해를 제공한다는 것이다. 다음 절에서, 우리는 교사의 주목에 관한 연구를 좀 더 세밀하게 관찰함으로써, 교사들이 주목한 것을 분류하는 방법이라든지 교사들이 어떤 조건하에서 다른 방식으로 주목할지 등에 대해 탐색한다.

수학에 주목하기와 학생에게 주목하기

van Es와 Sherin(2008)이 소개한 학습에서 주목까지의 연구틀은 다음 세 부분을 포함한다. (가) 교실 상황 중에 주목할 만한 양상 규명하기, (나) 맥락에 관한 지식을 이용하여 교실에서 상호작용에 대하여 추론하기, (다) 교실 내 특정 사건들과 교수와 학습의 원리 사이를 연결하기. 우리 자신들뿐만 아니라 교사들도 예비 교사가 마음속에 그리는 상호작용의 맥락을 단지 상상할 수 있을 뿐이지만, 우리는 연구틀의 (가)와 (다)에만 관심이 있다. 이 연구틀 내에서 교사의 주목은 주로 (다)에 관한 것이었으며, (가)에 관해서는 우리와 교사들과 의견이 많이 다르다.

주목하기와 관련된 연구는 전문가와 초보자는 서로 다른 특징에 주목하며, 전문가는 좀 더 눈에 띄는 양상의 상황에 중점을 둔다는 것을 밝혔다. (Jacobs 등, 2011; Santagata 2011) 우리의 경우에는 두 개의 전문가 집단, 즉 경험 있는 학교 교사들과 이 책을 쓴 교사교육자들 사이에 차이가 있다. 이 점은 주목하기가 선택적이고 각 개인이 "다른 선행 경험과 다른 교수학적 신념을 자신이 주목한 것으로 끌어오기" (Erickson, 2011, p. 32) 때문이므로 그리 놀랄 일도 아니다.

우리는 수학에 주목하기로부터 학생에 주목하기를 떼어 내려고 했지만, 이 문제는 분명하지 않다. 예를 들면, 다수의 교사가 [28]에서 수지의 설명이 김교사에게 충분한 주목을 받지 못했다고 논평하였다. 교사들은 수지에게 관심을 가졌는가, 누가 수지의 지식을 칭찬하지 않았는가? 수지의 설명이 모호하다고 느끼는 다른 학생을 배려하는가? 아니면 그들은 수학의 내용에 관심을 가지는가? 여기서 언급된 수학의 내용은 명확히 진술되지 않았고 충분히 자세하게 동기가 설명되지도 않았다. 모든 교사들이 수지가 제공한 설명이 더욱 주목할 만하다고 동의할 수도 있는데, 동의의 이유는 다양할 것이다. 같은 방식으로, 열 명의 교사가 [17]에서 4의 약수를 생각할 때 2를 단 한번만 나열한 점이 다른 식으로 처리될 수 있었다고 논평하였다. 교사들은 적절한 수학적 설명이 부족함을 걱정했는가? 학생들이 김교사의 설명을 이해하지 못할 수 있다고 생각했는가? 다른 대화줄의 논평에서 대부분 교사들이 언급한 다르게 말하기나 재진술하기의 문제도 특정 한 학생의 제안에 긍정하는 것(특정 학생을 배려함)으로 보일 수 있고, 학생들에게 그 문제를 분명히 하여 그 문제에 대하여 다른 형태로 다시 듣게 하는 것(다른 학생을 배려함)으로 보일 수도 있다. 또한, 형식적인 수학 언어를 주입시키려는 시도(수학을 배려함)로 볼 수도 있다. 배려라는 개념, 그리고 교사의 수학에 대한 배려와 학생에 대한 배려에서 일어나는 긴장이 Hackenber(2005)와 Long(2011)에 의해서 연구되었는데, 이 두 연구자들 모두 이러한 두 종류의 배려가 분리될 수 있다는 가정에 의문을 가진다.

실제로, 우리는 학생에 대한 배려는 주어진 어느 순간에도 그들이 어떻게 느낄지에 대한 관심으로 증명된다고 믿는다. 또, 우리의 수학에 대한 관심이 학생을 배려하는 하나의 방법이라고 믿는다. 우리는 적절하게 사용된 언어와 적절하게 사용된 개념이 좀 더 엄격한 이해를 형성하는데 도움을 준다고 믿는다. 우리는 조심스럽게 선택된 예제가 적합한 전략을 소개하고 유도하는데 도움이 된다고 믿는다. 그리고 이러한 종류의 배려를 우리와 같이 작업한 예비 교사들과 현직 교사들에게 퍼지게 하는 것이 우리 의제 중 하나이다.

수업 연극을 통하여 주목하기

교사의 주목에 관련된 연구는 "교사가 다른 시각으로 교실을 본다는 아이디어 그리고 이러한 시각을 이해하는 것이 특별한 방식으로 주목하는 교사의 능력을 키우는데 도움이 될 수 있다는 아이디어를 강조한다. (Jacob 등, 2011, p. 98) 이 "특별한 방식"은 주로 아이들의 수학적 사고에 주목하는 것이다.

"교사의 주목은 훈련 가능한가?" 이는 Sherin 등(201la, b)에 의해 제기된 주요 연구 문제들 중 하나이다. 어떻게 주목하기와 같은 전문 기술이 지원으로 향상될 수 있는지 자세히 밝힘으로써, 다양한 연구자들이 긍정의 답을 내었다. (Jacobs 등, 2010; Sherin과 van Es, 2009; Star와 Strickland, 2008) Star 등(2011)은 예비 교사의 주목하기가 방법론 과목 수강 결과로 향상되기는 하지만, 과제의 특징이나 수학 내용의 세부사항 등에 주목하는 능력은 향상되지 않았다는 점을 보였다. 이 연구와 우리의 연구가 매우 다른 환경이기는 하지만, 우리는 현직 교수들도 수업의 이러한 특징을 주목하지 않음을 보았다. 한 가지 가능한 설명은 그들의 감독의 역할을 고려할 때, 그들은 수학은 그림자 안에 남겨 둔 채, 수업의 장점을 증폭하려 했고 다른 수업에 전이될만한 것들에 대해 숙고했을 것이다.

Sherin 등(2011b)은 교사의 주목하기에 관한 연구에 사용되는 다양한 방법론을 요약 설명하였는데 교사들의 수업 프롬프트의 예를 제공하고 주목한 것을 설명하도록 하기 위하여 비디오 단편 (Sherin과 van Es, 2009; Star와 Strickland, 2008)과 응답질의서 (예. Jacobs 등, 2010) 등의 사용도 포함되었다. 우리는 수업 연극이 교사의 주목하기 향상과 그에 대한 연구를 향한 교사교육자들의 노력에 기여하는 또 하나의 능률적인 도구임을 제안한다.

Chapter 11 언어

이 장은 수업 연극의 전반적인 특징에 대하여 논한다. 우리는 예비 교사들이 교수학적 변환의 관점에서 내렸던 선택들을 관찰하여 구체적인 수준에서 이루어진 언어 선택에 주목하였다. 특히 수학적 아이디어를 의사소통하는 방법에 중점을 두어 예비 교사들이 사용하는 수학 언어를 탐구하였다. 또한 교사가 학생들의 언어를 다루는 수업 연극, 학생의 애매한 표현을 수학적으로 정확하게 재성하는 수업 연극을 눈여겨보았다. 이 주제는 특히 5장과 6장에서 약수와 제수에 대해 말할 때 포함되는 복합적인 상황을 설명할 때 제기한 바 있다. 그러나 여기 수업 연극을 관찰해 보면 다른 식으로 언어를 선택하는 경우가 있는데, 이런 선택은 논의의 대상인 실제 수학 문제와 독립된 것처럼 보이지만 교사, 학생, 수학 사이에서 생겨나는 관계에서 핵심적인 역할을 한다.

언어와 수학을 연구하는 많은 연구자들은 언어의 선택이 가치, 분배, 그리고 이데올로기를 아우르기 때문에 중요하다고 가정한다. (Morgan, 1996) 사실 언어는 교수 학습 과정에서 일어나는 규범과 규칙을 형성하도록 돕는다. 예비 교사들은 수업 연극을 쓸 때, 자신이 쓰고 싶은 단어를 종종 무의식적으로 선택한다. 대명사 위에 또 다른 대명사를 선택하기도 하고 특정 부사를 부가적으로 사용하기도 한다. 교사와 학생의 상호작용은 학생으로 하여금 어느 정도 수학적 추론을 하도록 권유받았다고 느끼게 하고 수학을 과목으로 인식하게 한다. 이와 같은 언어적 선택은 상호 작용의 정도와 방식에 영향을 미칠 수 있다. 따라서 교실에서 사용하는 언어의 특징을 분석하면 예비 교사들이 암묵적으로 무심코 행하는 교수 행동에 대한 통찰을 얻는다.

수업 연극은 등장인물로 교사와 학생 모두를 포함하고 있지만, 이 장은 전적으로 교사 주인공을 위한 예비 교사의 선택에 중점을 맞출 것이다. 우리의 분석은 부분적으로 수학 교실에서 사용되는 교사의 언어 사용에 대한 연구 문헌으로부터 영향을 받았는데, 여기서는 언어 사용자의 가치, 성향, 이념에 대한 통찰을 제공하는 언어의 특징을 규명하였다. 우리는 흥미 있게 탐구하였고, 예비 교사들이 전개한 내용들은 수학교실 수업의 담화라 부를 수 있다.

현재 많은 연구들이 실제 교실 수업에 바탕을 두고 있다. 교실 수업에 대한 가상의 이야기에 기반을 둔 우리의 연구는 그 맥락이 다르다. 처음에는 이 책에서 탐구한 문헌이 상호작용을 기록한 것 보다 훨씬 세련되었다. 초기의 수업 연극 대본은 완성되지 않은 문장, 반복되는 단어, 없어진 단어, 빈 칸, 애매한 단어 등이 수도 없이 많았다. 이러한 수업 연극이 상상의 산물이라는 사실 또한 많은 차이를 만들어 낸다. 예를 들어, 앞 장에서 모든 학생들이 대본의 마지막 부분은 수업 내용을 이해하는 것으로 끝나는 것을 볼 수 있었다. 이것은 실제 교실의 상호작용을 기록한 것으로 보기 힘들다. 이러한 차이점에도, 수업 연극에 사용된 언어 방식과 실제 교실 상호작용에서 사용되는 방식 사이에 유사점이 있는지 탐구하는 것은 가치 있는 일이다. 수학교실의 학생들처럼 예비 교사들은 이미 자신의 경험을 통해 특정 말하기 방식을 학습하였을까? 아니면 교사로서 실제로 교실에서 역동적인 경험을 통해 말하기 방식을 개발하였을까? 수업 연극에 나타난 언어의 선택이 실제 교사들의 언어 선택과 여러모로 겹친다면 우리는 예비 교사들이 교사로서의 역할을 상상함에 있어서 성공적이라고 추론할 수 있을 것이다.

수업 연극 담화 분석하기

2장은 잘 알려진 IRE 상호작용에 대해 살펴보았다. IRE 상호작용은 교사가 상호작용을 시작(I)하고, 학생이 반응(R)하며, 교사가 그 반응을 평가(E)하는 것이다. 이러한 유형의 상호작용 패턴을 반복하여 사용한다면 학생들은 그들이 대답할 때마다 평가를 기대하게 된다. 따라서 교사가 다른 답을 하도록 하거나, 추가되는 질문을 함으로써 평가를 하지 않는 경우에 학생들은 자신의 답이 옳지 않다고 추론할 것이다. 이 장은 교사가 처음 제시하고 평가할 때 사용하는 언어에 대해 더 면밀히 살펴볼 것이다. Biber(2006)가 주장했듯이 언어는 특정 단어 선택과 문법 구조를 통해서 교사가 "문장이 어떻게 해석되어야 하는지 예를 들어, 문장을 사실로 받아들여야 할지, 평가를 해야 할지 아니면 특별한 입장으로 이해해야 할지에 대해 학생들이 접근할 수 있는 지식을 구성하는 방법을 형성하기" (p. 87) 때문에 매우 중요하다.

수학교육 연구자들은 양상/조절, 입장, 얼버무림, 그리고 일인칭 대명사 등과 같이 수학교실에서 사용되는 여러 가지 언어의 측면에 초점을 맞추어 왔다. 다음 절은 이러한 언어적 특성들 하나 하나 그리고 그것의 수학교육 주제와의 관련성을 기술한다. 이어서 이를 이용하여 수업 연극을 분석할 것이다. 우리는 언어의 이러한 측면에 따라 예비 교사들의 활동이 어떻게 다른지 밝힐 수 있는가에 관심이 있다. 또한 예비 교사들의 수업 연극과 수학교육 문헌에서 연구된 교실의 기록물이 얼마나 닮았는지 연구하였다.

양상

양상은 "말하는 이가 언행에 싣는 가능성, 확률, 무게 또는 권위의 정도를 지칭" 한다. (Hodge와 Kress, 1993, p. 9) Morgan(1996)은 동사 (must, will, could 등) 뿐 아니라 형용사 (예를 들어, I am sure that…)와 부사 (certainly, possibly)의 선택에 따라 양상을 여러 방법으로 표현할 수 있다고 밝혔다. 이러한 선택에 따라 말하는 이는 다양한 강도로 태도를 표현할 수 있다. 또한 말하는 이는 어떤 것을 강조하기 위해 양상을 이용할 수 있다. 예를 들어, "넌 곱셈표를 확장할 수도 있어" 보다 "너는 곱셈표를 확장해야만 해" 라고 말함으로써 그 강도를 증폭시킬 수 있다. 또한 양상은 앞에 제시한 두 가지 서로 다른 문장을 학생에게 제시함으로써 교실의 권위의 강약에 대한 통찰을 제공한다.

Halliday(1978)는 양상을 사람들 사이를 연결하는 글의 기능의 일부라고 하였다. 즉, 글은 저자가 누구인가, 저자와 대상, 저자와 청중이 서로 어떤 관계인가에 대하여 무언가를 말하려 할 때 글이 취하는 방식인 것이다. 이러한 글의 기능은 관념적인 기능과 달리, 세상의 본성에 대해 말하며 또 상당한 정도로 우리가 앞의 일곱 개 장에서 다루었던 글에서 나타나는 기능인 것이다. Halliday는 "말하는 이는 자신의 태도와 판단을 드러냄으로써 동시에 다른 사람의 태도와 행동에 영향을 주는 방법을 찾음으로써 상황의 맥락에 자신을 내던진다" (p. 112)라며 두 가지 주요 방법을 규정하였다. (1) 주어진 문제에 대한 가능성 정도 (그것은 때때로 소수이다. 답은 없다) 또는 확률의 정도 (그 방법은 통해야 한다. 나누어지기도 한다) 표현하기, (2) 어떤 특정 행동과 관련된 의무와 경향의 정도 표현하기. (너는 가야만 한다. 우리는 생각해야 한다. 시도할 수 있다. ~을 필요로 한다. 그녀는 ~할 것이다) 전자는 인식적 변화의 영역으로 고려되며, 수학적 논증과 밀접한 연관이 있는 반면, 후자는 의무적 변화와 관련 있으며, 대개 인간과 관련되어 있다. 인식적인 양상을 표현하기 위한 'It may be divisible.'와 의무적 양상을 표현하기 위한 'You may try.'에서 모두 같은 단어 may가 들어가지만 전자는 지식의 입장에서 후자는 행위의 자유로움을 언급한 것이다.

사람들 사이를 연결하는 글의 기능에 중점을 두면 교수와 학습에 대해 무엇을 배울 수 있을까? 6장에서, 91이 소수인지 아닌지 결정하기 위해 곱셈표를 도입하는 교사의 선택에 관한 수업 연극을 제시하였다. 그러나 언어적 특징을 고려하면 예비 교사가 학생과 교사의 관계뿐 아니라 상호작용 속에서 교사를 어떤 식으로 자리매김하는지에 대한 실마리를 얻을 수 있다.

6.1.1	교사	91이 소수인지 아닌지 우리가 확실히 알 수 있도록 하려면 어떻게 해야 하는지 아는 사람?
6.1.2	학생	91을 임의의 수로 **나누려고 시도할 수 있고**, 나누어지는지 보면 알 수 있습니다.
6.1.3	교사	**시도할 수** 있는 방법 중 하나군요. 다른 방법이 있는지 옆의 친구와 서로 의논해 볼까요? 곱셈으로 생각해 보면 어떨까?
6.1.4	학생	우리가 곱셈표를 더 크게 **만들어서** 그 안에 91이 있는지 **확인할 수 있어요.**
6.1.5	교사	참 좋은 생각이네! 좋아, 여기서 우리는 무엇을 해 볼까? 여러분 각 모둠에서 곱셈표를 **확장해 보세요.** 목표는 91이 소수인지 아닌지 판별하는 것입니다.

교사는 "우리가 확실히 알 수 있도록"과 같이 행동의 자유와 관련된 규범적 말투로 시작하였으며, 이 표현은 여러 가지 방법을 발견할 가능성을 나타낸다. "할 수 있다"라는 단어의 사용은 '91은 소수일 수 있다'와 같이 특정 명제에 관련된 것이 아니라 인간의 행동 영역과 관련되어 있으며, 또한 이로써 다양한 아이디어가 가능함을 제안한다. 교사가 "…을 찾아야만 한다"라고 말했다면, 그것은 사용할 특정 방법이 있음을 암시했을 것이다. [6.1.2]에서 "나누려고 시도할 수 있고"와 같이 학생들이 다시 반복하고 있는데 이는 규범적 말투의 또 다른 예이다. [6.1.3]에서 "시도할 수" 있다고 교사가 말할 때, 전략의 시도 가능성을 제시하고 있다. 그러나 이어지는 문장은, 그 전략은 시도하지 않을 것을 암시하는데, "시도할 수 있다"는 전략이 통할 가능성이 낮을 거라는 교사의 의견을 표현한 것이다. 교사가 "그것은 시도해서는 안되는 전략이에요"라고 말하지는 않는데 왜냐하면 이 말 속에는 학생의 창의적 아이디어에 대한 부정적인 판단이 포함되어 있고, 다음 단계의 아이디어를 차단하는 결과를 낳을 수 있고, 또 교사에게 왜 그 전략이 시도되면 안되는지 설명을 요구할 것이기 때문이다. 따라서 [6.1.3]에서 "할 수 있다"라는 단

어의 선택은 교실 활동을 교사가 통제하는 기능으로 사용하고 있다.

[6.1.4]에서 "만들 수 있어요"라고 한 것은 91이 소수인지 아닌지에 대한 질문에 답할 수 있는 가능성뿐 아니라 곱셈표를 확장할 수 있는 가능성과 관련되어 있다. 학생은 "어쩌면"이라고 망설이며 시작했고 이는 접근 방식이 확실하지 않음을 의미한다. 우리는 이 장의 마지막 부분의 망설임에 대하여 더 논의할 것이다. 교사는 [6.1.5]에서 "우리가 할 일이 생겼네요"라고 곱셈표를 확장시킬 필요가 있음을 표현하며 규범적 말투를 두 번 사용했다. 따라서 교사는 가능성에 대한 논의로부터 필요성에 대한 논의로 이동하였다.

이러한 유형의 상호작용에서 강력한 양상을 나타내는 구절은 "확실히"이다. 학급 전체가 91이 소수임을 발견할 높은 가능성을 진술하는 의미에서 이 말은 규범적이며, 또한 명제 '91은 소수이다'의 가능성에 대한 진술이라는 면에서 이 문장은 인식적이다. 상호작용 속에서 "확실히"를 사용하는 것이 인식적 변화의 유일한 예라는 것이 놀라울 따름이다. 독자들은 수학교실의 상호작용이 인식적 변화를 많이 포함할 것으로 기대할지 모른다. 사실, 수업 연극을 하나로 쭉 훑어볼 때, 규범적 변화가 인식적 변화보다 자주 나타났음을 알 수 있다.

다음 제시되는 예는 가분성에 대한 프롬프트로부터 작성된 것인데, 규범적 양상이 만연해 있음을 볼 수 있다. 이 수업 연극에서 교사는 강한 양상 동사 '해야 한다'에서 약한 양상 동사 '할 수 있다'로, 그리고 중간 정도의 양상 동사인 '할 것이다'로 바꾼다. 앞의 예에서 '할 수 있다'는 [5.27.20]에서 나타나는 바와 같이 전략에 대한 사고를 하도록 하는 것으로 보인다. 이 경우에는 초콜릿을 어떻게 분배할 수 있는지에 대한 사고를 말한다. 반면 [5.27.23]과 같이 필요 동사를 이용하는 것은 실제로 초콜릿을 나누어 주도록 하는 행동의 변화를 보여주고 있다.

5.27.17	교사	이 초콜릿 바는 어떻게 해야 할까? (처음 4개를 꺼낸다.)
5.27.18	찰리	그것도 함께 나누어줄게요. (찰리는 초콜릿 3통을 30개의 초콜릿 바로 교환한 후 처음 4개를 더하여 두 개가 남을 때 까지 초콜릿을 나누어 준다.)
5.27.19	찰리	이제 어떻게 하지? 모든 가게에 같은 수의 초콜릿을 줄 수 없어.
5.27.20	교사	남은 초콜릿은 어떻게 할 수 있을까?
5.27.21	찰리	먹어요!

5.27.22	스테판	잘라서 조각으로 나누어 줘요.
5.27.23	교사	좋아. 배달원이 먹을 수도 있고 우리가 먹을 수도 있어. 그렇지만 354개의 초콜릿을 네 곳의 가게에 똑같이 나누어 줄 수 없을 거야. 조각으로 나누어 준다면 손님들에게 팔기 어려울 거야. 이제 354개를 4로 나눌 수 있다고 생각하니?

6.1과 5.27과 같이, 어떤 명제가 일어날 가능성 또는 확률에 대한 문장이 만들어지는 대개의 상황에서 예비 교사는 행동의 필요성 또는 행동의 가능성에 대한 문장을 만든다. 6.12에서 반례를 볼 수 있는데, 거기에서 양상은 [6.12.1]의 "확실히"라는 단어의 사용을 통해 나타나며, 이는 2, 3, 4, 5, 6, 7, 8, 9로 37을 나눌 수 없음을 의미한다. 교사는 "2, 3, 4, 5, 6, 7, 8, 9는 분명히 37을 나눌 수 없지"라고 말했지만 더 이상 인식의 변화가 나타난 문장은 없었다.

6.12.1	교사	37이 소수라는 말은 옳아. 그리고 2, 3, 4, 5, 6, 7, 8, 9는 확실히 37을 나눌 수 없지. 하지만 소수의 실세 정의를 생각해 보렴.
6.12.2	학생 1	소수는 1과 그 자신만으로 나누어질 수 있다는 걸 알아요. 그런데 이 말은 꼭 소수가 아닌 모든 수는 2, 3, 4, 5, 6, 7, 8, 9로 나눌 수 있다고 말하는 것 같아요.
6.12.3	교사	흐음 … 왜 그렇게 생각하지?
6.12.4	학생 1	왜냐면 금방 2부터 9까지 가분성 규칙을 배웠고 그리고 지금까지 모든 수형도가 2부터 9까지 수 중 하나를 가지고 있었으니까요.
6.12.5	교사	지금까지 수형도로 그려본 수 중 가장 큰 수가 뭐니?
6.12.6	학생 1	지난 해 6학년 때, 선생님이 시킨 거예요.
6.12.7	교사	이거 모두? 정말? 6학년 때 무한대까지 모든 수형도를 그렸구나.
6.12.8	학생 1	무한대까지는 아니고 100까지 그렸어요.
6.12.9	교사	수가 100에서 끝나니?
6.12.10	학생 1	물론 아니에요. 제 생각에는 그쯤해서 수가 반복하는 것 같아요. 이게 우리가 해야 했던 거죠.
6.12.11	교사	흐음, 학급 전체가 풀어 볼만한 흥미로운 문제인걸. 너희 3명이 있는 모둠으로 돌아가거라. 조금 어려운 문제를 주마. 자, 소수가 아니면서 또한 2, 3, 4, 5, 6, 7, 8, 9로 나누어지지 않는 수를 찾아보렴. 150보다 큰 수까지 조사할 필요는 없단다.

위의 수업 연극은 수업 연극 6.1보다 상호작용의 양상이 더 강한 것이 인상적이다. [6.12.11]에 나타난 문장을 제외하면 말투 변화도 거의 나타나지 않았다. [6.12.11]에 나타난 "주마", "없단다. 와 같은 두 개의 예는 가능성 보다는 필요성을 제시한다. 이 수업 연극에 규범적 양상은 거의 없다. 혹자는 교과서가 교사를 학생과의 관계나 또는 수학과의 관계에서 교사의 위치를 고려하지 않았다고 주장할 수 있다. [6.12.5]와 [6.12.9]에서 교사의 발문은 그 상황의 맥락 안에서 교사의 강요가 없다는 점에서 즉, 대명사도 없고 태도 또는 판단에 대한 어떤 표현도 없다는 점에서 주목할 만하다.

그러나 [6.12.7]에 나타난 교사의 말은 분명히 작년 교사가 한 것에 대한 학생들의 주장을 평가한 것이다. 교사는 학생들이 단어 '모두'를 분명히 사용하도록 했고 학생들이 그렇게 할 것을 확신했다. '나는 여러분들이 모든 수형도를 그렸을 거라고 생각하지 않아'와 같이 말했다면 교사는 자신이 권위를 가지고 있음을 나타낸 것이다. 교사는 그렇게 하는 대신, 학생이 "모두"라고 말한 것은 잘못이라는 것을 제시함으로써, 상호작용을 개인화하지 않았다. [6.12.7]에서 보듯이 교사는 학생들에게 [6.12.1]과 [6.12.3]과 같이 "맞아", "왜 그렇게 생각하지?"와 같이 말했다. 그러나 이 두 경우에서 교사는 태도나 판단을 표현하지 않았다. 예를 들어 교사가 상호작용 속에서 평가자의 위치에 있으려고 했다면 "맞아" 대신 "네가 옳다고 생각해", "네가 옳을 수 있어"라고 말했을 것이다. "맞아"라는 표현은 학생이 수학적 논리에 기초하여 객관적으로 옳은지 또는 교사의 평가에 기초하여 개인적으로 옳은지 애매한 표현이다.

또 다른 수업 연극 6.7에서 10보다 큰 약수를 가지는 143에 대해 교사가 확신을 가지고 표현하고 있다.

6.7.20	교사	여러분, 주목하세요. 조니와 내가 143이 소수인지 아닌지 판정하는 데 문제가 생겼습니다. 누구 아는 사람 없어요?
6.7.21	마크	143은 소수가 아닌데요, 왜냐면 네 개의 수가 그 안에 들어갑니다.
6.7.22	교사	자, 마크가 143은 네 개의 약수를 가지므로 소수가 아니라고 말했어요. 이제, 약수가 무엇인지 찾기 전에 … 누구 10보다 큰 수에 대한 가분성 규칙을 말해 볼 사람? 우리는 2부터 9까지의 수들은 143을 나누지 않는다는 것을 알고 있어요, 그런데 마크가 143이 소수가 아니라고 말했으니, 10보다 큰 어떤 수로 나눌 수 있을 거예요.

수학적 논증은 분명히 어느 것이 참인지 또는 어떤 것이 존재하는지에 대한 인식적 변화를 포함한다. 그러나 수학교실에서 말하기는 어떤 전략을 가지고 있어야 하며 수학적 대상에 대한 인간의 행동을 포함해야 한다. 이러한 의미에서 규범적 변화를 포함한 표현이 자주 나오는 것은 놀라운 일이 아니다. 그러한 표현을 사용함으로써 교사는 학생들에게 더 많은 자율권을 주면서 수학적 담화를 개별화할 수 있다. 그러나 그렇게 한다면, 교사는 학생의 관심을 수학적 대상과 관계에 대한 명제가 아닌 학생들이 취할 수 있는 행동에 중점을 두게 되어, 담화의 인식적 질감을 감소시킨다.

얼버무리기

수업 연극 6.1에서 얼버무리는 단어 "아마도"의 사용을 지적하였다. Rowland(2000)는 '대충', '내 생각에', '아마도', '어쩌면'과 같은 단어들이 분류의 경계를 희미하게 하고… 말하는 이가 주장하는 행위를 애매하게 만드는 역할을 한다' (p. 58)고 설명했다. Rowland는 얼버무리는 말은 학생의 입장에서 자신의 주장이 틀렸다고 밝혀질 때 스스로를 보호하기 위해 사용하는 언어 도구라고 주장했다. 이 장은 주로 교사의 언어에 중점을 두고 있지만 우리는 많은 수업 연극이 얼버무리는 말을 포함하고 있고 이러한 얼버무리는 말들은 [6.1.4]와 같이 대개 학생의 입장에서 사용된다는 흥미로운 사실을 발견하였다.

6.1.3의 "곱셈으로 생각해 보는 것은 어떨까?"라는 교사의 질문은 학생들에게 확실하지 않다는 여지를 주기 때문에 Rowland(2000)의 추측의 중립 지대에 해당하는 예이다. 교사가 "곱셈표를 사용할 수 있을까?"라고 질문했다면 학생은 예 또는 아니요라고 답해야 하고, 이는 학생에게 특정 대답을 강요하고 스스로를 보호할 기회를 박탈한다. 오히려 "…하는 건 어떨까?"라고 약하게 질문하면 추측을 해볼 수도 있고, 학생이 참여할 수 있는 양상을 유지하게 된다.

'내 생각에'라는 표현도 수업 연극에 자주 나타나며 학생과 교사 모두 사용한다. 다음에 나오는 수업 연극에서 교사는 학생이 아버지가 나눗셈에 사용한 수를 기억하는지 질문함으로써 허용적 분위기를 만든다. 기억은 잊어버릴 수도 있고 잘못 기억하고 있을 수 있기 때문에 주관적이고 애매할 수 있다. 교사는 그 수가 뭐여야 하는가를 질문하는 대신 학생의 기억에 호소했다. 전에 우리는 이러한 전환은 무심코 규칙, 기교, 그 밖에 기억해야 할 것들과 수학을 연결시킨다고 주장한 바 있다. 그러나 교사의 전환을 하나의 양상, 그리고 특히 얼버무리기를 조장하는 것으로 본다면, 그 스스로를 보호함에 있어서 이러한 변환이 자기 보호를 가능케 함에 있어서 학생들의 참여를 어떻게 증진시킬 수 있는지 더 잘 이해할 수 있다.

5.16.1	학생	저희 아빠는 어떤 수를 그보다 작은 다른 수로 나누어 떨어지는지 확인하기 위해서는 큰 수의 자릿수를 더한 것이 작은 수로 나누어지는지 확인하면 된다고 가르쳐 주셨어요.
5.16.2	교사	너와 아버지가 교실 밖에서도 수학에 흥미를 가지고 있다니 기쁘구나. 그런데 너와 아버지가 논의한 규칙이 모든 수에 대해 성립하니? 아버지가 어떤 수로 나누었는지 기억하니?
5.16.3	학생	제 생각에 그 수는 3이었어요.

비슷한 현상은 수업 연극 5.33에서도 찾을 수 있다. 여기서 교사는 다시 학생의 기억에 호소했다.

5.33.13	교사	5위에 8을 쓰자. 다음에 무엇을 해야 하는지 기억하니?
5.33.14	학생	뭘 빼야 해요.

때때로 지식에 의존하게 되면 "내 생각에"라고 얼버무리게 된다. 7.9에서 교사는 기차 패턴이 특정한 방법으로 진행되는 이유를 학생에게 질문했다. 그러나 지식에 의존한 이 말은 기억에 의존한 것보다 더 강한 양상을 나타내는 것으로 보인다. 우리는 "왜 …"와 대조적으로 "…가 왜 그런지 알겠니?" 라는 문장은 학생들로 하여금 지식을 주관적으로 진술하게 한다는 것을 알았다. 이 문장은 학생이 틀릴 수 있는 여지를 주지 않는 반면, 형식적이고 비개별적인 문장보다 덜 명확하며 좀 더 개별적인 형태의 표현을 쓸 수 있게 한다.

7.9.13	교사	두 번째 줄은 첫 번째와 다르게 왜 빨간색으로 시작하지 않는지 알겠니?
7.9.14	학생	**제 생각에** 10개씩 세었기 때문에 그런 것 같아요. 이 패턴을 계속 써보면 11번째 객차는 파란색이에요. 이제 파란색으로 시작해야죠.

수업 연극 6.11에서 학생은 교사의 질문에 대해 "제 생각에"라며 얼버무린다. 여기서 교사는 분명히 틀릴 수 있는 여지를 주지 않았다. 기억에 의존하도록 하지도 않고 질문은 예와 아니요라는 간단한 대답을 필요로 하는 것 같았다. 그러나 교사가 "소수가 한없이 많이 있니?"라고 질문한 것 보다는 허용적인 분위기를 만들었다. 더 허용 가능한 분위기를 만들려면 "소수가 한없이 많이 있을 수 있을까?"라고 물을 수도 있다.

6.11.1	교사	소수가 한없이 많이 있을까?
6.11.2	학생	**제 생각에는** 그래요. 수를 계속해서 곱해 나갈 수 있잖아요, 그래서 우리가 그런 식으로 계속 할 수 있으려면, 여전히 소수도 많아야 합니다.

교사는 [5.5.1]과 같이 판단의 강도를 낮추기 위해 '내 생각에' 라는 얼버무리는 표현을 사용한 것 같았다. 여기서 교사는 그 학생에게 틀린 규칙을 이용했다고 말하고 싶어 한다. 이 얼버무리기는 교사가 틀린 것처럼 비쳐지는 판단을 주관적으로 내린 것일 수 있음을 엿보게 한다. 따라서 교사의 평가에 학생이 동의하지 않을 수 있다. 교사는 평가를 강요하지 않는 분위기를 만든 후에 그 학생이 도표를 보고 함께 규칙을 찾아보도록 했다.

5.5.1	교사	**내 생각엔** 3에 대한 가분성 규칙으로 잘못 생각한 것 같구나. 표의 규칙을 보면, 3에 대한 규칙이 무엇인지 알겠니?

예비 교사들이 의도적으로 학생들이 얼버무리듯이 보이도록 언어를 선택했다고 주장하는 것은 아니다. 예비 교사들이 수학교실에서 학생들이 선택하는 단어에는 얼버무리는 듯한 단어가 있음을, 그리고 학생들이 자기 방어 증진에 관하여 수학교육 문헌에 나타나는 그러한 형태로 질문하고 있음을 알아차린 듯한 모습이 오히려 흥미롭다.

어휘 꾸러미

Herbel-Eisenmann 등(2010)이 주장했듯이 양상은 입장 꾸러미와 깊은 관련이 있다. 입장 꾸러미는 "어휘 꾸러미"의 특별한 유형이며, 어휘 꾸러미는 특정 기록물에 세 개 이상의 단어가 묶음 형태로 자주 나타나는 경우로 정의한다. (Biber 등, 2006; Cortes,

2004) 입장 꾸러미는 "개인적인 느낌, 태도, 가치 판단 또는 평가" 등과 통한다. (Biber 등, 2004, p. 966) 입장 꾸러미는 정보의 정확성의 정도를 설정하거나 어떤 행위나 사건에 대해 말하는 이의 태도에 관해 무언가를 소통함으로써 그 뒤에 따라 나오는 단어를 구속한다. 전자는 '난 잘 모르겠다', '내 생각에는 그건 필시 그럴거야' 등의 인식적 입장 꾸러미이고, 후자는 '이렇게 하는 것이 중요하다', '그렇게 하는 것이 필요하다' 등의 태도나 양상의 담화조직 꾸러미이다. 또 다른 어휘 꾸러미로 입장 꾸러미(다른 한편으로, …의 결과로)와 참조 꾸러미(동시에, …의 초기에)가 있다. 어휘 꾸러미는 특정 담화를 특징을 짓는 방식을 제공한다. 예를 들어, 연구자들은 담화 조직 꾸러미는 일상적인 대화보다 학문적 글쓰기에서 자주 등장한다고 밝혔다. 이 말의 의미는 담화 조직 꾸러미가 얼마나 자주 나오는지 보면 주어진 문장이 학문적인 글로 출판된 것인지에 대한 판단이 가능하다는 것이다. 연구자들은 어휘 꾸러미로 담화 특징을 규명함으로써, 그렇지 않으면 그냥 흘러 보냈을 담화의 지배적인 교수 행동의 측면을 규명하고, 연구 참여자들은 주어진 담화에 더 잘 참여할 수 있게 된다.

Herbel-Eisenmann 등(2010)은 언어 도구를 이용해서 중등학교 수학교실의 담화는 일상적 대화나, 수학이 아닌 대학의 강의실, 그리고 출판된 한문적인 글 등의 담화와 다른 특징을 갖는다고 밝혔다. 가장 중요한 발견 중의 하나는 입장 꾸러미가 다른 글보다 중등수학교실 관련 글에서 더 잘 일어난다는 것이다. 특히 '나는 네가 어떻게 하길 원해'와 '너는 어떻게 할 필요가 없다'와 같은 입장 꾸러미는 679,987개의 단어로 생성된 148개의 교실 기록물들 중에 100번도 넘게 나타났다. 그들은 그러한 어휘 꾸러미의 빈번한 사용이 수학교실의 상호작용에 중요한 영향을 줄 수 있다고 주장하였다.

교실 담화는 단지 수학적 과정과 절차 뿐 아니라 교사, 학생, 교과서, 교구, 수학 등 서로 다른 주체들 사이에서 일어나는 상호작용을 구성하는 이야기이기 때문에 자연스럽게 입장 꾸러미가 강하게 드러나는 것은 놀라운 일이 아니다. 입장 꾸러미는 수학교실의 담화 내에서 사람들 사이의 자리매김의 성격에 영향을 준다. '나는 네가 …하길 바란다'와 같은 입장 꾸러미는 태도 또는 양상의 입장을 강화한다. 이러한 문장이 중등 수학교실에서 빈번하게 사용되는 이유를 Herbel-Eisenmann 등은 다음과 같이 적고 있다.

> 수업을 진행하면서 잠깐씩 멈추는 것은 그 시간에 학생들이 수업을 따라오거나 반응하길 바라기 때문이다. 교사는 그렇게 하는 것이 노골적인 명령을 하기보다 훨씬 부드럽다고 느낀다. 그러나 '나는 네가 …하길 바란다'와 같은 표현을 선택하면 개인적으로 따르라는 것

> 을 포함하고 있기 때문에 학생들은 그렇게 하는 것이 수학적으로 의미 있기 때문이 아니라 교사를 기쁘게 하기 위해서 그 말에 따른다. '나는 네가 …하길 바란다'라고 말하는 교사의 동기와 이 말에 대응하는 학생들의 경험에 대해 더 깊이 있는 탐구가 필요하다. (p. 38)

Herbel-Eisenmann와 Wagner(2010)는 후속연구에서 교실의 권위와 관련지어 입장 꾸러미를 분석하였다. 그들은 입장 꾸러미를 네 가지 범주로 나누었다. 개인적 권위 (예, 나는 네가 …하기를 원한다), 권위로서 담화 요구 (예, 우리는 …할 필요가 있다), 좀 더 미묘한 담화적 권위 (예, 너는…할 것이다), 그리고 개인적 허용 (예, 내가 …할 필요가 있을까). 그들은 교실에서 교사와 학생의 위치를 나타내는 개인적 권위에 대한 어휘에 대해 언급하였다. 좀 더 구체적으로 '나는 네가 …하기를 원한다'와 같은 입장 꾸러미를 활용함으로써 "학생들은 교사를 해야 하는 일에 대해 좋은 결정을 내리는 신뢰하는 사람으로 자리매김한다. 이런 식의 추종은 학생들이 교사의 안내에 대해 의문을 갖지 않도록 한다" (p. 53). 이 연구자들의 주장은 어휘 꾸러미 연구 자료 안에 제시된 입장 꾸러미를 세밀하게 조사하여 특정 어휘들 주변에 있는 단어와 구절을 세밀히 검토한 결과이다. 이러한 접근은 어휘 꾸러미 연구의 정량적 결과가 소규모 상호작용 속에서 언어의 사용을 좀 더 깊게 탐구할 때 어떻게 효과적으로 이용될 수 있는지 보여준다. 우리는 이와 같은 맥락으로 수업 연극에 입장 꾸러미를 어떻게 활용할지 고려하였다. 수업 연극은 어휘 꾸러미를 모아 놓은 것은 아니지만, 중등 수학교실을 분석했던 통찰을 이용하여 수업 연극의 특징으로 우리의 주의를 이끄는데 도움이 된다. 수업 연극과 중등 수학 교실의 어휘 꾸러미 자료 사이의 중요한 차이점은 문어체 대 구어체, 상상 속의 상호작용 대 실제 일어난 상호작용, 초등 교실 대 중등교실 등이 있으며, 이 둘을 비교하는 것은 가능하고 유용할 것이다.

'나는 네가 …하기를 원한다'와 같은 입장 꾸러미는 중등 수학 교실의 어휘 꾸러미에서 자주 등장했고, 5.21과 같이 우리의 수업 연극에도 자주 나왔다. (이 책에 인용된 예시문에서 8번, 두 개의 예시문에서 2번) [5.21.1]에서 교사가 "내가 바라는 건 네가 숫자 네 개를 선택하는 거야" 대신 "~네 개의 수를 선택하여라"와 같이 말할 수도 있었다. [5.21.6]에서도 교사는 "내가 원하는 것은"와 같은 입장 꾸러미를 사용하였다. "내게 보여줘" [5.21.1]와 "네가 어떻게 했는지 볼게" [5.21.6]의 사용은 교사가 권위를 내세우는 것이 아니라, 즉, 평가자로서 보겠다는 것이 아니라 밀착 모니터링 하겠다는 뜻이다. 이런 식의 엄격한 통제가 [5.21.7]에서 보이는 그냥 가버리는 행동보다 이상해 보이기도 한다. 사실 교사의 언어는 학생의 행동을 제한하는 수단으로 작용한다.

5.21.1	교사	좋아. 이제 4개의 수를 선택해서 나누기를 해볼 거예요. 548과 18620을 해보죠. 4로 나누어지지 않음을 보여주고, 255와 1762가 4로 나누어지는지 보여주세요.
5.21.2	학생	네. 그런데 계산기를 써도 되나요?
5.21.3		[…]
5.21.4	교사	그래서 무엇을 발견했나요?
5.21.5	학생	제가 생각한 규칙이 틀렸어요. 실제로 4로 나눌 수 있을 거라 생각했던 수는 나누어지지 않고, 나눌 수 없을 거라고 생각한 수는 나누어져요.
5.21.6	교사	흥미롭군요. 내가 원하는 것은 4로 나눌 수 있는 수를 찾는 거예요. 그렇지만 규칙에 맞추지 말고. 비슷한 부분을 찾아보세요. 곱셈을 통해 4의 약수가 무엇인지 생각해 보세요. 몇 분 후에 어떻게 하고 있는지 보죠.
5.21.7		(교사는 잠시 나간다.)

수업 연극의 내용상 예비 교사는 공간을 채울 말을 포함시켜야 한다고 생각했을 것이다. 여기서 예비 교사는 수업 연극 속의 교사가 학생으로부터 순종을 기대하는 것으로 상상하고 있음을 알 수 있다. 실제로, 수업 연극 5.21에서 학생들은 다른 어떤 권위도 없는 상태에 놓여졌다. 학생들은 친구들과 답을 비교할 수도, 교과서에서 답을 확인할 수도, 계산기를 이용할 수도, 답에 대해 수학적으로 추론할 수도 없었다. 입장 꾸러미를 사용하면 두 가지 서로 다른 현상의 부수적 효과를 볼 수 있다. 하나는 학교의 근본 역설과 관련 있다. Horn(2012)이 지적했듯이, 교사는 전체 교실 환경 속에서 가르치면서 학생들의 개별 활동을 평가해야 할 책임을 가지고 있다. 교사는 각각의 학생들에게 개인적 책임을 가지며 동시에 학생들에게도 개인적 책임을 요구함으로써 안정감을 추구한다. 또 다른 현상은 예비 교사들의 수학에 대한 이해와 관련된다. 이러한 이해는 수학을 외워야 하는 사실 또는 추론해야 할 아이디어로 보는 수학적 이미지와 관련 있다. 그러나 더욱 중요한 것은, 이러한 이해가 학생들이 수학적 힘을 계속 보유할 수 있도록 하는 질문을 제기하거나 과제를 설계하는 예비 교사의 능력과 관련된다는 것이다.

예비 교사들이 수학교실 담화에 유창할 수 있도록 충분한 시간 동안 수학교실에서 머무를 수 있다면 간단할 것이다. 이러한 담화는 일상 언어와 어떻게 다를까? 이러한 담화를 예비 교사는 학급에서 직접 가르치기 전에 어떻게 발달시킬 수 있을까? 어떤 사람들은 예비 교사들이 수학교실에서 학생이었던 자신의 경험을 통해 수학교실 언어와 친숙할 것이라고 주장한다. 더욱이 교사 양성 과정과 몇 달 동안 실습과 다양한 방법론 강좌의 수강을 통해 예비 교사들은 경험을 축적한 후, 현직 수학교사들의 말하기 방법과 비슷한 수준으로 발전할 수 있다.

수업 연극 7.7은 "나는 네가 … 하기를 원한다" [7.7.5]의 또 다른 특징을 보여준다. 교사는 간단히 "좋아, 이제 네가 생각한 패턴을 다시 써보렴"라고 말할 수 있다. 그러나 앞의 예에서 살펴보았듯이, 입장 꾸러미를 포함시키면 학생들이 교사의 말에 복종하게 된다. 이미 학생들이 패턴을 적었기 때문에, "나는 네가 … 하기를 원한다"라고 말함으로써 학생이 다시 쓰는 과정을 해결한다면, 그 결과가 긍정적일 것이라는 약속이 이루어지는 것처럼 보인다. 따라서 "나는 네가… 하기를 원한다"는 약속이다. 또 다른 동기 부여가 이어지지 않으면 (교사는 패턴을 다시 적으면서 새로운 정보를 찾아내기도 한다), 그 약속으로 충분해야만 한다.

7.7.1	교사	어떻게 그런 답이 나왔는지 설명할 수 있니?
7.7.2	학생	패턴은 [빨], [파], [노], [빨] 이렇게 계속 되요. 80번째를 찾아야 하지만 80까지 패턴을 쓰고 싶지는 않아요. 그래서 수를 단순하게 0을 떼어내고 8을 씁니다. 4 + 4 = 8이고 네 번째 객차는 빨간색이죠. 그리고 빨간색 객차와 빨간색 객차를 더하면 빨간색 객차가 나와요.
7.7.3	교사	12까지 패턴을 써 보지 않을래? 어떻게 되는지 살펴보자.
7.7.4	학생	네. [빨] [파] [노] [빨] [빨] [파] [노] [빨] [빨] [파] [노] [빨]
7.7.5	교사	좋아, 이제 패턴을 일렬로 다시 써보렴.
7.7.6	학생	네. [빨] [파] [노] [빨] [빨] [파] [노] … 잠깐만요. 빨간색을 두 번 썼어요. 그건 옳지 않아요. 그렇죠? 다섯 번째는 어떤 색이 있어야 하죠? (칠판에 있는 문제를 다시 본다.) 파란색? 제가 뭘 잘못한 것 같아요.
7.7.7	교사	다시 한 번 살펴보자. 색이 모두 몇 개니?
7.7.8	학생	세 개요.
7.7.9	교사	좋아. 세 개란다. 이번에는 세 개씩 그룹을 지어 패턴을 다시 써보지 않을래?

앞의 예와 같이, 이 수업 연극은 "설명할 수 있니" [7.7.1], "살펴보자" [7.7.3], "다시

한 번 살펴보자" [7.7.7]에서 보듯이, 또 다른 형태의 교사에 대한 복종을 나타내고 있다. "…해보지 않을래"와 같은 흥미로운 어휘 꾸러미가 이 수업 연극의 [7.7.3]과 [7.7.9]에서 두 번 나타난다. 이 두 구절은 각각의 경우에서 쉽게 떼어낼 수 있는데 그러고 나면 명령문이 되어 버린다. "…해보지 않을래"라는 구절은 수업 연극에 자주 나타나며, 더 공손하고, 교사에 대한 개인적인 복종과 같은 의미를 가지지 않았다. 이 꾸러미는 단 세 개의 단어로 이루어졌기 때문에 Herbel-Eisemann, Wagner와 Cortes의 연구에는 나타나지 않았다. (어휘 꾸러미는 세 개 이상의 단어를 포함하는 것으로 정의하고 있으나, 이 연구자들은 4 개 또는 그 이상의 단어를 포함하는 것을 선택하였다.) 예비 교사들이 상대적으로 자주 사용하는 이 꾸러미가 시간이 지나면서 잘 사용되지 않았다는 것은 흥미로운 일이다. 교사가 경험을 쌓기 시작하면서 "…해보지 않을래"와 같이 개인적인 복종과 과장된 질문을 사용하는 것은 별 효과가 없다고 판단한 듯하다.

우리는 "나는 네가 … 하기를 원한다"와 같이 입장 꾸러미에 대한 분석에 집중하였다. 그러나 그 외에도 중등수학교실에서 보이는 입장 꾸러미로 수업 연극에서 반복하여 나타나는 것은 다음과 같은 것들이 있다. "나는 네가 …했으면 좋겠다" (개인적 권위를 나타내는 말), "네가 원한다면" (개인적 허용을 나타내는 말), "너는 … 할 것이다" 또는 "우리는 …할 것이다" (보다 미묘한 담화의 권위를 나타내는 말), "우리가 … 할 필요가 있을까", "우리는 … 해야만 한다" (권위로 담화를 요구하는 말) 등이 있다. 따라서 초등학교 수준에서 상상으로 쓰인 글일지라도 입장 꾸러미는 다양한 수업 연극에 다양한 수학적 개념을 아우르며 반복적으로 나타난다. 이는 교사로서 초기 발달 단계에 있다 하더라도 예비 교사들이 이미 수학 수업에서 담화의 중요 측면을 개발해가고 있음을 보여준다. 초등수학교실과 중등수학교실 사이의 차이점이 존재할 것이며, 이 특별한 차이에 대한 연구는 흥미로울 것이다. 또한 교사들이 수학교실 담화를 발전시켜 가는 과정에 대하여, 예를 들어 중등수학교실 기록물에서 입장 꾸러미를 얼마나 빨리 발달시키는지 탐구하는 일도 의미 있을 것이다.

인칭대명사의 모호함

양상과 관련하여 인칭대명사는 위치를 표시하기 위해 이용할 수 있다. 예를 들어, Pimm(1987)은 교사가 학생과 수업할 때, '우리'라는 대명사가 지시 대상이 분명치도 않으면서 얼마나 자주 사용하는지 기술하였다. 여기서 우리는 수학 공동체로서의 교사, 학생과 함께 있는 교사, 또는 개인적인 인간으로서의 교사를 의미한다. '우리'를 사용함에 있어서 교사는 '우리는 이해할 수 있어'와 같이 일반적인 활동을 포함하여 스스로를 학생과 함께 하는 존재로 볼 수도 있고, '우리는 절대 분모끼리 더하지 않아'와 같이 수학 공동체로서의 권위를 함께 하는 위치에 둘 수도 있다. 비슷한 연구로, Rowland(2000)는 대명사 '당신' 또는 '너'가 교실에서 모호하게 사용될 수 있음을 지적하였다. '당신'이 일반화를 위해 사용되기도 하고, 개별화를 위해 특정인을 지칭하기도 한다. 수학 담화에서, 직접적으로 언급하는 경우는 별로 없기에 인칭대명사 '너'가 사용되었다면 매우 드문 현상이다. 유사하게 '나'라는 대명사도 잘 사용하지 않는다. 결국 '우리'의 사용은 더욱 모호해진다. Burton과 Morgan(1998)은 '우리'는 때때로 저자 한 명을 가리키는 데 사용된다고 밝혔다. 그러나 때때로 저자뿐 아니라 참여하길 바라는 독자를 가리키는데 사용되기도 한다. '우리'는 포괄적 의미를 가지지만, 특히 독자가 참여를 원치 않을 때는 강제 또는 소외를 포함하기도 한다. 수학교실에서 교사는 교과서를 통하여 또는 본인 스스로 인칭이 없고, 객관화되었으며, 권위적이고, 내재적인 수학 담화에 부분적으로 몰두하게 된다. 이러한 수학 담화는 거기에서 생겨나는 수학을 가르치는 담화와 맞지 않을 때가 있다.

교사는 질문을 하거나 지시를 내릴 때, 많은 단어 중 선택할 수 있다. [6.1.1]의 앞부분만 보면, 예비 교사가 선택했던 것에 대하여 아래의 대안들은 비록 작은 차이지만 잠재적으로 중요한 차이를 보인다.

- 우리가 어떻게 찾아야 하는지 좋은 생각 있는 사람?
- 우리가 어떻게 찾아야 할지 좋은 생각 있는 사람?
- 어떻게 찾아야 하는지 좋은 생각 있는 사람?
- 우리가 …을 어떻게 발견할 수 있을까?
- 우리가 …을 어떻게 발견할까?
- 너는 …을 어떻게 발견했니?

"좋은 생각 있는"을 포함한 선택은 포괄적인 문장으로 참가자들에게 어떤 생각을 따라가라는 의미가 아니라 가능한 다양하게 생각하라는 의미를 가진다. 다음에 제시되는 선택문과 비교하면, 이 질문은 특정 개념이 아니라 교실 전체에 부여된다. 교사는 또한 "우리"라는 대명사를 사용함으로써, 학급 전체를 부르는데, 이는 외부 권위가 아니라 교실 안에 있는 모든 사람들이 발견을 하는 중일 것이라는 의미를 담고 있다. 이러한 "누구라도"와 "우리"의 사용은 교사가 곱셈표에 중점을 둔 것과 대비되는데, 이 수업 연극에서, 곱셈표가 91에 대한 소수 판정에서 최종 결정권자였다. 이어지는 논의 중의 하나로 Pimm(1987)이 지적하였듯이, 집단을 이용하여 확장된 포괄성이 사실 학생들과 그들의 아이디어를 대행해주는 기능을 한다.

[6.1.1]의 '우리'는 교사가 이미 91에 대한 소수 판정을 어떻게 결정하는지 알고 있기 때문에 학생을 언급하는 것으로 보인다. 그러나 [6.1.5]는 '우리'가 '여러분'으로 바뀐 점이 흥미롭다. '여러분'의 사용은 곱셈표를 확장해야 하는 사람이 학생들이라는 것을 분명하게 한다. 그러나 다시 '우리의'로 옮겨갈 때, 교사는 학생이 교사의 목적을 전혀 공유하지 않을까 봐 모둠 전체에 다시 이야기를 전달한다.

6.1.1	교사	91이 소수인지 아닌지 **우리가** 확실히 알 수 있도록 하려면 어떻게 해야 하는지 아는 사람?
6.1.2	학생	91을 임의의 수로 나누려고 시도할 수 있고, 나누어지는지 보면 알 수 있습니다.
6.1.3	교사	시도할 수 있는 방법 중 하나군요. 다른 방법이 있는지 옆의 친구와 서로 의논해 볼까요? 곱셈으로 생각해 보면 어떨까?
6.1.4	학생	**우리가** 곱셈표를 더 크게 만들어서 그 안에 91이 있는지 확인할 수 있어요.
6.1.5	교사	참 좋은 생각이네! **좋아,** 여기서 **우리는** 무엇을 해 볼까? **여러분** 각 모둠에서 곱셈표를 확장해 보세요. **우리의** 목표는 91이 소수인지 아닌지 판별하는 것입니다.

아래 수업 연극 6.4에서 인칭 대명사는 전혀 다르게 사용되었다. 협력을 의미하는 "우리" 대신 예비 교사는 '너'와 '나'를 사용한다. 이는 학생 모둠을 포함하는 것 대신 교사와 학생 한 명의 상호작용이라는 사실에 부분적으로 기인한다. 그러나 그렇다 하더라도 대명사의 이용이 완전히 투명한 것은 아니다. [6.4.1]에서 '너'가 학생인 제임스를 말하는 것인지 다른 누구를 지칭하는 것인지 분명치 않다. 사실, Rowland(2000)는 대명사가 얼마나 애매할 수 있는지 보여주었다. 'You'[2]는 상호작용하는 개인을 지칭할 수도 있고, "일반성을 수반하는 사고의 질에 대한 효과적인 지시자" (p. 113)가 될 수도 있다. 이러

2) 영어에서 이인칭 대명사 'you'는 단수와 복수가 같은 꼴이어서 혼동이 생긴다. 이하 개인을 지칭할 때는 '너'로, 일반화를 의미하는 you는 '너희' 또는 '여러분'으로 번역하였다.

한 일반성은 누구도 같은 대상이 될 수도 있거나 같은 것을 해야 하거나 똑같이 이해하기도 한다는 것을 제시한다. 이러한 맥락에서 보면 누구라도 수는 1과 자기 자신으로 나눌 수 있다는 것을 증명할 수 있다. [6.4.4]에서 제임스는 교사와 같은 방법으로 '너'를 사용하였고, 어느 누구도 곱셈표에서 12단 이상이 되도록 만들 수 있다. 그러나 [6.4.10]에서 첫 번째 나타나는 '너'는 분명히 157이 왜 소수인지 이해한 제임스를 지칭한다. 반면, 두 번째 나타난 '너'는 다시 일반적인 '여러분'을 말한다. 이와 같은 듣는 사람에 대한 이중적 의미는 "예를 보도록 하자" [6.4.5]라는 교사의 초대에 의해 강화된다. 사실, 교사는 예를 제공하고 제임스는 해결책을 찾아가는 사람이 된다. '해보자'라는 단어의 사용은 제임스에게 교사와 함께 협력하자는 의미이며 제임스는 해야겠다는 압박을 느끼게 된다. 또 이 상황에서 다른 형식 "이 예를 살펴보렴"은 더 권위적이고, "이 예를 살펴보도록 하자"는 더 강요하는 느낌이 든다.

6.4.1	교사	**여러분**, 어떤 수가 1과 그 자신만으로 나누어진다고 어떻게 증명할 수 있는지 말해 **보세요**.
6.4.2	제임스	다른 수가 그 수를 나눌 수 있는지 확인해 봐요.
6.4.3	교사	그리고 **내가** 그 곱셈표와 더 큰 곱셈표에 대해서 했던 이야기도 기억하렴.
6.4.4	제임스	12보다 더 클 수 있다는 것 말이죠. 그래서 **저는** 어떤 수가 소수인지 확인할 때, 13, 14, 15와 같은 약수를 이용할 수 있어요.
6.4.5	교사	예를 살펴보도록 하자. 157은 소수일까, 합성수일까?
6.4.6		(제임스는 공책에 받아쓰고 여러 개의 약수를 사용하여 그 약수들이 157을 나누는지 살펴본다.)
6.4.7	제임스	소수에요.
6.4.8	교사	왜 그렇지?
6.4.9	제임스	왜냐면 이 수는 1과 자신을 제외하고 다른 어떤 약수로도 나누어지지 않아요.
6.4.10	교사	그렇단다. 그래서 어떤 수가 소수인지 아닌지 판정할 때는 가능하면 언제라도 12가 넘는 약수들을 포함하여 많은 약수를 사용 한다는 것을 기억하렴.

'우리'와 '여러분' 같은 대명사는 학생들의 수학적 행위를 알린다. 그러나 인칭대명사의 이중적인 역할은 학생들로부터 권위를 앗아가는 효과가 있다. 이것은 누구나 인정할 수 있는 영향이기 때문에 일어날 수 있다. 그러나 더욱 안 좋은 것은 교사가 일시적으로 학생에게 대리의 역할을 허용할 때 발생한다. [6.4.3]의 교사와 [6.4.4]의 학생 모두 대명

사 '나'를 사용하고 있다는 것이 흥미롭다. '너'와 '우리'와 달리 대명사 '나'는 분명 말을 하고 있는 사람을 언급한다. [6.4.3]에서 교사는 곱셈표를 넘어 학생들의 참여를 강조하기 위하여 "내가 말한 것을 기억하렴"이라고 말할 수도 있지만 대신 학생에게 교사의 역할을 대신하게 했다.

성찰

수업 연극은 많은 수학교육 연구자들이 교실 상호작용 연구에서 규명했던 언어적 특징을 포함한다. 수업 연극에 교사 배역들은 인칭대명사를 광범위하게 사용하고, 이 점은 인쇄된 수학 교과서와는 매우 다르다. 이는 교실의 상호작용 속에 사람들의 상호작용이 포함되었기에 놀라운 일이 아니다. 또한 초등 예비 교사들은 인쇄된 수학의 비인격적인 수학 담화의 경험이 매우 적다. 예비 교사들은 얼버무리는 말을 꽤나 광범위하게 사용했다. 교사가 학생을 머뭇거리게 하는 상황을 연출하는 다양한 프롬프트들은 학생을 잘 참여시키는 일종의 언어적 전환을 탐구하는데, 그리고 이러한 전환이 학생 대리인과 수학에 대한 학생들의 성향이 미치는 효과를 탐구하는데 유용한 영역을 제공한다. 이와 유사하게, 우리가 수업 연극에서 규명했던 의무적 조절을 자주 사용하는 것도 학생 대리인을 증가시킬 때 포함되는 복잡한 상황을 지적해 준다. 우리는 특히 언어적 양상을 이용하여 학생들에게 더욱 포괄적인 시도를 하는 다양한 교사들의 사례를 보았다.

어휘 꾸러미에 대한 중등 수학 교실의 어휘 분석의 결과와 이 책에서 분석한 수업 연극을 비교해보면, 예비 교사들은 이미 중등 수학 교실 담화의 특징을 발달시키기 시작한 것으로 보인다. 중등수학교실에서 태도/양상 입장 꾸러미가 눈에 띄게 많이 사용된 것은 교사와 학생이 상호작용하면서 나타나는 수학 교수의 담화적 특징인데, 이미 예비 교사들도 알고 있다고 추론할 수 있다. '너는 …을 해야만 한다", "…을 해야 할 것이다"와 같이 명령 또는 의도를 나타내는 구절은 교실 상호작용을 조절하기 위해 교사가 사용할 수도 있지만, 이런 것들은 수업 연극에는 나타나지 않았다. 마지막으로, 초등 교실 대 중등교실 배경으로 일어나는 차이점들은 열린 질문으로 남겨둔다. 더 형식적인 수학 언어를 사용하는 중등교실이 시간이 지남에 따라 권위와 자리매김에 관련된 상호작용의 규범이 더 많이 나타날 것으로 예상된다.

Chapter 12 수업에 대한 이미지

수업 연극은 예비 교사들이 학생들과의 상호작용 및 학생들 사이의 상호작용에 중점을 둠으로써, 자신이 가르치는 수업을 어떻게 상상하는지에 대한 분명한 이미지를 제공한다. 우리는 먼저 '개정된' 수업 방식과 관련된 몇 가지 주제를 제시한다. 그러고 나서 좀 더 '전통적' 접근 방식에 어울리는 이미지들로 돌아간다. 우리는 교실 수업은 종종 이런 이원적인 범주에 쉽게 들어오지 않는 복잡한 전략을 수반한다는 사실을 인정하고 이 용어를 수업 연극에 사용한다. 몇몇 연구자들이 지적해 왔듯이, 교사들은 '개정된' 방식과 '전통적' 방식을 합칠 수 있고 전혀 다른 전략을 처해진 상황에 비추어 효율적으로 사용할 수도 있다. (Parks와 Strickland (2009)를 보라) '개정' 수업 방식에 대하여, 우리는 Jacob 등(2006)이 NCTM 규준[3)]에 따른 미국 수학 수업의 정렬에 대한 연구에서 규명한 실제 수업의 내용을 지지한다. 그 실제 수업은 테크놀로지의 이용, 능동적으로 학생 대하기, 실생활 문제 포함, 협동 모둠 활동, 비판적 사고 교육, 그리고 문제해결 기술 등의 내용을 포함한다.

다음에 우리는 수업 연극에 반복적으로 보이는 교수학적 전환, 예컨대 반례의 사용과 전체 학급에 관심두기 등과 같은 전환 등을 설명한다. 우리는 작가가 학생을 성원하고 격려하는 것을 상상하는 방식에 대해 지면을 할애하였다. 끝으로, 우리는 수업 연극의 마지막 장면 즉, 수업 연극이 끝나기 직전에 달린 다양한 논평들에 주목한다.

---

3) 전미 수학 교사 협의회(National Council of Teachers of Mathematics)에서 2000년에 펴낸 Principles and Standards for School Mathematics에 제시된 규준을 일컫는다. 이 규준은 국가 수준 교육과정이 없는 미국의 수학 교육계에서 사실상 그 역할을 했을 만큼 지대한 영향을 미쳤다. 최근 Common Core State Standards가 나오면서 그 영향력이 다소 줄어든 것처럼 보인다.

'개정' 수업 방식을 향하여

수업 연극으로부터 모둠 학습과 도구의 이용이라는 두 개의 주요 의제가 부각되었다. 이 주제들은 "전통적" 수학 수업 요소가 아니라는 점에서 중요하다. 전통적 수학 수업은 학생들이 각자 조용히 활동지에 제시된 연습 문제를 해결한다. 실제로 Jacob 등(2006)은 모둠 학습을 규준에 기초한 개정 수학의 중요 요소로 규명한 바 있다. 테크놀로지의 이용이 개정 수업 방식의 한 부분으로 지목되지는 않았지만, 우리는 이것을 학생 지식 구성과 밀접하게 관련되는 것으로 본다. Jacob 등은 미국 교실의 실제 수업에는 이들 두 요소의 특징이 없음을 간파하였다.

또한, 우리는 모든 수업 연극을 관통하고 개정 수업 방식과 관련되는 것으로 시각적 표현 사용과 '실제' 상황 사용이라는 두 개의 의제로 본다. Jacob 등이 규명한 다른 주제를 자세히 다루지는 않겠지만, 테크놀로지의 이용, 문제해결 전략 가르치기 등은 수업 연극에서 일반적으로 나타나는 주제가 아니다. 그러나 학습자의 활발한 참여, 학급 전체 논의 등은 전반적으로 많이 일어난다.

모둠 활동

수업 연극에서 모둠 학습이 자주 언급되었다. 어떤 경우에는 "모둠"이 그저 배경으로만 남아 있다, 다시 말해, 수업이 모둠들로 짜여 있지만, 모둠 안의 상호작용은 보이지 않았다. 간혹, 인사할 때나 평가를 언급할 때 모둠을 가볍게 언급하기도 한다.

8.2.1	교사	**모둠 여러분!** 과제는 어떻게 되어 가나요?

5.28.2	교사	와! **너희 모둠이** 훌륭한 발견을 했구나.

모둠이나 모둠 활동이 언급되는 대개의 경우는 표를 만들거나 확장하기, 가정을 검정하기, 다른 학생이 제시한 방법을 평가하기, 또는 대화로 실마리를 찾아보기 등과 같은 과제를 학생들에게 내줄 때였다.

5.4.12	교사	다른 학생들도 그렇게 느끼는 것 같구나. **각 모둠들이** 규칙에 대해 정리한 표를 만들어서 다른 사람을 위해 교실에 붙여놓도록 하는 것은 어떨까?

6.1.5	교사	참 좋은 생각이네! 좋아, 여기서 우리는 무엇을 해 볼까? 여러분 **각 모둠에서 곱셈표를 확장해 보세요.** 목표는 91이 소수인지 아닌지 판별하는 것입니다.

7.12.21	교사	음, 90은 문제의 질문에 가깝지 않니? 90번째 객차는 노란색인데 80번째 객차의 색은 어떻게 알 수 있을까? **잠시 동안 모둠끼리 토의해서** 방법을 찾아보렴.

6.9.7	교사	잘했다. 우리가 이야기한 것이 정말 유용한 것 같구나. 소수의 개념은 꽤 어렵단다. 자, 여러분 모두 하던 일을 멈추고 **모둠에서 소수에 대하여 말해 보자.**

8.22.1	교사	아주 잘 했다. 샘, 그걸 가설이라고 한단다. 과학자는 항상 가설을 세우지. 가설은 어떤 것이 되는지에 대한 아이디어고 과학자들은 그 가설이 옳은지 그른지 실험해야만 한다. **자, 각 모둠이 과학자 팀이 되어서** 이 가설이 참인지 거짓인지 증명해 보자. 이 가설에 맞지 않는 한 쌍의 분수를 찾아보아라. 너희가 찾을 수 없다면, 이 가설은 참이야.

8.15.1	교사	[⋯] 다음 시간에 이 문제들에 대해서 좀 더 시간을 갖기로 하자. **모둠으로 나누어** 샘의 전략을 같이 탐구하고 그 전략을 이용할 방법을 찾아보자. 다르게 말하면, 샘의 전략이 지름길로서 성공적으로 사용될 수 있을까? 샘, 이건 정말 멋진 전략이다. 너만 괜찮다면, 다음 수업에서 이 전략을 학급 전체가 공유하여 이 도전을 학급 전체로 확대하자. 그리고 **어떤 모둠이 그걸 이용할 방법을 찾을 수 있는지 볼까?**

8.19.7	교사	모두들 잘했어요! 여러분은 간단한 계산을 통하여 어느 분수가 큰지를 알 수 있습니다. 여기 몇 개의 분수를 보드에 적겠습니다. 여러분 **각자의 모둠에서** 어느 분수가 큰지 알아 맞춰보세요. (교사는 보드에 분수를 쓴다. 1/2와 3/7, 4/12와 5/8, 2/9와 3/6, 8/12와 2/7.)

9.31.1	교사	**모둠 내에서** 넓이와 둘레가 어떻게 다른지 설명해 보세요.
9.31.3	학생	**우리 모둠은** 둘레와 넓이가 계산하는 방법이 달라서 다르다고 결정했어요. 둘레는 가로 두 번 세로 두 번을 더하면 되지만 둘레는 가로와 세로를 곱해야 해요. 그게 다르죠.

9.16.1	교사	오늘의 **여러분 모둠의 과제는** 20개의 타일로 네 개의 변을 갖는 직사각형을 만드는 것입니다.

우리는 또한 여러 곳에서 특정 모둠에 이름을 붙이고 있는 것을 발견했다. 예를 들어보자. 8.18에서 몇몇 학생들은 “모둠”에 있고, 8.6의 학생들은 “초록 모둠”에 있다. 9.11에서 교사의 질문에 대답한 학생들은 “1 모둠”에 있고, 9.40에서는 “2 모둠”에 있다. 이런 식으로 이름을 붙임으로써 상상의 교실이 보다 생생해진다.

그러나 모둠 활동이 넘치도록 언급되었지만, 모둠 안의 학생들의 상호작용이 성과를 낸 것은 극히 드물다. 적절한 상호작용의 예가 6.12에 나오는데, 이 예는 아래와 같은 교사의 유도로 촉발된 것이다.

6.12.11	교사	흐음, 학급 전체가 풀어 볼만한 흥미로운 문제인걸. **너희는 모둠으로 돌아가거라.** 조금 어려운 문제를 주마. 자, 소수가 아니면서 또한 2, 3, 4, 5, 6, 7, 8, 9로 나누어지지 않는 수를 찾아보렴. 150보다 큰 수까지 조사할 필요는 없단다.

이러한 유도에 이어서, 교사는 가만히 있고 학생 세 명이 포함된 모둠의 상호작용이 대본에 나타난다. 이 학생들은 101부터 150까지 수를 나열하고, 그 중에서 이미 알려진 약수를 가지고 그의 배수를 하나씩 하나씩 지워나간다. 다음에 학생들은 남아 있는 수들이 약수를 가질지를 조사하고 이 과제를 완수한다. 교사 배역은 단지 학생들의 활동 끝

부분에 등장해서 결과를 요약해 준다.

8.11은 학생들 사이의 협동이 성과를 보였던 또 다른 예이다. 여기서, 샘의 분수 비교 방법에 대해 처음에 흥미를 보였던 밥과 제니퍼는 그 방법을 조사한 다음 많은 반례를 찾아낸다. 샘이 그의 방법을 부정하는데 대한 저항을 보이고 처음에 제시한 방법을 수정하려는 샘의 노력도 보인다. 8.11의 수업 연극에는 교사가 등장하지 않았다는 점이 흥미롭다. 이 수업 연극의 후반부에서, 교사가 이 모둠의 모둠원 교환에 대한 의견을 들었고 다음 날 샘을 이 모둠의 개인 지도원으로 삼았다.

모둠 활동에 대한 다양한 언급 중에서 친구와 같이 활동하는 것도 있다.

6.2.2	교사	약수를 찾는 방법에는 여러 가지 방법이 있단다. 몇 개의 수를 제시할 테니 **옆의 친구와 상의하여** 그 수를 만들 수 있는 방법을 생각해 보렴. 누군가는 곱셈표를 사용할 수 있고, 사용하지 않을 수도 있단다. **어쨌든, 너와 네 짝이** 다음 수를 여러 가지 방법으로 만들어 봤으면 해. 32, 52, 72, 91, 117 [.]

옆의 짝과 같이 활동하는 좋은 예가 7.4에 보인다. 이 대본에서 교사는 파이나르의 실수를 알아채고는, 그가 피터와 짝을 이루어 활동하라고 지시한다.

7.4.11	교사	음, 피터는 좀 다르게 접근한 것 같은데. **둘이 앉아서 같이** 문제를 풀어보세요. (파이나르는 피터의 옆에 가서 앉는다.)

그렇지만, 피터는 해법을 이미 알고 있고 그것을 학급 친구들에게 설명할 만큼 "똑똑한" 학생은 아니다. 피터는 탐구 중이고, 몇 가지 관찰한 바를 파이나르와 이야기한다. 대본은 어떻게 학생들이 각자의 전략을 세우고 결론에 도달하는지를 보여준다. 교사는 이런 상호작용에 끼어들지 않았다. 교사는 학생들이 해법을 찾고 그 해법에 동의한 후에 나타나서 "굉장하구나. 자랑할 만하구나!"라고 말하면서 학생들이 무엇을 했고 결론은 무엇인지를 설명해보라고 한다.

교구

수업 연극에서 두드러지는 또 하나의 주제는 교구를 사용하는 것이다. 대개의 경우 십진 블록 같은 교구는 나눗셈을 다시 가르칠 때 사용된다. 우리는 5장과 6장에서 다음과 같은 견해를 밝혔다. 몇몇 대본에서 나눗셈을 가르칠 때 교구를 사용하는 것이 학생들의 참여를 유도하였지만, 여기에 (상상이지만) 상당한 시간을 투자하는 것이, 상황에 제시된 과제들 즉, 가분성과 소수 규명에 관련된 과제를 처리하는 것과는 별로 관련이 없다.

5.27.1	교사	354가 4로 나누어 떨어지는지 알아보자. 수학 블록을 이용하면 354를 어떻게 나타낼 수 있을까? **백 단위 블록은 몇 개** 사용해야 할까?
5.27.2	닉	세 개요.
5.27.3	교시	**십 단위 블록은** 몇 개니? 일 단위 블록은 몇 개니?

6.10.5	교사	**자, 블록을 이용해서** 여러 가지 방법으로 37을 만들어 보도록 하자. 나는 네가 찾는 방법이 몇 가지인지 기록할게.

6.2.1	교사	**12개의 블록**을 주었을 때, 모둠에 포함된 블록의 개수가 같도록 나누는 방법이 몇 가지인지 어떻게 보여줄 수 있니?

더욱이, 나눗셈의 결과를 아는 것에 관하여, 어떤 수업 연극에서 교사가 동전을 말하기도 한다. 십진 블록을 '동전'으로 부르는지 아니면 작가가 마음속에 다른 교구를 생각했는지 알 수가 없다.

5.33.3	교사	답을 이해할 수 있도록 **동전이나 그림을 이용해봤니?** 같이 해보자. 4개씩 묶어서 나눌 때 어떤 일이 일어날까?

5.33.9	교사	첫 번째 수 3이 4로 나누어 떨어지는지 볼까? **동전을 사용하렴.**

"수 다루기"에서도 교구 사용이 장려되었다. 바로 어떤 수의 약수를 조사하기 위하여 주어진 수만큼의 산가지를 직사각형 모양으로 정렬하는 방식이다.

6.2.2	교사	약수를 찾는 방법에는 여러 가지 방법이 있단다. 몇 개의 수를 제시할 테니, 옆의 친구와 상의하여 **그 수를 만들 수 있는 방법을 생각해 보렴**. 누군가는 곱셈표를 사용할 수 있고, 사용하지 않을 수도 있단다. 어쨌든, 너와 네 짝이 다음 수를 여러 가지 방법으로 만들어 봤으면 한다. 32, 52, 72, 91, 117 […]

6.2.11	교사	훌륭해! 그럼 144는 어떨까? 여러 가지 방법으로 **이 수를 만들 수 있겠니?**

우리는 직사각형 배열이 주어진 수의 약수를 탐색하는데 유용할 것으로 믿는다. 이와 같은 탐색은 실질적인 예시나 다양한 성질의 탐구 등으로 이어질 수 있다. 예를 들어, 완전 제곱수는 정사각형 형태의 배열로 나타낼 수 있고, 소수는 길이 또는 폭이 1인 산가지를 그 소수의 개수만큼 늘어놓은 형태로만 나타낼 수 있다. 하지만, 144, 117, 91과 같이 상대적으로 큰 수를 이와 같이 조사하는 것은 정규 수업에서 한정된 시간과 공간에서 실행하기린 매우 이려운 일이다.

7장에서 반복되는 패턴을 주로 다루었는데, 거기서 교구가 기차 모형을 만드는데 사용되었다.

7.6.4	조르단	(조르단은 블록을 늘어놓으며, 혼잣말 한다.) 첫 번째는 빨간색, 두 번째는 파란색, 세 번째는 노란색, 네 번째는 빨간색, 다섯 번째는 파란색, 여섯 번째는 노란색…

7.8.9	교사	5도 80의 배수죠. 4말고 8의 배수가 되는 수가 더 있어요. 다시 문제를 읽고, **블록을 이용해서 객차의 패턴을 살펴봅시다.**

7.12.1	교사	주어진 패턴에서 **첫 번째 노란색 블록**은 어디에 있나요?
7.12.2	학생	**세 번째 블록**이 노란색이에요.
7.12.3	교사	아주 잘 했구나. 사라. 다음 **노란색 블록**은?
7.12.4	학생	6번째 **블록**이 노란색이에요.
7.12.5	학생	다음 노란색은 9번째 **블록**이고
7.12.6	학생	그 다음은 12번째 **블록**이고요.

위의 수업 연극에서 보듯이, 색이 있는 블록들로 기차 모형을 만드는 것은 분명히 참고할 만하다. 또한, 이 방법은 교사들이 학생들에게 패턴을 지도할 기회를 제공하고, 7.12에서 보듯이, 짧은 질문과 분명한 대답으로 직접적으로 정답으로 몰아가기를 시도할 기회를 제공한다.

8장에서 교구가 분수를 비교하는 전략을 확인하는데 교구가 이용되었다. 여기서, 교사나 학생들이 교구에 대하여 암시하는 것을 볼 수 있다.

8.7.7	교사	나도 기쁘구나, 자 여러분 진분수 비교하는 연습을 계속하도록 해요, 그리고 **다음 시간에는 블록, 그림, 고무찰흙을 이용해서** 피자로 제시한 분수를 표현해 봅시다. 책상을 말끔히 치우고 본인 물건 다 챙기세요.

8.16.3	교사	샘, 네 규칙이 많은 경우에 적용되니까 아직도 그 규칙을 쓰고 싶어 하는구나. 네 방법은 어떤 분수가 더 큰지 빠르게 판단하는 좋은 방법일지 모른다. 하지만, 최소 공통 분모를 찾거나 **혹은 다른 도구를 써서** 네 답을 확인해 보고 싶을 거야.

8.11.3	샘	(교구를 이용하여) 아, 이 **블록을 이용하면**, 4/5가 3/4보다 크네. 그래서 5/6 도 3/4보다 크고. 5/6은 4/5보다도 크네. 하지만 1/2 는 3/4보다 작고, 또 차가 1인 다른 모든 분수보다 작아.
8.11.6	밥	얘들아, 잠깐. **블록을 써 보았는데,** 이 마지막 문제, 3/5와 8/11 비교에는 규칙이 안 통하는 것 같아. 3과 5의 차가 2, 8과 11의 차는 3인데도 8/11이 크다고.

교사는 교구에 대하여 다소 모호하게 이야기하지만, 학생들은 때때로 비교하려는 특정 분수들과 유도된 결론을 언급할 때, 그 교구를 분명하게 사용한다. 하지만, 블록의 경우에는, 어떤 블록들이 사용되었는지, 그 블록들이 어떻게 배열되었는지가 분명히 밝혀져 있지 않았다. 분수 3/5과 8/11을 비교하는데 블록을 어떤 식으로 사용할 수 있을까? [8.11.6]

분수를 비교할 때 많이 활용되는 교구로 종이접기가 있다.

8.17.1	샘	저 모둠은 우리와 답이 달라요. 그래서 우리는 **종이 한 장을 17 등분으로** 접고 9 칸을 색칠해서 이 문제를 확인하기로 하였습니다. 이어서 **다른 종이 한 장을 11 등분으로 접고** 5 칸을 색칠했습니다. 9/17는 5/11보다 큽니다.

다시 말하지만 교구가 사용되는 실제 방법과 그 목적은 가끔 문제가 있다. 이 경우에 분수 9/17와 5/11는 종이 한 장으로 실행할 수 있는 것과는 거리가 있다. 즉 확신을 주는 증거로 활용 가능한 종이 한 장의 능력을 위태롭게 한다.

드물기는 하지만 패턴 블록을 사용하는 장면에 대한 기술이 다음 수업 연극에 나타난다.

8.2.3	교사	아 그래, **도구 (패턴 블록)를 사용해서 만든 분수를 보여주겠니**? 그리고 무엇을 찾았는지 설명해 볼래?
8.2.4	샘	음, 우리는 4/6과 1/2를 비교했어요. 그리고 여기 우리가 패턴 블록으로 분수를 만든 거예요.
8.2.5		(이 모둠은 4개의 노란색 삼각형들과 2개의 초록색 삼각형을 사용하여 4/6을 나타내는 육각형을 하나 만들었다. 다음에 초록색의 사다리꼴 블록 한 개와 노란색 사다리꼴 블록 한 개를 사용하여 1/2을 나타내는 두 번째 육각형을 만들었다.)

대부분의 경우에 교사와 학생들이 교구 사용을 언급하지만, 얼마나 정확하게 사용하는지에 대해서는 구체적이지 않았다. 수업 연극의 작가인 예비 교사들은 8.2에서 자신들이 설명한 것을 교구를 사용함으로써 실행하려고 했다면, 교사들은 보기의 수를 바꾸거나 분수를 표현하는 방식을 바꾸어야 했을 것이다.

또한 4장에서 센티미터 블록이 보조 측정 교구로 사용되었음을 보았다. 이러한 블록을 사용함으로써 이쑤시개, 종이 클립 같은 비공식적인 측정 단위들과 센티미터라는 공식 측정 단위 사이를 연결하는데 큰 도움을 줄 수 있다.

4.3.2	교사	이 나무 블록의 길이는 1cm야. **이 일 센티미터짜리 블록**을 막대 옆에 죽 이어 붙이고, 몇 개인지 세어 보렴. 막대 길이에 해당하는 블록이 모두 몇 개지?

측정의 표준 단위 블록을 실제로 조작해 보는 기회는 눈금자 위에서 센티미터 길이의

공간에 대한 감각으로 이어진다. 그렇지만, 이 전략은 즐겨 사용되지 않았다. 반면에, 표준 단위와 비표준 단위가 같이 들어있는 교구가 9장에서 넓이 측정을 모델링하는데 사용된다.

9.12.3	교사	그렇구나. 그림을 덮은 **블록이 모두 몇 개인지** 어떻게 알 수 있을까?

9.8.4	교사	한 학생의 책상을 덮는 데 필요한 **카드는 몇 장인지** 구해보렴.

9.9.1	교사	좋은 아침이에요. 여러분. 어제 우리는 **삼각형 블록**으로 공부했고, 도형의 내부 공간을 채우기 위해 그리고 도형의 둘레를 측정하기 위해 여러분이 블록을 어떻게 사용하는지 살펴봤어요. **정육면체 블록**으로 할 수 있을까요? **긴 직사각형 블록**을 어떨까요? 단위가 사물을 어떻게 바꾸나요?

9.2.5	교사	**타일을 이용하면** 다른 방법으로 이 문제를 생각하는데 도움이 될 거야.

9.10.1	교사	오늘은 다시 넓이에 대해 공부할 거예요. 전에 학습했던 칠교판과 스마티를 이용해서 넓이를 공부할 거예요. 그리고 나는 여러분들 모두 넓이가 무엇인지 안다고 생각해요.

그림과 기타 시각적 표현들

그림이나 다른 시각적 표현들이 교구를 대신하여 자주 이용된다. 반복 패턴을 탐구할 때, 일련의 색깔을 칠하거나, 또는 단순하게 표나 도표에서 색깔을 나열하는 것이 좀 더 효과적일 수 있다.

7.4.3	교사	어떤 패턴을 발견했나요? 1부터 10까지 **객차를 그려보세요.**

7.7.3	교사	12까지 **패턴을 써 보지 않을래?** 어떻게 되는지 살펴보자.

그림 그리기가 9장에서 농장의 모형을 만드는데 이용되었다.

9.36.1 **교사** 이 문제를 끝내기 전에 한 가지 물어봐도 될까? 조이? 네가 옳다는 걸 어떻게 알게 됐는지 말해준다면 선생님은 기쁘겠어. 잊지 말아라. 여기 모눈종이가 있단다. 정사각형을 그리지 말고 다시 농장을 그려보자. 가로 세로 200 모눈과 600 모눈의 직사각형을 다 그릴 필요는 없단다. 좀 쉽게 그릴 수 없을까?

그렇지만, 농장의 가로 세로 크기가 주어졌을 때, 그 농장 그림은 비례로 축소하여 그려야 한다. 우리는 단순한 그림이라도, 비례로 축소하여 그리다 보면 오차가 생길 수 있음을 예를 통하여 보였다.

분수를 비교할 때, 교사와 학생들은 그림을 그리는 것이 유용함을 알아차렸다.

8.1.12 **교사** 자 **그림을 그리면** 어떤 것이 큰지 알 수 있을 거야.
(교사는 다음과 같이 두 개의 그림을 그린다)

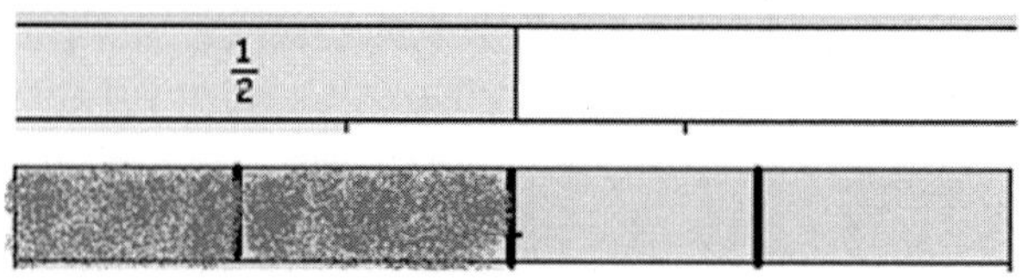

자 여러분, 어때요?

8.7.3 **교사** 음 같지 않은 분수를 비교할 땐 그 말도 옳지, 그런데 동치인 분수를 비교할 땐 그 전략이 반드시 성립하지 않거든. **제니퍼가 그린 걸 보면**, 피자 조각 개수가 서로 다르지만 두 분수는 같다는 걸 알 수 있단다.

8.7.4 **페니** 이러면 어때요, **우리가 그림을 그려서** 샘에게 보여 주거나 고무찰흙으로 피자 모양을 만들고 조각내어서 샘에게 보여 줄수 있어요.

8.6.2 **파빈** (초록 모둠) **전 그림을 그려서** 답을 찾고자 했습니다. 샘이 했던 문제를 **그림으로 그렸습니다.** 두 분수에 대한 **그림이 똑같은데**, 두 분수가 같다는 뜻입니다.

8.6.3 (파빈이 보드로 다가가서 두 개의 그림을 그렸다.)

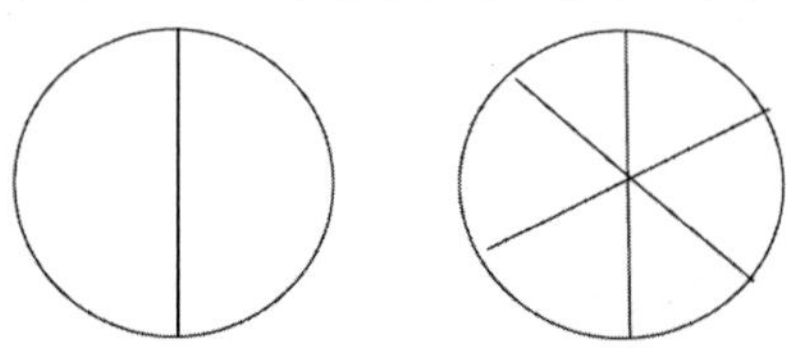

8.10.7	칼로스	**아니, 아만다 말이 맞아. 이 방법은 안 통해. 여길 봐. [칼로스는 원을 그리고 선을 그려서 그 원을 사등분하고서, 그 중 세 개를 색칠한다.] 3/4 맞지?**

8.13.3	제니퍼	**우리가 그린 그림을 보면,** 아랫수에 더 가까운 위엣수가 있는 쪽이 더 큰 수라는 규칙을 따르지 않습니다. 분수를 우리 방식에 따라 순서대로 놓으면, 분수 7/12이 분수 16/24보다 클 겁니다. 하지만 선생님은 다른 순서로 늘어 놓으셨어요. 그런데, 왜 그런지 모르겠어요.

실제로, 시각화는 학생들이 분수와 분수 비교를 이해하도록 도움을 준다. 다음 문장은 학생들의 입장에서 이로운 점을 강조한다.

8.5.11	벤	응, 네 말이 맞는 것 같아. 이 방법이 어쨌든 훨 낫다. **그림이 수보다 덜 헷갈리잖아.**

하지만, 위에서 든 예를 생각해 보건데, 그림이 암시되기는 했지만 실제로 그린 것은 아니거나 아니면 그려졌다 해도 분모가 2이거나 4이거나 한 매우 단순한 분수에 대한 것뿐이다. 그리고 사실 이 그림들은 샘의 방법에 대한 반례를 제공하기는 하지만, 대부분은 샘이 그의 전략을 무시하는 것이 아니라 수정하게끔 하는 어떤 "특징"을 가지고 있었다. 어떤 방법의 적용 가능한 영역을 줄이는 것에 대해서 8장에 자세히 기술하였다.

4장에서 그림 그리기에 대한 색다른 언급이 나오는데, 교사가 조니에게 1cm 선분을 그려보라고 지시한다.

4.16.3	교사	조니야, 1cm가 얼마나 긴지 보여 줄 수 있니? 1cm 길이의 선분을 **그릴 수 있니?**

1cm 길이의 선분이 일단 그려지면, 이것은 측정하는 선분을 따라 그 단위를 반복하는 실제 교구로 기능한다.

측정을 시각화하는 또 다른 시도는 아래에서 보듯이 교사가 수직선을 그리는 것에서 볼 수 있다. 그런데, 수직선을 그리는 것이 시각적 표현에 호소하는 또 다른 방식이기는 하지만, 이 방법이 측정이 영에서 시작하여야 하는지를 제대로 설명하는가에 대해서는 여전히 의문으로 남는다.

4.10.10	교사	좋은 질문이구나. 수직선 위에는 언제나 영이 있단다. **(교사는 칠판에 수직선을 그린다.)** 보통은 영에서 시작하여 세지 않지만, 그 수는 언제나 거기에 있다. 그래서 측정할 때는 물체의 한 쪽 끝은 영에 맞추고 물체의 다른 쪽 끝까지 얼마나 많은 빈칸들이 채워지는지 세는 거란다. 그래서 센티미터는 사실 수 사이의 빈칸이고 수는 그 빈칸의 끝을 나타내는 거란다. 다시 한 번 해 볼래?

실제 상황

지루한 학습 내용을 다룰 때, 학생들의 흥미를 돋우기 위하여 실제 또는 실생활 상황을 연출하기도 한다. 우리는 수업 연극들 중에서 학급의 대화를 실제의 상황으로 연결하려는 시도를 목격하였다. 다음에 나오는 두 예는 나눗셈의 개념을 각각 초콜릿 바 상자와 사과 자루에 빗대어 소개하고 있다.

5.32.13	교사	잘했어. 에릭. 이제 끝이 4라고 해서 모두가 4로 나누어지는 것이 아니라는 것은 알 수 있을 거야. 끝이 5 또는 0으로 끝날 때 5로 나눌 수 있다는 것은 맞아. 그러나 4는 5와 달라서 5의 규칙이 4에는 적용되지 않는단다. **실제 나눗셈을 해서 354개의 사과를 네개의 가방에 똑같이 담을 수 있는지 보자.**

5.27.6	교사	좋아. **(일 단위 블록 한 개를 들며) 각각의 블록을 하나의 초콜릿 바라고 상상하자. (십 자리 막대를 들며) 이건 초콜릿 10개가 들어있는 통이고, (백 자리 막대를 들며) 이건 초콜릿 10통이 들어 있는 상자야.** 정확히 같은 수의 초콜릿 바가 필요한 4개의 가게가 있어. 어떻게 해야 할 지 생각해 보자. 누가 초콜릿 배달하는 사람 할래? (찰리와 세릴이 손을 든다.) 찰리, 네가 배달하는 일을 맡고, 닉, 미한, 세릴 그리고 스테판이 가게 주인을 하렴. 다른 사람들이 너보다 더 많은 초콜릿을 받는 것은 원하지 않을 테니 초콜릿 바를 받을 때 배달원을 도와주렴. 찰리, 가장 먼저 무엇을 배달해야 할까?

분수 비교를 다룬 몇몇 수업 연극에 교사는 피자 조각을 언급한다. (8.6, 8.7, 8.16) 특히, 8.16에서 교사가 학생들에게 2/12, 1/16, 4/20, 4/16, 10/40, 1/8을 순서대로 나열할 것을 지시한다.

8.16.5	교사	여기 보드에 적은 수는 **다른 크기의 피자 조각**을 나타냅니다. 여러분 각자 친구 다섯 명과 함께 각각 한 조각씩 집을 겁니다. 가장 작은 친구가 가장 작은 조각을 **가장 큰 친구가 가장 큰 조각을 갖도록** 정하고 싶어요. 이 분수를 순서대로 나열해 보세요. 그래서 누가 어떤 조각을 먹을지 알아봅시다. 중앙에 있는 종이를 이용해서 모둠의 다른 친구들과 같이 접시받침으로 쓰세요. 종이 가운데에 답을 적으세요. **(교사는 샘의 모둠으로 걸어가서 분수를 표현하기 위해서 특별히 고안된 원 모양의 교구를 내려놓는다.)**

이러한 실생활 상황에서 피자나 초콜릿을 생각하는 것이 순전히 수만을 연산하는 것보다 학생들에게 훨씬 쉬울 것이다. 그렇지만, 앞에서 언급하였듯이, 어떤 실제 상황은 오히려 덜 실제적일 수 있는데, 예를 들면, 300개가 넘는 사과가 든 자루라든지, 피자 한판을 40조각으로 자른다든지 하는 것들이다. 또한, 가장 큰 피자 조각을 키가 가장 큰 친구에게 준다는 것도 "공정한" 듯이 보이지만 (어떻게 측정하여 가장 큰 것을 알 수 있을까?), "피자 조각들"을 순서대로 놓은 합은 전체 피자 한판보다도 커져 버린다. 그래서 피자를 어떻게 나눌지를 대해서 여전히 분명치 않다.

4.6에 나오는 또 다른 실생활 주제는 갓난아기의 나이에 대한 대화를 다루고 있는데, 이는 측정을 1이 아닌 0에서 시작해야함을 강조하는 것이다.

4.6.7	교사	좋은 질문이구나. 처음 수가 사실은 0이라는 게 좀 헛갈릴 수 있지. 어쨌든 0이 처음 수란다. **이건 네 어린 동생이 태어났을 때와 같거든. 네 동생도 생일이 다시 돌아 와야 1살이 되지 않니?**
4.6.8	조니	알겠어요. 하지만 우리는 나이가 아니라 센티미터에 대해 말하고 있잖아요.

갓난아기의 나이를 언급하는 이 대목은 태어날 때의 나이가 1일이란 점에서 조니에게 새로운 혼동을 야기할 수 있다—왜 1분이나 1초가 아닌가? (사실 이 문제는, 출생의 순간을 어디에 둘지에 대한 보편적인 동의가 이루어지지 않았다는 점에서, 보기보다 더 복잡하다.)

실생활 상황은 조사 중인 과제와 연결된 보상으로 제시되기도 했다. 예를 들어, 5.18에서 교사는 학생들에게 "만약에" 상황을 제시하는데, 여기서는 어떤 수로 나누어 떨어질지 결정할 수 있으면 콘서트 입장권을 빨리 획득하게 된다.

5.18.6	교사	맞아요. 그러나 계산기 없이 가능한가요? **여러분이 라디오 방청객이고 상품으로 콘서트 입장권이 걸려있다고 합시다.** 462달러를 4명에게 똑같은 금액으로 나누어 줄 수 있는지 10초 안에 결정하라고 하네요.

보상은 계산기나 나눗셈이 아닌 가분성에 주목하게 하는 외부 동기이다. 외부 동기는 가끔씩 그 역할을 하지만, "네 명에게 공평하게 나누어주는" 462불은 오해의 소지가 있다. "공평하게 나누어주는"이 각 사람이 같은 금액을 얻는다는 뜻이라면, 네 사람 각자에게 $115.5 (115불 50전)를 주는 것이 답일 것이다. 당연하게도, 이것은 작가가 의도한 것이 아니고 이 해석은 교사의 의도를 반영한 것이 아니다.

소수, 분수, 가분성에 대한 추상적인 대화와는 다르게 9장에 나오는 과제는 멜론 키우는 농부를 소제로 한 실생활 상황으로 구성되어 있다. 이 과제는 넓이 개념을 예로 설명하고자 할 때, 그리고 둘레와 넓이의 차이 점에 주목할 때, 9.11에서 보는 바와 같이 더욱 사실적으로 될 수 있으며, 여기서 교사는 농부와 농장을 이야기하고 있다.

9.11.1	교사	처음 목표로 돌아가서 질문해 보자. 실제로 대부분의 농부들이 밭 주변에 뭘 심지 않니? 농부들은 밭 주변에 무엇을 둘까?
9.11.2	학생	울타리요.

덧붙여, 교실 둘레 걷기나 방을 페인트칠하기 같은 더 많은 상황들이 소개되었다. 이러한 상황들이 아마도 멜론을 키우는 것보다 학생들의 경험에 더 가까울 것으로 여겨진다.

9.24.1	교사	정말 잘했다. 예를 하나 더 들어 보자. 부모님께서 거실 벽에 페인트를 칠하시려고 해. 벽을 칠하기 위해 상점에 가서 페인트를 사려고 할 때, 페인트를 얼마만큼 사야할까? 거실 벽에 대해 생각해보자. 벽의 경계선을 칠해야 할까 아니면 벽의 안쪽을 칠해야 할까?

9.48.1	교사	여러분. 여기 보세요. 이제 교실의 둘레를 살펴보죠. 둘레는 교실의 벽과 같아요. 데이비드, 잠시만 일어서 줄래? (교사는 데이비드를 교실의 한 쪽 끝에 데리고 간다.) 좋아, 데이비드. 벽을 따라서 걷고, 우리는 그가 걸어간 거리를 기록해 봅시다. 좋아, 이제 걷기 시작하렴.
9.48.2		(데이비드가 한 쪽 벽을 따라 코너에서 코너로 간다.)

9.48.3	교사	좋아요, 데이비드가 걸은 거리는?
9.48.4	학급 전체	43m

위에서 말한 바와 비슷하게, “벽을 따라 걷기”의 예는 문제가 있다. 43이란 답은 몇 가지 면에서 흥미롭다. 이 대답은 (데이비드가 얼마나 걸었는가라는) 제시된 문제에 대한 답도 아니고 “걷기”가 미터나 혹은 모두가 동의한 다른 단위로 답을 제시한 것은 아닌 것 같다.

‘전통적인’ 방식이 미치는 영향

이 장 첫머리에서 언급했듯이, 실제 교수 (가르침)를 ‘개혁’ 대 ‘전통’의 구도로 단순화 할 수 있다. 앞 절에서 우리는 규준에 기초한 교수와 관련되는 전략을 지적하였다. 이 절에서 우리는 강의와 개인 작업을 통하여 절차적 지식을 획득하는데 중점을 둔 실제 수학 교수의 몇 가지 형태를 검토한다. 이는 Cuoco(2001)가 논의하듯이, 수학교실에 있는 학생으로서 교사 자신의 경험에 대한 기초를 형성하는 수학 이미지이다. 또한 이것은 수학을 플라톤의 관점으로 보는 것이다. 예비 교사가 쓴 수업 연극이 그들이 수학을 어떻게 인식하는지 또, 수학을 가르치는 것에 대하여 어떻게 인식하는지에 대하여 설명하는데 이는 전혀 놀라운 일이 아니다. 앞 절에서 모둠 활동과 교구 활용을 살펴보았지만, 여기서는 예비 교사들의 수학에 대한 이미지가 기억하고, 연습하고, 필히 암기해야하는 규칙이나 기술을 어떻게 두드러진 특징으로 삼는지 살펴본다.

규칙

지금까지의 수업 연극에서 수학은 “규칙”을 많이 사용함을 알 수 있다. 5장에서, 보통 ‘가분 규칙’이라고 일컫는 자연수의 가분성 등, 규칙에 대하여 많이 다루었다. 하지만, 이 절은 그와 같은 규칙을 논의하는 것이 아니라, 측정 교구를 사용하는 전통적인 방법, 통상의 계산 절차, 그리고 교사와 학생들이 모두 “규칙”이라고 언급한 새로운 방법들에 대하여 논의한다. 예를 들어, 4장에서, 교사의 다음 질문을 곰곰이 생각하여 보자.

4.4.1	교사	측정할 때 중요한 두 가지 규칙 기억하나요?

수업 연극에서 교사는 측정은 영에서 시작해야 하고 "공간을 띄워서는 안된다"는 지침을 학생들이 기억하도록 지도하고 싶어 했다. 하지만, 길이를 눈금자로 재는 이 방법은 편안하면서도 관습에 따른 방식으로 여기기보다는 하나의 규칙이 되어 버렸다. 그리고 '규칙'을 가진다는 것은 적어도 불분명하게나마 다른 방법이 없다는 것을 내포한다.

8장에서는 샘의 분수 비교 방법을 장면으로 제시하였다. 이 방법을 일반적으로 사용할 수 있는지를 알아보려고, 교사는 다음과 같이 질문하였다.

8.17.2	교사	그래서 **너희가 전에 사용했던 그 규칙이** 모든 경우에 다 적용되니?

교사는 학생이 제시한 그 방법의 적용 범위를 알아차리면서 "이 규칙"이라고 언급하고, 또한 임시로 통하는 성질임을 강조한다.

8.8.1	교사	이 모둠, 아주 잘 했는걸! 그래서 분수의 위엣수가 아랫수에 가까운 정도로 분수를 비교할 수 없음을 이제 모두 이해한거야? **이 규칙**은 공통 분모를 가지는 진분수를 비교할 때 **쓸 수 있지만**, 분모가 다를 때는 **신뢰할 수 없단다.** 그래서 아주 신중해야 한단다.

학생들이 교사의 말을 받아서 규칙에 대하여 나름대로 말하기도 한다.

8.9.6	교사	그래서 우리가 이제 이 **규칙**을 사용할 수 있다는 거니?
8.9.7	샘	네, 그런데 **규칙**에 뭔가 조건을 더 붙여야 합니다. 이렇게 말해야 해요. 분수들의 아랫수가 같을 때, 윗수가 아랫수에 가까울수록 큰 수이다.

그리고 샘이 처음 제시했던 방식의 적용 범위를 줄일 필요가 있다고 인식할 때, 그것을 "새로운 규칙"이라고 말한다.

8.11.4	샘	(마치 선포하듯이 몸을 가다듬으면서) 에헴, … **새로운 규칙**, 위엣수와 아랫수의 차가 같으면, 아랫수가 큰 분수가 언제나 더 크다.

방법이나 전략들이 때로 규칙으로 여겨지고, 또 산술 계산에서 관습적인 절차도 규칙

으로 여겨지기도 한다. 이에 대하여 다음 수업 연극을 보자. 여기서는 학생이 나눗셈을 실행할 때 왼쪽에서 시작하면서 실수한 것을 교사가 규명하였다. 이 대목은 '덧셈에 대한 규칙'인지 '나눗셈에 대한 규칙'인지 헛갈리기 쉬운 곳이다.

5.40.5	교사	음… 그래. 네가 어떻게 이 답에 도달했는지 알겠다. 나눗셈 규칙을 이용하기보다 이 등식에 더하는 방법을 이용한 것 같구나.
5.40.6	학생	아…
5.40.7		조니, 우리가 나누기를 할 때, **덧셈과 뺄셈이 다른 몇 가지 중요한 규칙을 기억해야 한단다.** 먼저 나누기는 항상 왼쪽부터 오른쪽으로 진행하고, 두 번째 우리가 나누기를 할 때 100인 큰 큐브가 3개, 10이 5개, 1이 4개 있다면 그것을 모두 같은 크기의 큐브로 바꾼 다음 똑같이 4개 모둠으로 나눌 때 몇 개의 큐브가 들어가는지 계산한단다. 모둠을 똑같이 할 수 있을까? 같이 확인해 보자.

둘레와 넓이에 관련하여, 공식도 "문제를 풀기 위한 규칙"으로 여겨진다.

9.25.1	교사	그것은 문제를 풀기 위한 공식 또는 규칙이야. 그렇다면 둘레가 의미하는 것은 무엇일까?

6.7에서 교사가 요약한 것이 다른 많은 수업 연극에 보이는 다음 문장의 정서를 대변한다. 규칙을 사용할 필요가 있고 규칙은 유용하다.

6.7.26	교사	괜찮네. 가끔 계산기가 우리를 도와주지만 우리는 우리의 두뇌와 몇몇 **규칙**을 이용하여 어떻게 나누는지 알 필요가 있어요. 누구 11에 대한 가분성 규칙을 아는 사람?

단계

위에서 언급한 '규칙들'은 종종 더 복잡하고 여러 단계로 이루어진다. 어떤 경우에, 나눗셈을 실행하는 것은 다음과 같이 여러 단계를 거치는 것이다.

5.33.7	교사	먼저 식을 써보자. (학생은 식을 쓴다.) 잘했어. 이 질문은 "354로 4개의 모둠을 몇 개나 만들 수 있을까?"이고, 이를 위해 **우선** 무엇을 해야 할까?

5.40.2	학생	**모든 단계를 따라** 나눗셈을 했더니 4 나누기 354가 111과 같음을 알게 되었어요.
5.40.10	교사	조니, 잘했구나. 난 단지 **몇 가지 단계를** 기억할 수 있도록 도왔을 뿐이란다. 그것에 따라 네가 잘 해낸 거야.

7.14.5	교사	잘했어요. 이 문제는 매우 어려운 문제에요. 명확하게 하기 위해 시간을 두고 문제를 검토해 봅시다. 질문이 있으면 칠판에 **단계마다** 적어 검토해 봅시다.

더욱이, 분수 비교에서 부적합한 방법에 가치를 부여하려고 할 때, 교사는 제시된 전략에서 한 단계가 빠졌음을 지적한다.

8.10.13	교사	그렇지만 샘, 우리가 그 분수를 신뢰할 수 있고 유용한 방법으로 비교한다면, **한 단계 더 첨가하는 것이** 확실히 필요하단다. 분수 비교에 표준 알고리즘을 이용하기 위하여, 분수들이 공통 분모를 가진다는 점을 확실히 해야만 한다. 그럼으로써, 우리는 같은 크기의 부분을 비교할 수 있어요. 여러분 모두 제대로 하고 있어요. 분자와 분모 사이의 거리를조사하는 것에 대해 여러분이 말했던 것은 옳습니다.… 그 전략에서 **한 단계를 빠뜨렸어요.** 분모가 같은 분수를 비교하는 것이 100% 신뢰할 수 있는 유일한 방법입니다. 알겠죠?

"단계를 빠트리는 것"은 끔찍하고, 또한 개념을 잘못 이해하는 것을 가리킨다는 사실이 흐지부지 해진 채로 남는다. 하지만, 여전히 따라야 할 일련의 단계를 가르치는 것이 개념적 이해를 불어 넣는 것보다 더 쉬울 수도 있다.

트릭

규칙 말고도, 수업 연극에 트릭이 반복하여 나온다. 대부분의 트릭은 가분성 규칙을 논의할 때 나온다. 몇 개의 예를 살펴보자.

5.14.1	교사	모두 수학책을 꺼내렴. 오늘 우리는 나눗셈 문제를 해결할 때 도움이 되는 멋진 트릭을 배울 거야.

5.15.1	교사	걱정하지 마라. 데이비드. 너는 단지 가분성 규칙을 헷갈리고 있는 것 같구나. 다양한 경우에 성립하는 많은 수학 규칙이 있기 때문에 헷갈릴 수 있단다. 네가 어디서 헷갈렸는지 알려주고 동시에 가분성 규칙에 대해 좀 더 이야기 해보자. 이제 시작해 볼까?

5.17.1	교사	여러분, **멋진 트릭을** 살펴볼까요?

5.27.25	교사	내 생각엔 3으로 나누어 떨어지는지 확인하는 규칙과 헷갈린 것 같구나. **이런 방법**은 기억하기 어려울 수도 있지. 하나의 수를 4개의 그룹으로 어떻게 나누는지 기억한 다음 큰 수를 확인해 보는 것이 중요하단다. 다음 시간에는 수를 나누는 방법을 기록해보자. 여러분이 초콜릿을 어떻게 나눌지 궁금하구나.

5.29.1	교사	좀 **어려운 문제**를 제시할게요. 6에 대해서는 어떤 규칙이 성립할까요?

6.12.19	학생 2	애들아! 처음 수업 시작할 때 우리가 만들었던 가분성 규칙을 쭉 나열하고 그 규칙을 이용해서 다른 수를 하나씩 지워나가보면 어때? 그러면, 나눗셈을 그렇게 많이 하지 않아도 될 거야. 규칙이 보드 위에 여전히 있으니까. 그렇죠. 선생님?

하지만, 대부분의 "트릭"이 가분성 확인에 관한 것이기는 하지만, 다른 데에서도 트릭이 발견된다. 4.8에서, 눈금자로 측정할 때 영에서 시작하는 것이 하나의 특별한 트릭으로 간주된다.

4.8.3	교사	조니, 네가 맞아! 보통은 일부터 세지! 하지만 맞춰 보렴. 우리가 측정할 때는 셀 때 사용하는 **특별한 트릭**이 있다!

교사가 규칙을 언급하고 나면, 학생들도 또한 그럴 것이라는 점을 수업 연극에 볼 수 있다. 아래 수업 연극에 샘은 그의 전략이 성립하지 않음을 보았음에도 그 전략을 포기하지 않았다.

8.11.14	샘	글쎄, 넌 네 식대로 해, **난 내 트릭이 더 좋아.** 대부분의 분수에 대해서 이게 더 빨라.

암기

수학이 규칙과 규칙을 모아 놓은 것이고, 수학을 가르치는 것은 학생들에게 규칙과 규칙을 소개하는 것이라면, 학생들이 성공하기 위해서는 무엇을 해야 할까? 이에 대한 대답은 기억과 연습이다.

4.4.1	교사	측정할 때 중요한 두 가지 규칙을 **기억하나요?**

4.5.3	교사	어제 수업에서 센티미터에 대해서 배웠는데 센티미터 하나가 얼마나 긴지 **기억하니?** […]
4.5.5	교사	그렇지! 그리고 일 센티미터가 무엇으로 구성되는지도 **기억하지?**

5.1.1	교사	어떤 수가 4로 나누어 떨어진다는 것을 결정할 때 무엇을 봐야 하는지 **기억할 수 있는 사람?**

6.9.1	교사	네가 말한 것은 맞지만, 그건 소수를 정의하는 방법은 아니란다. 소수의 정의를 **기억하니?**

5.2.4	교사	맞아. 샤논. 4로 나누어 떨어질 때는 어떤 규칙을 적용하는지 **기억하니?**

7.10.1	교사	나머지가 무엇인지 **기억하나요?**

8.18.7	교사	[…]. 누구 공배수가 뭔지 **기억하는 사람?**

위의 예에서 교사는 학생들에게 전 시간에 배운 것을 회상하라고 한다. 암기에 호소하는 것은 규칙과 정의를 제대로 기억하는 학생에게 답을 얻으려는 것이고, 이는 수업 연극 대본을 따라 가도록 한다. 그렇게 함으로써 과제를 바로 진행하기 위하여 알고 있어야 할 것이 무엇인지, 기억해야 할 것이 무엇인지 교사가 전체 학생들에게 상기시킬 필

요가 없게 한다.

교사는 설명하면서 부분적으로나마 기억의 필요성을 언급한다. 이러한 경우에 학생은 교사가 의도하는 접근방식을 따라갔고 교사는 학생에게 꼭 기억할 것을 환기시키면서 다음 단계로 안내하였다. 아래 예에서 보듯이 보통 문제가 제시된 후에 암기를 언급하였다.

5.33.13	교사	5위에 8을 쓰자. 다음에 **무엇을 해야 하는지 기억하니?**

4.12.1	교사	우리가 어떤 물체의 길이를 잴 때, 영에서 시작함을 잊지 마세요. 왜냐하면, 그렇게 하면 물체의 끝에 있는 수가 그 물체의 길이를 cm로 가리키지요. […] 자, 영에서 시작하는 것도 좋은 생각입니다. 하지만, 여러분이 막대 측정을 5cm에서 시작했다면, **항상 기억하고 있어야 할 것이 뭐죠?**

4.14.7	교사	음, 막대를 처음 측정했을 때의 위치로 바꾸어보렴. **자 다 같이 세어 보자.** 일단 시작한 선 다음에 오는 눈금 선은 1cm와 같음을 **기억하자.** 그러면, 시작하는 선을 지적할 수 있겠니? (조니가 그것을 지적한다). 좋아, 다음 눈금 선은 (교사가 지적한다) 뭐가 될까?

4.16.17	교사	좋아, 그럼 이 선분을 눈금자로 측정할 때, **우리가 기억해야할 것은 뭐지?**

5.40.7	교사	조니, 우리가 나누기를 할 때, 덧셈과 뺄셈과 다른 **몇 가지 중요한 규칙을 기억해야 한단다.** 먼저 나누기는 항상 왼쪽부터 오른쪽으로 나누고, 두 번째 우리가 나누기를 할 때 100인 큰 큐브가 3개, 10이 5개, 1이 4개 가지고 있다면 그것을 모두 한 개로 바꾼 다음 똑같이 4개 그룹으로 나눌 때 몇 개의 큐브가 들어가는지 계산한단다. 모둠을 똑같이 할 수 있을까? 같이 확인해 보자.

9.37.1	교사	모눈종이에 그릴 때 **기억해야 할 것은 무엇이지?**

9.29.3	교사	잘했구나. 시드니. 다음에 이와 같은 문제를 읽을 때, **기억해야 할 것은 무엇일까?** 어떤 단어가 곱하라는 뜻일까?

수업이나 어떤 활동에 대한 논평을 요약하는 것 또한 기억해야 할 것을 포함하였는데, 종종 칭찬하는 말 다음에 나왔다.

5.4.14	교사	**그리고 기억하렴.** 어떤 수로 나누어 떨어지는가를 확인하려면 실제로 나누어 보면 된단다. 가분성 규칙은 너희를 도와주는 하나의 방법이란다. 그런데 너희에게 가장 잘 맞고 너희가 가장 편하게 느끼는 방법을 찾는 것은 너희들의 몫이란다.

5.13.14	교사	훌륭하구나. 3으로 나누는 규칙은 모든 자릿수를 더하고 4로 나누는 규칙은 마지막 두 개의 자릿수를 나눈다는 **사실을 기억하렴.**

6.4.10	교사	그렇단다. 그래서 어떤 수가 소수인지 아닌지 판정 할 때는 가능하면 언제라도 12가 넘는 약수들도 포함하여, **많은 약수를 사용한다는 것을 기억하여라.**

또한, 특정 방법이나 규칙을 기억하는 것과 더불어, 학생들은 특정 요구조건도 기억해야 했는데, 여기서는 학급의 규범 같은 것이다.

9.36.1	교사	네가 옳다는 걸 어떻게 알게 됐는지 말해 준다면 내가 기뻐한다는 것을 항상 **기억하렴.**

학생이 부분적으로나마 망각을 인식하기 때문에 기억하기를 강조하게 된다.

5.33.7	교사	먼저 식을 써보자. (학생은 식을 쓴다.) 잘했어. 이 질문은 "354로 4개의 모둠을 몇 개나 만들 수 있을까?"이고, 이를 위해 우선 무엇을 해야 할까?
5.33.8	학생	**잊어버렸어요.**……

5.12.2	학생	네. 3으로 나누는 규칙은 기억하고 있어요. 그런데 수학 규칙이 **너무 어려우면 잘 잊어버려요.**

5.4.11	학생	모든 가분성 규칙을 **기억하기가 어렵네요.**

우리는 어떤 학생이 "너무 어려운" 것을 잊고 있다는 걸 스스로 알아차린 대목에서, 교사들도 그럴지 의문이 들었다.

5.27.25	교사	내 생각에는 3으로 나누어 떨어지는지 확인하는 규칙과 헷갈린 것 같구나. 이런 방법은 **기억하기 어려울 수도 있지.** 하나의 수를 4개의 모둠으로 어떻게 나누는지 기억한 다음 큰 수를 확인해 보는 것이 중요하단다. 다음 시간에는 수를 나누는 방법을 기록해보자. 여러분이 초콜릿을 어떻게 나눌지 궁금하구나.

5.12.1	교사	실제로 4는 462를 나눌 수 없어. 그 이유를 4의 가분성 규칙을 검토하여 알아보자. 4로 나눌 수 있는 쉬운 방법에 대해 이야기해 보자. 어제 교실에서 배웠지만 혼돈스럽고 **기억하기 어려울 수도 있을 거야.** 그렇지? 어떤 수의 각 자릿수의 합이 3으로 나누어 떨어지면 그 어떤 수가 3으로 나누어 떨이지지?

이 대목에서 우리는 교사의 의견에 전적으로 동의한다. 어떤 설명도 없이 규칙을 주게 되면 기억하기 참 어렵다. 학생들의 암기를 돕기 위하여 교사들은 복습과 연습을 강조하는데, 다음 절에서 자세히 살펴 보자.

복습과 연습

기억해야할 규칙이나 트릭이 너무 많을 때는 복습과 연습이 암기를 도와주는 그럴듯한 교수 방법으로 등장한다.

5.10.1	교사	내 생각에 우리는 3과 4의 가분성 규칙을 헷갈린 것 같구나. **자, 복습해 보자.** (교사는 복습을 위해 칠판에 가분성 규칙을 적는다.)

5.12.3	교사	이렇게 해 보자. 종이에 3과 4로 나누는 규칙을 써보자. 헷갈리고 기억하기 어렵다면 반복하고 **복습**해야 해, 그렇지?

5.22.9	교사	그러면 지금까지 우리가 알고 있는 규칙을 **복습**해보자. 2에 대한 규칙은 무엇일까?

4.15.11	교사	유치원에서 공통의 기준선에 대하여 배웠지? 그리고 올해 1학년에서도 **복습했지**. 그래서 이제 우리가 측정하는 것은 표준 단위란다. 기준선도 여전히 중요하고 우리가 측정을 할 때 여전히 도움이 될 수 있단다.

복습은 암기를 돕기도 하지만 이해를 돕기도 한다.

9.27.1	교사	좋아, 내 생각에 어떤 학생들은 이 문제를 혼돈스럽게 생각하는 것 같아. 그렇게 걱정하지 않아도 돼. 모든 사람들이 이해할 수 있도록 잠깐 브레이크를 가지고 **복습해 보자.** 카일, 넓이에 대하여 말할 때, 무엇을 측정해야 하는지 알겠니?

이 수업 연극 [9.27.1]은 복습을 이해, 특히 학급 구성원 모두의 이해와 연결한다. 이해와 집단에 주목하기 같은 아이디어는 다른 절에서 다룬다.

5.2.6	교사	잘했어. 얘들아! 규칙을 적용할 수 있도록 규칙을 **반복해서 연습해 보자**. 너희 3명이 함께 다른 문제도 풀어보렴.

8.7.5	교사	멋진 생각이구나. 페니, 이런 전략을 **연습하는 것이 가끔은 무척 도움이 된단다.** 샘 2/4와 5/10에 대해 피자를 그려보지 않을래? 먼저 피자를 반으로 자르고 각 조각을 분수에 따라 나누면 된단다. 네가 보기에 무엇이 같은지 말해 보아라.

8.7.7	교사	나도 기쁘구나, 자 여러분 진분수 비교하는 **연습을 계속하도록 해요**, 그리고 다음 시간에는 블록, 그림, 고무찰흙을 이용해서 피자로 제시한 분수를 표현해 봅시다. ―책상을 말끔히 치우고 본인 물건 다 챙기세요.

기본으로 돌아가기

암기와 연습과 관련하여 수업 연극에서 발견되는 공통적인 방법은 학생이 오류를 범했을 때, 기본 개념으로 돌아가서 그 개념을 올바르게 읽도록 도와주는 것이다. Son과 Sinclair(2010)는 학생들이 기하 시간에 오류를 범했을 때, 예비 교사들이 어떻게 대응하는지를 분석하였는데, 여기서도 비슷한 경향이 발견되었다. 연구자는 학생들이 겪는 어려움에 즉각적이고 좀 더 세련되게 반응하지 못한다는 의미에서 이러한 경향을 학생 "뒤에서 달리기"로 표현하였다.

어떤 개념의 시작 원리로 돌아갈 때, 교사의 주목은 과거의 경험으로부터 그 밑에 감추어진 수학으로 향한다. 흥미롭게도 이런 활동들은 '처음부터 다시 시작하자'와 같은 어구를 사용한다. 다음의 예를 보자.

6.7.11	교사	조니, 처음부터 다시 시작하자. 소수가 뭐니?

하지만, 어디에서 시작할지 분명한 지시가 있든 없든, 학생들에게 이용 가능했더라면 좋았을 정보를 회상하고, 복습하고, 다시 소개하고, 다시 가르치는 장면들이 많이 나타난다. 종종 누군가의 기억에 의지하여 정의를 복습하는 것도 장면도 있었다.

6.9.1	교사	네가 말한 것은 맞지만, 그건 소수를 정의하는 방법은 아니란다. **소수의 정의**를 기억하니?

7.10.1	교사	**나머지가 무엇인지** 기억하나요?

8.18.7	교사	[···] **공배수가 뭔지** 기억하는 사람?

몇몇 수업 연극에서는 나눗셈 알고리즘과 공통 분모를 찾는 알고리즘의 복습을 언급할 뿐 아니라 길게 설명한 프롬프트도 있었다.

시작 원리로 돌아가자는 운동은 암묵적으로 다음과 같은 믿음에 근거한다. 학생이 정의를 이해하거나 또는 계산을 할 수 있다면, 좀 더 복잡한 내용을 일반화할 수도 있다. 물론, 이 믿음이 언제나 옳은 것은 아니지만, 대부분의 잘 쓰인 수업 연극은 다음의 방식을 따르고 있다. (시작 원리로 돌아감으로써) 견고한 기초 교육은 학생들의 자연스러운 이해를 증진시킨다.

이해

당연히, 수학 개념을 이해하면 이 개념과 관련된 절차를 기억하는데 도움이 된다. 수업의 목적이 뭔가 이해하는 것이기는 하지만, 수업 연극에서 이해를 언급한 것은 몇 개 되지 않는다. 대부분, 이해를 언급한 경우는 어떤 학생이나 학급 전체에 질문할 때였다.

5.13.15	교사	3과 4의 가분성 규칙이 서로 다르다는 것을 **이해하겠니?**
5.13.16	학생	네 이제 알겠어요.

5.28.7	교사	맞아. 너는 이해한 것 같구나! (일의 자리와 십의 자리)의 작은 수를 4로 나눌 수 없으면 백 자리는 볼 필요도 없지. 이 설명은 조니가 오늘 우리에게 설명한 규칙과 어떻게 다른가요? **모두 이해했어요?**

7.12.15	교사	잘했구나. **모두 이해했니?** 좋아요. 우리가 같은 일을 다시 할 때 이번에는 15를 더하는 것이 아니라 30을 더하면 무슨 색이 될까?

8.8.1	교사	이 모둠, 아주 잘 했는걸! 그래서 분수의 위엣수가 아랫수에 가까운 정도로 분수를 비교할 수 없음을 **이제 모두 이해한 거야?** 이 규칙을 공통의 분모를 가지는 진분수를 비교할 때 쓸 수 있기는 하지만, 분모가 다를 때는 신뢰할 수 없단다. 고로, 아주 신중해야 한단다.

4.7.1	교사	[···] 영과 측정에 대하여 **이해했다면 손을 들어 보아라.** 비밀 투표이니 고개는 숙이고 있으렴.

예상했듯이, 교사들은 학생들이 이해해야 할 것을 진짜로 이해했는지를 알 수 있는 예상된 긍정의 대답을 들었다. 그렇지만, 이와 같이 예상된 이해를 수반하는 상세한 진술을 보이는 수업 연극은 겨우 한 두 개 뿐이었다.

6.4.15	교사	바로 그렇지. 그래서 이 방식으로 소수를 찾는 것은 좋은 방법이 아니야. 중요한 것은 바로 소수가 무엇인지 네가 **이해하는 것이다.** 수업시간에 배웠던 것 **기억하니**?

이 경우, 이해의 중요성을 주장하고 나서 기억했는지에 대한 질문이 따라왔다. 수업연극에서 이해를 어떻게 다루고 있는지 보면서, 다음과 같은 결론을 내릴 수 있다. 실제로 예비 교사들은 이해에 가치를 두고 학생들이 설명한 것 또는 논의한 것을 이해하기를 원한다. 그러나 "이해 했는가"와 같은 질문에 대한 긍정의 대답 정도 이상으로 어떻게 이해를 성취하고 평가할 수 있는지가 여전히 문제로 남는다.

계산기

수학 수업 중에 계산기를 사용하는 것에 대하여 1970년대와 1980년대에 격렬한 논쟁이 있었지만, 오늘날은 계산기가 허용된다. 물론 학습 목표가 기초 지식이나 절차적인 계산을 숙달하는 것이라면 계산기는 허용되지 않는다. 그러나 문제해결을 위하여 학습자들이 지루한 계산을 피할 수 있고 교사들이 개념을 전개하는데 집중할 수 있도록 도움을 준다는 면에서 계산기를 사용하는 것이 가치가 있다.

교실에서 적어도 조사 중인 어떤 과제에 대하여, 계산기를 사용하는 것을 교사가 장려한다.

5.17.9	교사	맞아요! (수를 칠판에 쓰고 그 옆에 ✓표시를 한다.) 계산기로 결과를 **확인하고 싶으면 해도 좋아요.**

5.13.1	교사	여러분이 적용한 4로 나누는 규칙은 실제로 3으로 나누는 규칙이었어. 이제 **계산기를 사용하여** 462가 4로 나누어 떨어지는지 확인해 보자.

6.6.1	교사	10보다 작은 수에 대하여 네가 말한 것은 참이란다. … 그런데 10보다 큰 수는 정말 많지요? 자, 여러분 **계산기를 가지고** 10보다 큰 수 … 11이나 13이나 17 등을 **조사해 보세요.**

6.5.13	교사	음. 그럼 어떤 수가 9보다 큰 약수를 가질 수 있다는 걸 알고, **여러분 모두 계산기를 켜고** 143의 다른 약수를 찾아보도록 해요. 이 문제에서 시행착오를 겪어도 괜찮습니다.

위의 수업 연극에서 계산기는 나눗셈의 결과를 결정하거나 다른 방법으로 얻은 결과를 확인하는데 사용된다. 그렇지만, 다른 교실에서 학생들은 계산기 사용이 보장되어 있지 않기에, 계산기를 사용하기 위한 허락을 구한다.

5.21.1	교사	좋아요. 이제 4개의 수를 선택해서 나누기를 해볼 거예요. 548과 18620을 해보죠. 4로 나누어지지 않는지 보여주세요. 255와 1762가 4로 나누어지는지 보여주세요.
5.21.2	학생	네. 그런데 **계산기를 써도 되나요?**

우리는 또한 교사가 가분성 규칙의 사용을 장려할 때도 계산기를 사용하고 있음을 발견했다. 학생들은 계산기에 의존하기 보다는 계산기가 없다고 생각해야 한다. 차라리 "계산

기의 도움"이 없는 것이 가분일지 아닐지 결정하는 다른 방법을 탐구하는 동기를 준다.

5.18.6	교사	맞아요. 그러나 **계산기 없이 가능한가요**? 여러분이 라디오 방청객이고 상품으로 콘서트 입장권이 걸렸있다고 합시다. 462달러를 4명에게 똑같은 금액으로 나누어 줄 수 있는지 10초 안에 결정하라고 하네요.

"계산기를 사용하지 않고"라는 어구는 분수 비교하기, 수의 가분성 이용하기, 또는 소수 판별 등과 같은 의사 결정을 하기 위한 추가적인 방법을 소개하려고 꺼낸 말이다.

8.19.10	교사	자 여러분, 분수를 비교할 때 **계산기를 사용하지 않고** 항상 통하는 다른 방법이 있어요.

6.7.26	교사	괜찮네. 가끔 **계산기가 우리를 도와주지만** 우리는 두뇌와 몇몇 규칙을 이용하여 어떻게 나누는지 알 필요가 있어요. 누구 11에 대한 가분성 규칙을 이는 사람?

6.10.3	교사	그러니까, 네 말은 **계산기가** 37이 소수임을 **보여준다고** 말하고 있는 거구나. **다른 방법으로** 37이 소수임을 보일 수는 없을까? 여기 블록이 있네.

또한, 계산기를 "사용하지 말라"는 분명한 지시도 있다. 이 장면은 반복하는 패턴을 조사할 때 나타나는데, 그 반복이란 나눗셈에서 나머지가 객차의 색상을 가리키는 것을 말한다. 하지만, 계산기를 사용하지 말라는 지시는 나머지를 오직 "스스로 나눗셈하기" 방식을 통하여 찾을 수 있고 계산기의 도움으로 결정될 수는 없음을 지시하는 것이다.

7.11.2	교사	지금 옳은 방법으로 진행하고 있단다. 힌트를 줄께. 계산기를 **사용하지 않고** 스스로 나누어서 나머지가 얼마인지 구해보렴.

요약컨대, 수업 연극은 계산기를 어떻게 사용할 수 있을까 또는 사용해야만 할까에 대한 동의가 이루어져 있지 않다. 예비 교사들의 관점에서 계산기는 가끔 유용한 교구이지만, 더 자주 애물단지가 된다. 상황에 제공된 과제가 달랐더라면, 우리가 계산기에 대한 교수학적 가치에 다른 관점을 가졌을지도 모른다. 그러나 많은 연구가 수업에 테크놀로

지를 활용하는 것에 대하여 교사들이 어쩔 수 없이 따른다는 결과를 보고하였는데, 이에 기초하여, 우리는 다음과 같이 추측한다. 수업 연극 작가인 예비 교사 개인의 믿음, 신념, 경험 등이 어떤 과제를 다루든지 수업 연극을 비슷하게 쓰도록 안내한다.

교수학적 전환

이 절은 지금까지 지적하지 않았던 색다른 교수학적 전환에 대하여 논의한다.

학생으로 권위 이전

교사는 분명히 교실에서 권위를 가지고 있다. 그렇지만, 5장에서 가분성 규칙을 다룰 때, 대부분의 예비 교사들은 교과서, 노트, 표 등 외부의 권위를 다루고 있다. 이 절은 권위의 위치를 학생에게 두려는 교수학적인 전환에 중점을 두고자 한다.

우리가 앞에서 말했듯이, 어떤 예비 교사들은 "말하지 않음"의 아이디어로 고심한다. 학생을 정답으로 인도함에는 숙련된 도움주기가 필요하고 수업 연극은 어떻게 이런 과정이 달성되는지를 상상해 볼 기회를 제공한다. 그러나 손쉬운 대안은 실수를 범한 학생을 다른 학생이나 아니면 다른 모둠과 상의하도록 하는 것이다.

8.14.5	교사	**저 쪽 모둠이** 너를 도와서 그 질문에 답할 수 있을 것 같구나.

4.2.6	교사	**너의 답을 주변 친구들 답과 비교해 보고** 친구들은 어떻게 답을 얻었는지 보겠니?

7.1.3	교사	음 … 밥은 왜 그렇게 나오지 않았을까? **밥과 함께 확인해보렴.**

보통은 이와 같이 지시하고 나면, 해법이 분명해지곤 한다. 예로서, 7.1에서 밥은 정답을 제시할 뿐만 아니라, 그 답을 얻는 과정도 설명하고 있다. 그 외의 경우에, 원하는 해답이, 교사가 어떤 요청을 하지 않았는데도, 7.2의 루크처럼 학생에게서 나온다. 그렇지만, 교사는 루크의 예시를 활용하여 "조금 더 설명하도록" 요청한다.

7.2.3	루크	**모니카가 어떻게 했는지 알겠어요.** 모니카가 3 대신 4로 센 것 같아요. 새 배열에는 오직 3개의 색만 있기 때문에 4의 배수가 아니라 3의 배수로 찾아야 해요.
7.2.4	교사	**루크, 더 설명해 보렴.** 옳은 방향으로 잘 가고 있구나.

또, "누가 기억하니?"와 같은 질문 결과로 학생에게 권위가 옮겨가기도 한다. (앞 절에서 다양한 형태로 암기에 대하여 살펴보았다.) 암기에 관하여 많은 수업 연극에 필요한 규칙이나 해법을 말하는 학생 배역이 존재한다. 예를 들어, 5.1에서 원하는 규칙을 기억하는 학생이 다른 학생을 가르치게 된다.

5.1.1	교사	어떤 수가 4로 나누어 떨어지는지 결정할 때 무엇을 알아야 하는지 기억하는 사람?
5.1.2	학생1	저요.
5.1.3	교사	**좋아, 친구들에게 설명해 보겠니?**

학생으로의 권위 이전에 대한 또 다른 예로서, 4.10에서 사라가 눈금자로 막대의 길이를 측정하는 이상적인 방법을 설명한다.

4.10.7	사라	음, 저는 눈금자의 가장자리에서 시작해서 막대의 끝까지 수를 세었습니다.
4.10.8	교사	**잘했구나. 훌륭해,** 그러니까 1에서 시작한 게 아니라 영에서 시작했던 거로구나. 눈금자에 영이 보이지는 않지만, 거기 있단다. 사라야 **고맙다.** 조니야 알겠니?

사라의 설명은 "훌륭한" 것으로 인정받았고, 이어서 교사가 그 방법을 정리한다. 그럼으로써, "훌륭해"와 "고맙다"와 같은 말로 넘어간 권위를 확인하는 것이다. 이 후에는 조니도 측정을 어떻게 하는지 "볼" 수 있을 것이다.

역설, 갈등, 반례

학생에게 실수와 그 실수에 대한 이유를 제시하는 상황에서 합리적이고 바람직한 접근법은 역설이나 반례와 같이 증거가 부당함을 제시함으로써 그 학생이 그 실수와 부딪치도록 유도하는 것이다. 이러한 방법은 일반적인 교수학적인 이해로서, 학생의 실수를 그저 지적하는 것보다 그 학생이 범한 실수를 알아내도록 돕는 방법을 찾는 것이다. 그렇지만, 누가 자신의 실수를 어떻게 인지할 것인가? 피아제 학파는 사람이 실수를 인지하고 그리고 자신의 개념적 이해에서 일관성을 회복하는 방편으로서 불평형이 중요함을 강조하였다. 수업을 하는 중에, 인지적인 또는 산만한 갈등, 즉, 학생이 말하거나 사고하는 중에 일관성이 없음을 알아챌 때 일어나는 갈등이 불평형의 원인이 될 수 있다. 인지적 갈등은 학생들이 그들의 아이디어를 되새김할 때 바람직한 교수학적 전략으로 간주된다. (예, Ernest, 1996; Tirosh와 Graber, 1990; Tsamir와 Tirosh, 1999) 좀 더 최근에는, 연구자들이 학습에 대한 참가자 접근 방식—학습과 지식을 (인지구조, 개념이미지, 오해와 같은) 정신적 실체로 설명하는 취득 접근 방식과 대비되는 방식—을 기초로, 담화적 갈등에 대하여 이야기하기 시작하였다. (예를 들어, Sfard(2008)를 보라)

8장에서, 우리는 증거가 부당함을 보인 것에 대한 교사들과 학생들의 다양한 반작용에 대하여 길게 논의하였다. 8.2와 같은 경우를 소개하였는데, 거기에서 샘이 반례를 거의 즉각적으로 자신의 방식과 어울리는 것으로 간주한다. 다른 경우에는, 예를 들어 8.3은, 반례가 어떤 규칙에 대한 예외, 즉 속임수로 간주된다. 이 경우에, 샘은 어떤 조건하에서만 성립하는 관계를 추론하기보다는, 항상 성립하는 규칙을 설명해줄만한 가정을 사용하고 있다.

8.2.2	샘	음, **제 가설이 항상 성립하지 않는** 것 같습니다.

8.3.2	샘	흠 … 아마 그건 **속임수**일 거야 … 다음 문제를 해보자 […].

또한 우리는 전략이 어떻게 고쳐지고 그 전략의 적용 범위가 어떻게 좁혀지는지 예를 들어 설명하였는데, 이 둘은 증거가 부당함을 보이는데 대한 반작용으로서 (8.9에서 보듯이) 다 옳거나 (8.6에서 보듯이) 다 옳지 않다.

8.6.6	교사	**우리가 동치가 아닌 분수들, 즉 값이 같이 않은 분수를 비교할 때, 네 전략은 성립 한단다.** 그렇지만, 파빈이 그린 두 피자와 같이 분수들이 동치이면 즉, 같으면 그 전략은 통하지 않는단다.

8.9.7	샘	네, 그런데 **규칙에 뭔가 조건을 더 붙여야 합니다.** 이렇게 말해야 합니다. 분수들의 아랫수가 같을 때, 윗수가 아랫수에 가까울수록 큰 수이다.

학생들에게 증거가 부당함을 지도하는 것은 분수 비교의 상황에만 한정된 것은 아니었다. 4 장에서, 우리는 교사가 눈금자 위의 여러 곳에 물체를 놓을 때 만든 몇 개의 역설을 예로 들었다. 4.2에서, 물체의 위치를 바꾸어도 크기는 변하지 않음을 알고 있는 조니가 다음과 같은 갈등에 직면한다. 그는 처음에 그 막대의 길이가 7cm 라고 믿었지만, 그 막대를 눈금자 위에서 움직였을 때, 길이를 8cm로 읽는다. Sfard의 용어로, 조니는 눈금자로 측정하는 동안의 과정과 물체의 크기를 비교하는 동안의 과정 사이에 갈등을 겪는 것이다.

4.2.2	교사	좋은 시도이구나, **막대를 2cm 표시에 맞추면 어떻게 될까?**
4.2.3	조니	음, 그럼 8cm가 되는데요.
4.2.4	교사	막대는 처음 잴 때나 지금이나 길이가 같겠지?
4.2.5	조니	커지지 않으니까, 같겠네요.

이와 비슷하게 4.6에서도 물체의 위치를 바꿈으로써 갈등이 발생하는데, 이 경우에는 영에 맞추도록 옮긴다.

4.6.1	교사	**우리가 눈금자를 여기로 옮기면 (눈금자를 영으로 옮김)** 답은 무엇이 될까?
4.6.2	조니	답은 **6이 되지요.**
4.6.3	교사	그래. 막대 크기가 7cm에서 6cm로 바뀌지 않는데도 막대를 다른 시작점으로 옮기니까 다른 답을 얻었구나. [⋯]

학생들은 가분성을 탐색하면서 반례를 찾기 위하여 다양한 예를 고려해보도록 지시를 받았다. 5.17, 5.19, 5.20, 5.21에서 반례들은 '큰' 수에서 찾았고, 5.23은 작고 친근한 수에서 찾았다. 교사는 어떤 경우에 분명하게 학생들의 아이디어에 일관성이 없음을 지적하지만, 또 다른 어떤 경우에 특정 예를 들어서 조사한 결과 학생들이 스스로 일관성이 없음을 지적하거나 "규칙이 틀렸다"고 추론한다.

5.20.1 교사 자. 여기 **3120, 9704, 4005, 그리고 5600**이 있어요. 이 수들은 4로 나누어질까?

5.20.2 학생 3124는 맞아요. 9704도 맞구요. 4005는 음 … 아니에요. 이 수는 나눌 수 없어요. 5600은 맞아요. 제가 맞혔죠?

5.21.1 교사 좋아요. 이제 4개의 수를 선택해서 나누기를 해 볼 거에요. **548과 18620**을 해보죠. 4로 나누어지지 않는지 보여주세요. **255와 1762**가 4로 나누어지는지 보여주세요.

[…]

5.21.5 학생 **제가 생각한 규칙이 틀렸어요.** 실제로 4로 나눌 수 있을 거라 생각했던 수는 나누어지지 않고, 나눌 수 없을 거라고 생각한 수는 나누어져요.

5.23.3 교사 좋아. 이 세 개의 수 중 어느 것이 4로 나누어 떨어지는지 말해 줄래? **(칠판에 16, 20, 24를 쓴다.)**

5.23.4 학생 쉬워요. 모두 4로 나눌 수 있어요.

5.23.5 교사 **그렇지만 네 규칙을 적용하면** 6 + 1 = 7, 2 + 0 = 2, 2 + 4 = 6이라서 더한 수는 4로 나눌 수 없지 않니? (교사는 칠판에 적어 놓았던 수 밑에 식과 답을 적으며 설명한다.)

5.23.6 학생 **그러네요.**

학생들이 4에 의한 가분성의 예를 들려면 작은 수여야 한다. 그러나 놀랍게도 겨우 몇 개의 수업 연극에만 작은 수의 예가 나타난다. 대부분의 수업 연극에 교사들은 학생들에게 세 자리 또는 그 이상 자리를 갖는 수를 고려하도록 장려한다. 어떤 수를 고려하든지 반례는 학생들이 처음의 실수를 반성하고 가분성을 결정하기 위하여 적당한 방법을 적용하는데 도움을 주었다.

6.7은 학생들이 흔히 겪는 혼동인 소수와 홀수가 같다고 보는 것에 대해 예를 들어 설명하고 있다.

6.7.6 조니 143은 **홀수이고 그래서 소수여야** 합니다.

6.7.7 교사 143은 홀수지만 모든 홀수가 소수는 아니지. **15는 어떠니?**

6.7.8 조니 5에 대한 규칙을 이용한다면, 15는 5로 끝나고 그래서 5로 나누어집니다. 5 곱하기 3은 15.

6.7.9	교사	5 곱하기 3이 15이므로 15는 소수가 아니야. 그런데 홀수거든.
6.7.10	조니	예, 그럼 어떤 홀수들은 소수가 아니네요. 하지만 143은 소수입니다.
6.7.11	교사	조니, 처음부터 다시 시작하자. 소수가 뭐니?

여기서 교사가 제공한 반례인 홀수이면서 소수가 아닌 수 15는 원하는 결과를 내지는 못한다. 15의 약수들은 학생에게 친숙하고, 그래서 그 학생은 홀수는 소수여야만 한다는 믿음에 대한 반례로서 15를 고려하지 않았다. 이러한 현상은 Zazkis와 Chernoff(2008)가 "중심이 되는" 반례로 다룬 것과 관련이 있는데, 이러한 예는 증거를 옆으로 밀어 놓는 이유를 찾기보다는, 학생을 이전의 신념에 의하여 그들의 마음을 바꾸도록 인도한다. 그렇지만, 홀수-소수 연결의 끈을 찾거나 추가적인 반례를 고려하기보다는, 교사는 기본으로 돌아간다.

6장에서 탐색한 가장 인기 있는 전략은 바로 반례를 고려하는 것이다. "91이 곱셈표에 없기 때문에" 91이 소수라는 주장에 따를 때, 많은 교사들이 즉각 보인 반응은 곱셈표를 확장해보라는 것이었다. 6.1에서 보듯이, 바람직한 접근방식을 취한 사람은 학생이다. 적어도 13까지 곱셈표를 확장하면 91을 곱셈의 결과 중 하나로 보게 된다.

6.1.4	학생	**우리가 곱셈표를 더 크게 만들어서 그 안에 91이 있는지 확인할 수 있어요.**
6.1.5	교사	참 좋은 생각이네! 좋아, 여기서 우리는 무엇을 해 볼까? 여러분 각 모둠에서 곱셈표를 확장해 보아라. 목표는 91이 소수인지 아닌지 판별하는 것입니다.

이 경우 반례는 91에 대해서는 정확한 결론에 도달하지만, 잠재적으로 소수를 고려할 때 불필요하게 곱셈표에 대한 의지를 강화시킬 수 있다.

7장에서 80번째 객차의 색깔을 고려할 때, 학생의 부정확한 대답은 80을 4의 배수로 생각했기 때문이다. 그리고 교구로 일련의 객차를 만들고, 또는 그저 보이는 순서대로 색상을 나열하는 것 등은 증거가 적당한 것이 아님을 제시하기 위한 기초가 된다. 예를 들어, 다음 대화는 일련의 객차를 그린 다음에 일어난다.

7.4.5	교사	빨간색이 나타나는 위치는 어디인가요?
7.4.6	파이나르	일, 사, 칠, 그리고 십입니다.

7.4.7	교사	모두 4의 배수인가요?
7.4.8	파이나르	1과 4는 4의 배수지만, 7과 10은 아니에요.
7.4.9	교사	그럼 처음에 한 대답이 옳은가요?
7.4.10	파이나르	잘 모르겠어요.

많은 수업 연극에서 특정수에 대해 비슷한 언급을 찾을 수 있다.

7.6.7	교사	조르단, 8번째 블록의 색은 무엇이니? 12번째 블록 색은? 그것이 무엇을 의미하는지 생각해보렴.

7.5에서, 반례를 볼 수 있는 도표에 주목하기 전에, 교사는 학생의 주장을 일반화할 수 있는지 조사한다.

7.5.3	교사	네가 쓴 답에 따르면 모든 4의 배수는 빨간색이어야 해. 그렇지?
7.5.4	아담	네.
7.5.5	교사	블록을 사용해서 네가 생각한 이론을 시험해 볼래?

이 수업 연극에서 교사는 반례를 분명히 제시하지 않았지만, 반례에 대한 학생의 창의적 사고를 불러 일으키는 블록들로 모델링하는 전략을 소개한다.

수준 맞추기 또는 집단에 유념하기

우리는 '수준 맞추기'를 "공통의 토대를 세우고 지켜보자"는 수업 전략의 특정 적용 형태로 본다. 이는 Staple(2007)이 규정한 바로, 교실에서 협력적 탐구의 필수 요소이다. 우리는 이 전환을 교사가 학생 개인보다는 집단에 대해 유념하는 쪽으로 바뀌는 것으로 본다. 사실, 대부분 교사들의 행위와 발언이 개인이 아닌 단체에 대해 행한 것이라면 수준 맞추기로 설명할 수 있다. 특별히, 수업을 위한 선행 지식을 언급하고 활동을 복습하는 것이 수준 맞추기의 예가 된다. 그렇지만, 어떤 수업 연극은 한 학생에게만 적용되고, 다른 많은 수업 연극은 전체 학급에 유념하고 있다.

다음 각각의 두 예에서 교사는 전체 학급과 인사하고 비평을 요약하고 있다.

6.7.34	교사	굉장하네! 자 오늘 우리가 배운 것은 큰 수에 대해 10보다 큰 수에 대한 가분성 규칙을 사용한 것이었습니다. **모두들 잘 했습니다.** 자 이제 연습 문제로 돌아가 봅시다.

5.17.1	교사	**학급 여러분,** 멋진 규칙을 살펴볼까요?
5.17.2	**학급**	네!!

하지만, 전체 학급을 언급한 대부분의 경우는 과제를 내주거나 질문을 할 때이다.

5.10.3	교사	**여러분, 모두** 수학 활동지에 이 가분성 규칙을 적으세요. 가분성 규칙을 잘 적용할 수 있도록 복습할 필요가 있겠네요. (학생들은 칠판에 적힌 것을 적는다.)

6.6.1	교사	10보다 작은 수에 대하여 네가 말한 것은 참이다··· 그런데 10보다 큰 수가 정말 많다. 자, **여러분 계산기를 가지고** 10보다 큰 수 ··· 11이나 13이나 17 등을 조사해 보세요.

6.7.20	교사	**여러분,** 주목하세요. 조니와 내가 143이 소수인지 아닌지 판정하는 데 문제가 생겼습니다. 누구 아는 사람 없어요?
6.7.29	교사	글쎄, 나눗셈을 해 보자. 143/11 ··· 얼마일까? 공책에 나눗셈을 하고 답을 알면 손을 드세요.

6.12.11	교사	흐음, **학급 전체가 풀어 볼만한** 흥미 있는 문제인걸. [···]

7.15.5	교사	**여러분,** 노트를 펴세요. 칠판에 있는 패턴을 그리지 말고 확장시켜 보세요. 패턴의 12번째는 어떤 모양인지, 15번째는 어떤 모양인지 예상해 보세요.

6.9.7	교사	잘했다. 우리가 이야기한 것이 진짜 유용한 것 같구나. 결국, 소수의 개념은 꽤나 어렵단다. 자, **여러분 모두** 하던 일을 멈추고 모둠에서 소수에 대하여 말해 보자.

8.4.1	교사	**여러분 모두** 한 문제 더 해봅시다. 그 다음에 스스로 해볼 만한 문제 몇 개 내줄께. 스테이시와 그렉, 다음 분수를 끌어 오너라. 그렇지, 7/9과 2/3. 해 보아라.

8.19.1	교사	오늘 **우리는** 분수 비교에 대해서 배우겠습니다. […] 여기 두 분수 1/3과 4/5를 보세요. 두 분수를 비교해 봅시다. […]

5.8.1	교사	**모두 함께** 가분성 규칙을 찾아보자.

5.40.7	교사	[…] 몇 개의 큐브가 들어가는지 계산한단다. 모둠을 똑같이 할 수 있을까? **같이** 확인해 보자.

학생들이 같이 과제를 하도록 안내하는 것도 비슷한 의도로 보인다. 여기서 “같이”는 종종 “교사와 같이”라는 의미이다.

7.8.7	교사	80이 배수가 되는 다른 수가 있나요? 더 많이 불러볼래요? 5씩 **세어 나가서** 80이 5의 배수가 되는지 확인해 보죠.
7.8.8	학생들	(한 목소리로) 5, 10, 15, 20, 25, 30, 35, 40, 45, 50, 55, 60, 65, 70, 75, 80

“모두 이해했지?”와 같은 질문을 하는 것이 전체 학급을 주목하게 하는 쉬운 방법이다.

5.28.7	교사	맞아. 너는 이해한 것 같구나! 작은 수들 (일의 자리와 십의 자리)을 4로 나눌 수 없으면 백 자리는 볼 필요도 없지. 이 설명은 조니가 오늘 우리에게 설명한 규칙과 어떻게 다른가요? **모두 이해했어요?**

7.12.15	교사	잘했구나. **모두 이해했니**? 좋아요. 우리가 같은 일을 다시 할 때 이번에는 15를 더하는 것이 아니라 30을 더하면 무슨 색이 될까?

8.8.1	교사	이 모둠, 아주 잘 했는걸! 그래서 분수의 위엣수가 아랫수에 가까운 정도로 분수를 비교할 수 없다는 것을 이제 **모두 이해한거야?** 이 규칙은 공통 분모를 가지는 진분수를 비교할 때 쓸 수 있지만, 분모가 다를 때는 신뢰할 수 없단다. 그래서 아주 신중해야 한단다.

많은 경우에 이런 질문은 그저 하는 것에 지나지 않지만, 그래도 이런 질문을 통하여

교사가 이해하는 것이 중요하고 또 누구나 이해하는 것이 바람직하다는 교수학적 믿음이 있음을 알 수 있다.

다음의 예에서 교사는 어떤 특정 대답, 전략, 원리, 또는 정의에 대하여 전체 학급으로부터 동의를 구하고 있다.

8.9.8	교사	과학자들, **동의하나요**?

7.13.10	교사	패턴은 계속적으로 반복되는 어떤 것이에요. **동의한다면 엄지손가락을 들어주세요.** (학생들은 자신의 엄지손가락을 든다.) 패턴은 어디에서도 찾을 수 있어요.

7.14.4	교사	다른 방법은? (교실이 조용하다.) 노란색이 정답이라고 **동의하는** 사람? (교실의 3/4이 손을 든다.)

정서적 지지, 배려, 칭찬

학생의 정서에 관한 문제는 수학교육 문헌에서 오랜 동안 다루어졌다. (예, MeLeod, 1992; Phillipp, 2007) 연구 결과 정서가 학생의 행동과 동기에 영향을 미친다고 알려졌다. 문헌에 잘 드러나지는 않았지만, 예비 교사들은 학생의 동기에 극도로 신경을 쓴다.

학생의 성공은 칭찬과 격려에 의한 것이라고 말할 수 있다. 대부분의 수업 연극에는 "잘했어", "잘했군", "최고의 답이야", "좋은 지적이야" 등과 같은 (종종 감탄의) 어구가 반복된다. 이런 격려는 성공의 평가를 내리는 것이기도 하고 미래의 잠재적 동기에 대한 표시이기도 하다. 아래의 [5.2.6]에서 보는 것처럼, 교사들은 가끔 그들이 학생이 한 과제를 얼마나 가치 있게 보는지 자세히 설명한다.

5.2.5	학생1, 2	마지막 두 수가 4로 나누어 떨어지면 되요. 62를 더하면 4로 나누어 떨어져요.
5.2.6	교사	**잘했어. 애들아!** 규칙을 적용할 수 있도록 규칙을 반복해서 연습해 보자. **너희 3명이 함께** 다른 문제들도 풀어보렴.

교사의 배려를 보여주는 예는 칭찬과 더불어 문제의 난이도를 알고 필요하면 문제해결을 도와줄 때 더욱 명백하다. 다시 말하면, 칭찬을 함으로써 과제를 완수하는 것이 얼마

나 어려운지를 알아주는 것이다. 그렇지만, 칭찬은 또한 예비 교사들이 수학 과제를 어려운 것으로 보는 개인적 관점을 지적한다.

7.14.5	교사	**잘했어요. 이 문제는 매우 어려운 문제에요.** 명확하게 하기 위해 시간을 두고 문제를 검토해 봅시다. 질문이 있으면 칠판에 단계마다 적어 검토해 봅시다.

6.9.7	교사	**잘했다.** 우리가 이야기한 것이 진짜 유용한 것 같구나. **소수의 개념은 꽤나 어렵단다.** 자, 여러분 모두 하던 일을 멈추게 하고 모둠에서 소수에 대하여 말해 보자.

이미 언급했지만 여기서 우리는 특정 과제에 대한 학생들의 성공적인 해법보다는 학생들의 과제 수행 자체에 관심을 둔다. 흔히, 이것은 매우 다양한 방법들로 제시되는데, 수업 연극에서 교사들은 학생들이 다하지 못했거나 틀리게 한 과제를 설명해줄 때 친절하다. 학생에게서 잘못된 문장이 나왔을 때, 교사가 학생들에게 해준 말은 학생들의 안녕을 위한 진실한 배려로 볼 수 있다.

5.9.4	교사	**훌륭하구나. 다른 사람들도 틀릴 수 있으니** 칠판에 있는 이 질문을 잠깐 살펴보자. 가분성 표에 있는 4에 대한 규칙을 누가 읽어 볼래?

9.27.1	교사	좋아, 내 생각에 **어떤 학생들은 이 문제를 혼동하는 것 같아.** 그렇게 걱정하지 않아도 돼.

9.29.5	교사	좋은 질문이구나. 시드니. **학급 전체에 물어보면 어떨까?** 이 문제에 곤란을 겪고 있는 사람이 **혼자가 아닐 것 같은데…**

많은 학생들이 같은 실수를 범한다는 것과 헷갈려 하는 학생이 "단 한 사람"이 아니라는 것을 알아차림으로써 학생들에게 정서적인 지지를 보낼 준비를 한다. 실수는 허용되지만 학생을 지목하지는 않았다. "약간 문제가 있다"는 언급은 실수의 크기를 줄이려는 것이다.

5.15.1	교사	**걱정하지 마라.** 데이비드. 너는 **단지** 가분성 규칙을 헷갈리고 있는 것 같구나. 다양한 경우에 성립하는 많은 수학 규칙이 있기 때문에 **헷갈릴 수 있단다.** 네가 어디서 헷갈렸는지 살펴보고 동시에 가분성 규칙에 대해 좀 더 이야기 해보자. 이제 시작해 볼까?

6.6.5	교사	**그건 단지 실수였어요. 우리는** 10보다 큰 수로 나누어지지 않는 수는 **별로 다루어 보지 않았죠.** 다음 과제로 소수가 아니면서 10보다 큰 두 개의 수로 나누어지는 수를 찾아보도록 합시다.

더욱이, 실수를 "가벼운" 것으로 언급하거나 또는 경험 부족에 의한 것이었다고 말하는 것도 학생의 정서적 안정에 도움이 된다. 비슷한 맥락으로 교사가 "단순 실수", "어리석은 실수", "약간의 실수"와 같이 언급하기도 한다. 또, 교사가 주장하는 개인적인 혼동은 이 혼동이 진정 그 경우인지에 관계없이 실수를 최소화하려는 것이다. 사실, [5.15.1]에서 데이비드의 주장은 오류나 실수처럼 보이지는 않지만, "뒤죽박죽 규칙"에 걸린 것으로 해석된다. 이와 비슷하게 [8.15.1]에서, 교사가 학생들의 과제 결과에 대해 만족을 표시하고는, 샘의 부정확한 전략을, 비록 그 전략이 "언제나 성립하지는 않지만", "훌륭한 것" 등으로 평가한다.

8.15.1	교사	여러분이 얘기하는 걸 들었다. 문제를 풀 때 알고 있는 모든 방법을 쓰는 걸 보니 **마음에 드는 구나.** 샘, 네 전략이 **아주 멋지구나.** 왜냐하면 전략이 항상 통하지 않았다고 그게 쓸모없다는 것을 의미하지 않거든. 수학을 즐기면서 패턴을 찾는 것이 우리에게는 매우 중요하단다. 다음 시간에 이 문제들에 대해서 좀 더 시간을 갖기로 하자. 모둠으로 나누어 샘의 전략을 같이 탐구하고 그 전략을 이용할 방법을 찾아보자. 다르게 말하면, 샘의 전략이 지름길로서 성공적으로 사용될 수 있을까? 샘, 이건 정말 멋진 전략이다. 너만 괜찮다면, 다음 수업에서 이 전략을 학급 전체가 공유하여 학급 전체로 확대하자. 그리고 어떤 모둠이 그걸 이용할 방법을 찾을 수 있는지 볼까?

사실, 수업 연극 중 하나에서 샘은 "내가 완전히 틀린 것이 아니어서 기분이 나쁘지 않아"라고 인정하였다. 특정 언어를 고르는 것 또한 교사의 배려를 나타내고, 실수의 부정적인 효과를 줄이려는 것이다. 다음의 예를 보자.

5.10.1	교사	내 생각에 **우리는** 3과 4의 가분성 규칙을 **헷갈린 것 같아요.** 자. 살펴봅시다. (교사는 복습을 위해 칠판에 가분성 규칙을 적는다.)

교사가 학생의 실수에 대해 찬찬히 살피기보다는 즉각적인 진단을 내리고 있긴 하지만, 일인칭 복수를 사용함으로써 그 실수를 지목해내기 보다는 집단의식을 만들어 낸다.

앞 절에서 우리는 공통의 토대를 마련하려는 교사의 의도에 대하여 설명하였는데, 그것은 종종 전체 학급을 이해시키려는 문제를 제시하는 결과로 이어지기도 한다. 하지만, 어떤 학생이 학급 친구들 앞에서 이해가 부족하다고 인정할 수 있을까? 4.7에서 교사가 “비밀” 투표를 언급한 것을 보면, 교사도 그러한 주장은 많은 학생들에게 불편할 것이라고 여기는 듯하다.

4.7.1	교사	**고개를 숙여 보렴.** 얼마나 잘 알고 있는지 알고 싶구나. 고개를 들지 말고 숙여보렴. 영과 측정에 대하여 이해했다면 **손을 들어 보아라.** 비밀 투표이니 고개는 숙이고 있으렴.

다음 예에서 교사는 어떤 실수에 대해, 그 실수를 지적하기 전에 칭찬이나 격려를 한다. 이와 같은 격려는 일반적이거나 아니면 [7.3.3]에서 보듯이, (관련은 없지만) 학생의 주장에서 올바른 부분을 인지하는 것이다.

5.34.2	샐리	저는 모든 짝수가 2로 나눌 수 있다고 배운 기억이 납니다. 4는 2로 나눌 수 있기 때문에 4에도 이 규칙이 적용된다고 가정했어요.
5.34.3	교사	흠, **매우 흥미 있는 이야기구나. 그렇지만 불행하게도** 그 규칙은 4에 적용되지 않는단다.

7.3.2	학생	네 번째 객차가 빨간색이고, 또 80은 4의 배수지 3의 배수가 아니에요.
7.3.3	교사	**그건 맞지만** 반복되는 패턴에서 3개의 항만 나오면 4의 배수로 할 수 없단다. **여기서 헷갈리는 부분**을 블록으로 살펴보자. 패턴은 3개의 블록이 반복되어 나타나고 있단다. 보이니?

5.37.5	교사	354는 2로 나눌 수 있나요?
5.37.6	학생	네. 354는 177의 두 배에요.
5.37.7	교사	그러면 2로 나눌 수 있으면 4로 나눌 수 있어야 하나요?
5.37.8	학생	네.
5.37.9	교사	**너의 사고 과정이 정말 좋구나.** 그리고 우리의 수체계의 패턴을 검토하여 다시 가정으로 돌아가기까지 했으니 **얼마나 노력했을지 짐작이 가는구나.**
5.37.10	학생	감사합니다.
5.37.11	교사	**그런데** 실제로 354를 4로 나누어 보았니?

4.10.1	교사	내가 보기에 네가 조심해서 막대를 수에 맞추던데 **아주 잘했다. 그런데**, 이젠 뭔가 다른 방법으로… 수 사이의 빈 칸을 세보면 어떨까?

위의 예에서 학생의 정서에 대한 배려가 "그런데"로 이어지지만, 다른 곳은 실수를 전혀 인지하지 못하기도 하고, 잘못된 진술에 대하여 칭찬을 하기도 한다. 7.15에서 (7장에서 자세히 논의하였음), 길이가 4인 순환 단위를 반복하는 패턴에서 3의 배수를 고려할 때의 엠마의 전략은 옳지 않다. 또한, 6.11에서 반복 곱셈에 대한 학생의 추론이 소수를 찾거나 규명하는데 도움이 되지 않았다.

7.15.12	엠마	저는 15번째는 삼각형이 될 거라고 생각했어요. 15는 3의 배수이고 세 번째 모양은 삼각형이에요.
7.15.13	교사	**좋은 생각이야.** 엠마. 너도 니아처럼 배수를 이용하는 전략이구나. 너의 답이 맞는지 15번째 위치까지 패턴을 완성시켜 보겠니?

6.11.1	교사	소수는 한없이 많을까?
6.11.2	학생	제 생각에는 그래요. 수를 계속해서 곱해 나갈 수 있잖아요, 그래서 우리가 그런 식으로 할 수 있으면, 여전히 소수도 있어야 합니다.
6.11.3	교사	**좋은 생각이구나.** 자, 여기까지 왔으니, 이제 그 표를 보고 모든 소수를 찾아보렴. 어떤 규칙성이 있니? 표에 없는 소수를 더 찾을 수 있겠니?

위의 두 예에서 수업 연극 속의 교사는 (그리고 아마도 작가인 예비 교사도) 학생의 옳지 않은 추론을 알아보지 못했음이 분명하다. 그렇긴 하지만, 실수가 명백하더라도, 교사의 처음 반응은 "좋은 지적이다", "좋은 방법이다"와 같은 칭찬의 말이다.

4.1.3	교사	음 그렇구나. **좋은 지적이야.** 1cm에서 시작한 사람 또 없니? 손을 들어 보렴.

4.2.2	교사	**좋은 방법이구나.** 막대를 2cm 표시에 맞추면 어떻게 될까?

예비 교사는 수업 연극에서 학생의 정서를 고르게 하고 동기를 변화시키려 했던 만큼, 학생들의 정의적 영역을 매우 중요하게 생각한다. 그러나 실수가 학습 과정의 일부더라도 학생들이 실수를 범한 것처럼 느끼지 말아야 한다는 의식이 있다. 학생들이 그들 자신의 실수를 인정하고 건설적인 방식으로 이용하도록 만드는 동안에도 학생의 자부심을 지지하는 것이 교사에게는 도전이다. 더욱이, 각 단계마다 칭찬을 아끼지 않는다면, 충분한 자격이 있는 창의적 해법에 대한 칭찬의 가치는 점점 줄어들 것이다.

수업이 끝나는 장면

수업 연극은 프롬프트에서 이어지기 때문에, 작가가 수업을 어떻게 시작해야 할지 상상할 기회는 거의 주어지지 않았다. 그래서 우리는 수업 시작에 대한 작가들의 상상에 대해 논평할 만한 자료를 가지고 있지 않다. 그렇지만, 주어진 상황에 대응하는 수업 또는 수업의 어떤 특정 부분이 어떻게 끝나는지에 대해 비평할 자료는 많이 가지고 있다. 이런한 자료를 기초로 각 수업 연극의 마지막 장면을 분석하도록 하자.

수업을 끝내고자 할 때는 정의적 영역과 인지적 영역에 모두 주목할 필요가 있다. 전자의 경우, 어떤 수업 연극은 성찰적 전환이 포함된 좀 더 정교한 활동으로 수업 마치도록 제안하였고, 후자의 경우, 작가들이 수학적 가능성에 유념하여 진행된 활동을 연장하거나 다양하게 만들었다. 학생이 주어진 과제를 완수하였을 때 칭찬하고 바람직한 접근방법을 요약하는 것이 수업을 마칠 때 가장 자주 나타나는 인지적 활동과 정의적 활동의 조합이었다. 여기에 교사의 마무리 발언을 몇 개 소개한다.

- 여러분은 문제에 대하여 생각하고 과제를 보여주는 일을 아주 멋지게 해냈다. 여러분은 무엇이 잘못 되었는지 알아냈고 왜 처음에 생각한 답이 맞지 않는지 나에게 설명할 수 있게 되었다. 이제 여러분 가분성 규칙을 복습하고 또 표를 참고하는 것이 얼마나 중요한지 알거다.

- 음, 우리는 오늘 아주 잘 했고 여러분 모두 대단한 과학자들이었다! 여러분은 우리가 세운 가정을 분수 비교를 위한 규칙에 맞는지 확인했고 바꾸었고 조정하였다. 여러분은 이 모든 걸 혼자 했다고 생각지 않을 거야. 자, 서로에게 큰 박수를 보내자. 그리고 실험실을 청소해야지.

이제 어떤 수업이나 특정 활동이 끝날 때 포함되는 다른 요소들을 살펴보자.

일반적 조언

마무리의 첫 번째 유형은 일반적인 조언이다. 여기에는 학생을 격려하는 말이 많다. 이러한 조언은 학생들이 수학을 하는데 자신감을 갖도록 하려는 시도이다. 실수는 보통 학습 과정에서 일어나는 것으로 인정되고, 결론에 대한 교사 개인의 주장이나 실수 또한 학생을 지원하고 앞으로도 시도할 수 있도록 격려하기 위함이다.

- 아주 잘 했다. 그렇게 자신을 의심하지 말거라. 너는 무엇을 하는지 정확히 알고 있었어. 다만 명심할 것은 서두르지 말고 실수로 뭔가 빠뜨린 것은 없는지 꼭 확인하여라.

- **교사** : 괜찮아 … 적어도 네 스스로 알아냈잖니? 누구나 실수를 하고 때로는 헷갈린단다. … 나도 그래 !

  학생 : 정말요 … 선생님도 실수를 하나요?

  교사 : 그럼 … 중요한 것은 네가 실수들로부터 배운다는 점이야. 시간을 갖고 다음 문제를 풀어 보아라. 지금까지 아주 잘했어 !!!
- 모두 아주 잘 한 것 같구나! 수학은 그저 정답을 얻는 것은 아니란다. 수학은 그 뒤에 있는 과정과 추론에 관한 것이지. 모두가 언제나 같은 생각을 하지는 않지만, 여러 아이디어에 대해서 논의하고 협력하여 무엇이 잘 되었고 무엇이 그렇지 않았는지 알아내는 것은 중요하단다. 다른 아이디어를 시도할 때 실수를 할 수도 있지. 실수를 해도 좋단다. 실수를 함으로써 배우고 그리고 그 위에 지식을 쌓아나갈 수 있으니까.

더 연습하기

앞 절에서 예비 교사들의 수학 교수에 대한 상상 속에는 연습에 연습을 더한다고 평한 바 있다. 수업 연극 여기 저기에 이 점이 강조되었음을 발견하였다.

- 자, 이제 모두들 이해했을 테니 활동지를 마저 끝내도록 해라. 그 전에 질문 있니?
- 이제 모둠에서 과제를 계속하렴. 어떤 분수가 큰지 알기 위해서 공통 분모 찾는 연습을 하렴.
- 그렇지. 이 모둠 전체가 그 문제를 해결하는데 이렇게 많은 생각을 했다니 정말 좋구나. 여기 4에 의한 가분성 규칙을 연습할 수 있는 문제가 더 있다. 3212, 615, 3404, 563.

연습은 이해한 다음에 하는 것으로 여겨졌으며 교사가 관여하는 활동으로 생각하지 않았다.

다음 활동 예시하기

앞 절의 예들은 단지 연습에 대한 것이지만, 특정 과제나 활동지를 언급할 때 연습은 다음 차시를 설명한다.

- 나머지 문제를 잘 해결하도록. 주말동안 가분성 규칙을 복습해야한다, 월요일에 그 규칙을 재빨리 회상하는 게임을 할 테니까.
- 교사 : 글쎄, 다른 학생들도 이 문제에 대해 고민하고 있는 것 같구나. 점심 먹은 후에 설명할게. 문제를 써 놓고 내게 상기시켜 주렴.

  학생 : 수학을 더 한다고요? 아이구. (5.10의 끝부분)
- 우리는 다음 시간에 이 규칙에 대해서 좀 더 자세히 살펴보도록 하겠습니다.
- 거의 쉬는 시간이네. 쉬는 시간이 끝나고 규칙이 되는 것을 찾아보기로 하자. 이번 주에 4에 대한 규칙을 찾아보자. (5.25.7)
- 이 문제를 숙제로 하고 내일 제출해라. 시간이 더 필요하면 말하고. 내일 여러분의 답을 같이 살펴보자.

전이

수업을 마무리하는데 자주 등장하는 방식 중의 하나로 점심이라든지 체육 같은 다음 시간을 준비하는 것을 들 수 있다.

- 여러분 모두 당당하고 문제를 푸는데 새로운 방법을 시도해 본 것에 대해서 고맙게 생각합니다. 여러분 모두 열심히 공부했습니다. 나는 수 17을 들고 싶군요. 그리고 디지털 사진기로 여러분의 한 과제를 찍어서 여러분의 온라인 수학 폴더에 저장할 수 있습니다.
- 주변을 정리하고 점심 먹을 준비하세요.
- 밖에 나가기 딱 좋은 날이구나. (종 울림)
- 오늘 여러분 모두 참 잘 했어요! 이제 점심 시간입니다. 모두 활동지에서 손 떼세요. 도움이 필요하거나 다른 질문이 있으면, 방과 후에 봅시다. 깨끗하게 치웁시다. 그러면 수업을 끝내겠어요.
- 설명을 도와주고 장난감 기차놀이에 참가한 학생들 고마워요. 수학 책을 덮으세요. 이제 체육 시간이니 줄을 맞춥시다.
- 수학은 충분하게 했지요, 나중에 가분성 규칙부터 다시 합니다. 여러분 이제 각자의 국어 책을 꺼내세요. 오늘은 짧은 글짓기에 대해서 조금 더 공부합시다.

반성

드물지만 그날 활동에 대해서 학생들이 반성할 것을 권하면서 수업이 끝난다.

- 자 이 연습 문제에 대해서 생각해 봅시다. 여러분이 느끼는 바를 모두 각자의 저널에 써 보세요. 모둠 활동이 소수에 대한 이해를 높이는데 도움이 되었는지, 그렇지 않았다면 왜인지 어떤 질문도 좋습니다. 나중에 살펴봅시다. …

확장/다양화

수업 연극의 마무리 장면은 가끔 진행하던 활동을 연장하거나 변화를 보여준다. 교수(가르침) 과정에서 원하는 해법에 도달하기까지 여러 가지 다른 방식으로 생각해 보도록 권유한다.

- 그 문제를 해결할 수 있는 다른 방법을 찾았니?
- 샘은 패턴을 보고 그가 배운 바에 따라 몇 가지 가정을 세웠단다. 수학은 전적으로 패턴을 찾거나 만들고 연결에 관한 거야. 모두 문제를 해결하면서 스스로의 전략을 개발해 보자. 네가 이미 알고 있는 것을 이용하고 배우는 아주 좋은 방법이지. 힘들지만 중요한 것은 네가 고안하고 사용한 전략이 옳은지를 확인하는 거야. 분수를 다룰 때 사람들이 만들었거나 찾은 다른 전략에 대해서 이야기해보자…

또는 좀 더 분명하게

- 그 방법이 그 문제를 해결하는 유일한 방법이지만, 나는 정말 게을러, 그래서 더 쉽고 더 짧은 방법을 원한단다. 다른 의견 있니?

세 개의 예 중에서 앞의 두 개는 다른 방법을 찾으려는 이유가 불분명한데 반하여, 세 번째는 정말 게으르다는 것이 좀 더 간편한 방법을 찾는 동기이다. 장면을 마무리하는 다른 방법으로 학생들에게 비슷하지만 조금 더 어려운 문제를 제시한다.

- 첫 번째 객차가 빨간색, 두 번째가 파란색, 세 번째가 노란색, 네 번째가 초록색, 다섯 번째가 흰색, 여섯 번째가 검은색이면, 800번째 객차의 색은 무엇일까? 마지막 초록색 객차의 번호는 무엇일까?
- 훌륭한 생각이야. 여기까지 왔으니까, 각자의 표를 보고 소수를 모두 찾아보아라. 어떤 패턴이 있니? 표에 없는 소수를 더 찾을 수 있겠니?

위의 첫 번째 예에서 제시된 과제는 3에서 6까지 반복된 단위 길이를 연장하는 것이다. 좀 더 큰 수를 다루는 것은 좀 더 복잡한 과제로 간주될 수 있다. 그렇지만, 새 과제도 같은 전략으로 접근한다는 걸 고려하면, 이는 또한 과제 제시 전략이 될 수도 있다. 두 번째 예는 학생들에게 "좀 더 많은 소수"를 찾으라고 지시하지만, 학생들이 사용할 수 있는 어떤 전략도 수업 연극에서 논의되지 않았다. 이러한 지시는 소수를 찾거나 주어진 수가 소수인지를 결정하는데 있어 다양한 전략을 조사하는 쪽으로 안내하는 것 같다.

과제를 확장하거나 다양화하는 결말로의 이동은 폴리아 (1945, 1988)의 문제해결 네 번째 단계인 되돌아보기를 떠올리게 한다. 이 단계가 종종 "답을 확인하기"로 잘못 해석되기도 하지만, 이 단계의 의도는 답을 얻는 다양한 방법을 조사하고 같은 방법으로 접근 가능한 비슷한 문제들로 확장하는 것이다. 수학 문제에서 중요한 "되돌아보기"와 비슷하게 한 가지 과제를 마무리하는 전략은 다른 과제를 시작하는 전략 역할을 한다.

사실, 이것은 어떤 활동을 끝낼 때 우리가 선호하는 방식이다. 2장에서 우리는 표준 수업계획안과 비교하여 수업 연극에서 성취할 수 있는 것을 보여 주기 위하여 스스로 구성한 수업 연극을 제시하였다.

- 자 이제 여러분에게 도전 문제를 제시할게요. 홀수이면서 동시에 곱셈표 어디에도 나타나지 않는 모든 합성수를 찾아봅시다.

요약

요약하면, 예비 교사의 교수(가르침)에 대한 상상이 수업 연극에서 매우 생생하게 표현되었다. 예비 교사들은 교실 안에서 학생들의 활동을 진지하게 상상한다. 그들은 학생들이 모둠에서 과제를 해결하고 생각을 나누는 것으로 상상한다. 그렇지만, 수업 연극에서는 활동적이고 '손으로 조작하는' 학습인 '개정' 수업 방식을 받아들이는 것과 규칙 암기와 연습이 강조되는 전통적 상상 사이에 긴장이 있다. 학생의 학습을 지원하려는 예비 교사의 열망은 그들이 어떤 교수학적 접근법을 선택하는지 보면 분명하다. 그리고 그러한 선택은 대개는 적당하지만, 예비 교사들이 그 선택한 방법을 실행할 때는 좀 순진하다. 그리하여, 우리의 교수학적 과제는 예비 교사들이 상상을 펼치기 시작할 때, 그들이 선택한 방법을 좀 더 능숙하게 실현하도록 지원하는 것이 되었다. 예비 교사들의 수업 연극은 논의를 유발하고 대안을 검토함에 있어서 가치 있는 출발점이다.

Chapter 13 수업 연극의 다양한 활용

이 책에서 탐구한 수업 연극은 일차시 분량의 수업 또는 그 일부에 나타날 수 있는 교사와 학생들의 상호작용을 연극 대본의 형태로 정교하게 기술하는 아이디어를 말한다. 교사 교육의 구성요소로서의 수업 연극은 그것을 작성하는 예비 교사들은 물론, 그 수업 연극을 분석, 탐구하는 연구자와 교사교육자들에게도 다양한 가능성을 제공한다.

예비 교사의 입장 : 시뮬레이션으로서의 수업 연극

수업 연극은 교육 대학에 다니는 예비 교사들의 방법론 강좌 과제였다. 수업 연극이 훈련 도구 즉, 시뮬레이션이라는 점에서 미래를 지향하는 과제라고 할 수 있다. 비행기 시뮬레이션과 같이 예비 교사들은 실제 상황인 것처럼 행동한다. 그러나 비행기 시뮬레이션과 달리 대안적인 방법을 제기하고, 생각하고 탐구할 수 있는 기회가 있다. 즉, 수업 연극은 교실, 학습자의 반응, 그리고 가능한 설명을 상상하는 기회를 창조한다. 더욱이 실제 시간에 반응할 필요가 없기 때문에 교사들은 학생들의 아이디어에 대해 개인적인 반응을 탐구할 수 있다. 우리는 이러한 경험이 실제 수업을 준비할 때 가치 있는 일이라고 믿는다. 수업 연극을 쓰는 경험은 미래 수업 상황에서 활용할 수 있는 반응과 일반적인 전략을 더 발전적인 형태로 창조하고 확장한다.

예비 교사에게 수업 연극은 행동을 위한 계획과 실천을 연결하는 다리 역할을 한다. 방법론 수업에서 예비 교사에게 학생의 주장 또는 오류에 대해 대처하도록 해보았다. 그들은 "나는 그 학생에게 …라고 말할 것이다", "나는 그 학생에게 …을 보여줄 수 있을 것이다", 또는 "나는 학생들이 …하도록 할 것이다"와 같은 가정법 형태로 유창하게 서술함을 발견하였다. 즉, 잠재적 반응을 서술하는데 아무런 문제가 없음을 의미한다. 그러나 학생을 상상하고 역할극에 참여하여 실제로 학생과 상호작용하는 방법으로 기술하라고 하면 그 과제는 상당히 도전적이어서 언어와 행동이 보다 명확해질 필요가 있다. 수업 연극은 실천으로 가는 단계이며, 역할놀이는 그 상상 속에서 수행된다.

연구자의 입장 : 렌즈로서의 수업 연극

연구자의 입장에서 수업 연극은 교수와 학습에 대한 예비 교사의 이해를 탐구할 수 있는 렌즈를 제공하는 소설이다. 우리의 경우 작가들은 예비 초등 교사였지만, 수업 연극은 이들에게만 한정되지는 않는다. 수업 연극은 교수 활동에 참여하거나 그럴 계획이 있는 누구나 활용할 수 있다.

이 책에서 탐구한 수업 연극은 예비 교사가 실행할 수 있는 교수 활동 '전환'의 범위에 대한 통찰을 제공한다. 수업 연극은 수학교실 담화의 예로 관습적인 수학 용어의 준수와 수업을 시작하거나 지시를 표현하는 구체적인 방법을 더 잘 이해할 수 있게 해 준다. 또한 수업 연극은 예비 교사들이 가지고 있는 내용 지식과 이 지식을 실제로 어떻게 구현하는지에 대한 지식, 즉 교수학적 내용 지식 모두를 보여준다.

게다가, 수업 연극은 장차 유익한 탐구를 향한 포장된 길을 제공한다. 이미 언급했듯이 수업 연극이 수학교육에 한정될 필요는 없다. 그러나 이 영역 내에서 넓혀가는 것이 바람직하다. 우리는 몇 개의 특정 프롬프트에 중점을 두었지만, 이와 다른 다양한 개념과 주제에 대한 교사의 지식을 탐구하기 위하여 다른 프롬프트가 개발될 수 있다. 담화에 중점을 두었기 때문에 어떻게 수학교실 담화를 발전시키는지, 초등과 중등 환경에서 담화가 어떻게 다른지 등의 탐구거리로, 풍성한 연구의 길을 제시한다. 더욱이, 우리는 교사 역할을 위한 담화에 주로 중점을 맞추기 때문에 미래의 연구는 학생 역할에 중점을 맞추거나 실제 교실에서 학생에게 이용된 표현과 비교할 수 있다. 또한 학생의 오류에 대한 반응, 은유, 활용된 유사성, 실제 상황을 제공하는 시도에 대해 교사의 질문을 어떻게 선택하는지 등을 주제로 연구를 진행할 수 있다. 예비 교사가 선택한 예제의 분석은 우리가 선택할 수 있는 또 하나의 연구 방향이 될 것으로 보인다.

이 책에서 축적된 연구 결과는 앞에서 제시한 방향을 따라 성과를 보일 것이고, 또한 교수학적 접근이 어떻게 변화되거나 향상되는지에 대한 정보를 제공한다는 점에서 교사 교육에 대한 정보를 준다.

교사 교육자의 입장 : 도구로서의 수업 연극

교사 교육자에게 수업 연극은 관습적인 "활동지도안" 작성을 넘어 교수에 대한 준비 활동을 확장하는 기회를 준다. 수업 연극은 대화의 시작점과 평가 도구로서 작용한다. 우리는 예비 교사에게 대본을 작성하게 했고, 그들의 반응을 수집했으며, 종종 대본의 일부를 가지고 토론을 유도하기도 했다. 물론, 제시된 시나리오나 비디오 클립에 기반을 둔 토론을 하는 것도 가능하다. 그러나 우리의 경험에 의하면 익명의 동급생에 의해 작성된 대본을 가지고 토론하는 것이 더 매력적이다. 그러한 토론에서 어떤 특정 오류, 특정 구절 또는 질문, 또는 교구의 활용이나 예제의 선택과 같은 더 일반적인 문제를 주제로 삼을 수 있다.

수업 연극은 그 담화 형식상, 예비 교사들이 "내가 할 것 또는 할 수 있는 것이 무엇일까?"에서 "학습자가 해야 할 또는 할 수 있는 것"로 사고를 변화시키는 기회를 제공한다. 수업 연극은 학생들의 잠재적 아이디어와 오류를 확인할 가능성이 있다. 수업 연극을 가지고 토론함에 있어서, 다양한 반응을 고려할 가능성과 교수학적으로 더 적절한 것을 고려할 가능성이 존재 한다.

우리는 예비 교사가 학위 과정을 마치기 위하여 필수 과목을 이수하는 동안 적어도 두 번 이상 수업 연극을 작성하도록 했고, 그동안의 관찰 결과, 수업 연극이 적어도 다음의 두 가지 방향으로 "개선"됨을 말하지 않을 수 없다.

- 예비 교사들은 학생 역할 뿐 아니라 교사 역할에 해당하는 언어에 더 관심을 가지게 되었다.
- 수업 연극에서 더 많은 "목소리"가 학생들에게 나타났다. 즉, 수업 연극을 처음 시도했을 때는 질문으로 이어지는 교사의 독백과 학생들의 짧은 답을 심심치 않게 볼 수 있었으나 그 다음 시도에서는 학생들의 대화가 점점 많아졌다.

물론 대본을 쓰는 것과 "실제" 교실에서 수업을 시연하는 것은 다를 수 있다. 하지만, 수업 연극은 과거를 재탐구하는 것이 아니라 과거의 경험을 바탕으로 미래를 상상하는 기회를 제공한다. 우리가 여기저기에 여러번 적은 것처럼, 상상이라는 요소는 변할 수 있는 힘의 측면에서 가장 중요한 특징이다.

> 수업 연극은 교실에서 어떤 일이 발생하는지에 대한 기술이 아니라 어떤 일이 일어날 수 있을지 상상하는 것이다. 우리는 이와 같은 해석적 활동이 Maxine Greene의 심미적 참여와 같다고 본다. 심미적 참여는 "아직 일어나지 않은 것 또는 예상하지 못하고 경험하는 것" (1995, p. 62)과 같은 상상의 세계를 경험하는 것을 말한다. Greene에게 있어서 이러한 참여는 이전 경험을 가져와 재정리 및 재구성하고 익숙한 것과 이상한 것을 찾음으로써 변형 가능한 교수학습으로의 문을 열어주는 것이다. (Zazkis 등 2009a, p. 45)

우리는 우연히 주어진 그러나 상세한 상황에 대하여 상세한 계획을 세우기에 예비 교사들이 반복하여 참여함으로써, 다른 상황에서도 즉흥적으로 대처할 수 있는 일반적인 전략을 세울 수 있다고 가정하였다. 어떤 사람이 질문하거나 질문에 답하거나 토론을 주재하는 방법을 바꾸기 위해서는 스스로 그 전환을 실제로 연습해야 한다. 이러한 의미에서 수업 연극의 실현은 이탈리아 전통극 '코메디아 델라르테'와 닮았다. '코메디아 델라르테'의 등장인물들은 이미 정해져 있어서 배우들은 특정 배역과 역할을 반복하여 연기해야 한다. 이것은 자연스럽게 말하고 행동하는 방식은 아니지만 다양한 상황 속에서 융통성 있게 적용할 수 있는 레퍼토리를 구성할 수 있는 방식이다. 그렇게 하는 것이 효과적인 즉흥 연기를 위해 필요한 준비 과정이다.

참고문헌

Ashlock, R.B. (2005). Error Patterns in Computation: Using Error Patterns to Improve Instruction. Prentice Hall.

Ball, D. L. (1990). Prospective elementary and secondary teachers' understanding of division. Journal for Research in Mathematics Education, 21(9), 132-144.

Ball, D. L., & Bass, H. (2003). Toward a practice-based theory of mathematical knowledge for teaching. In E. Simmt & B. Davis (Eds.), Proceedings of the 2002 annual meeting of the Canadian mathematics education study group (pp. 3-14). Edmonton, Alberta: CMESG/ GCEDM.

Ball, D., L., Lubienski, S., & Mewborn, D. (2001). Research on teaching mathematics: The unsolved problem of teachers' mathematics knowledge. In V. Richardson (Ed.), Handbook of research on teaching (pp. 433-456). New York: Macmillan.

Barrett, J. E., Cullen, C., Sarama, J., Clements, D. H., Klanderman, D., Miller, A. L., et al. (2011). Children's unit concepts in measurement: a teaching experiment spanning grades 2 through 5. ZDM - The International Journal on. Mathematics Education, 43, 637-650.

Baturo, A., & Nason, R. (1996). Student teachers' subject matter knowledge within the domain of area measurement. Educational Studies in Mathematics, 31, 235-268.

Behr, M. J., Erlwanger, S., & Nichols, E. (1980). How children view the equals sign. Mathematics Teaching, 92, 13-15.

Biber, D., Conrad, S., & Cortes, V. (2004). If you look at...: Lexical bundles in university teaching and textbooks. Applied Linguistics, 25(3), 371-405

Biber, D., Johansson, S., Leech, G., Conrad, S., & Finegan, E. (2006). Longman grammar of spoken and written English (5th ed.). London: Longman

Behr, M. J., Wachsmuth, I., Post, T. R., & Lesh, R. (1984). Order and equivalence of rational numbers: A clinical teaching experiment. Journal for Research in Mathematics Education, 15(5), 323-341.

Biza, I., Nardi, E., & Zachariades, T. (2007). Using tasks to explore teacher knowledge in situation-specific contexts. Journal of Mathematics Teacher Education, 10(4-6), 301-309.

Burton, L., & Morgan, C. (2000). Mathematicians writing. Journal for Research in Mathematics Education, 31, 429-453.

Cazden, C. (2001). Classroom discourse: The language of teaching and learning (2nd ed.). Portsmouth: Heinemann.

Chapin, S. H., O'Connor, C., & Anderson, N. C. (2009). Classroom discussions: Using math talk to help students learn. Sausalito, CA: Math Solutions Publications.

Chazan, D., & Ball, D. L. (1999). Beyond being told not to tell. For the learning of mathematics, 19(2), 2-10.

Chinn, C. A., & Brewer, W. F. (1993). The role of anomalous data in knowledge acquisition: A theoretical framework and implications for science instruction. Review of Educational Research, 63(1), 1-49.

Clarke, D. M., & Roche, A. (2009). Students' fraction comparison strategies as a window into robust understanding and possible pointers for instruction. Educational Studies in Mathematics, 72, 127-138.

Clements, D. H. (1999). Teaching length measurement: Research challenges. School Science and Mathematics, 99(1), 5-11.

Cortes, V. (2004). Lexical bundles in published and student disciplinary writing: Examples from history and biology. English for Specific Purposes, 23, 397-423

Cramer, K., & Wyberg, T. (2009). Efficacy of different concrete models for teaching the partwhole construct for fractions. Mathematical Thinking and Learning, 11, 226-257.

Crespo, S., Oslund, J., & Parks, A. (2010). Imagining mathematics teaching practise: prospective teachers generate representations of a class discussion. ZDM, 43(1), 119-131.

Cross, C. T., Woods, T.A., & Schweingruber, H. (2009). Mathematics learning in early childhood: Paths toward excellence and equity. Chapter 6. The Teaching-Learning Paths for Geometry, Spatial Thinking, and Measurement. The National Academies Press, Washington, DC.

Cuoco, A. (2001). Mathematics for teaching. Notices of the American Mathematical Society, 48(2), 68-74.

Davis, B., & Simmt, E. (2006). Mathematics-for-teaching: An ongoing investigation of the mathematics that teachers (need to) know. Educational Studies in Mathematics, 61(3), 293-319.

Dembo, Y., Levin, I., & Siegler, R. S. (1997). A comparison of the geometric reasoning of students attending Israeli ultraorthodox and rain stream schools. Developmental Psychology, 33(1), 92-103.

Devlin, K. (1994). Mathematics: The science of patterns. New York: Scientific American Library.

De Bock, D., Van Dooren, W., Janssens, D., & Verschaffel, L. (2002). Improper use of linear reasoning: An in-depth study of the nature and the irresistibility of secondary school students' errors. Educational Studies in Mathematics, 50(3), 311-334.

Egan, K. (2005). An imaginative approach to teaching. San Francisco: Jossey-Bass.

Egan, K. (1988). Teaching as story telling. Chicago: University of Chicago Press.

Ernest, P. (1996). Varieties of constructivism: A framework for comparison. In L. P. Steffe, P. Nesher, P. Cobb, G. A. Goldin, & B. Greer (Eds.), Theories of mathematical learning. Nahwah, NJ: Lawrence Erlbaum.

Edwards, L. D. (1997). Exploring the territory before proof: Students' generalizations in a computer microworld for transformation geometry. International Journal of Computers for Mathematical Learning, 2, 187-215.

Eisenberg, T. (2000). On divisibility by 7 and other low-valued primes. International. Journal for Mathematics Education in Science and Technology, 31, 622-626.

Erickson, F. (2011). On noticing teacher noticing. In M. G. Sherin, V. R. Jacobs, & R. A. Philipp (Eds.), Mathematics teacher noticing: Seeing through teachers' eyes (pp. 17-34). New York, NY: Routledge.

Freiberg, H. J., & Driscoll, A. (2000). Universal teaching strategies. Boston: Allyn and Bacon.

Ginsburg, H. P. (1997). Entering the child's mind: The clinical interview in psychological research and practice. Cambridge, UK: Cambridge University Press.

Greene, M. (1995). Releasing the Imagination: Essays on Education, the Arts, and Social Change. San Francisco: Jossey-Bass Press.

Gueudet, G., & Trouche, L. (2009). Towards new documentation systems for mathematics teachers? Educational Studies in Mathematics, 71, 199-218.

Hackenberg, A. (2005). A model of mathematical learning and caring relations. For the Learning of Mathematics, 25(1), 45-51.

Halliday, M. A. K. (1978). Sociolinguistic aspects of mathematics education. In Language as social semiotic: The social interpretation of language and meaning. Baltimore, MD: University Park Press.

Harel, G., & Sowder, L. (1998). Students' proof schemes: Results from exploratory studies. In A. H. Schoenfeld, J. Kaput, & E. Dubinsky (Eds.), Research in collegiate mathematics education, III (pp. 234-283). Providence, RI: American Mathematical Society.

Herbel-Eisenmann, B. (2002). Using student contributions and multiple representations to develop mathematical language. Mathematics Teaching in the Middle School, 8, 100-105.

Herbel-Eisenmann, B. (2007). From intended curriculum to written curriculum: Examining the voice of a mathematical textbook. Journal for Research in Mathematics Education, 38(4), 344-369.

Herbel-Eisenmann, B., & Wagner, D. (2007). A framework for uncovering the way a textbook may position the mathematics learner. For the Learning of Mathematics, 27(2), 8-14.

Herbel-Eisenmann, B., Wagner, D., & Cortes (2010). Lexical bundle analysis in mathematics classroom discourse: the significance of stance. Educational Studies in Mathematics, 75, 23-42.

Herbel-Eisenmann, B., & Wagner, D. (2010b). Appraising lexical bundles in mathematics classroom discourse. Educational Studies in Mathematics, 75, 43-63.

Hazzan, O., & Zazkis, R. (1999). A perspective on ''give an example'' tasks as opportunities to construct links among mathematical concepts. Focus on Learning Problems in Mathematics, 21(4), 1-14.

Hewitt, D. (1992). Train spotters' paradise. Mathematics Teaching, 140, 6-8.

Hewitt, D. (1999). Arbitrary and necessary: Part 1. A way of viewing the mathematics curriculum. For the Learning of Mathematics, 19(3), 2-9.

Horn, I. (2012). Teacher discourse and the construction of school mathematics. For the learning of mathematics, 32(1), 25-27.

Hodge, R., & Kress, G. (1993). Language as ideology (2nd ed.). London: Routledge & Kegan Paul.

Inhelder, B., Sinclair, H., & Bovet, M. (1974). Learning and the development of cognition. Cambridge, MA: Harvard University Press.

Jacobs, J., Hiebert, J., Givvin, K., Hollingsworth, H., Garnier, H., & Wearne, D. (2006). Does eight-grade mathematics teaching in the United States align with the NCTM Standards? Results from the TIMSS 1995 and 1999 Video Studies. Journal for Research in Mathematics Education, 37(1), 5-32.

Jacobs, V. R., Lamb, L. L. C., & Philipp, R. A. (2010). Professional noticing of children's mathematical thinking. Journal for Research in Mathematics Education, 41, 169-202.

Jacobs, V. R., Lamb, L. L. C., Philipp, R. A., & Schappelle, B. P. (2011). Deciding how to respond on the basis of children's understanding. In M. G. Sherin, V. R. Jacobs, & R.

A. Philipp (Eds.), Mathematics teacher noticing: Seeing through teachers' eyes (pp. 97-116). New York, NY: Routledge.

John, P. D. (2006). Lesson planning and the student teacher: re-thinking the dominant model. Journal of Curriculum Studies, 38(4), 483-498.

Kamii, C. (1995). Why is the use of the ruler so hard? Proceedings of the 17th Conference for Psychology of Mathematics Education- North American Chapter, pp.3-8. Columbus, Ohio.

Kamii, C. (2006). Measurement of length: How can we teach it better? Teaching Children Mathematics, 13(3), 154-158.

Kamii, C., & Kysh, J. (2006). The difficulty of ''length×width'': Is a square the unit of measurement? Journal of Mathematical Behavior, 25, 105-115.

Kieran, C. (1981). Concepts associated with the equality symbol. Educational Studies in Mathematics, 12, 317-326.

Kospentaris, G., Spyrou, P., & Lappas, D. (2011). Exploring students' strategies in area conservation geometrical tasks. Educational Studies in Mathematics, 77, 105-127.

Lakatos, I. (1976). Proofs and refutations. Cambridge: Cambridge University Press.

Lampert, M. (2001). Teaching problems and the problems of teaching. New Yaven: Yale University Press.

Lee, H. S. (2009). Elementary preservice teachers' area conceptions involving the notion of perimeter. In S .L. Swars, D. W. Stinson, & S. Lemons-Smith (Eds.), Proceedings of the 31st annual meeting of the North American Chapter of the International Group for the Psychology of Mathematics Education (Vol. 5, pp. 569-576). Atlanta, GA: Georgia State University.

Lee, K., & Smith, J. P. III. (2011). What is different across an ocean? How Singapore and US elementary mathematics curricula introduce and develop length measurement. ZDM – The International Journal on. Mathematics Education, 43, 681-696.

Leinhardt, G. (1988). Getting to know: Tracing students' mathematical knowledge from intuition to competence. Educational Psychologist, 23(2), 119-144.

Lehrer, R. (2003). Developing understanding of measurement. In J. Kilpatrick, W. G. Martin, & D. Schifter (Eds.), A Research Companion to Principles and Standards for School Mathematics (pp. 179-192). Reston, VA: National Council of Teachers of Mathematics.

Liljedahl, P. (2004). Repeating pattern or number pattern: The distinction is blurred. Focus on Learning Problems in Mathematics, 26(3), 24-42.

Long, J. (2011). Labelling angles: care, indifference and mathematical symbols. For the learning of mathematics, 31(3), 2-7.

MacDonald, A., & Lowrie, T. (2011). Developing measurement concepts within context: Children's representations of length. Mathematics Education Research Journal, 23, 27-42.

Maher, C.A. (2008). Video recordings as pedagogical tools in mathematics teacher education. In Tirosh, D., & Wood, T. (Eds.) International handbook of mathematics teacher education: Vol. 2: Tools and Processes in Mathematics Teacher Education. Rotterdam, The Netherlands: Sense Publishers.

McLeod, D. B. (1992). Research on affect in mathematics education: A reconceptualization. In D. A. Grouws (Ed.), Handbook of research on mathematics teaching and learning (pp. 575–596). New York: Macmillan.

Menon, R. (1998). Preservice teachers' understanding of perimeter and area. School Science and Mathematics, 98(7), 361–368.

Maroney, S. A., & Searcy, S. (1996). Real teachers don't plan that way. Exceptionality, 6(3), 197–200.

Mason, J. (1998). Enabling teachers to be real teachers: Necessary levels of awareness and structure of attention. Journal of Mathematics Teacher Education, 1(3), 243–267.

Mason, J. (2002). Researching your own practice: The discipline of noticing. London, UK: Routledge.

Mason, J., Watson, A., & Zaslavsky, O. (Eds.) (2007). The nature and role of tasks in mathematics teachers' education. Special Issue of the Journal of Mathematics Teacher Education, 10(4-6), 201-440.

Matthews, P., Rittle-Johnson, B., McEldoon, K., & Taylor, R. (2012). Measure for measure: What combining diverse measures reveals about children's understanding of the equal sign as an indicator of mathematical equality. Journal for Research in Mathematics Education, 43(3), 316 –334.

Matz, M. (1982). Towards a process model for high school algebra errors. In D. Sleeman & J. S. Brown (Eds.), Intelligent tutoring systems (pp. 25–50). London: Academic Press.

Mitchell, A., & Horne, M. (2010). Gap thinking in fraction pair comparisons is not whole number thinking: Is this what early equivalence thinking sounds like? In L. Sparrow, B. Kissane, & C. Hurst (Eds.), Shaping the future of mathematics education: Proceedings of the 33rd annual conference of the Mathematics Education Research Group of Australasia. MERGA: Fremantle.

Morgan, C. (1996). The language of mathematics: Towards a critical analysis of mathematics texts. For the Learning of Mathematics, 16(3), 2–10

Nührenbörger, M. (2004). Children's measurement thinking in the context of length. In G. Törner, R. Bruder, Peter-Koop, A., N. Neill, H.-G. Weigand & B. Wollring (Eds.), Developments in Mathematics Education in German-speaking Countries. Selected Papers from the Annual Conference on Didactics of Mathematics, Ludwigsburg, March 5-9, 2001 (95-106).

Nührenbörger, M. (2001). Insights into children's ruler concepts – grade-2-students' conceptions and knowledge of length measurement and paths of development. In M. van den Heuvel-Panhuizen (Ed.), Proceedings of the 25th Conference of the International Group for the Psychology of Mathematics Education (Vol. 3, pp. 447–454). Utrecht: Freudenthal Institute.

Nystrand, M. (1997). Dialogic instruction: What recitation becomes conversation. In Opening Dialogue: Understanding the Dynamics of Language and Learning in the English Classroom. New York: Teachers College Press.

O'Keefe, M. & Bobis, J. (2008). Primary teachers' perceptions of their knowledge and understanding of measurement. In M. Goos, R. Brown, & K. Makar (Eds.), Proceedings of the 31st Annual Conference of the Mathematics Education Research Group of Australasia.

Olson, D. R. (1989). On the language and authority of textbooks. In S. de Castell, A. Luke, & C. Luke (Eds.), Language, authority and criticism: Readings on the school textbook (pp. 233-244). Philadelphia, PA: Falmer Press.

Parks, A. (2009). Teaching by genre: Seeing diversity of practice in mathematics as a good thing. Phi Delta Kappan, 90(8), 601-606.

Peled, I., & Awawdy-Shahbari, J. (2009). Journey to the Past: Verifying and Modifying the Conceptual Sources of Decimal Fraction Knowledge. Canadian Journal of Science, Mathematics and Technology Education, 9(2), 73-85.

Peng, A. (2007). Knowledge growth of mathematics teachers during professional activity based on the task of lesson explaining. Journal of Mathematics Teacher Education, 10(4-6), 289-299.

Peterson, P. L., Marx, R. W., & Clark, C. M. (1978). Teacher planning, teacher behavior, and student achievement. American Educational Research Journal, 15(3), 417-432.

Phillip, R. (2007). Mathematics teachers' beliefs and affect. In F. Lester (Ed.), Second handbook of research on mathematics teaching and learning (pp. 257-315). Charlotte, NC: Information Age Publishing.

Pimm, D. (1987). Speaking mathematically. New York: Routledge and Kegan Paul.

Pimm, D. (1995). Symbols and meanings in school mathematics. London: Routledge.

Pólyà, G. (1945/1988). How to solve it. Princeton, NJ: Princeton University Press.

Reinke, K. (1997). Area and perimeter: Preservice teachers' confusion. School Science and Mathematics, 97, 75-78.

Resnick, L. B., Nesher, P., Leonard, F., Magon, M., Omanson, S., & Peled, I. (1989). Conceptual bases of arithmetic errors: The case of decimal fraction. Journal for Research in Mathematics Education, 20, 8-27.

Rowland, T. (2000). The pragmatics of mathematics education: Vagueness in mathematical discourse. New York: Falmer.

Santagata, R. (2011). From teacher noticing to a framework for analyzing and improving classroon lessons. In M. G. Sherin, V. R. Jacobs, & R. A. Philipp (Eds.), Mathematics teacher noticing: Seeing through teachers' eyes (pp. 152-168). New York, NY: Routledge.

Sarama, J., Clements, D. H., Barret, J., Van Dine, D. W., & McDonel, J. S. (2011). Evaluation of a learning trajectory for length in the early years. ZDM - The International Journal on Mathematics Education, 43, 667-680.

Sfard, A. (2004). What could be more practical than good research? On mutual relations between research and practice of mathematics education. Plenary address at ICME-10. Proceedings of the 10th International Congress for Mathematics Education. (pp. 76-92).Available: http://www.icme10.dk /proceedings/pages/side01main.htm

Sfard, A. (2008). Thinking as communicating: Human development, the growth of discourses, and mathematizing. Cambridge, UK: Cambridge University Press

Shulman, L. S. (1986). Those who understand: Knowledge growth in teaching. Educational Researcher, 15(2), 4-14.

Silver, E. A., Clark, L. M., Ghousseini, H. L., Charalambous, C. Y., & Sealy, J. T. (2007). Where is mathematics? Examining teachers' mathematical learning opportunities in practice-based professional learning tasks. Journal of Mathematics Teacher Education, 10(4-6), 261-277.

Simon, M. A. (1993). Prospective elementary teachers' knowledge of division. Journal for Research in Mathematics Education, 24(3), 233-254.

Simmt, E., Davis, B., Gordon, L., & Towers, J. (2003). Teachers' mathematics: Curious obligations. In N. Patemen, B. Dougherty, & J. Zilliox (Eds.), Proceedings of the Joint meetings of PME and PMENA (pp. 175-182). Honolulu, HI: Centre for Research and Development Group, University of Hawaii.

Sinclair, N. (2006a). For the beauty of number theory. In R. Zazkis & S. Campbel (Eds.), Number Theory in Mathematics Education: Perspectives and prospects. Dordrecht: Kluwer.

Sinclair, N., Pimm, D. and Skelin, M. (2012). Developing Essential Understanding of Geometry for Teaching Mathematics in Grades 5-8. Essential Understanding Series. Reston, VA: National Council of Teachers of Mathematics.

Sinclair, N. (2006). Mathematics and Beauty: Aesthetics approaches to teaching children. Teachers College Press.

Sirotic, N., & Zazkis, R. (2007). Irrational numbers: The gap between formal and intuitive knowledge. Educational Studies in Mathematics, 65(1), 49-76.

Sherin, M. G., & van Es, E. A. (2009). Effects of video club participation on teachers' professional vision. Journal of Teacher Education, 60, 20-37.

Sherin, M. G., Jacobs, V. R., & Philipp, R. A. (2011a). Mathematics teacher noticing: Seeing

through teachers' eyes. New York, NY: Routledge.

Sherin, M. G., Russ, R. S., & Colestock, A. A. (2011b). Accessing mathematics teachers in-themoment

noticing. In M. G. Sherin, V. R. Jacobs, & R. A. Philipp (Eds.), Mathematics teacher

noticing: Seeing through teachers' eyes (pp. 79-94). New York, NY: Routledge.

Son, J., & Sinclair, N. (2010). How preservice teachers interpret and respond to geometric errors. School Science and Mathematics, 110(1), 31-46.

Star, J. R., Lynch, K., & Perova, N. (2011). Using video to improve mathematics teachers' abilities to attend to classroom features: A replication study. In M.G. Sherin, V.R. Jacobs & R.A. Philipp (Eds.), Mathematics teacher noticing: Seeing through teachers' eyes (pp.117-133). New York, NY: Routledge.

Star, J. R. & Strickland, S. K. (2008). Learning to observe: Using video to improve preservice mathematics yeachers' ability to notice. Journal of Mathematics Teacher Education, 11, 107-125.

Staples, M. (2007). Supporting whole-class collaborative inquiry in a secondary mathematics classroom. Cognition and Instruction, 25(2), 161-217.

Stavy, R., & Tirosh, D. (2000). How Students (Mis-)Understand Science and Mathematics: Intuitive Rules. New York: Teachers College Press.

Steffe, L., & Thompson, P. (2000). Teaching experiment methodology: underlying principles and essential elements. In R. Lesh & A. Kelly (Eds.), Handbook of research design in mathematics and science education (pp. 267–306). Hillsdale, NJ: Lawrence Erlbaum Associates.

Stigler, J. W., & Hiebert, J. (1999). The Teaching Gap: Best Ideas From the World's Teachers for Improving Education in the Classroom. New York: Free Press.

Strickland, S. (2008). Rhyme and reason: A rhetorical, genealogical examination of undergraduate mathematics. Unpublished PhD dissertation. Lansing, MI: Michigan State University.

Tirosh, D., & Graeber, A. O. (1990). Evoking cognitive conflict to explore preservice teachers' thinking about division. Journal for Research in Mathematics Education, 21(2), 98–108.

Tsamir, P., & Tirosh, D. (1999). Consistency and representations: The case of actual infinity. Journal for Research in Mathematics Education, 30, 213–219.

Threlfall, J. (1999). Repeating patterns in the primary years. In A. Orton (Ed.), Pattern in the Teaching and Learning of Mathematics (pp. 18–30). London: Cassell.

Tyler, R. W. (1949). Basic principles of curriculum and instruction. Chicago: University of Chicago Press.

Vacc, N. (1993). Implementing the Professional Standards for Teaching Mathematics: Questioning in the Mathematics Classroom. Arithmetic Teacher, 41, 88–91.

Van Es, E. A,. & Sherin, M. G. (2008). Mathematics teachers' ''learning to notice'' in the context of a video club. Teaching and Teacher Education, 24, 244–276.

Van de Walle, J. A., & Folk, S. (2008). Elementary and middle school Mathematics: Teaching developmentally. 2nd (Canadian ed.). Toronto, ON: Pearson Canada.

Watson, A., & Mason, J. (2005). Mathematics as a constructive activity: Learners generating

examples. Mahwah, NJ: Lawrence Erlbaum.

Watson, A., & Mason, J. (2007). Taken-as-shared: s review of common assumptions about mathematical tasks in teacher education. Journal of Mathematics Teacher Education, 10(4–6), 205–215.

Wood, T. (1998). Alternative patterns of communication in mathematics classes: Funneling or focusing. In H. Steinbring, M. Bartolini-Bussi, & A. Sierpinska (Eds.), Langiage and Communication in the Mathematics Classroom (pp. 167–178). Reston, VA: NCTM.

Yinger, R. J. (1980). A study of teacher planning. The Elementary School Journal, 80(3), 107–127.

Yinger, R. (1987). By the seat of your pants: An inquiry into improvisation and teaching. Washington, DC: Paper presented at the Annual Meeting of the American Educational Research Association.

Zacharos, K. (2006). Prevailing educational practices for area measurement and students' failure in measuring areas. Journal of Mathematical Behavior, 25, 224–239.

Zahorik, J. A. (1970). The effect of planning on teaching. The Elementary School Journal, 71(3), 143–151.

Zazkis, R. (1998a). Odds and ends of odds and evens: An inquiry into students' understanding of even and odd numbers. Educational Studies in Mathematics, 36(1), 73–89.

Zazkis, R. (1998b). Divisors and quotients: Acknowledging polysemy. For the Learning of Mathematics, 18(3), 27–30.

Zazkis, R. (1999). Divisibility: A problem solving approach through generalizing and specializing. Humanistic Mathematics Network Journal, Issue #21, 34-38.

Zazkis, R. (2001). From arithmetic to algebra via ''big'' numbers. Melbourne, Australia: Proceedings of the International Congress of Mathematics Education Study on Algebra.

Zazkis, R. (2002). Language of number theory: Metaphor and rigor. Campbell. S. R., & Zazkis, R. (Eds.) Learning and teaching number theory: Research in cognition and instruction (pp. 83-96). Westport, CT: Ablex Publishing.

Zazkis, R. (2005). Representing numbers: Prime and irrational. International Journal of Mathematical Education in Science and Technology, 36(2-3), 207-218.

Zazkis, R. (2008). Divisibility and transparency of number representations. In M. P. Carlson & C. Rasmussen (Eds.), Making the Connection: Research and practice in undergraduate mathematics (pp. 81-92). MAA notes.

Zazkis, R. (2011). Relearning mathematics: A challenge for prospective elementary school teachers. Charlotte, NC: Information Age Publishing.

Zazkis, R., & Campbell, S. R. (1996a). Prime decomposition: Understanding uniquencss. Journal of Mathematical Behavior, 15(2), 207-218.

Zazkis, R., & Campbell, S. R. (1996b). Divisibility and Multiplicative Structure of Natural Numbers: Preservice teachers' understanding. Journal for Research in Mathematics Education, 27(5), 540-563.

Zazkis, R., & Chernoff, E. (2008). What makes a counterexample exemplary? Educational Studies in Mathematics, 68(3), 195-208.

Zazkis, R., & Liljedahl, P. (2002a). Generalization of patterns: The tension between algebraic thinking and algebraic notation. Educational Studies in Mathematics, 49, 379-402.

Zazkis, R., & Liljedahl, P. (2002b). Arithmetic sequence as a bridge among conceptual fields. Canadian Journal of Science, Mathematics and Technology Education, 2(1), 91-118.

Zazkis, R., & Liljedahl, P. (2004). Understanding primes: The role of representation. Journal for Research in Mathematics Education, 35(3), 164-186.

Zazkis, R., & Liljedahl, P. (2006). On the path to number theory: Repeating patterns as a gateway. In R. Zazkis and S.R. Campbell (Eds.), Number Theory in mathematics education: Perspectives and prospects (pp. 99-114). Lawrence Erlbaum Press.

Zazkis, R., & Liljedahl, P. (2008). Teaching Mathematics as storytelling. Rotterdam, NL: Sense Publishers.

Zazkis, R., Liljedahl, P., & Chernoff, E. (2008). The role of examples on forming and refuting generalizations. Zentralblatt für Didaktic en Mathematik - The International Journal on. Mathematics Education, 40(1), 131-141.

Zazkis, R., Liljedahl, P., & Sinclair, N. (2009a). Lesson Plays: Planning teaching vs. teaching planning. For the Learning of Mathematics, 29(1), 40-47.

Zazkis, R., Sinclair, N., & Liljedahl, P. (2009b). Lesson Play - A vehicle for multiple shifts of attention in teaching. In S. Lerman & B. Davis (Eds.), Mathematical Action & Structures Of Noticing: Studies inspired by John Mason (pp. 165-178). Rotterdam, NL: Sense Publishing.

역자 소개

량도형

- UNIVERSITY OF ALABAMA 이학박사, 수학교육학 박사
- 현 UNIVERSITY OF NORTH CAROLINA AT GREENSBORO 교수

박정숙

- 서울대학교 수학교육과 박사
- 현 양재고등학교 재직 중
- 한양대학교 겸임교수
- 한국수학교육학회 총무이사

수학 수업 상상하기

Lesson Play in Mathematics Education

초판 발행 2017년 12월 5일
초판 2쇄 발행 2023년 9월 5일

지은이 Rina Zazkis · Nathalie Sinclair · Peter Liljedahl
옮긴이 량도형 · 박정숙

펴낸이 오판근
펴낸곳 (주) 교 우
주 소 서울시 동대문구 약령시로 8 교우빌딩 2층 (주)교우
전 화 02-925-2861 / **팩 스** 02-925-2860. **편집부** 02-925-2825
홈페이지&북스토어 www.kyowoo.co.kr / 이메일 kyowoo@kyowoo.co.kr

등 록 1994년 3월 24일 제1994-000013호
ISBN 979-11-251-0227-4 (93410)

Published by Kyowoo Co., Ltd. Printed in Korea
Copyright© 2023 량도형 · 박정숙 Kyowoo Co., Ltd.
이 책의 저작권은 량도형 · 박정숙과 (주) 교 우에 있습니다.

저작권법에 의해 보호를 받는 저작물이므로 무단 복제 및 전재를 금합니다.

(주) 교우는 보다 혁신적이고 참신한 도서를 다양하게 기획하고 있습니다.
책으로 펴내고자 하는 아이디어나 원고는 메일로 보내주세요.
(주) 교우는 전과정을 책임지고 최선을 다하겠습니다.

값 28,000원

교우미디어는 (주) 교우의 Imprint 사업니다.
수학정원 · 과학정원은 (주) 교우의 새로운 브랜드명입니다.

잘못된 책은 구입하신 서점에서 교환해 드립니다.